BESTSELLER

México se escribe con J

Una historia de la cultura gay

Edición corregida y aumentada

Michael K. Schuessler
Miguel Capistrán (qepd)
(Coordinadores)

DEBOLS!LLO

El papel utilizado para la impresión de este libro ha sido fabricado a partir de madera procedente de bosques y plantaciones gestionadas con los más altos estándares ambientales, garantizando una explotación de los recursos sostenible con el medio ambiente y beneficiosa para las personas.

México se escribe con J
Una historia de la cultura gay

Primera edición: agosto, 2018
Primera reimpresión: mayo, 2021
Segunda reimpresión: junio, 2022

D. R. © 2018, Michael K. Schuessler, por la coordinación
D. R. © 2018, Miguel Capistrán, por la coordinación
Por la titularidad de derechos Julia Capistrán Lagunes y María Francisca Capistrán Lagunes

D. R. © 2022, derechos de edición mundiales en lengua castellana:
Penguin Random House Grupo Editorial, S. A. de C. V.
Blvd. Miguel de Cervantes Saavedra núm. 301, 1er piso,
colonia Granada, alcaldía Miguel Hidalgo, C. P. 11520,
Ciudad de México

penguinlibros.com

Diseño de portada: Penguin Random House Grupo Editorial / Scarlet Perea
D. R. © iStock Getty Images, por la fotografía de portada

Penguin Random House Grupo Editorial apoya la protección del *copyright*.
El *copyright* estimula la creatividad, defiende la diversidad en el ámbito de las ideas y el conocimiento, promueve la libre expresión y favorece una cultura viva. Gracias por comprar una edición autorizada de este libro y por respetar las leyes del Derecho de Autor y *copyright*. Al hacerlo está respaldando a los autores y permitiendo que PRHGE continúe publicando libros para todos los lectores.

Queda prohibido bajo las sanciones establecidas por las leyes escanear, reproducir total o parcialmente esta obra por cualquier medio o procedimiento así como la distribución de ejemplares mediante alquiler o préstamo público sin previa autorización.
Si necesita fotocopiar o escanear algún fragmento de esta obra diríjase a CemPro
(Centro Mexicano de Protección y Fomento de los Derechos de Autor, https://cempro.com.mx).

ISBN: 978-607-316-077-3

Impreso en México – *Printed in Mexico*

A la comunidad LGBTTTI de México
Para Miguel Capistrán, último de los Contemporáneos

Índice

LUIS ZAPATA
Prólogo. *Highlights* de mi vida como gay 13

MICHAEL K. SCHUESSLER
Una macana de dos filos 31

MIGUEL CAPISTRÁN
Un día como hoy hace más de ciento 41

LA "OTRA ONDA"
Narrativa y poesía

JOSÉ RICARDO CHAVES
Afeminados, hombrecitos y lagartijos
Narrativa mexicana del siglo XIX 55

VÍCTOR FEDERICO TORRES
Del escarnio a la celebración
Narrativa mexicana del siglo XX 81

ERNESTO RESÉNDIZ OIKIÓN
Lo jotería es puro cuento
Relato gay 99

CÉSAR CAÑEDO
Digo lo que amo. El afecto diverso en nuestra poesía jota
Poesía homoerótica 141

LA IMAGEN DEL DESEO
Artes plásticas, videoarte y cine

TERESA DEL CONDE
Eros se aproxima y es el maestro de Apolo 179

MICHAEL K. SCHUESSLER
Locas, chichifos, mayates y machos calados
Historia y homosexualidad en el cine 195

VÍCTOR JARAMILLO
Breve relación del videoarte gay 217

LA MÚSICA, LA DANZA, EL TEATRO Y SUS INTÉRPRETES

TAREKE ORTIZ con NAYAR RIVERA
El éxtasis a una identidad del deseo
La música como experiencia de libertad 231

PÁVEL GRANADOS
"Un grito aquí en la sangre…"
Reflexiones sobre la obra de Gabriel Ruiz 249

PÁVEL GRANADOS
Juan Gabriel: háblame de mí 255

JUAN HERNÁNDEZ
La danza *del otro lado* 261

LUIS ARMANDO LAMADRID GARCÍA
La venganza de *El Bigotona*
Homosexualidades en el teatro mexicano 283

XABIER LIZARRAGA CRUCHAGA (compilador)
Teatro homosexual/gay en México
Una cartelera a través del tiempo 299

LA VIDA SOCIAL Y SUS EXPRESIONES
De la oscuridad a la luz del día, del *camp* al *kitsch*

JUAN CARLOS BAUTISTA
La noche al margen
Brevísima relación de la vida nocturna gay 307

ALEJANDRO VARDERI
Masculinidad y cultura gay
Apuntes para una mirada kitsch 331

XABIER LIZARRAGA CRUCHAGA
Un devenir de visibilidad y voces 345

JUAN JACOBO HERNÁNDEZ CHÁVEZ
Muere por sida el ángel de Sodoma
Vida, pasión y muerte de Mario Eduardo Rivas Montero 371

MIGUEL ALONSO HERNÁNDEZ VICTORIA
Hábitats en peligro de extinción
Los vapores y parques de México 385

SALVADOR IRYS GÓMEZ
¿Qué me cuentas a mí, que sé tu historia? 407

ALEXANDRA RODRÍGUEZ DE RUÍZ
Jotas, vestidas, cuinas, locas y mariposas
Historias del movimiento trans *en la Ciudad de México* 419

TEXTOS FUNDACIONALES
Anexo

CARLOS MONSIVÁIS
Diez y va un siglo 443

ENRIQUE SERNA
Primer desfile de locas 449

Prólogo

Highlights de mi vida como gay

Luis Zapata

I

Celebremos, señores, con gusto, cantaba Pedro Infante. Pues sí, es tiempo de celebrar: nunca nos había ido tan bien a los gays como ahora: ya nos podemos casar, los que queramos, al menos en el DF;[1] ya podemos andar de la mano con otro hombre y besarlo en la calle, aunque sólo en algunas calles de la Ciudad de México; ya podemos ampararnos bajo las leyes contra la discriminación; cada vez tenemos más presencia en el cine y en las series de televisión, ahora mediante personajes menos esquemáticos; ya nos protegen las comisiones de derechos humanos; los activistas gays son (siempre han sido) empeñosos, combativos, perseverantes; cada vez hay más libros que tienen a gays como protagonistas y más estudios que los analizan.

Pero ¿de veras todo es celebración?

La mayoría de las conquistas obtenidas en el DF no han llegado a la provincia, lo cual significa que sólo benefician a una parte del país: salvo contadas excepciones, en todos lados se sigue mirando con desdén a los gays, y los actos de homofobia y los crímenes de odio están lejos de haber desaparecido. Es innegable, también, que continúa habiendo mucha, muchísima hipocresía y que la mayo-

---

[1] Como se sabe, anteriormente se conocía a la Ciudad de México como Distrito Federal. Por lo tanto hemos decidido conservar el nombre original empleado por el autor, y respetar así el contexto en el cual se concibió este prólogo.

ría de las familias mexicanas aún son rígidamente tradicionalistas: muchos jóvenes viven con culpa y pesar el descubrimiento de su orientación sexual.

Bueno, entonces celebremos a medias; celebremos las batallas ganadas, pero sin bajar la guardia ante lo que aún debe conquistarse.

II

En un principio, todo era feo, más que feo. Pero quizá no podía haber sido de otra manera en ese momento. Y como este apartado no es precisamente un *highlight*, podría saltármelo sin más ni más.

No obstante, cabría alguna observación, para contextualizar mejor los verdaderos *highlights*.

Es posible que mi homofobia internalizada me haya llevado a rechazar todas las manifestaciones de la homosexualidad que veía, aunque, en honor a la verdad, tampoco había mucho de dónde escoger; es más, no había *nada* de dónde escoger: lo único que nos presentaban las revistas, el cine y el teatro era la imagen estereotipada del homosexual frívolo y amanerado, el lilo que sólo parecía interesarse por jotear. Por lo demás, se diría que esa imagen era un reflejo fiel de la realidad, pues no había en ésta, o no llegaban hasta nosotros, representaciones al mismo tiempo naturales y complejas de hombres que gustaran de otros hombres. Si uno quería identificarse con algún arquetipo lejos del macho pendenciero y mujeriego, tenía que escoger sus modelos entre las figuras femeninas, y ahí sí había infinitas posibilidades.

III

La primera novela con personajes abiertamente gays que conocí fue *The Lord Won't Mind*, de Gordon Merrick. La leí con avidez, y me identifiqué por completo con sus protagonistas, jóvenes como yo, o aún más jóvenes que yo. No recuerdo bien la trama (han de haber pasado muchas cosas, pues el libro era bastante gordo, como casi todos los *bestsellers* gringos); tampoco recuerdo si el libro tenía algunos logros estilísticos, aunque sí que me resultaron estimulantes las descripciones de las escenas sexuales. Se desprendía, sin embargo, un leve tufillo de culpa, pero la conclusión me pareció liberadora: si había amor de por medio, a Dios no le importaba lo que hiciéramos de nuestra vida sexual; pero *¿y si no* había amor? Sólo unos años después, cuando leí a Jean Genet y a Tony Duvert, descubrí que el uso de la temática homosexual no estaba reñido con la calidad literaria: fue un aliviane en todos sentidos. Pasarían más años antes de que, gracias a José Joaquín Blanco, conociera los libros de Christopher Isherwood y algunos relatos de Paul Bowles y E. M. Forster, autores todos que se movían como peces en el agua de un amor que no parecía turbio y una literatura del más alto nivel. Guardo, también, un excelente recuerdo de *Valentín*, de Juan Gil-Albert. No olvido, por supuesto, el *Satiricón* ni algunos relatos de *Las mil y una noches* que conocí en una antología de Posada, a cuyo título habían añadido el adjetivo "eróticas".

No me gustaron, en cambio, otras novelas que había leído antes: *Fabrizio Lupo* y *El diario de José Toledo*; tampoco disfruté mucho de *Después de todo*. No niego las virtudes literarias de estos libros, principalmente en el caso de la novela de Ceballos Maldonado, pero no me dieron lo que recibí de los libros arriba mencionados en materia de figuras atractivas de homosexuales.

En el terreno de la teoría, leí y releí *El homosexual y su liberación*, de George Weinberg: en esa época no abundaban los títulos que abordaran de una manera objetiva la cuestión homosexual, o, como siempre, yo estaba pésimamente informado de lo que se publicaba. Por casualidad, di con el *Coridón*, de Gide, un libro menos convencional en su estructura y nada convencional en sus propuestas.

Pero se me estaba olvidando, qué barbaridad, el Divino Marqués, a quien había leído en los últimos años de mi adolescencia.

Varios de sus libros inflamaron mi sexualidad juvenil con sus explícitas descripciones de encuentros homosexuales, aunque recuerdo especialmente *Justine o los infortunios de la virtud*, en la que los personajes masculinos se daban vuelo acariciándose y cogiendo ante nuestros atónitos ojos y los de la inocente protagonista.

El Marqués de Sade, si la memoria no me engaña, legitimaba la homosexualidad como algo natural: al igual que otras manifestaciones sexuales, formaba parte de la existencia humana: sus personajes sí que eran unos verdaderos perversos polimorfos *avant la lettre*. También di la bienvenida a sus contundentes argumentos en contra de la religión. Otras lecturas me ayudaron, igualmente, a irme despojando en ese sentido de lo que se había convertido en un lastre que ya me pesaba mucho.

Y, claro, estaban las espléndidas novelas de Manuel Puig: si bien sólo uno de sus personajes era declaradamente homosexual (Molina, en *El beso de la mujer araña*), se adivinaba en los demás una sensibilidad gay: pienso, sobre todo, en el niño protagonista de *La traición de Rita Hayworth*.

Aunque la conocí ya en la década de 1980, no quisiera dejar de mencionar *Bom-Crioulo*, la novela de Adolfo Caminha que presentaba a dos personajes gays nada estereotipados en una época tan temprana como el siglo XIX. Tampoco me olvido de *The City and the Pillar* (1948), de Gore Vidal, ni de *Giovanni's Room* (1956), de James Baldwin; ni paso por alto *Ernesto* (escrita en 1953, pero sólo publicada después de que murió su autor), de Umberto Saba, que leí hace poco. Ni olvido dos excelentes novelas de José Joaquín Blanco que incluyen como protagonistas a personajes gays: *Las púberes canéforas* y *Mátame y verás*, la primera publicada en la década de 1980, y la segunda, en la de 1990. Otro gran amigo, Olivier Debroise, escribió al menos dos novelas en las que utilizó con fortuna personajes gays: *En todas partes, ninguna* y *Lo peor sucede al atardecer*. Y mi también amigo Luis González de Alba publicó, a principios de la década de 1980, *El vino de los bravos*, en el que, además de un texto en que me hacía un divertido guiño de ojo, incluía otros cuentos con personajes gays; pienso especialmente en "Hoy te he recordado". Luis publicaría, años después, varias novelas con personajes gays. Pero en este terreno hay mucha tela de dónde cortar, y este textito no pretende ser exhaustivo.

IV

Puede afirmarse, en justicia, que los primeros personajes gays (en el sentido que le damos ahora a esta palabra) que hubo en el cine fueron Encolpio, Ascilto y Gitón, protagonistas del *Satiricón* de Fellini. La película narra los avatares de los tres jóvenes, de una manera divertida, como en el libro en que "se inspira libremente", según Fellini, y con una propuesta visual deslumbrante, como acostumbraba hacerlo. No hay ningún tipo de censura hacia sus personajes, que se mueven por el ancho mundo latino y hasta más allá con una gran libertad, aunque esto último es un decir, pues, en un momento dado, Encolpio y Ascilto son hechos esclavos. Es curioso que haya sido un cineasta heterosexual el primero que lograra, acaso sin proponérselo, mostrar una visión desprejuiciada de los hombres capaces de enamorarse de otros hombres, lo que sólo probaría que, en materia de arte, cualquier etiqueta y cualquier orientación sexual salen sobrando. (Confieso un pecado menor, del que me redimí muchos años después, ya en la era del DVD: cuando vi por primera vez el *Satiricón*, era yo tan pedante que no supe apreciarla y dije que estaba ya harto de Fellini. Ahora la película me parece una joya: cada escena está ejecutada con una gran delicadeza y es absolutamente disfrutable; la fotografía y la dirección artística son de las mejores que he visto en mi vida, y cada toma es una obra maestra de la composición.)

Seguramente antes del *Satiricón* yo había visto *Teorema*, que planteaba dos situaciones homosexuales: cuando el huésped seduce al padre y al hijo de la familia que visita —esta segunda es la que más atractiva me resultó y la que más recuerdo—. Pero no podría hablarse de personajes "gays" en el caso de la película de Pasolini, pues la experiencia se vuelve catastrófica tanto para el padre como para el hijo.

Aunque Von Aschenbach, el protagonista de *La muerte en Venecia* (escritor, en la novela de Mann; músico, en la película de Visconti), no es homosexual, sí lo es la última pasión que vive. En dos sentidos podría calificarse de platónico el sentimiento que experimenta por el muy joven Tadzio: en el sentido que se le da comúnmente al término, de los amores que no tienen consumación carnal, y en el sentido de que Tadzio representa la idea de la belleza.

La película tenía indudables virtudes estéticas, pero el protagonista, espléndidamente interpretado por Dirk Bogarde, estaba lejos de poder satisfacer la necesidad de modelos homosexuales que tenía el chavo que era yo en aquella época. Además, el contexto de la peste en que se desarrollaba la historia tampoco resultaba muy estimulante.

Mucho más cercanos me resultaron los personajes que interpretaban Michael York y Helmut Griem en *Cabaret*, que tenían sus quevers a espaldas de Sally Bowles (y, por lo demás, de la cámara) sin sentir la menor culpa.

Los gays fueron teniendo una presencia cada vez más sólida en el cine: de ocasionales apariciones en personajes secundarios evolucionaron hasta alcanzar papeles protagónicos, muchas veces con visos trágicos, y muchas veces, también, en los personajes cómicos, superficialmente simpáticos (aunque no faltaba uno que otro muy pesado, claro), pero al menos ya lejos de los patéticos estereotipos del cine de la década de 1960 y de antes. La lista de las películas en que aparecen personajes homosexuales sería interminable, y las hay para todos los gustos. A mí, en este terreno, como en general, me gusta más el cine francés, y, aunque no siempre vi estas películas en su momento, me quedo con *L'homme blessé*, de Patrice Chéreau;

Les roseaux sauvages y *J'embrasse pas*, de André Téchiné, y *Presque rien*, de Sébastien Lifshitz, sin que por eso desprecie algunas películas inglesas que también disfruté mucho: *Sebastiane*, de Derek Jarman; *My Beautiful Laundrette*, de Stephen Frears, y *Maurice*, de James Ivory, y varias más de otras nacionalidades.

De nuestros directores, Jaime Humberto Hermosillo es el que más consistentemente ha presentado personajes homosexuales en sus películas, desde el inicio de su carrera en la industria cinematográfica: ya en *La verdadera vocación de Magdalena* aparece una lesbiana que trata de ligarse a otra chava (no recuerdo si a la protagonista) en un reventón, y en la relación (no del todo filial, no del todo paternal) que se da entre los personajes que interpretan Héctor Bonilla y Jorge Martínez de Hoyos en *El cumpleaños del perro* hay una corriente erótica insoslayable, o eso quise ver. Asimismo, mucho se ha hablado de que la amistad de los protagonistas de *Matiné* no es del todo inocente, por decirlo de alguna manera. En *Naufragio* ya aparece, en un papel pequeño, un muy guapo Ernesto Bañuelos como un aeromozo que coquetea (creo) con otro hombre en el aeropuerto de la Ciudad de México. Pero es en *Las apariencias engañan* donde vemos por primera vez un personaje homosexual más desarrollado (lo interpreta Manuel Ojeda) y un hermafrodita (que hace Isela Vega) con una marcada predilección por los señores; ni Gonzalo Vega sale bien librado de los lazos de esta seductora cogelona. *Las apariencias engañan* también cuenta con una participación especial del otrora famosísimo travesti Xóchitl, en cuya historia se inspiró, a su vez, Margo Su para escribir su novela *Posesión*.

Jaime Humberto filmaría después varias películas más con protagonistas gays, como *Doña Herlinda y su hijo*, que se basaba en un relato de Jorge López Páez y que tendría éxito en varios países, y la audaz en varios sentidos *eXXXorcismos*, con la que empezaría a experimentar con el cine digital, en el que ha perseverado. Lamentablemente, estos nuevos formatos del cine independiente aún no cuentan con una distribución que les asegure una exhibición masiva, y no he visto las nuevas películas de Hermosillo, pero sé que en algunas de ellas los protagonistas son gays. Mención aparte merece *El lugar sin límites*, la excelente película de Arturo Ripstein basada en la novela de José Donoso. Si bien el protagonista es "el joto del pueblo", la película sirve de vehículo para desenmascarar al personaje que interpreta Gonzalo Vega, un macho de doble moral que se ve amenazado en su virilidad. *El lugar sin límites* se ha vuelto, con el tiempo, una película de culto, y Roberto Cobo recibió merecidísimos elogios por su papel de La Manuela.

Vi, como puede suponerse, una gran cantidad de películas en que había gays en papeles de mayor o menor importancia, en películas de mayor o menor (y hasta nula) calidad. Pero sólo hace unos cuantos años conocí *Victim*, la película inglesa dirigida por Basil Dearden y estelarizada por Dirk Bogarde, a la que podría atribuírsele el mérito de ser una de las primeras (si no la primera) que tuvo a un personaje homosexual en el papel protagónico. *Victim* es de 1961 y quizá no es una película del todo lograda, aunque las objeciones que podrían hacérsele son las mismas que se le podrían hacer a cualquier película de la época: una marcada tendencia hacia el melodrama, poca sobriedad en el estilo y en las actuaciones, y un desagradable tufillo moralizante, si mal no recuerdo. Pero tiene igualmente sus virtudes, y entre ellas se cuenta una trama cuyo interés no decae.

V

Aunque también me gustaban mucho, vi menos obras de teatro que películas en la década de 1970. Lo más importante que sucedió en muchos años fue la puesta en escena de *Los chicos de la banda*. Su directora, Nancy Cárdenas, era, además de activista gay, una hábil publicista, pero aun si no lo hubiera sido, el tema de *Los chicos de la banda* habría llamado la atención y, más que eso, escandalizado a la sociedad mojigata de esa época (y de épocas anteriores y, sobra decirlo, posteriores): un grupo de homosexuales que se reúne para una fiesta en casa de uno de ellos. Estos *chicos* dieron mucho de qué hablar: desde antes del estreno, aparecieron abundantes notas en los periódicos y comentarios y entrevistas en televisión con los que participaban en el montaje. *Los chicos* se estrenó y estuvo en temporada en el teatro Insurgentes, uno de los más grandes de México, y supongo que tuvo mucho éxito, pues el reparto estaba constituido por actores de sólido prestigio. No sé por qué Nancy Cárdenas (¿tal vez a petición de los actores?) hizo el comentario de que ninguno de los que participaban en la obra era homosexual: ¿o quizá fue para destacar las habilidades histriónicas de los integrantes del elenco, que podían jotear y ser joteados sin que se les tildara de lo que no eran? (Aunque de todos es sabido que para esto de jotear también se pintan solos los bugas.)

En lo personal, la obra y el montaje me decepcionaron: al libreto no le encontré mucho chiste: todo sucedía, si recuerdo bien, durante una fiesta de homosexuales (deliberadamente evito el término *gay*); la mayor parte del tiempo los personajes se la pasaban joteando, y todos eran bastante estereotipados: no me parecieron muy diferentes de los jotos que salían en las películas de Mauricio Garcés. Para colmo de males, alguno de ellos terminaba con graves crisis de conciencia y quizás a alguno le provocaba enormes conflictos un forzado *coming out*.

Vi también *Los ojos del hombre*, una obra canadiense que tenía uno o dos personajes homosexuales. Creo que la obra, ubicada en una prisión, atrajo al público gay principalmente por el desnudo del muy guapo Luis Torner, pero las propuestas y las situaciones del texto eran bastante convencionales.

Más afines con mis gustos literarios eran las delirantes y divertidísimas obras de Copi, que conocí dos o tres años después. A petición de Carlos Téllez, tradujimos Olivier Debroise y yo *Eva Perón*, que luego llevó a escena nuestro amigo Carlos. José Antonio Alcaraz hizo la música. En esta puesta en escena, vi por primera vez a Tito Vasconcelos: su talento y su simpatía me sedujeron. Supe que había hecho hacía poco tiempo el papel de La Manuela en una puesta en escena de *El lugar sin límites*, pero me lo había perdido. (Por suerte, nunca dejé de estar en contacto con los textos de Copi: traduje, para Tito, *Loretta Strong*, aunque no llegó a ponerla; leí varias obras más del argentino radicado en Francia y su novela *Le bal des folles*, que durante mucho tiempo quise traducir, pero no encontré un editor que se interesara, y, por último, ya en la primera década del siglo XXI, traduje para Ediciones El Milagro *El refri* y *Loretta Strong*, que se publicaron, junto con otras dos de sus obras, en un volumen para el que escribí una introducción. La piradez y el ingenio de Copi siempre me resultaron muy sugerentes.) De Carlos Téllez, acabábamos de ver una espléndida obra en la Casa del Lago: *Sólo conciencia de besar*. Creo recordar que había en ésta algún personaje, algún comentario gay, pero no podría asegurarlo. Algún tiempo después, Carlos y yo tradujimos *P.D. Tu gato ha muerto*, el texto dramático de James Kirkwood —también novela del mismo autor— en el que un hombre y el ladrón que entra a robarlo a su casa se enamoran; la obra ha tenido muchas puestas en escena, aunque sólo vi la primera, con Manuel Ojeda y Humberto Zurita, que me gustó. Carlos Téllez, por su parte, pondría en 1986 *Una canción apasionada*, la versión en español de *Torch Song Trilogy*, otra vez con Tito Vasconcelos: tengo un excelente recuerdo de esta producción.

Destaco, también, la puesta en escena mexicana de *El show de terror de Rocky*, que produjo en 1976 Julissa; también participó en ella como actriz. Esta comedia musical resultó lo más refrescante que había visto yo hasta el momento en cuestiones sexuales, pues aquí sí los personajes le entraban a todo, todos contra todos y siempre de manera festiva y liberadora; no exagero si digo que esa puesta de Julissa, con una muy afortunada traducción de ella misma, me gustó más que la película, que vi algún tiempo después. *El show de terror de Rocky* hizo una temporada en un espacio del

Hotel del Prado, donde podía uno tomar la copa y (desde luego) fumar. Había mesas pequeñas dispuestas en torno al escenario y a una pasarela por la que se contoneaba Gonzalo Vega en su número "Dulce travestista". Creo que la vi dos veces ahí, y luego en un teatro en el que también hizo temporada la obra.

Y sin embargo se mueven, la puesta en escena de José Antonio Alcaraz, fue otro momento culminante del teatro en México, y por varias razones. Sobresale el hecho de que, si no me equivoco, era la primera vez que se montaba un texto mexicano original con personajes gays. Todavía recuerdo la noche del estreno, al que seguramente asistí invitado por mi amiga Billy, notoria figura del ambiente gay, que actuaría después en *Doña Herlinda y su hijo* y en otras películas, y sería la protagonista de mi novela *Los postulados del buen golpista*. Fue la Billy quien me presentó ahí a Cuauhtémoc Zúñiga, quien dirigía, si mal no recuerdo, el departamento de teatro de la UNAM y que se aventó el boleto de patrocinar ese montaje en el Teatro de la Universidad: tanto el director como los actores (pero no las actrices: Delia Casanova y Carlota Villagrán) eran abiertamente gays: el ya mencionado Alcaraz, Tito Vasconcelos, Gustavo Torres Cuesta, Homero Wimer y Fernando López Arriaga. El espectáculo era toda una celebración, en ese momento en que parecía haber mucho que celebrar y a dos o tres años de que el sida hiciera su aparición: abundaban los números musicales y los momentos jocosos, pero no por eso faltaban las escenas serias o intimistas. No es necesario decir (pero lo digo) que *Y sin embargo se mueven* tuvo un gran éxito, y cuando terminó la temporada en ese teatro, Tito Vasconcelos la llevó a otro más grande, donde me invitó a develar la placa de las 200 representaciones.

Tito Vasconcelos ha trabajado muchísimo: puso después, como actor y director, *Maricosas*, *Plastic Surgery* (la obra de teatro que escribí con Mario de la Garza, cuyas protagonistas tienen relaciones lésbicas) y *Afectuosamente, su comadre* (la espléndida obra de José Dimayuga, que José Joaquín Blanco incluyó en sus *top ten* del teatro mexicano del siglo XX), y ha participado como actor en innumerables obras teatrales, películas y espectáculos de cabaret, no siempre, aunque muchas veces, interpretando personajes gays.

Dudo: ¿incluiré aquí al ya mencionado José Dimayuga? Quizá debí hacerlo al hablar de la literatura en general, puesto que tiene una excelente novela, *¿Y qué fue de Bonita Malacón?*, en la que hay varios personajes gays y no faltan las escenas lésbicas. Sin embargo, la mayor parte de sus textos pertenece al género dramático. Dimayuga nos ha dado en sus obras teatrales una amplia galería de personajes homosexuales: jóvenes, maduros, viejos, poetas, lesbianas, travestis, declamadores, mayates, etcétera, todos retratados con la habilidad y el ingenio característicos de Dimayuga. Todos nos han hecho reír o nos han conmovido de otras maneras, y cada texto que escribe José es una fiesta del talento y la alegría.

VI

Los personajes gays tardaron mucho tiempo en llegar a la televisión. No sé cuándo habrá aparecido alguno por primera vez. Sólo recuerdo que pudo haber sido en la década de 1980, pero también en la de 1990 en una serie norteamericana sobre James Dean, en la que el protagonista iba a un bar gay.

Nunca fui muy afecto a la televisión, o, mejor dicho, a los programas televisivos, porque con las películas de la tele sí me di y me sigo dando vuelo. Sé que ha habido personajes homosexuales en varias telenovelas mexicanas, aunque ignoro qué características hayan tenido. El único que vi en alguna ocasión y no me simpatizó fue el que hizo Sergio Mayer en *La fea más bella*: me pareció la caricatura de una caricatura.

Por el contrario, en series y programas extranjeros los personajes gays sí han salido mejor parados, y han proliferado y llegado a ocupar lugares protagónicos. Los que se me hacen más simpáticos son los de *Will & Grace*, y me gustó *Queer As Folk*, pero la versión original inglesa: las manas y las lesbianas de la serie gringa (de la que sólo vi la primera temporada) me aburrieron con su obsesión por las discos y los gimnasios, así como con su preocupación por formar matrimonios sólidos y adoptar o tener niños. Me gustaron también, independientemente de que tengan personajes y situaciones homosexuales, *Six Feet Under* y *OZ*: se me ocurrió que las series estadounidenses eran ahora mucho mejores que la mayoría de las películas de la industria.

VII

¿Cómo hablábamos los gays en la década de 1970?

En general, como todo el mundo: nuestro lenguaje tenía más que ver con el medio en que nos desenvolvíamos que con nuestras preferencias sexuales.

Sin embargo, había unas cuantas palabras que usábamos entre nosotros. Decíamos "de ambiente" y "de onda" para referirnos a nosotros mismos y a lugares. Utilizábamos las palabras *chichifo*, *buga* y *guagüis*. Tal vez unos cuantos empleaban el término *gay*, ahora tan extendido (a mí me parecía que podía adoptarse, en su lugar, su exacto equivalente en español, *gayo*, y así lo usé en *El vampiro de la colonia Roma*): incluso los niños alivianados dicen "gay" para referirse a un homosexual. Unas amigas mías lesbianas decían la palabra *bichiña*, con el mismo sentido, pero supongo que era un calco del portugués, pues se juntaban mucho con unas brasileñas. Recuerdo que decíamos "travestí" y no "travesti", quizá por contagio del francés. Y cuando un gay quería decir que adoptaba en la cama tanto el rol activo como el pasivo, aseguraba: "Soy internacional" (ahora, en las redes sociales de internet, se emplea el término *versátil*, je). Se usaba, y se sigue usando mucho, "loca", que ha ido perdiendo su intención peyorativa; con la palabra *joto* ha pasado lo mismo, sobre todo si se emplea el diminutivo: "¿Es jotito?" Como han hecho los angloparlantes con *queer*, nos hemos ido apoderando de estos términos, así como de *maricón* y, en menor medida, de *puto*: al fin y al cabo, la lengua es de quien la trabaja.

VIII

Nunca me gustaron mucho las discotecas, ni los bares. Como yo no bailaba, no me parecía divertido ir a un lugar a escuchar música; tampoco bebía mucho (preferí siempre las sustancias químicas: en aquella época, los benzodiacepinas). Y para ligar, estaban las fiestas privadas, la calle y otros espacios públicos. De un ligue emeritense surgió una de las relaciones más importantes que tuve. También gracias a otro ligue escribí *El vampiro de la colonia Roma*.

Conocí a Osiris Pérez en 1975, en la Cineteca: él era cinéfilo y yo también. Cuando me dijo que era "vividor" (creo que ésa fue la palabra que usó), no le creí del todo, no sé por qué: a fin de cuentas, Osiris era muy guapo y tenía un cuerpo musculoso, de proporciones armoniosas; era también muy simpático y buen conversador, por lo que no tenía nada de extraño que aprovechara esos atributos para ganarse el sustento.

Osiris me contaba anécdotas muy divertidas sobre su profesión, y un día le dije que debería escribir su vida. "¿Por qué no lo haces tú, que a eso te dedicas?", dijo, y quizás es lo que yo estaba esperando escuchar. Nos vimos cinco o seis veces para ese fin. Llegaba yo con mi grabadorcita de casetes y grabábamos una hora por sesión.

Al principio, mi intención era escribir una novela-testimonio (creo que fue Miguel Barnet quien acuñó la expresión), algo parecido a *La canción de Rachel* y la *Biografía de un cimarrón*, o, aquí en México, *Hasta no verte, Jesús mío*. (También había leído yo con gran interés *Los hijos de Sánchez* y *Una muerte en la familia Sánchez*, aunque estos dos títulos estaban más asociados con la antropología que con la literatura.) Pero cuando empecé a trabajar en la novela, descubrí que la vida de Osiris (a quien llamé Adonis en el libro) tenía mucha similitud con la de los pícaros de la literatura española: compartían los temas de la orfandad, la necesidad temprana de ganarse el pan cotidiano, la astucia como un medio para sobrevivir, el sentido del humor, la pertenencia sucesiva a varios amos, etcétera. Decidí inscribir la novela, a la que desde el principio encontré título, dentro de esa tradición, y pensé que habría que modificar algunas cosas de la realidad para ajustarlas a mi proyecto. Poco a poco, el deseo de inventar fue imponiéndose a mi inicial propósito de ser fiel a la historia de Osiris. Incorporé, también, anécdotas que me contaron algunos amigos (Olivier Debroise, por ejemplo, me platicó en el trayecto a Pátzcuaro —creo recordar que en el tren, aunque no estoy seguro de que hubiera trenes a Pátzcuaro— sobre la fiesta que aparece casi al final del libro y que, debido a la lluvia, termina convertida en un lodazal), características de otros amigos (Zabaleta se inspiraba en mi amigo pintor y le puse su apellido), algunas vivencias y hasta sueños personales. También trabajé el lenguaje.

Cuando aún no avanzaba mucho en la escritura de *El vampiro de la colonia Roma*, le enseñé a Osiris algunas páginas del inicio. Pensé que le iba a gustar. Me dijo, con un tono medio seco: "Esto no es mi vida" (aún ahora no sé qué lo llevó a hacer ese comentario, pues, según yo, en lo que le había mostrado, sí me había ceñido más a lo que me narró), y me sugirió que cambiara algunas cosas. No le hice caso. Nunca volvimos a encontrarnos en la calle, ni tuvimos ningún otro tipo de contacto. No sé si le habrá gustado la novela terminada, pero sí estoy seguro de que, como biografía, la habría desautorizado.

IX

Cuando estaba terminando de escribir *El vampiro de la colonia Roma*, me enteré de que un también joven escritor acababa de publicar una novela que tenía por protagonista a un chichifo. Se titulaba

El desconocido, y su autor era Raúl Rodríguez Cetina. Tuve miedo de algo imposible: de que ambos hubiéramos escrito el mismo libro. En aquel momento, no pensé que el tema de un libro no constituía su esencia, ni que la idea de escribir sobre esos pícaros modernos estaba, por así decirlo, flotando en el aire: ya John Rechy había publicado 14 años antes *La ciudad de la noche*, pero sólo la leí algunos años después, y James Leo Herlihy narraba en *Midnight Cowboy* las dichas y desdichas de un *hustler* que se acostaba tanto con hombres como con mujeres (cito el libro porque no sólo vi la película de John Schlesinger). Cuando algún tiempo después leí *El desconocido*, me dio gusto comprobar que el libro de Rodríguez Cetina y el mío eran distintos: aunque los hermanaba la profesión del protagonista, la acción de *El desconocido* tenía lugar en Mérida, y el tono, las anécdotas y el estilo eran por completo diferentes.

X

Recuerdo 1979 como el año en que muchas figuras destacadas de la literatura y el teatro mexicanos salieron del clóset. No digo que antes nadie hubiera declarado su homosexualidad en público, pero si así fue, no me llegué a enterar.

En marzo de 1979, dos días antes de cumplir 28 años, José Joaquín Blanco publicó en *Sábado*, el suplemento de *unomásuno*, su hermoso y valiente ensayo "Ojos que da pánico soñar": me imagino que en esos días habrá recibido más felicitaciones por su artículo, que con el tiempo se volvería un texto fundacional (como se dice ahora, quién sabe con cuánta fortuna gramatical), que por su cumpleaños. Seguramente el texto de Blanco irritó y escandalizó a algunos, pero para una inmensa mayoría, no sólo constituida por gays, resultó emocionante e inspirador. En "Ojos que da pánico soñar", José Joaquín Blanco hablaba por primera vez desde un yo y un nosotros que ya no se ocultaban tras ninguna ficción narrativa: José Joaquín hablaba de él, de nosotros, de nuestra realidad, de nuestros escenarios, en una forma inteligentísima y lúdica, como en todos sus textos.

José Antonio Alcaraz, José Ramón Enríquez y Tito Vasconcelos fueron otros personajes de la cultura que manifestaron sin tapujos sus preferencias sexuales. Probablemente muchos más hicieron pública su orientación sexual durante ese año y los siguientes, tanto en México como en el resto del mundo, pero sólo recuerdo en este momento casos más recientes.

XI

Mucho tiempo ha pasado desde aquellos míticos años, no siempre dignos de nostalgia. Muchas cosas han sucedido. La aparición del sida enturbió, por un momento, el paisaje de los logros conquistados. Pero también la solidez de los grupos que han luchado contra esa amenaza nos dieron motivos para seguir siendo optimistas, y, como dije al principio, los enormes logros en el terreno social son esperanzadores. La palabra *libertad* está adquiriendo nuevas tonalidades: los colores del arcoíris.

XII

Viéndolo bien, sí, celebremos con gusto, amiguitos, amiguitas y amigaytors: brindemos por (como dice José Dimayuga) los jotos y las lenchas que nos dieron patria. Y festejemos con bombo y platillos la aparición de *México se escribe con J*, un proyecto de cuyos nacimiento y posterior desarrollo fui un entusiasta testigo. Brindemos también por Michael Schuessler y por Miguel Capistrán, que lo llevaron a cabo: ¡salud!

Una macana de dos filos

MICHAEL K. SCHUESSLER

Como lo demuestra la historia cultural de todas las comunidades marginadas —ya sea por motivos religiosos, sociales o raciales—, las innegables contribuciones que ha aportado la homosexualidad a la cultura universal expresada en las artes plásticas, literarias, dramáticas, cinematográficas y populares han sido siempre relegadas por la mayoría heterosexual a constituir un discurso subterráneo, clandestino o, en el mejor de los casos, testimonial. Aunque las manifestaciones y representaciones de la experiencia homosexual occidental han sido parcialmente documentadas y analizadas, en México por desgracia todavía existe una enorme laguna en cuanto al estudio y la revisión de esta realidad, tal vez debido a las imposiciones tanto sociales como morales y religiosas propias de la cultura nacional. Pues, por un lado, la sociedad mexicana parece tolerar ciertas muestras superficiales de afecto entre hombres en apariencia heterosexuales —es decir, bugas—, cuando se abrazan libremente en la calle y en contextos hipermasculinos como la cantina, donde hasta se pellizcan las nalgas y juran su eterna devoción; por otro lado, esta misma sociedad castiga de manera habitual y arbitraria una relación entre dos hombres que vaya más allá de una estrecha amistad, lo cual es, al menos en parte, producto del catolicismo introducido por la Conquista al unirse con las actitudes homofóbicas presentes en la mayoría de las culturas mesoamericanas, según lo consignaron cronistas y misioneros como Bernal Díaz del Castillo y Bernardino de Sahagún, al hablar de los "sométicos" que pululaban en las costas y en "tierra caliente" de lo que hoy es México. Si bien es cierto que estas peculiaridades han sido objeto de estudio en forma limitada ya desde los años cincuenta, por ejemplo los todavía tímidos comentarios de Octavio Paz (1914-1998) respecto del hombre "pasivo" y el hombre "activo" que emplea en su ensayo sobre la psique nacional *El laberinto de la soledad* (1950) y no obstante la existencia en todas las épocas de numerosas obras de todas las disciplinas creativas hechas por (y para) homosexuales, nunca se ha presentado una visión global de este fenómeno cultural tal y como se manifiesta en México.

Ahora bien, a despecho de esa carencia de una visión globalizadora de un asunto que siempre ha merecido el rechazo, y para sorpresa de muchos mexicanos y extranjeros, en el campo político actual, a más de 10 años de haber propuesto la primera iniciativa sobre el tema, el 9 de noviembre de 2006, el pleno de la Asamblea Legislativa del entonces Distrito Federal aprobó la Ley de Sociedades de Convivencia, que permite la unión jurídica entre personas de diferente o del mismo sexo para establecer un hogar común, disposición que atañe tanto a parejas homosexuales como a parientes o amigos en dupla, ya que los legisladores sentían excesivo legalizar a grupos "familiares", pues pensaban que eso legitimaría la poligamia. Con la aprobación de esta ley sólo para parejas, las agrupaciones de religiosas y religiosos, así como agrupaciones de familiares y amistades, no tienen una protección legal familiar. Otro detalle: hasta hace muy poco, esta ley no contaba con los mismos derechos de los que siempre ha gozado un matrimonio "tradicional", pues constituía solamente la unión legal de dos personas y como tal no permitía derechos fundamentales de la vida en pareja, como la adopción de niños, la inscripción en los sistemas de seguridad social o la suma de puntos para la obtención de un bien inmueble. En un artículo publicado en *La Jornada* por Rafael

Álvarez Díaz, el 11 de noviembre de 2006, se presenta de manera elocuente el significado de este decreto, uno que "hace avanzar a toda la sociedad en la lucha contra la inequidad, la discriminación y la estigmatización motivadas por visiones autoritarias, homófobas, independientemente de sus estilos de vida, elecciones y decisiones personales acerca de su intimidad". El 11 de enero de 2007, al seguir la pauta de la legislación aprobada en el entonces Distrito Federal, el gobierno de Coahuila aprobó por mayoría la Ley de Pacto Civil de Solidaridad, que de igual modo establece un compromiso patrimonial entre parejas de cualquier sexo. A pesar de esta aparente evolución social y política a nivel nacional referente a la protección jurídica de la comunidad *queer*, según la revista *Proceso* (11 de mayo de 2015),

> en los últimos 19 años se han registrado mil 218 homicidios por homofobia en el país, aunque se estima que por cada caso reportado hay tres o cuatro más que no se denuncian, de acuerdo con el más reciente informe de la Comisión Ciudadana contra los Crímenes de Odio por Homofobia (CCCOH) [...] El informe asegura que con estas cifras México ocupa el segundo lugar a escala mundial en crímenes por homofobia, sólo después de Brasil.

A pesar de que la Iglesia católica, entre otros organismos anacrónicos —o retrógradas, en una palabra—, se opusiera de manera categórica, el 5 de agosto de 2010 quedó avalada por la Suprema Corte de Justicia de la Nación (SCJN) la reforma al artículo 146 del Código Civil del Distrito Federal, con ocho votos a favor y dos en contra, que legaliza el matrimonio de parejas conformadas por personas del mismo sexo —con todos sus efectos, incluida la adopción de niños—, con base en los principios fundamentales de igualdad y no discriminación. Hay que señalar que ante los candados en contra del matrimonio y la adopción que legislaturas de otros estados han interpuesto, ha sido la SCJN la que ha declarado estas prácticas como anticonstitucionales; ha fallado a favor de los amparos que las parejas han interpuesto en otros estados. Además de ello la SCJN ha solicitado que los estados legislen a favor, proceso que va lento y que es impulsado por varios activistas. Otro rubro importante y que no debemos soslayar es el avance en los derechos de las personas *trans* y su reconocimiento jurídico y social. En 2008, el Código Civil del Distrito Federal agregó el levantamiento de una nueva acta de nacimiento por reasignación de concordancia sexogenérica. No obstante, el problema es que los requisitos existentes hacían que el proceso fuera largo, caro, y que además estas personas fueran evaluadas por expertos sexólogos y psiquiatras, que lo hacía oneroso en distintos sentidos, hasta que en noviembre de 2014 dicho código se modificó una vez más para hacer este trámite menos burocrático, algo específico para las personas *trans* que viven en la Ciudad de México y que aún no se consigue en los demás estados de la República. Sin embargo, la reunión que varios activistas tuvieron el 17 de mayo de 2016 con el primer mandatario, provocó una serie de intenciones que en mayor o menor medida se han concretado; por lo menos la Secretaría de Relaciones Exteriores ha mantenido un perfil amistoso con la diversidad, al extender pasaportes a las personas *trans*, así como al otorgar asilo político a quienes, por su orientación sexual o expresión de género, lo solicitan. No está de más decir que en la Ciudad de México, la Clínica Especializada Condesa da servicio no sólo a extranjeros avecindados en el país, sino a personas migrantes de cualquier nacionalidad, para brindarles el derecho a la salud.[1]

Curiosamente, no ha sido en México, sino en Estados Unidos, donde más atención se ha dedicado a la cultura gay mexicana y donde ya existe una creciente bibliografía integrada por libros y ensayos —aunque casi siempre dirigidos al sector académico— que exploran, analizan e interpretan sus múltiples manifestaciones. Dicho

---

[1] Agradezco al investigador Alonso Hernández el haber compartido conmigo sus conocimientos sobre las reformas legales a favor de los gays para la elaboración de este apartado.

fenómeno también se expresa en las páginas de este libro, pues a pesar de ser expertos en esta rama de los "estudios culturales", no todos los colaboradores de dicha investigación somos de México, incluido yo mismo, pues me formé en el ámbito académico estadounidense. Ahora bien, de manera casi inexplicable, hasta donde llega mi información, en México no se ha publicado un estudio que abarque esta circunstancia de manera integral y que satisfaga por lo tanto esta inquietud de un lector común tanto como la de un lector especializado, cualquiera que sea su orientación sexual. Dada esta carencia con la que me he tropezado a lo largo de mis estudios sobre la realidad mexicana, me aboqué a tratar de subsanar este vacío en la medida de lo posible.

Con la publicación de la segunda edición —corregida y aumentada— de *México se escribe con J* se pretende atender este aún enorme —e inadmisible— vacío, aunque sea de manera tentativa, por medio de la recopilación de ensayos consagrados a diversas manifestaciones de la cultura homosexual en México. Éstas son vistas desde la perspectiva que nos ofrecen las expresiones provenientes, en su mayor parte, de la zona metropolitana de la Ciudad de México, lo cual no deja de ser una evidente limitación que obedece más a patrones históricos —y políticos— de la cultura nacional que a las preferencias o a los prejuicios de nuestros autores. Si bien estas colaboraciones se pueden leer de forma independiente, se han organizado de tal manera que facilite, e incluso impulse, su lectura corrida, pues los textos aquí reunidos, organizados por temática dentro de sus respectivos apartados, también siguen un orden cronológico y de ese modo tienden puentes entre sí para componer, igualmente, una serie de "vasos comunicantes". Asimismo, hemos incluido al final del libro un anexo en el cual se recopilan dos textos emblemáticos de la cultura gay en México: "Diez y va un siglo" (1997), de Carlos Monsiváis, y "Primer desfile de locas" (1979), de Enrique Serna.

La a primera vista censurable exclusión del universo femenino homosexual de este volumen no se debe interpretar como producto de la ignorancia, ni mucho menos del desprecio, respecto de las aportaciones a la cultura gay mexicana brindadas por parte de la comunidad lésbica nacional. Mejor dicho, esta excepción obedece al reconocimiento de que la suya es una historia que, por la singularidad de este tema también universal, debe ser escrita —de modo testimonial— por los miembros de su propia comunidad. Ojalá que este libro constituya una sincera invitación al conglomerado homosexual femenino mexicano —activistas, escritoras, artistas— a realizar un volumen que complemente el nuestro, porque sólo así se puede tener una visión más exhaustiva —si no completa— de la comunidad *queer* nacional. Más aún, aquí deseamos reconocer públicamente la valentía de un reducido pero activo grupo de organizaciones lésbicas intelectuales, académicas, sociales y artísticas que son o han sido, al menos en parte, las responsables de que en el México de hoy se haya avanzado, si bien de manera paulatina, con respecto a la creación de una cultura y una identidad gay, elemento imprescindible para la formación de una sociedad diversa, dinámica, integrada y, sobre todo, tolerante. Cabe también mencionar a otros grupos de la comunidad *queer* más silenciados —y agraviados— incluso que los gays y las lesbianas, como las emergentes comunidades de individuos transgénero, transexuales, travestis y bisexuales, para nombrar sólo algunas, cuya experiencia vital y aportación cultural merecería ser apropiadamente registrada, analizada, difundida y apoyada. Por fortuna, en esta nueva edición contamos con el extraordinario testimonio de Alexandra Rodríguez de Ruíz, mujer trans-migrante que, a lo largo de su texto, nos cuenta la historia de su vida personal que es también el reflejo de una realidad colectiva que comparten los miembros de esta comunidad en México.

Este proyecto de colaboración que es, en realidad, *México se escribe con J,* cuyo resultado ha sido la elaboración de un libro heterogéneo, al igual que los colaboradores que nos hemos dedicado a este proyecto durante casi 10 años de trabajo continuo, abarca desde las primeras representaciones literarias del "hombre afeminado" del siglo XIX hasta lo último en la danza gay. El libro lo integran ensayos escritos por conocedores de algunos de los múltiples aspectos que exploran e interpretan este riquísimo y por lo tanto casi inabarcable tema, en los cuales se presentan y analizan las características de representaciones culturales mexicanas a menudo desatendidas, o incluso silenciadas, a veces en forma brutal. Sólo al reconocer la trascendencia de esta faceta de la cultura nacional se podrá llegar a una comprensión más profunda de la larga y compleja historia de la experiencia y de la expresión cultural gay en México. De modo que, mediante una publicación de esta índole, se presentan al lector general y también al especialista los aspectos más sobresalientes de la "homocultura mexicana".

Aparte de ser nuestros amigos y colegas, los colaboradores de este proyecto destacan por sus conocimientos de las múltiples facetas de este segmento imprescindible de la cultura nacional y con sus contribuciones se ha armado un volumen que creemos original e innovador dedicado a esta experiencia humana tan desatendida y amonestada. Un solo ejemplo basta, creo, para ilustrar la gravedad de la situación actual de las actitudes generales respecto de la homosexualidad en México: si bien es verdad que en las clases educadas de América y Europa ya no se acepta la discriminación con base en raza, color, ni religión, por ser ésta una actitud de explícita e insostenible ignorancia, en muchos círculos "educados" —digamos que la mayoría— mexicanos y extranjeros es aún admisible, por no decir alentado, burlarse de los "putos", "maricones" y "jotos" de la manera más natural y sin reparo alguno: "El que se raja es puto", "No seas joto", "Ay, tú, como dijo el puto", "¿Eeeehhhhhhhh, putito?", etcétera.

De lo anterior se deriva el título de nuestro libro, ocurrencia ésta de Juan Carlos Bautista, también colaborador en el presente volumen, cuya meta es "invertir" el empleo peyorativo de uno de los más comunes de estos epítetos y, en consecuencia, apropiarlo, reivindicarlo, encomiarlo. Al mismo tiempo, el título responde a un debate histórico de arranque ortográfico a la vez que cuestiona y critica algunos conceptos trasnochados de nacionalismo y xenofobia. Como es evidente, el título también juega con una de las designaciones peyorativas aplicadas al gay mexicano: "joto" o "jota", sustantivo —ahora transformado también en adjetivo y verbo— aparentemente nacido en la crujía "J" del Palacio Negro de Lecumberri, pues era allí donde encerraban a los homosexuales, los invertidos, las lilas y los fifíes, y de acuerdo con un lenguaje más actualizado, a las vestidas, las locas, las cuinas, las adelitas y, por supuesto, las jotas. No obstante la persistencia de esta leyenda popular que trata de explicar el nacimiento del término despectivo *joto*, aquí, y por primera vez, quisiéramos advertir que esa palabra ya se había acuñado por lo menos cinco años antes de la inauguración de Lecumberri en 1900, pues ya se encuentra en las páginas de la primera edición del *Diccionario de mejicanismos: colección de locuciones i frases viciosas, con sus correspondientes críticas i correcciones fundadas en autoridades de la Lengua: máximas, refranes, provincialismos i remoques populares de todos los Estados de la República Mejicana*. El autor de lo que sería el primer diccionario de mexicanismos fue el cubano Feliz Ramos Iduarte (1848-1924), "profesor de instrucción primaria elemental i superior", que se exilió en México por cuestiones políticas; en este caso, la llamada Guerra de los Diez Años, el primero de tres intentos bélicos por lograr abatir el dominio político de España, que había subyugado la isla desde principios del siglo XVI con la llegada de Cristóbal Colón. El diccionario fue publicado en 1895 en la Ciudad de México por la imprenta de Eduardo Dublán, ubicada en el Callejón Cincuenta y Siete, número 7. La entrada que nos interesa se encuentra al final de la página 324: "Joto (D. F.), adj. Afeminado…"[2] Nótese que parece

---

[2] Para consultar el primer *Diccionario de mejicanismos* se puede acudir a la página www.archive.org/details/diccionariodemej00ramouoft

ser, eso sí, una palabra nacida en la Ciudad de México (Distrito Federal), pero no en las oscuras crujías de aquel Palacio Negro de Lecumberri, sino tal vez en su precursora, la antigua cárcel de Belem (o Belén), ubicada cerca de la Ciudadela, donde ahora se encuentra el Centro Escolar Revolución; ahí también metían a los "desviados", "lilos" e "inglesitos" —incluyendo a los "Famosos 41"— junto con ladrones, violadores y asesinos.

Ahora bien, sin mayor exordio, entremos al mundo de la cultura gay mexicana por el umbral del siglo XX, cuando una fortuita redada puso en evidencia la circunstancia bien conocida de que, en el aspecto social, los extremos se tocan; esto es, que tanto en la llamada clase superior como en la clase baja no existe el concepto de una "moral" tan alabada por una, en ese entonces, incipiente clase media.

Un día como hoy hace más de ciento

Miguel Capistrán

El mexicano que vive en el número 41 de una calle cualquiera invariablemente hace algún comentario jocoso para adelantarse a la reacción de las personas a quienes informa su domicilio. El que tiene 41 años evita mencionarlo, o bien se atribuye 40 o 42. Cuando el número del asiento en un espectáculo es el 41, nunca faltan los chistes para festejar la coincidencia. Incluso hubo una película rusa que se exhibió en todo el mundo con el título de *El 41* (el 41 es el número del disparo con el cual una guerrillera que lleva 40 hazañas balísticas tiene que dar muerte a su amante) y en México tuvo que ser anunciada como *El último disparo.*

La razón de todo esto se encuentra en un hecho registrado en noviembre de 1901, en la actual calle capitalina de Ezequiel Montes, llamada de La Paz en la época, cuando el gendarme que estaba de punto en la esquina de la 4ª calle observó un continuo ajetreo de carruajes que llegaban a una de las casas cercanas y le pareció extraña la catadura de las parejas que descendían de los vehículos...

Al espiar la casa, el policía se dio cuenta de que se estaba celebrando un baile. Como las damiselas le siguieron pareciendo sospechosas, corrió a dar parte a la Octava Comisaría, que se encontraba en la 3a calle de la Industria, hoy Serapio Rendón. Varios agentes fueron enviados al lugar y encontraron a las bailarinas en plena efusión de unos sentimientos que no podían mostrar a la luz del día. La fiesta era una manifestación de esa clase de amor que, como dijo lord Alfred Douglas, el joven y fatídico amante de Oscar Wilde, en un poema suyo: "I am the love that dare not speak its name"; es decir, el amor que no se atreve a decir su nombre.

Decentes y lagartijos

Fue necesario pedir el refuerzo de altos jefes policiacos y numerosa gendarmería para que realizaran la aprehensión de la concurrencia. La *razzia* fue la más famosa del porfiriato, y en ella cayeron 41 individuos, 19 de los cuales iban vestidos de mujer, así como una mujer auténtica que se encargaba de cuidar la casa.

La mojigata sociedad porfiriana trepidó ante el escándalo, máxime cuando se afirmó que entre los detenidos había varios hijos de las "mejores familias" capitalinas y "lagartijos" muy conocidos en la prefiguración de la Zona Rosa que fue la calle Plateros, hoy Madero.

Los periódicos amarillistas se dieron vuelo comentando el asunto. Uno de ellos refirió que "entre los vestidos de mujer había muchos con las caras de blanco y carmín, con negras ojeras, pechos y caderas postizos, zapatos bajos con medias bordadas, algunos con dormilonas de brillantes y con trajes de seda caros, ajustados al cuerpo con corsé".

Para colmo de la indignación, se divulgó que muchos de los transvestidos asistentes a la fiesta se hacían llamar con nombre de artistas famosas en la época, como Rosario Soler, La Patita, María Luisa Labal, La Argentinita, Luisa Ruiz París, Concha Bonfil (hermana de Esperanza Iris), o de prostitutas muy conocidas, como La Francis, La Papelero, etcétera.

Circuló asimismo la especie de que la fiesta de "Los 41" tenía como uno de sus atractivos principales la rifa que se iba a hacer de un efebo de 14 años.

Las aclaraciones

Por lo pronto, a los detenidos se les obligó a barrer las calles inmediatas a la comisaría, pena que era aplicada a faltas como vagancia, embriaguez, etcétera. Seguidamente, el gobernador del Distrito Federal ordenó que 22 de los detenidos —los que iban con indumentaria masculina— pasaran al cuartel del 24 batallón, donde además de filiarlos los raparon; fueron enviados al cuartel de Gendarmería Montada para ser enrolados después en el servicio militar.

Se dijo mucho que los familiares influyentes de los detenidos trataron de conseguir que el gobernador fuese menos severo en los castigos, pero que éste se mostró inflexible.

Al principio, el diario *El Imparcial*, vocero de los intereses políticos y económicos de Porfirio Díaz y su camarilla de amigos y protegidos, guardó sospechoso silencio en torno del asunto. Pero ante la magnitud que tomaba el escándalo, se vio obligado a declarar:

> Hay quienes aseguran que entre los individuos aprehendidos había capitalistas y otras personas pertenecientes a familias muy distinguidas [...] Creemos necesario rectificar esas opiniones. La verdad es que en la referida reunión, excesivamente inmoral y escandalosa, sólo se encontraban un grupo de más de 40 hombres, muy conocidos por sus costumbres depravadas, y que en más de una vez han figurado en escándalos por el estilo. La mayor parte cambiaron de nombre al ser aprehendidos; pero la policía ha podido identificar a muchos, entre quienes se encuentran un individuo que ejercía como dentista y otro que se decía abogado.

A Quintana Roo

Un periódico ofreció "decir con franqueza de qué personas se trata, pues es tiempo de impedir que escenas tan indecentes se repitan", pero fue acallado con dinero o amenazas. Además, ya fuera por influencias o porque se compró el silencio oficial y periodístico, buena parte de los detenidos se sustrajeron a una acción penal que en rigor no podía habérseles seguido, porque en México desde que hay estatutos constitucionales nunca ha sido delito ni impedimento legal la homosexualidad o la conducta afeminada.

Como chivos expiatorios para apaciguar a la opinión pública fueron escogidos 19 de ellos —no todos los disfrazados de mujer, sino de una y otra vestimentas— que carecían de recursos o influencias para defenderse. Aparentemente, algunos de ellos practicaban en efecto la prostitución masculina, obligados a ello sobre todo por la pobreza y el hambre crónicas de la época.

El castigo no pudo resultar más duro: ser enviados a Yucatán para cubrir, como se dijo, "las bajas que por enfermedad está teniendo nuestro ejército en aquella península donde se está consiguiendo reducir al orden a los indios mayas". Ese año, la Guerra de Castas se recrudecía por la implacable represión ejercida por el sanguinario general Ignacio A. Bravo, compadre de Díaz y gobernador militar del territorio de Quintana Roo, elegido precisamente en ese año de 1901.

Por supuesto, *El Imparcial* afirmó de manera mentirosa que los 41 presos, sin excepción, habían sido enviados a Yucatán, y que éstos no estaban destinados "a formar en las filas de los valientes soldados que hacen la campaña, sino que se les empleará en trabajos de zapa, como abrir brechas, rellenar bajos, abrir fosos y levantar fortificaciones pasajeras".

Más aclaraciones

Cuando salió de la estación de México el tren que condujo a los infelices "enganchados" a Yucatán, una enorme concentración de gente morbosa los esperaba y comenzó a lanzarles proyectiles diversos, burlas e insultos. Como formaban parte de una "cuerda" de reos desterrados por múltiples razones, abundaban los que se veían precisados a hacer aclaraciones como: "¡No me tiren! ¡Yo voy por ladrón!", "¡Yo voy por ratero!", etcétera. La escena se repitió en todas las estaciones donde hacía alto el ferrocarril y se identificaba a los especiales viajeros.

Las consecuencias del baile fueron más allá del bochorno y el castigo para los participantes. Tanto en los teatros, como en chistes, hojas volantes del mismo tipo en que se imprimían los corridos —dos de ellas publicadas por A. Vanegas Arroyo e ilustradas nada menos que por el genial José Guadalupe Posada—, hasta en una posterior y hoy merecidamente olvidada novela de un señor Eduardo Castrejón, llamada *Los 41*, se recogió el hecho y se le hizo penetrar de tal manera en la mentalidad popular que el número 41 pasó a convertirse en sinónimo de homosexual.

Por algún tiempo, los periódicos siguieron ocupándose del asunto. Se señaló que aun en los más selectos lugares de reunión era usual la presencia de individuos distinguibles por ir vestidos de traje blanco —de donde tal color pasó a ser simbólico de homosexualidad, sobre todo en representaciones de teatro revisteril— y que completaban su indumentaria con "choclos del mismo color, pañuelo azul en el bolsillo de la americana, flor roja en el ojal, sombrerito de Panamá con listoncito de color, ya sea rojo o azul o ambos combinados. Al caminar procuran exhibir lo más posible del calzado".

***

Toda mi curiosidad infantil, de adolescente y de parte de mi existencia adulta respecto a la carga "infamante" que conllevaba el guarismo 41, al ser considerado sinónimo de homosexualidad, quedó cubierta el día en que, de manera inopinada, al hojear las páginas de la obra de José Guadalupe Posada, editada por el Fondo Editorial de la Plástica Mexicana, advertí entre los trabajos del célebre artista, reproducidos en ese libro, las hojas volantes donde sus grabados acompañan el testimonio de un sonado baile donde fueron sorprendidos personajes de las postrimerías del porfiriato en pleno jolgorio que, como antes se decía, era "contranatura" y a raíz del cual fueron detenidas 41 personas, muchas de ellas hombres con atavíos femeninos.

No obstante, esta información abrió nuevas expectativas para mí que sólo quedaron satisfechas tras una investigación que emprendí movido por el afán de aprehender ese incidente ocurrido en el contexto de una época de perfiles tan singulares como fue el México finisecular del siglo XIX y comienzos del XX.

De esa búsqueda surgió un trabajo de regular extensión en el que volqué todo un rastreo que me llevó a la revisión de documentos, publicaciones periódicas y una amplia bibliografía centrada en los años finales del régimen que encabezó el "Héroe del 2 de abril", esto es, Porfirio Díaz. Mientras hallaba dónde publicar esa pesquisa que me llevó a tocar los más disímiles registros, a raíz de una conversación casual con Armando Ayala Anguiano, director de la revista *Contenido*, me propuso éste que le diera la oportunidad de publicar un extracto de ese tema de gran interés para el público general y del que, no obstante, no se conocía mayor cosa más allá de las manifestaciones de un número considerado tabú y que era motivo de bromas y aun de condena en el lenguaje popular.

Esta versión muy reducida, cuya esquemática extensión obedeció a las exigencias de espacio de la revista, apareció en la publicación de referencia en el número correspondiente a febrero de 1974 y es la que en esta ocasión transcribo, por una parte debido a que el hecho trágico y rotundo del terremoto de 1985 me arrebató no sólo a parte de mi familia sino, por una igualmente lamentable añadidura, me hizo perder la casi totalidad de, para entonces, mis incipientes biblioteca y archivo, acervo este último en el que resguardaba mis indagatorias en torno al asunto de "Los 41" y de las cuales sólo sobrevive el artículo publicado en *Contenido*, transcrito tal cual hasta antes de la separación marcada con asteriscos.

De otra parte, mi amigo el acucioso investigador Alejandro García —cuya persecución de ese mismo tema lo llevó a un escrutinio de dicho asunto en las páginas de periódicos, revistas y libros a lo largo del siglo pasado y de lo cual fue producto su libro titulado precisamente *Los 41: célebre baile del porfiriato* (2006)— me hizo notar que las escasas cuartillas de mi colaboración transcritas en estas páginas constituyen, de hecho, el primer trabajo aparecido sobre el tema y en el que se da noticia sobre un suceso que atrapó la opinión pública nacional en los comienzos del siglo anterior y tuvo repercusiones particularmente lingüísticas, hasta más allá de la segunda mitad de esa precedente centuria y que, asimismo, dio lugar al surgimiento de las más descabelladas versiones en torno al verdadero origen de la aplicación de dicha cifra a todo individuo considerado como practicante del sexo con personas del mismo género.

Acerca de esa misma circunstancia, vale decir, de que mi texto "Los verdaderos 41" ha sido, hasta donde se sabe, el que por primera vez se introdujo en los meandros de un hecho a la luz de una perspectiva que permiten los poco más de 100 años transcurridos desde que ello ocurrió, han aflorado nuevos elementos de juicio en torno a la homosexualidad en todo el mundo que le otorga al *affaire* de "Los 41", proyecciones que era imposible no sólo apreciar, sino advertir, hasta no hace mucho tiempo y, entre otros aspectos, cabe destacar que así como en el momento en que aconteció fue motivo de escándalo y de condena, al cumplirse el centenario del caso se conmemoró éste, bajo una luz muy diferente, sobre todo sin la estigmatización que la homofobia y el *male chauvinism*, en gran medida definitorios de una actitud vital mexicana en general, han impuesto a toda muestra que contravenga el código de una conducta colectiva.

Sobre el caso, a partir del centenario de la muy difundida reunión "gay" de aquellos tiempos, la cual para muchos constituye en gran medida nuestro Stonewall, en la actualidad más de un comentarista y analistas se han referido a esa circunstancia bajo la óptica de los tiempos presentes y así, por ejemplo, se pueden consultar los trabajos de Carlos Monsiváis, "Los 41 y la gran redada" (*Letras Libres*, abril de 2002), y de Miguel Hernández Cabrera, "Los 41, cien años después" (*La Jornada Semanal*, 9 de diciembre de 2001), además del libro mencionado con anterioridad de Alejandro García, los cuales, desde luego, no llevan ni explícita ni implícitamente mención alguna de carácter despectivo para ese hecho, como ocurrió en su momento.

Asimismo, la falta de estudios sobre la temática gay, como se usa decir mayoritariamente en la actualidad, llamó la atención de Michael Schuessler, por lo cual emprendió el abordaje del asunto en el curso de sus pesquisas por conocer más acerca de la homosexualidad en México, por lo que encontró también que mi texto es prácticamente el primero en tratar el caso de "Los 41" después de tantos años de un práctico silencio en torno al asunto. Y dada esta razón, hoy lo he recuperado para este volumen al que me he integrado finalmente como editor al lado de este estudioso estadounidense de personajes de la realidad mexicana y de temas fundamentales, como el primigenio teatro novohispano del siglo XVI.

Por supuesto, no hay que dejar de mencionar la existencia de esa novela que lleva el título de *Los 41* justamente, pero la cual no puede sostenerse narrativamente debido a sus intenciones moralizantes y de prédica que quiere prevenir a la "ejemplar" clase obrera de las degradantes prácticas de una clase dominante condenable por sus excesos y su amoralidad; este desafortunado intento novelístico, por lo demás, no aporta elementos para tener una idea de lo ocurrido verdaderamente aquella noche del mes de noviembre de 1901 en la Ciudad de México.

No puede dejar de considerarse igualmente que una reunión como la convocada en la calle de La Paz no era extraña en el México de años anteriores, inclusive en el decurso del periodo virreinal, como lo documenta el *Diario de sucesos notables*, de Antonio de

Guijo, donde da cuenta de una redada en el domicilio de un personaje apodado Cotita de la Encarnación, al que acudían efebos y personas mayores a desfogar las urgencias de su preferencia sexual, penalizada entonces tanto moral como físicamente, y que conducían incluso hasta las hogueras de la Inquisición.

En 1901, lo que marcó la diferencia con otras reuniones parecidas era la clase social de un número impreciso hasta hoy de los circunstantes, pues así como se documentó el número 41 que se volvió condenatorio, lo cierto es que, como me comentó el maestro Salvador Novo en una conversación al respecto, se supo *off the record* que algunas de las opulentas familias de la época, y de las cuales algún miembro de esa élite porfiriana concurrió al sarao, optaron por exiliar en el extranjero a la oveja descarriada, si bien ese alejamiento del seno familiar no fue siempre en condiciones satisfactorias para los desterrados forzados, como fue el caso de Antonio Adalid, el único asistente cuyo nombre se conoce realmente y que fue lanzado al ostracismo de manera fulminante y desprotegido por su parentela. Adalid era parte de lo que Vasconcelos llamó la "aristocracia pulquera", que había hecho su fortuna sustentada en los campos magueyeros y su concomitante producto: el pulque, de enorme consumo en esos tiempos. Era tío del pintor Agustín Lazo Adalid, quien estableció relación amistosa con el núcleo integrado por Salvador Novo y Xavier Villaurrutia que se adheriría al primigenio conjunto de escritores que conformarían el llamado "grupo sin grupo": José Gorostiza, Jaime Torres Bodet, Enrique González Rojo y Bernardo Ortiz de Montellano, y al que se sumarían finalmente Gilberto Owen y Jorge Cuesta, si bien debe aclararse que no todos estos escritores eran homosexuales.

Adalid, como recuerda Novo en la *Estatua de sal*, introdujo a su sobrino Agustín Lazo con Novo y Villaurrutia, lo que a la larga lo hizo uno de los más activos participantes en las actividades de los llamados Contemporáneos, junto a otros artistas como Julio Castellanos, Manuel Rodríguez Lozano, Roberto Montenegro y Rufino Tamayo, miembros de esa unión de pintores y escritores.

Adalid, en fin, confió a Novo muchos detalles acerca de "Los 41", entre otros, el de que la inveterada corrupción y el influyentismo mexicanos permitieron que algunos concurrentes de la noche de marras eludieran la detención, así como que una prensa absolutamente controlada por el poder en turno silenciara la publicación de la lista de apellidos notables que estuvieron presentes en lo que prometía ser un festejo más que placentero.

Ahora bien, si este caso fue un incidente ocurrido en la capital del país, sus repercusiones tuvieron alcance nacional, gracias a los medios impresos, fundamentalmente por las hojas volantes impresas por Antonio Vanegas Arroyo, cuyo ilustrador era Posada, y dada una cierta permisividad que respecto a la sexualidad se vivía en la Ciudad de México en los años finales del XIX, la reacción del gran público parecería un tanto desorbitada si se tiene en cuenta el contexto social de esa época.

Había voces que, desde luego, desde una posición moralizante, clamaban por que se pusiera freno a una supuesta "intemperancia" dominante en la ciudad capital y así, por ejemplo, se llamaba la atención sobre una homosexualidad que de manera rampante se manifestaba en las calles capitalinas, en particular, la que constituía la columna vertebral de los paseos tradicionales de los habitantes de la gran urbe en donde se podía advertir la presencia de hombres con traje blanco, tal como los describía algún periodista de esa época y que he mencionado con anterioridad: "Choclos del mismo color, pañuelo azul en el bolsillo de la americana, flor roja en el ojal, sombrerito de panamá con listoncito de color, ya fuera rojo o azul o ambos combinados, al caminar procurar exhibir lo más posible el calzado".

Por lo demás, la capital, desde el último tercio del XIX, podía admirar ya, sin ninguna clase de prejuicios, los desnudos artísticos que en otras épocas eran motivo de censura y castigo. Al mismo tiempo, el modernismo imperante en las artes había introducido nuevas actitudes vitales de parte de los creadores cuya obra era patrocinada, entre otros, por los mecenas de la época, como Jesús E. Valenzuela y Jesús Luján, auspiciadores no sólo de la célebre *Revista Moderna*, sino que costearon los desplazamientos de artistas al extranjero, en viajes de observación y de estudio, como los emprendidos por Julio Ruelas a expensas de Luján a Europa, donde murió el artista, para quien el magnate sufragó los costos del impresionante monumento funerario en París donde reposan los restos del artista.

Existía, por lo pronto, una "bohemia" que de varias maneras imponía la admiración e influencia sobre el ciudadano común y medianamente ilustrado que ante el caso de pintores connotadamente homosexuales, como Roberto Montenegro, no ponían ningún reparo y de manera pareja se dejaba seducir por la impronta que el artista inglés de igual modo gay Aubrey Beardsley, admirado por Oscar Wilde, trazaba sobre Montenegro. Esa, pues, cierta liberalidad que se vivía respecto al hecho rotundo del fenómeno homosexual, tan vivo y presente en la historia de la humanidad desde los comienzos de ésta, dentro del clima de malestar social agudizado por la feroz represión porfirista y de los gobiernos estatales y alentada por los grandes empresarios industriales, comerciantes y hacendados, malestar que ya se expresaba de distintas maneras de años atrás y del que es impresionante testimonio el libro que sobre el país —*México bárbaro*— escribió el periodista estadounidense John Kenneth Turner, encontró en el baile susodicho una veta inmejorable para denunciar y atacar a las clases dominantes que se presentaban como dechados de virtud y de moral ejemplar, como individuos ambiciosos, pervertidos y carentes de la más elemental probidad.

Dicha cuarteadura en la estructura del régimen de Díaz, que en el momento fue de hecho imperceptible, tuvo, por lo pronto, consecuencias terribles para una comunidad, esto es, la homosexual, que resultó satanizada, y ante ello, si bien no todo el conglomerado gay, una gran parte de éste tuvo que replegarse y de la misma forma en que hubo un lapso no muy grande en que fue prácticamente tolerado, sobre todo sin consecuencias más allá de la burla y de ser llamados "mariquitas" o "jotos", entre otros calificativos, lo cierto es que, le comentaba Adalid a Novo, hubo que enclaustrarse en un clóset del que sólo la Revolución de 1910 y todos los cambios que esto trajo los reubicó de nuevo en un mundo exterior que, sin embargo, ya no fue el mismo que hasta 1901 en que antes circulaban, pues la anatematización que se dio creó un ambiente homofóbico, cruel, violento y sanguinario, que hasta fechas recientes sigue haciéndose evidente no obstante los avances sociales y jurídicos y de otra naturaleza que se han dado 100 años después de que los afanes de diversión de un grupo citadino fueron truncados por la fuerza policiaca.

LA "OTRA ONDA"

Narrativa y poesía

Afeminados, hombrecitos y lagartijos
Narrativa mexicana del siglo XIX

José Ricardo Chaves

Lo que hoy se denomina homosexualidad o "gaydad", en el caso de los hombres, no es algo fijo en el tiempo. Cada sociedad, en una cierta época, genera su propio modo de ver, tratar y nombrar la no aceptación, por parte de un hombre, del patrón masculino —"heterosexual"— de su momento y la consiguiente desviación. De hecho, el término *homosexual* se acuña en la segunda mitad del siglo XIX, en el ambiente médico, mientras que *gay* es un vocablo de la segunda mitad del siglo XX. Las palabras no son inocentes, de forma que mientras la primera designación implica una impronta taxonómica y psiquiátrica, la búsqueda de un nombre para una "enfermedad", la segunda, al ser una denominación elegida por los aludidos, tiene un matiz de defensa y autonomía sexuales.

En el siglo XIX mexicano y en su literatura el gay u homosexual, al menos tal como se entiende a inicios del siglo XXI —un hombre que tiene o que quisiera tener relaciones sexuales con otro hombre—, no aparece, no existe. Lo que encontramos es su equivalente, el afeminado, un personaje fuera de la norma masculina hegemónica que compite en coquetería y locuacidad con las mujeres, sin llegar a tener relaciones sexuales con otro hombre. En este sentido, el afeminado se define por un comportamiento social —cifrado en sus gestos, gusto por la ropa, el baile o los perfumes— y no por una práctica sexual. Su comportamiento erótico se mantiene en los límites de la heterosexualidad, pero su conducta social es anómala y ambigua. En una sociedad en la cual los seres humanos sólo pueden ser hombres o mujeres, salir de una de estas categorías para incorporarse a la opuesta representa una forma de degradación, y desde la óptica imperante es necesario aplicar la violencia al transgresor de la convención sexual, ya sea de forma "benigna", a través del ridículo, el humor, la burla o el albur, o de forma oscura, al someterlo a la represión o condenarlo a la hoguera, el linchamiento o al campo de concentración.

Es así como en el siglo XIX, sobre todo en sus últimas décadas, otra preocupación vinculada al afeminamiento de los hombres fue la masculinización de las mujeres, cuando éstas comenzaron a abandonar el ámbito privado y accedieron al dominio público. En este caso, como en el del afeminado, funciona la misma crítica heteronormativa de inversión de roles. Construir otra categoría más allá de "hombre" o "mujer" o modificar las ya existentes desde adentro era algo inconcebible. Al menos era así en México, si bien no en países como Francia, donde el escritor Théophile Gautier había planteado en su novela de mediados de los años treinta, *Mademoiselle de Maupin*, la posibilidad de un "tercer sexo"; o en el ámbito inglés, donde Edward Carpenter, ya en la segunda mitad del siglo, había escrito sobre el "sexo intermedio". En general, aunque en las letras mexicanas del siglo XIX un velo de invisibilidad oculta el homoerotismo, éste adquiere una expresión carnavalesca en el afeminado.

Durante la Colonia, el término utilizado para referirse al "pecado nefando", o al sexo entre hombres, fue *sodomía*, por lo que el afeminado decimonónico se ubica entre el sodomita colonial y el homosexual o gay de los tiempos modernos. Es interesante observar cómo el discurso colonial sí alude en forma directa al hombre que tiene sexo con hombres, al menos para reprimirlo, mientras que el del siglo XIX calla, lo evade o lo ridiculiza sin nombrarlo a través de la figura del afeminado. Por supuesto, antes del siglo XIX el término *sodomía* tenía un registro semántico más amplio que el actual, el cual alude básicamente al sexo anal y que por tanto no necesariamente implica una relación homosexual. Al decir del reconocido estudioso de las transformaciones históricas de la homosexualidad J. Boswell:

> Probablemente su etimología sea un error de la historia, y en diversas épocas y en distintos lugares lo ha connotado todo, desde el coito heterosexual ordinario en una posición atípica, hasta el contacto sexual oral con animales. En algunos momentos de la historia se refirió casi exclusivamente a la homosexualidad masculina y en otros casi exclusivamente al exceso heterosexual.

Como el mismo Boswell señala, otras de las acepciones de *sodomía* fueron *herejía*, *idolatría* e *islamofilia*; es decir, contempla aspectos religiosos y no sexuales, lo cual la torna una categoría escurridiza.

Es necesario considerar que, aunque a nivel culto en las expresiones literarias del siglo XIX hay afeminados, pero no homosexuales, y éstos se definen más por la manera en que visten que por con quién se acuestan, a nivel popular la situación es distinta. En las canciones orales o impresas hay personajes "putos" y "jotos", y estas categorías identifican a cierto tipo de hombres, tal como ocurre en *El ánima de Sayula* (1874), de Teófilo Pedroza. También en las cuartetas asociadas con los grabados de José Guadalupe Posada (1851-1913) sobre "Los 41", famosos por aquella fiesta descubierta por la policía en la que algunos hombres fueron encontrados vestidos de mujeres, para gran escándalo social. Más adelante retomaré esa confrontación entre las percepciones culta y popular del sexo entre hombres, pero antes ahondaré en la primera.

Cuentos de vestidas

Desde antaño sabemos de las posibilidades diabólicas del disfraz, su capacidad de encubrimiento y engaño, sus vinculaciones con la mentira. A finales del siglo XVIII, en plena insurgencia romántica, algunos escritores de la literatura gótica y fantástica utilizaron el disfraz como estrategia de seducción sexual y metafísica. El demonio asumió una androginia proteica, una capacidad pansexual que se cristalizó en formas y antifaces femeninos y masculinos ideados para convencer al incauto y lograr su perdición. *El diablo enamorado* (1772), de Cazotte, en Francia, y *El monje* (1796), de Lewis, en Inglaterra, son ejemplos de esos diablos multiformes y bisexuales que asumen el sexo necesario para ganar un alma. Más tarde, escritores decadentes como Gautier o Rachilde retomaron esas ideas para fines más mundanos de exploración sexual.

En las letras de México también encontramos estas historias de hombres y mujeres vestidos con ropa del sexo opuesto, aunque la razón es extrasexual: si es posible, su encarnación es momentánea y no lo hacen para sentirse parte del otro sexo, como lo haría el travesti usual, para quien su representación es también una forma de invocar a la mujer. Estos personajes se disfrazan no para asumir una nueva o soterrada identidad, sino por razones más simples, como evitar una desgracia, reconquistar al amado o ganar una apuesta.

En el cuento *Manolito el pisaverde*, publicado en 1838 por Ignacio Rodríguez Galván (1816-1842) —considerado por muchos como el primer romántico mexicano, no sólo por su obra, sino por su temperamento y una vida llena de incidentes, como el viaje a Sudamérica donde adquiere una fiebre que lo lleva a morir en La Habana a los 26 años—, se nos muestra al personaje del título, cuya belleza andrógina atrae tanto a mujeres como a hombres. El narrador lo presenta de la siguiente manera, tras un largo párrafo en el cual ha descrito las partes de su atuendo, su cuidada cabellera y lo ha anunciado como "el elegante", "el pisaverde de México" (*pisaverde* es una forma coloquial de referirse a un joven muy presumido):

> Tenía gran partido entre las damas, a pesar de que era un pisaverde; porque sus modales no eran afectados ni descompuestos; porque su pálido rostro

era bello, interesante, mágico; porque su apostura era elegante y noble, y tenía un aire tan melancólico y fantástico, que arrebataba los corazones; en una palabra, no era uno de esos petimetres almibarados y fastidiosos que son la diversión de las mujeres y la risa de los hombres sensatos, sino un joven, o más bien, un niño de figura delicada e ideal, difícil de dibujar.

Notemos el énfasis que la descripción pone en su atractivo para las mujeres, más a un nivel intelectual —interesante, mágico, noble, melancólico, fantástico son algunos de los adjetivos usados— que físico —pálido, bello, elegante—. Todos estos atributos incluso contrastan con aquel que lo identifica por antonomasia: su carácter presumido, su vanidad, ser un pisaverde. No es un hombre común, pues se le separa de los llamados "hombres sensatos", aunque también de los "petimetres almibarados y fastidiosos", que años después serán llamados "lagartijos". Por último, más que un joven de 18 años, es "un niño de figura delicada e ideal, difícil de dibujar", una expresión cuyo subtexto androginizante ya estaba implícito en el nombre mismo del personaje, Manolito, un diminutivo de Manuel, con lo cual se da entender que éste es un hombre aniñado; por lo tanto, no es un adulto, condición propia del ciudadano, muy importante sobre todo en una época de consolidación del Estado nacional, después de que el país se independizara de España. Según este discurso, la patria requiere grandes hombres que la consoliden, por lo que sus arquetipos son el padre, el militar y, a veces, el trabajador (campesino, primero; obrero, después).

Sin embargo, para otros personajes Manolito no resulta tan sublime, y se permiten bromear sobre su soledad y aislamiento en un rincón del baile. Ya no es un narrador omnisciente quien lo describe, sino las voces anónimas de otros participantes en el chismorreo:

—Estará enamorado de alguna desdeñosa Dulcinea —dijo otro arreglándose la corbata.

—O no habrá acabado de aprender la gavota[1] —exclamó el tercero.

—O tal vez el peluquero no fue a tiempo a peinarle.

—O le falta charol a sus zapatos.

La voz única del narrador cede ante la irrupción colectiva del chisme y la risa. Por otra parte, la belleza de Manolito no deja de perturbar a los otros hombres, quienes incluso lo piropean y lo acosan. Véase esta secuencia, en la que Manolito enfrenta a unos agresores:

—Vístase usted de mujer —dijo otro— y por mi vida que nos casamos mañana.

—¡Cuántos te envidiarían una muchacha tan linda!

—Por las pezuñas de Satanás, que me dan ganas de arrancarle ese bigote que está deshonrando, dijo un militar alto y grueso, y al mismo tiempo llevó su mano al rostro de Manuel.

La reacción de Manolito es altiva y viril, pues reta a duelo al militar atrevido y a tres más que han participado en la plática: "Para todos habrá si tienen paciencia y quieren venir uno tras otro." Palabras que parecen más una oferta sexual que un desafío, pero que surten el efecto de asustar y disuadir, pues finalmente no hay ningún duelo. No es raro que las ofensas iniciales provengan de un militar, arquetipo de virilidad bravía y convencional.

En esta visión que los otros tienen de Manolito, importa mucho, además de su belleza presuntuosa, su origen incierto. Su vínculo con la bruja, personaje marginal a quien se combate con la hoguera, revela una violencia deseada, aunque reprimida, hacia el bello intruso:

—¿Pero qué sabemos de él? Aparece repentinamente en las tertulias, y se va quién sabe a dónde. ¿Vivirá debajo de la tierra?

---

[1] Especie de baile entre dos personas, ya desusado.

—No señor, en la luna.
—Y subirá como las brujas.
—Sí, como las brujas.
—¡Oh!, si hubiera Inquisición ya estuviera chamuscado.
—Y quemado.
—Y tostado, y hecho carbón, para mayor honra y gloria de Dios y de su Santa Iglesia.
—¡Ea!, para honra de los inquisidores y nada más.

A medida que el cuento se desarrolla, la trama se complica con la revelación de secretos: un extranjero que recientemente casado con una dama local ya había contraído matrimonio en su país de origen. Es Manolito quien cuenta esto con discreción a la joven esposa engañada, en lo que a primera vista y por la insistencia que pone en verla a solas para platicar mejor, parece una simple seducción. El marido bígamo descubierto busca al delator y lo encuentra durante un paseo en un paraje peligroso por sus precipicios y escasamente visible por la tormenta que se avecina. Con un espíritu muy propio del romanticismo, la narración se puebla con referencias a un paisaje que manifiesta el ánimo de los hombres y con augurios funestos en la naturaleza. En tal ambiente se enfrentan Manolito y el marido delatado, y el lector descubre con sorpresa, gracias a los diálogos y a las reacciones de los personajes, que Manolito es en realidad María, la primera esposa abandonada y ahora disfrazada de hombre, quien ha montado todo ese teatro sexual de cambio de personaje para acercarse a su marido y convencerlo de que vuelvan a su país.

Esta revelación de la identidad femenina de Manolito va acompañada de cierta solemnidad, con paisaje trágico y romántico, aunque al mismo tiempo se carga de ridículo, pues lo que visualmente se da al lector es el encuentro airado de dos hombres que se hablan de amor y de odio. Si bien en una escena anterior Manolito se había enfrentado como el más macho a varios militares, momentos antes de que el secreto de su identidad fuera revelado al lector, el narrador describe cómo se lanza gimiente a los pies del agresor:

> —¡Piedad! —exclamó Manuel cayendo de rodillas y abrazando las de su interlocutor. ¡Infeliz de mí! Ten compasión de mi suerte, de mis agudos tormentos… ¡Ah!, no los aumentes más…

En alguna medida, el marido descubierto es consciente de que la escena de amor que su primera mujer le ha montado luce como una entre dos hombres, al grado de que, ante la inminente llegada de otros paseantes, exclama:

> —Ya vienen, ya se acercan, ya están aquí… ¡si me encuentran contigo!… ¡Satanás te confunda!

Mientras él se esfuerza por romper el abrazo lacrimoso, la mujer vestida de hombre se aferra y grita:

> —No me separo de ti: yo te amo: que vengan: yo gritaré que eres mi esposo, yo pediré tu perdón… ¡Pero separarme!…

En esta situación que combina el suspenso dramático con el ridículo de las apariencias, el marido actúa rápido y lanza a su delator/a al precipicio: "Sólo se oyeron algunos ayes y el golpe del cuerpo que se despedazaba contra las peñas […]" Sin embargo, en su acción, también pierde el equilibrio y cae, no sin antes aferrarse a unas ramas que no logran evitar su caída. Así, el bígamo y el pisaverde terminan destrozados en el fondo del abismo.

Poco más de medio siglo después de que fuera escrito este cuento por Rodríguez Galván, en pleno *fin-de siècle*, el novel escritor Amado Nervo (1870-1919), futura columna del modernismo literario, publica un cuento titulado "Aventura de carnaval" —probablemente escrito entre 1890 y 1895— en el que el disfraz juega un papel importante en la percepción del género sexual. En él, dos primos conversan. Uno de ellos, decepcionado, afirma que nunca volverá a enamorarse; el otro, incrédulo dice que en menos de una semana ya estará otra vez en brazos de una nueva amada. Ante la negativa rotunda del primero, acuerdan una apuesta y se separan, aunque cabe la posibilidad de que más tarde se encuentren en un baile.

El despechado llega a la fiesta y ahí halla a una mujer enmascarada cuyos ojos negros tras el antifaz, así como su suave y voluptuoso perfume, lo aturden y lo hacen titubear en su propósito de no enamorarse de nuevo. El misterio que rodea a esa mujer lo atrae y baila una polka con ella. El incipiente romance continúa. Ella, sin embargo, no quiere alentarlo demasiado y le advierte que es peligrosa para su tranquilidad y que no debe enamorarse de ella, todo lo cual exacerba el impacto sobre el joven. Cuando la desconocida se aleja, el muchacho corre y pide, al menos, ver su rostro sin antifaz y, ante su duda, ofrece arrodillarse para convencerla. Cuando ella finalmente accede, el enamorado grita de asombro: tras la máscara aparece el rostro varonil de su primo Carlos. El otro, atrapado en su deseo equívoco, sólo acierta a decir: "Si en aquel momento hubiera tenido una arma cualquiera, habría matado a mi primo, que se reía a carcajadas". Todo el discurso previamente elaborado sobre la mujer y sus misterios entra en crisis cuando se descubre que tras la máscara de la amada lo que se encuentra es un siniestro rostro masculino. El hecho de que al final todo sea una broma no clausura el deseo sentido por el personaje, y que ahora descubre malsano, según su escala de valores.

Pero no todo es broma. El primo engañado había descrito al otro, antes de verlo disfrazado, con paleta bastante erótica:

> Carlos era un muchacho muy guapo. Mediana pero gentil estatura, obscuro y rizado pelo, negros ojos árabes, llenos de expresión y fuego, poblada

63

barba. Sus formas redondeadas y marmóreas ocultaban, bajo un cutis de mujer, un tejido de músculos de hierro; sus manos eran aristocráticas y llenas de hoyuelos; pie pequeño... Una galana figura, en fin.

En esta descripción la estrategia androginizante mezcla elementos femeninos y masculinos: las formas redondeadas, el cutis de mujer y el pie pequeño, con la poblada barba y el tejido de músculos de hierro. Otros rasgos, como la estatura, la cabellera o esos "negros ojos árabes" que seducirán a través del disfraz, son ambiguos. De cierta manera, este primo ya había sido seducido antes de la aventura de la fiesta, aunque sólo durante ese tiempo de excepción que es el carnaval el deseo oculto se manifiesta en la superficie, matizado por la risa. De esta manera, el disfraz ha hecho visible un deseo velado en tiempos de normalidad.

La función del disfraz en los cuentos de Rodríguez Galván y Nervo es distinta. En el primero, una mujer se disfraza de hombre, y en el segundo, un hombre se disfraza de mujer. En uno, la razón para disfrazarse es tratar de recuperar a un amor perdido y la apariencia no engaña al ser amado; en otro, el propósito es ganar una apuesta manipulando el deseo del otro por medio del engaño. En ambos cuentos el cambio de rol sexual no tiene que ver con la identidad sexual de quien se oculta, pues la mujer disfrazada sabe que es mujer y quiere seguir siéndolo en compañía de su marido, al igual que el hombre vestido de mujer sabe que es hombre y quiere seguir siéndolo, después de reírse y ganar la apuesta. Para ambos el disfraz es apenas un medio para un fin, no una vía de evocación de sexualidades ambiguas, al menos no para ellos, aunque sí para aquellos con quienes se relacionan, como los militares acosadores de Manolito o el primo burlado.

En ninguno de los cuentos el travestismo se fundamenta en una búsqueda de la identidad sexual de los personajes, aunque las consecuencias en el campo del deseo propio y ajeno sean inevitables. Ninguno de los personajes disfrazados se identifica con un perfil de homosexualidad, si bien algunos de quienes los rodean sí lo haga sin saberlo o querer enterarse de ello.

Novelas con hombres que no quieren crecer

Comparemos ahora novelas en las que los hombres no se disfrazan de mujer y, sin embargo, según afirman "los hombres sensatos", sí se afeminan. De hecho, los afeminados del siglo XIX son equivalentes a los homosexuales del XX, al menos en términos de cuestionamiento del binarismo sexual, pero no se los identifica con prácticas sexuales que los diferencien como una especie distinta —como ocurrirá en los discursos posteriores sobre lo homosexual y sobre lo gay, coincidentes en esto pero muy distintos en otros aspectos—, sino por medio de una conducta extraña para su género, como una preocupación desmedida por la propia imagen, la indumentaria, peluquería y cosméticos, así como por el interés en asuntos mundanos, pero improductivos, como el baile, la fiesta, la seducción o la lectura. Su conducta, no su deseo sexual, los asemeja a las mujeres: de aquí su afeminamiento. No se acuestan con hombres, aunque tal vez algunos lo anhelan secretamente. La mayoría sí lo hace con mujeres —seducirlas es su oficio— y algunos pocos, como Chucho el Ninfo, según veremos, parecen gozar de una castidad narcisista. En todo caso, estos afeminados literarios del XIX no son definidos por su vida sexual, sino por rasgos de conducta considerados propios del sexo opuesto. Esto no los exilia del campo masculino, pero sí los disminuye, los degrada, los torna no hombres, sino apenas hombrecitos.

Buena parte de esta disminución de la masculinidad, de este aniñamiento, se manifiesta en los nombres de los personajes, generalmente diminutivos o expresiones coloquiales: Manolito, en el cuento de Rodríguez Galván; Josecito, en *El fistol del diablo* (1845-1846), de Manuel Payno (1810-1894); Pablito y Chucho el Ninfo, en las historias de José T. de Cuéllar (1830-1894). Su preocupación excesiva por sí mismos y su imagen los hace parecer narcisos que no quieren o no pueden crecer, estancados en una etapa de infancia o adolescencia perpetua que nos hace pensar en la interpretación freudiana de la homosexualidad. No en balde todos estos afeminados se asocian con los espejos y un ejemplo de ello es el Pablito de Cuéllar:

> Pablito contaba con todo esto: creía tener bonito cuerpo, bonito pie, bonita mano y mucha gracia; todo esto lo ratificaba Pablito cada vez que pasaba frente a un espejo, y estaba seguro de que en aquellos momentos su porte y su manera de bailar estaban llamando la atención de muchas señoritas y exaltando la envidia de algunos pollos feos.

También Chucho gusta de los espejos: "Cuando Chucho el Ninfo se retiró a su casa la noche del día de campo, lo primero que hizo al llegar fue mirarse al espejo y obsequiarse a sí mismo con una sonrisa". De manera constante los usan para revisar su apariencia y reafirmar su difusa identidad. Ahora bien, es cierto que en contextos literarios el espejo se asocia a la vanidad, tradicionalmente vinculada a las mujeres, pero el espejo no sólo simboliza fatuidad, sino ansia de autoconocimiento, en este caso un conocimiento a través de la exploración del cuerpo y de la sensibilidad que la sociedad negaba a los hombres del siglo XIX, quienes debían ser fuertes, duros y productivos. Por lo tanto, no debemos despreciar por fatuos a estos narcisos afeminados, pues en sus contoneos y extravagancias frente al espejo hay también una búsqueda de autoconocimiento corporal, afectivo y libidinal, que llevará a algunos, en posteriores encarnaciones literarias, ya en el siglo XX, a descubrir —otros dirán que a inventar— su propia homosexualidad.

En *El fistol del diablo*, en la vasta galería de personajes presentada por Payno existen dos personajes masculinos principales:

Manuel, militar y ejemplo de virilidad, y Arturo, un niño rico levemente afeminado, aunque sin riesgo de llegar al ridículo, pues es apenas un elegante delicado. A su manera, ambos están enfrentados al personaje diabólico, Rugiero, y ya sabemos que los diablos siempre se las arreglan para tornar ambiguas las fronteras sexuales. Los hechos fantásticos que ocurren en la historia son siempre racionalizados por el escéptico Manuel, mientras que en Arturo permanece la duda, rasgo que lo acerca a las mujeres, dispuestas a creer en lo maravilloso. Sin embargo, el gran afeminado en esta novela no es Manuel, sino un personaje más bien secundario, Josecito, cuyo nombre ya nos indica que se trata de un hombre incompleto: pese a sus años, sigue siendo niño. Su sueldo lo gasta "comprando papel de cartas, de todas formas y dimensiones, y en las peluquerías de la calle de Plateros, donde hacía gran consumo de esencias, pomadas, guantes y chucherías". Compra papel para la correspondencia que mantiene con sus múltiples conquistas, pues es un gran donjuán. Más adelante reaparece "acicalado, lleno de perfumes, con el cabello lustroso y perfectamente arreglado, con su bastón en una mano y sus guantes en la otra".

La pareja amorosa de Josecito es Celestina, en cuya conquista le ha ayudado Arturo:

> —Sois, no mi amigo, sino mi hermano, mi protector, mi padre, mi todo —dijo Josecito saltando al cuello de Arturo—. Me habéis dado en un momento una dicha que yo no esperaba en la tierra... ¡Celestina! ¡bien mío! ¡Arturo!... ¡Oh, yo me vuelvo loco de placer!

El narrador apunta que "Josecito no se desprendía del cuello de Arturo sino para abrazar a Celestina", y al final del capítulo parece haberse acostumbrado a esas muestras de efusividad, pues se nos indica que "Josecito saltó de nuevo al cuello de Arturo y poco faltó para que lo ahogara". ¿Es el cuello de Arturo o la mano de Celestina lo que vuelve a Josecito loco de placer? Como si no fuera suficiente, estas expresiones se repiten más tarde, pero con el viril Manuel: "Josecito, [...] presentado por Arturo, se arrojó una, dos y tres veces al cuello de Manuel, protestándole su amistad, ofreciéndole sus servicios y asegurándole que él no conocía ni dificultad ni peligro, cuando se trataba de servir a los amigos". De la misma manera, su incapacidad de mantener un secreto o su proclividad al chisme es otro rasgo de afeminamiento de Josecito.

Otro donjuán afeminado en esta novela es don Francisco, seductor de Aurora, uno de los personajes femeninos importantes, también aficionado a la buena vida, al *dolce far niente*, cuya recámara denota sus gustos:

> El cuarto del petimetre presentaba un aspecto muy singular: casacas, levitas, pantalones, chalecos, botas, todos los atavíos con que día por día se engalanaba como un cómico estaban esparcidos sobre las sillas colocadas en desorden en medio de la pieza. En el tocador había multitud de frasquitos de pomadas y aceites olorosos, cepillos chicos y grandes, cosméticos para teñir el bigote, colorete para la cara, fierros para rizar el cabello; y un observador curioso habría descubierto dos corsés y algunos pechos postizos.

Más allá de la ropa y los cosméticos, la gran pregunta sin resolver en esta descripción es para qué quiere don Francisco corsés y pechos postizos. ¿Será que va a ir al baile de "Los 41"? ¿Tendrá esto que ver con su fobia al matrimonio y con la condición de marido? Pues, según afirma el narrador, "le tenía un positivo horror al casamiento y estaba resuelto a hacer una locura antes que sujetarse a tal humillación, pues él llamaba indistintamente imbéciles a todos los maridos".

Pero sin duda el más grande afeminado de la literatura mexicana del siglo XIX es Chucho el Ninfo, el personaje creado por Cuéllar que da título a su novela de 1871. Aquí se desarrolla con mayor detalle el imaginario del afeminado y se reúnen elementos sueltos presentes en textos anteriores para darles una mejor organización simbólica. Chucho es hijo único de una viuda joven y guapa, quien lo convierte en el centro de su atención. Al inicio de la historia Chucho es un niño dócil, bonito, dulce, aunque también maleducado por la excesiva atención materna. Esto lo afemina, no sólo en sus gestos, sino en su forma de vestir, pues es tan lindo que su madre lo viste de niña:

> Elena [...] veía con placer aquel desarrollo; y al notar que las formas del niño se redondeaban, abandonaba sin dificultad la idea del vigor varonil, tan deseado en el crecimiento del niño, y se inclinaba a contemplarlo bajo la forma femenil. Elena había agotado ya todas las modas, y su imaginación se había cansado inventando trajecitos fantásticos para Chucho, hasta que un día le ocurrió vestirlo de mujer. Chucho se exhibió vestido de china. Estaba encantadora, según Elena; y como Chucho era objeto de repetidos agasajos en traje de hembra, se aficionaba a esta transformación que halagaba su vanidad de niño bonito y mimado.

Es en la escuela donde los otros niños lo apodan *el Ninfo*, y si el nombre Chucho indicaba cercanía, familiaridad y una cierta falta de solemnidad, el agregado *el Ninfo* connota una inversión semántica que alude a una referencia culterana según la cual las ninfas siempre son mujeres. Por lo cual sólo puede existir un ninfo si éste es un hombre amujerado, de la misma manera en que decir a una mujer "Chucha la fauna", indicaría la masculinización de ésta.

Como niño Chucho participa en una procesión religiosa personificando a un infantil san Juan Bautista, el santo decapitado, un símbolo que, según la interpretación freudiana, está relacionado con la castración. Quizá, como una suerte de augurio textual, Chucho encarna en su infancia la suerte de quien murió por insultar a Herodías, por el grito acusador, y a Salomé, por la castidad propia, así como el consiguiente rechazo sexual —en la versión de Wilde—, por lo que terminó sin cabeza. Algo de este santo decapitado, castrado simbólicamente —o cuando menos impotente—, anida en Chucho, quien a los 17 años, preso de su apariencia, utiliza a las mujeres en sus constantes andanzas eróticas para acrecentar su propio prestigio y la envidia de los hombres, cual Juan Bautista travestido como Salomé.

A la educación afeminada se agregan el lujo y el ocio que los recursos paternos le aseguran a Chucho, y que lo relacionan con un tipo social tan negativo. Así lo hace ver el narrador cuando compara a Chucho, a quien llama "gusano social", con "un animal ponzoñoso con alas" —el veneno es la educación afeminada de la madre, las alas las debía a la riqueza ociosa— y con "esa pequeña víbora de la Tierracaliente, que se llama coralillo, vestida con hermosos colores, pero cuya picadura es mortal". De más está mencionar el vínculo con diabólicos que la tradición cristiana atribuye a la serpiente, pues desde el Paraíso se las ha ingeniado para que los humanos sucumban a lo prohibido.

Por desgracia, Chucho no sólo no es un ser excepcional, sino que su condición se multiplica en la sociedad, y esto no es bueno para la joven nación mexicana: "Y no se crea que describimos en Chucho un ser fantástico, novelesco y que, a fuer de aparentar originalidad, le prestamos tintas de nuestra propia cosecha, no señor; por desgracia en esta época y en esta sociedad abundan estos adeptos del escándalo y de la inmoralidad".

Los muchachos no necesitan ser afeminados para ser educados, y Carlos, a cuya esposa Chucho seduce, es prueba de ello. Otro detalle en esta oposición entre Chucho y Carlos es que mientras el primero muestra una gran piedad religiosa —un rasgo femíneo—, Carlos es liberal y frío en los asuntos religiosos. De hecho, en la oposición entre liberalismo y catolicismo radica buena parte del clima ideológico de la novela. Chucho representa al lagartijo porfirista, inmerso en la feria de las vanidades, sobre todo su faceta latente de afeminado, y su asociación con las clases altas es tanto un defecto suyo, como una prueba del vicio de los ricos.

Chucho es individualista, narcisista y se nos dice que "llegó a tener un solo culto: su persona. Un solo deseo: parecer bien". Su cortejo no pretende complacer a una mujer sino acrecentar su reputación: la otra no es una persona sino un trofeo. Galantea a las mujeres, no las enamora. Prefiere a las casadas porque son más vulnerables y no hay que visitarlas con frecuencia. Es interesante que en la narración nunca se mencione el contacto corporal, mucho menos sexual, entre Chucho y sus conquistas femeninas; todo queda en palabras amorosas que el joven sabe esgrimir a la perfección para cautivarlas sin dificultad. Mientras que las mujeres reciben bien a Chucho, los "hombres sensatos", los "caballeros", lo detestan:

—¿Qué opina usted del Ninfo?
—No es él quien me llama la atención sino las señoras.
—¿Por qué?
—Porque lo aceptan, en lo general, con entusiasmo.
—Yo creo que se burlan de él.
—Está usted en un error, yo creía lo mismo porque es natural creer que la mujer tiene formado otro bello ideal del hombre; pero no es así: la mujer tiene sus aberraciones y ésta es una de ellas. Ese joven afeminado no sólo es bien recibido, hay algo más.

Pero ¿qué dicen las mujeres sobre Chucho? Mercedes, esposa del recto Carlos, si bien enamorada de Chucho, dice: "Ayer oí decir que es fatuo, que es tonto y aun le tacharon de... no sé qué... Y esto en vez de alejarlo de mi memoria, lo acerca a mí, porque lo compadezco; es la envidia, porque no es brusco ni ordinario como los demás". ¿De qué habrán tachado al pobre Chucho, cuando se le han endilgado tantos defectos e incluso se le ha llamado coralillo y animal ponzoñoso con alas, por parte de otros personajes masculinos y por el propio narrador? ¿Tendrá que ver con ese "algo más" que los "caballeros" perciben en él? Mercedes dice no saber, prefiere no recordar, pero aunque es algo más grave que tonto y fatuo, no le importa y mantiene sus sentimientos hacia el joven.

Sin embargo, Chucho es incapaz de amar a otra persona centrado como está en sí mismo, en una suerte de solipsismo erótico, en el que un ingrediente clave es la envidia que provoca en otros hombres, la admiración que los otros "pollos" del medio masculino en el cual vive sienten sobre él. El cortejo de Chucho no lo lleva a enamorarse de una mujer, sino a sentir orgullo sobre los otros hombres. Sólo entonces Chucho, "el niño", como le llaman en el rancho, parece transformarse en Jesús, el adulto, aunque esto es un espejismo y no tarda en volver al jugueteo infantil.

Chucho, como el don Francisco de la novela de Payno, también aborrece la condición de marido y "juraba a mil cruces que jamás se casaría". Esto acrecienta su enfrentamiento con los patrones masculinos dominantes, pues fundar una familia, hacer la guerra o generar riqueza no son parte de sus objetivos en la vida. En este destino de marginación debido al ocio asumido por Chucho y sus compinches, los "petimetres almibarados", según Rodríguez Galván, los lagartijos de don Porfirio, hay una actitud similar a la del artista finisecular que rechaza el mundo burgués y productivo y que se lanza a la bohemia y a la creación. No en balde también al artista se le acusará de afeminado en la centuria romántica. El siglo XIX ve a Chucho y sus afines como hombres aniñados que no quieren crecer, ser adultos, tener familias, riquezas, hacer patria, pues prefieren asumir el estado narcisista del bello adolescente, aunque peinen —o pinten— canas. Al ser niños no son autónomos, sino objetos del control ajeno, masculino, adulto y heteronormativo, igual que ocurrirá con las mujeres y con los locos.

Fantasmas putos y lagartijos jotos en la canción popular

En la literatura culta de la época no hay hombres que tengan sexo con hombres, pues este asunto es nefando, indeseable, y ni siquiera se le nombra por cuestiones de buenas maneras literarias. Será con el modernismo de los últimos años del siglo cuando se comience a escribir del asunto erótico con más audacia. Que no se hable de ello en las bellas letras no significa que no hubiera una cierta conciencia social sobre la existencia de estos hombres afeminados que todavía no son desviados u homosexuales. Este término se usará hasta el siglo XX, a la sombra de la psiquiatría. También el término *invertido* gustará en esos ámbitos psicológicos y sexológicos y alude a algo, a alguien que va en dirección contraria, al revés, de los otros, los "normales".

A diferencia del lenguaje culto, el popular usa o crea términos específicos, todavía vigentes, como *puto* y *joto*. El primero, de larga data en el español —por lo menos desde el siglo XV, según el diccionario de Corominas— con un espectro semántico variado, aunque asociado sobre todo a acepciones como *sodomita* o *pasivo* —en el acto sexual—, pasa a México con la conquista española. De hecho, el *Diccionario de mejicanismos* de Francisco Santamaría, en el siglo XX, lo incorpora de la siguiente manera: "Puto: invertido, afeminado puerco; tipo enfermizo y teratológico del pederasta o sodomita". Nótese que esta definición de diccionario parece más bien insulto personal, de la misma forma en que la palabra *afeminado* se presentaba en el siglo XIX rodeada de un nuevo lenguaje, pero en el siglo XX, vinculado a la inversión, la enfermedad y la teratología; aparecen también la antigua palabra *sodomita* y la intemporal de *puerco*. Si un puto es un "afeminado puerco", entonces hay otros afeminados que no son puercos y por lo tanto tampoco son putos: Chucho es un buen ejemplo. La diferencia entre ambos tipos es el contacto sexual con otro hombre.

Un ejemplo de uso popular de "puto" lo encontramos en el mencionado relato en verso de finales del XIX en Michoacán titulado *El ánima de Sayula*, de Teófilo Pedroza, en que un vivo ansioso de fortuna enfrenta a un fantasma el cual, a cambio de la riqueza pedida, exige su "fundillo". Así se presenta el fantasma:

> Me llamo Perico Súrres
> —dijo el fantasma en secreto—
> fui en la tierra un buen sujeto,
> muy puto mientras viví.

Y a continuación hace su pedido de manera directa y casi procaz:

> Ando ahora penando aquí,
> en busca de un buen cristiano
> que con la fuerza del ano
> me arremangue el mirasol.
> El favor que yo te pido
> es un favor muy sencillo,
> que me prestes el fundillo
> tras del que ando tiempo ha.
> Las talegas que tú buscas
> aquí te las traigo colgando,
> ya te las iré arrimando
> a las puertas del fogón…

Aquí la condición de "puto" está inequívocamente relacionada con el contacto sexual de tipo anal, la sodomía en su forma clásica, y no con el afeminamiento, la delicadeza o la sensibilidad.

En pleno porfiriato, en 1901, se produce el escándalo de "Los 41", un "baile de señores solos", de "afeminados", "de vestidos de mujeres" —según los títulos periodísticos—, un baile tan depravado que supera incluso a los aquelarres medievales. Un artículo en el periódico *El País*, conservador y católico, usa en un solo párrafo las siguientes palabras para explicar su sentir sobre tal fiesta: "mal", "estragos del error", "libertinaje", "abismos de aberraciones", "sensualidad", "desenfrenada licencia", "liberalismo", "degeneración", "frutos nefandos", "depravación"... Desde su óptica tradicionalista, el autor del artículo aprovecha la ocasión para atacar al liberalismo porfirista cuando vincula tales aberraciones con liberales y progresistas: la modernización propiciada por el régimen es responsable de tan lamentable estado de las cosas. La autoridad responde con dureza exacerbada sobre los 41 detenidos, como para aplacar a las voces acusadoras, y exilia a 19 de ellos a Yucatán, en medio de numerosas vejaciones desde su detención hasta su traslado. Si no todos son enviados es porque hay influencias y dinero de por medio, pues muchos son "hijos de buenas familias". En *La Patria* se escribe con pasmo burgués: "Lo vergonzoso y altamente irritante es que entre los aprehendidos hay muchos que han figurado en el boulevard de Plateros". Mientras tanto, *El País* habla de "jóvenes que día a día paseaban por los boulevards ostentando sus trajes perfectamente pegados a moda y llevando ricas joyas". Se trata, pues, de los famosos lagartijos, antes "afeminados" y ahora "jotos", o mejor "jotitos", a la usanza mexicana.

Así puede apreciarse en las cuartetas que acompañaron los grabados de José Guadalupe Posada sobre tal evento. El primer grabado en hoja suelta llevaba los titulares: "Los 41 maricones encontrados en un baile de la calle de La Paz el 20 de noviembre de 1901. Aquí están los maricones muy chulos y coquetones". Vienen luego 14 cuartetas distribuidas así: la primera es introductoria y nos avisa de "un gran baile singular", y las dos siguientes nos presentan de forma directa el asunto:

> Cuarenta y un lagartijos
> disfrazados la mitad
> de simpáticas muchachas

> bailaban como el que más.
> La otra mitad con su traje,
> es decir de masculinos,
> gozaban al estrechar
> a los famosos jotitos.

Si alguien dudaba de la sospecha popular sobre la conducta sexual de los lagartijos, dandis del modernismo de clases medias y altas, en esta composición es evidente el parentesco entre "lagartijo" y "jotito". Después hay un desarrollo de cinco cuartetas —cinco de 14 es una buena proporción—, en las cuales se describe a los hombres vestidos de mujer, fascinación masculina y fetichista por los objetos de la mujer: pelucas, abanicos, aretes, maquillaje, mismo que remiten al cuarto de don Francisco, el donjuán fémineo de Payno discutido previamente, donde habían corsés y pechos postizos:

> Llevaban buenos corsés
> con pechos bien abultados
> y caderitas y muslos…
> postizos… pues está claro.

Tras la descripción física y gestual, viene una cuarteta cuyo objetivo de mostrar un aspecto moral, busca encender la indignación del lector:

> Se trataba, según dicen,
> de efectuar alegre rifa
> de un niño de catorce años,
> por colmo de picardías.

De la misma forma en que los niños son sacrificados en los aquelarres y misas negras, también en la fiesta de "Los 41". Si allá corría sangre, aquí el semen. Quedan así unidos en un mismo discurso afeminamiento y pedofilia, nada de lo cual tenía que ver con el hecho real, pero sí en la mente prejuiciada del autor de las cuartetas. Tras una cuarteta de transición en una siguiente se abre la puerta a la represión:

> ¡Pum, que los gendarmes entran
> sorprendiendo a los jotones!
> Y aquello sí fue de verse...
> ¡Qué apuros y qué aflixiones!

Atrás quedaron diminutivos como "jotitos" y "mariquitos" de cuartetas anteriores; ahora son "jotones" a los que hay que reprimir y castigar, y "maricones" y "maricazos" a los que hay que exiliar a Yucatán, como puede verse en otro grabado. Siguen dos cuartetas más para describir la reacción de lágrimas, gritos y ladridos, así como una última para decir que ningún "jotón" se escapó. El lector porfirista puede quedarse tranquilo.

Como vemos, tanto en los sectores populares como en los conservadores y católicos se generan discursos de repudio y deseo de castigar enfocados en los afeminados o jotos, en un caso para señalar la corrupción de las clases altas, en otro para referirse a los males liberales. Después del escándalo de "Los 41", que tornó visible una sexualidad masculina interesada en la intimidad con otros hombres más allá de la expresión de una conducta amanerada, la sociedad mexicana se vio en la necesidad de nombrar eso esquivo entre los tules y sedas del afeminamiento, para dar cabida a nuevas formas de pensar lo sexual. A decir de Carlos Monsiváis, así se da "la invención de la homosexualidad en México". Más adelante, esta categoría se aplicará en el ámbito de las polémicas estéticas y políticas, no tanto para referirse a los modernistas como a los miembros de una generación posterior, los Contemporáneos. Los poetas del modernismo llegaron apenas al dandismo amanerado, a cierto "lagartijismo" decadente, aunque un autor más bien tardío en ese movimiento, como Porfirio Barba Jacob, fue una excepción, en tanto fue capaz de expresar de forma clara su homoerotismo en su poesía y su vida, y de vivir bajo el signo de la culpa, pero al menos vivir sin represiones, como pudo haber sido en otros casos.

La muestra de textos del siglo XIX revisados presenta personajes amanerados, en cierta forma caricaturescos, como los "jotitos" de Posada, quienes pasan de ser una curiosidad masculina tolerada con cierto humor, a un peligro para la nación, símbolo del vicio y la degradación, pues sexo y moral iban de la mano tanto en la Inglaterra victoriana como en el México de finales del siglo XIX y principios del XX, primero porfirista, y revolucionario después. Aquí, las letras de la época prefirieron ignorar, no nombrar el sexo entre dos hombres, de la misma forma como durante la Colonia se había ignorado al "sodomita" y como en el siglo XX se ignoraría primero al "homosexual" y luego al "gay". Sin embargo, la figura del afeminado supone, a pesar de ello, el cuestionamiento de un cierto ideal masculino, una incipiente crítica de género y, por supuesto, una condición marginal y vilipendiable.

¿Será que el afeminado del siglo XIX es un homosexual que no puede decir su nombre, pues no tiene palabras para ello? En retrospectiva, podría ser. De hecho el afeminamiento, pese a las nuevas categorías, psiquiátricas o militantes, del siglo XX, continuó siendo un elemento clave para la conformación de identidades homosexuales, sobre todo a nivel popular. Así puede apreciarse, por ejemplo, en los medios de comunicación, que suelen mostrar homosexualidad y afeminamiento como sinónimos cuando se valen de la ridiculización para caracterizar al otro: a la alteridad sexual debe corresponder una alteridad gestual. Pareciera que, sin gestos amujerados, el homosexual se torna invisible, indistinguible, y entonces es más peligroso.

Hay que reconocer también que los mismos involucrados retomaron en las formulaciones de sus identidades estos aspectos afeminados, ya no como boba mímesis de lo supuestamente femenino —según lo hizo el discurso literario del siglo XIX—, sino como artilugio de imagen para transgredir el orden social, como a su manera habían hecho en el siglo XIX dandis, afeminados y lagartijos. La voz heteronormativa del XIX ridiculiza y censura a un modelo masculino disminuido. En el siglo XX, las voces de los antes descritos por otros, y que ahora se describen a sí mismos, a veces retoman esos rasgos afeminados con connotaciones más críticas y reivindicativas. Ya no se busca la risa que denigra, sino la que hace reflexionar. En el nuevo siglo el antes afeminado solitario padece una metamorfosis que lo multiplica y lo transforma en una legión de homosexuales, gays, travestis y transexuales, en fin, el variopinto espectro de la diversidad sexual.

Del escarnio a la celebración
Narrativa mexicana del siglo XX

Víctor Federico Torres

I

En los albores del siglo XX, el homosexual, aunque todavía no se emplee dicha categoría, aparece de forma inequívoca en la narrativa mexicana con la publicación de *Los 41* (1906), de Eduardo A. Castrejón, novela que toma como punto de partida el arresto de 41 individuos, algunos con indumentaria femenina, ocurrido el 17 de noviembre de 1901 en la Ciudad México. Dicha "aparición" no pudo ser más funesta, pues la homofobia es una constante del texto a partir de la nota introductoria: "El autor del libro deja sentir la fuerza de su imaginación, detalla cuadros y flagela de una manera terrible un vicio execrable, sobre el cual escupe la misma sociedad, como el corruptor de las generaciones".

Cuatro personajes dominan la acción de la novela: Ninón y Mimí, así como sus respectivas novias, Judith y Estela. El texto, pródigo en emplear toda clase de epítetos para referirse al homosexual —"rufianes", "bastardos", "parásitos", "afeminado", "prostituido", "monstruos", "maricones"—, condena por igual a aristócratas y burgueses. Por eso los únicos personajes que se "redimen", Ninón y Estela, son justamente los que unen sus destinos a miembros de la clase trabajadora. No es de extrañar que la obra lleve por subtítulo "Novela crítico-social". Detrás de esta narración con un claro tono moralista hay un texto panfletario, de corte antiburgués, encaminado a exaltar las virtudes de la clase obrera.

La novela repite los consabidos estigmas y clichés en torno al homosexual, de forma que se le caracteriza como un invertido, miembro de un tercer sexo que asume una identidad femenina. Cónsona con el discurso dominante de la época y las ideas populares sobre la homosexualidad, el afeminado del siglo XIX es aquí un ser abyecto, cuyas "nefandas aberraciones" representan una amenaza para la moral y las buenas costumbres. Mientras el discurso médico establece que la homosexualidad es una perversión y sugiere que el homosexual lleva los signos de su anomalía en su semblante —como señala Michel Foucault en *Historia de la sexualidad* (1977)—, Castrejón postula una teoría propia que ubica el origen de la homosexualidad en el ocio y la riqueza.

Los prejuicios evidentes en el texto reflejan el repudio abierto que imperaba en la época hacia el homosexual. Según Ian Lumsden en su estudio *Homosexualidad, sociedad y Estado en México* (1991), en las primeras décadas del siglo XX, a pesar de que contaba con la protección legal del Código Napoleónico —adoptado durante la ocupación francesa y que estipulaba que los actos sexuales entre adultos no constituían un crimen—, el homosexual, en particular el de comportamiento afeminado, era objeto de prejuicios sociales. Por eso, recurre de forma común a la clandestinidad para crear sus propios espacios, tal como lo testimonia Salvador Novo (1904-1974) en su libro de memorias *La estatua de sal* (1989). Si bien en la narrativa mexicana se observa un silencio sobre el tema, su presencia se manifiesta en otros géneros; así lo afirmó José Joaquín Blanco en la entrevista que le realizó Clary Loisel, publicada en la *Revista Mexicana de Literatura Contemporánea*: "La influencia gay mexicana, escasa en relatos, ensayos y teatro, era sin embargo riquísima y magistral en poesía: Pellicer, Villaurrutia, Novo". Este silencio se interrumpe en 1953 con la publicación de la novela *Fabrizio Lupo*, de Carlo Coccioli (1920-2003), autor italiano radicado en México y colaborador del periódico *Excélsior*. Es innegable que la novela de Coccioli, el testimonio de la relación afectiva entre dos hombres, serviría de modelo para una de las primeras novelas mexicanas en abordar abiertamente el tema.

En los años siguientes varios autores mexicanos incorporan personajes homosexuales en sus obras. Sobre la representación del homosexual en la obra de Arreola, Fuentes y Rosario Castellanos, entre otros narradores destacados, Severino Salazar advierte en su ensayo "Narrativa gay en México", publicado en la revista *Opus Gay*, que el tema gay es siempre circunstancial a otros temas principales, en la obra de estos autores. Así se percibe claramente en la novela corta *El norte* (1958), de Emilio Carballido (1925-2008), en la cual la homosexualidad se aborda de manera subrepticia, recurriendo a unas entrelíneas que sugieren cierta ambivalencia en la sexualidad de los personajes. El subtexto gay sólo se insinúa en el extraño triángulo que conforman los personajes principales, Aristeo, Isabel y Max, y la atracción física, nunca materializada en un encuentro sexual, entre Max y Aristeo.

Dos textos publicados en 1964 con escasos meses de diferencia rompen esta tendencia y pueden ser considerados los pioneros de la narrativa gay mexicana: *El diario de José Toledo* (1964), de Miguel Barbachano Ponce (1930), y *41 o el muchacho que soñaba en fantasmas* (1964), de Paolo Po (¿?-¿?), autor cuya verdadera identidad aún se desconoce. Repetidamente se señala que *El diario de José Toledo* es la primera novela de tema homosexual en México, y tal vez sea válido afirmarlo si se toma en cuenta que Barbachano Ponce, según apunta Luis Mario Schneider en su obra *La novela mexicana entre el petróleo, la homosexualidad y la política* (1997), la escribió en 1962. Más allá del deseo de datar los textos, lo importante es destacar la publicación de ambas novelas, casi al unísono, dentro del clima nada favorable hacia la homosexualidad y venciendo todos los obstáculos que imponía la industria editorial. La influencia de factores extraliterarios se ilustra en las limitaciones que enfrentaron sus respectivos autores: mientras *El diario de José Toledo* sale a la luz en una edición limitada a cargo del propio autor, el autor de

41 o el muchacho que soñaba en fantasmas recurre al empleo de un seudónimo. No es coincidencia que esta práctica se repita en varias novelas publicadas entre 1968-1976 que abordan el tema, según afirma Luis Mario Schneider en su estudio.

Se puede afirmar que tanto *41* como *El diario* representan la literatura gay que circuló en México a principios de la década de los sesenta, casi de forma clandestina, entre un grupo reducido de lectores y ante la indiferencia de los críticos. Con el paso de los años, *El diario* correría mejor suerte gracias a una nueva edición a cargo de Premiá Editores publicada en 1988, así como una edición crítica en inglés, las cuales han permitido su revaloración. En cambio, *41* permanece ignorada al punto de que los diversos autores estudiosos de la narrativa gay mexicana parecen desconocer su existencia y sólo Gonzalo Valdés Medellín y Luis Mario Schneider ofrecen testimonio de su ello.

41 o el muchacho que soñaba en fantasmas es el primer intento en la narrativa mexicana de revelar los códigos y espacios que conforman la subcultura gay en el México de mediados de siglo xx. La novela, que consiste de 41 capítulos o segmentos, es una narración fragmentada sin orden lineal que guarda curiosos paralelismos, tanto en su anécdota como en varios de sus planteamientos, con la obra de Carlo Coccioli antes mencionada, *Fabrizio Lupo*.

Ambas novelas reclaman ser historias auténticas: *Fabrizio Lupo* consta del relato de las reuniones que el protagonista sostuviera con el propio autor y de un diario que éste le envía tras su suicidio. Por su parte, el epígrafe que precede a *41 o el muchacho que soñaba en fantasmas* lee: "Todos mis personajes son reales. Todos son (o fueron) muy jóvenes". En ambos casos encontramos la desesperación de sus respectivos protagonistas ante el rechazo de la persona amada: Fabrizio con Lorenzo, y el muchacho que soñaba en fantasmas con Fernando, "el muchacho de los ojos limpios".

Los planteamientos son similares: se insiste en la virilidad de sus protagonistas. En el prefacio a su obra, Coccioli escribe:

"Séame permitido decir que Fabrizio Lupo y Lorenzo, los personajes de este libro, son y siguen siendo hombres: hombres en la completa acepción del término". El muchacho que soñaba en fantasmas escribe: "Soy un hombre que gusta de los hombres". Igualmente, se insiste en la lujuria y en la promiscuidad como prácticas comunes que rigen la vida homosexual y que, por ende, conducen a un inevitable fracaso amoroso. Mientras una de las cartas que le envían a Fabrizio —y que se incluye en su diario— le advierte "jamás dos veces con el mismo", en *41 o el muchacho que soñaba en fantasmas* este señalamiento se convierte en un *leitmotiv*, una idea persistente. El resultado es una novela angustiante, regida por un pesimismo absoluto en lo que concierne al fenómeno amoroso homoerótico. Así, cuando Fernando incursiona en el mundo homosexual, iniciado por el propio muchacho que soñaba en fantasmas, se convierte en un eslabón más en la larga cadena de quienes sucumben a la lujuria, a la negación del amor y a la insensibilidad: "¿Por qué, Fernando, por qué? Lo hice yo, lo haces tú ahora. ¡Somos putos! ¡Maricones horribles! ¡Seres sucios!"

Aunque el protagonista reafirma su homosexualidad, "un homosexual (que no es lo mismo que un maricón) que se ha aceptado", su discurso se inscribe dentro de los prejuicios y estigmas fomentados por la sociedad. Incluso el título, al emplear el número 41, término peyorativo utilizado en México, nos refiere a la visión negativa y degradante del homosexual. Según la percepción del narrador, el homosexual pertenece a una estirpe maldita, lo que lo convierte en "el otro" y por tanto en un ser marcado, condenado desde su nacimiento a todo tipo de vejamen y a la infelicidad. Pese a este cuadro nada halagador, el narrador nunca plantea la posibilidad de regresar a la "normalidad". Por el contrario, los intentos de negar la orientación sexual son rechazados: "¡No te niegues! ¡No me niegues! Negarnos es desaparecer". También los de recurrir al matrimonio: "Pero sabes que si engendras un hijo ese hijo no será hecho con amor. Ese hijo tuyo nacerá de esa 'paz' y de esa 'tranquilidad' que no son ni paz ni tranquilidad".

El anonimato y la clandestinidad como única salida para el homosexual son aspectos dominantes en *El diario de José Toledo*. Según expresó el propio autor, en una entrevista publicada en la *Revista Mexicana de Literatura Contemporánea*, la historia es verídica, ya que encontró el diario en el mercado de Tepito. La novela, construida alrededor de las anotaciones que hace en su diario un joven de 20 años, junto a las intervenciones del narrador en segunda y tercera persona, gira en torno al romance tormentoso del protagonista con Wenceslao.

La conducta aceptable que impone la sociedad confina al personaje a permanecer en el clóset, no obstante que posee una identidad homosexual. Al plasmar sus sentimientos en el diario, José se identifica como homosexual sin que asome la más leve duda o indicio de culpa. Sin embargo, fuera de sus relaciones o las situaciones románticas en las que se involucra, permanece ajeno al ambiente homosexual y se abstiene de la interacción con otros homosexuales, decidido a mantener la imagen de "normalidad".

José tipifica al homosexual que opta por mantener oculta su identidad sexual por temor a la represión y el rechazo de sus familiares. Uno de los temores recurrentes del personaje es ser descubierto, no por su familia con quien ya tiene un pacto de silencio, sino por la familia de Wenceslao: "¿Te imaginas si tu familia, tus papás que son los que más me apuran, llegaran a enterarse de nuestras relaciones, cómo quedaría nuestro honor?" El suicidio del personaje, motivado por el desengaño amoroso, es un ejemplo de lo que David W. Foster denominó "homosexualismo trágico" en su estudio crítico *Gay and Lesbian Themes in Latin American Writing* (1991).

El castigo por la transgresión no será superado hasta 1969, con el surgimiento de un protagonista que asume sin temores ni culpabilidad su homosexualidad en *Después de todo* (1969), de José Ceballos Maldonado (1919-1995). Una novela que logra mayor difusión que las anteriores y el reconocimiento de los críticos, entre éstos John S. Brushwood, quien la proclamó en su obra *México en su novela* (1987) "una de las mejores novelas de los últimos tiempos". A través de la escritura, Javier Lavalle, el protagonista, reconstruye su pasado y evalúa su presente mientras espera por su amante, en un ejercicio de autoanálisis y reflexión: "Mi mundo se concentra, se materializa en estas páginas. Y como si se tratara de un espejo, aquí me contemplo a mi sabor".

Javier Lavalle es un hombre de mediana edad que lleva una actividad sexual prolífica y sin remordimientos, si bien ésta depende, en gran medida, del dinero: "¿Saben ustedes qué es lo peor? Claro que lo saben: que todo gire en torno al dinero". El protagonista no se engaña, sabe y acepta que la pérdida de la juventud lo lleva a buscar su gratificación sexual en encuentros con jóvenes provenientes de las clases sociales más desposeídas, quienes lo complacen sexualmente en espera de una recompensa económica: "En estas ocasiones no me pongo exigente y me conformo con lo primero que se presenta, es decir, levanto basura".

La ruptura de Lavalle con los personajes homosexuales que le precedieron es notable, pues no busca perdón ni aceptación: "He vivido así y no me siento amargado a pesar de los reveses". Aunque no hace alarde públicamente de su homosexualidad, este personaje tampoco oculta o disimula su identidad sexual: "Me quité la máscara y les mostré a todos lo que soy". Es un personaje contestatario que no representa a un homosexual patético o grotesco, sino a un homosexual con voz propia, capaz de proclamar su derecho a ejercer su sexualidad libremente, un personaje que se acepta tal cual es.

Aunque no es la primera novela que aborda el tema, *Después de todo* ocupa un lugar clave en el desarrollo de la narrativa gay mexicana. En su crítica de la novela, publicada en *Sábado*, Gonzalo Valdés Medellín la llama una obra "pivote" y afirma: "*Después de todo* es el inicio de la narrativa gay —impulsada con todos los riesgos de su momento— en México; es la obra que abre la actual perspectiva de la literatura homosexual mexicana". Sin lugar a dudas, esta obra abre un espacio para que en la siguiente década otra generación de autores aborde con más osadía el tema gay.

En gran medida, este espacio surge como resultado del enfrentamiento a la autoridad y al poder institucionalizado que se produjo en México a raíz del movimiento estudiantil de 1968 y que culminó con la masacre de cientos de universitarios en la Plaza de Tlatelolco de la Ciudad de México; también gracias a los acontecimientos a nivel mundial que inciden en el surgimiento de un movimiento nacional gay en México. A partir de 1970 surgen las primeras organizaciones gay del país, se publican revistas como *Nuestro Cuerpo* (1979) y *Nuevo Ambiente* (1981) y aparece en el programa de televisión *24 horas*, del conocido animador Jacobo Zabludovsky, la activista Nancy Cárdenas. A esto se suma la marcha gay, la más antigua de América Latina, que comienza a celebrarse en 1979, y a partir de 1982, la Semana Cultural Gay. Se trata, sin lugar a dudas, de un momento coyuntural en la sociedad mexicana, como afirmó Carlos Monsiváis en su colección de ensayos *Nuevo arte de amar* (1992).

Es justamente en este momento de apertura que se publica *El vampiro de la colonia Roma* (1979), de Luis Zapata (1951), novela que suscita interés, incluso antes de salir al mercado, al haber sido ganadora del Premio Juan Grijalbo de Novela un año antes de su publicación. Las críticas, tanto adversas como positivas, unidas al prestigio del premio y al respaldo de una casa editorial sólida, lograron que la novela no pasara inadvertida y que obtuviera mejor difusión que otras novelas que habían abordado el tema gay con anterioridad. *El vampiro...* con sus ventas sustanciales en su primera edición y numerosas reimpresiones hasta el presente —que incluyen una edición española y una traducción al inglés—, demostró así la viabilidad comercial del tema.

Zapata establece el entronque de su obra con la novela picaresca a partir del título completo de la obra, *Las aventuras, desventuras y sueños de Adonis García, el vampiro de la colonia Roma*. En *El vampiro…*, el autor actualiza la picaresca al trasponer elementos de un género que surge en la España del siglo XVI a un contexto urbano y moderno. A través del relato autobiográfico, seudotestimonial, de su protagonista, Adonis García, se privilegia de manera absoluta al homosexual, de tal forma que éste adquiere una voz propia. La transcripción del monólogo de Adonis, en la cual impera un lenguaje coloquial, a menudo soez y saturado de homoerotismo, resulta una transgresión por partida doble, pues Zapata inscribe a su personaje en el extremo mismo de la marginalidad: el mundo de la prostitución masculina del entonces Distrito Federal.

Carente de educación y de un oficio, Adonis recurre a la prostitución para ganarse la vida: "Si es una forma fácil de ganar dinero, ¿por qué no hacerlo?" Adonis resulta un pícaro rotundamente gay que asume, sin inhibiciones, su homosexualidad y rechaza la imagen estereotipada que el imaginario cultural ha fomentado a través del tiempo: "Tú puedes ser homosexual porque te gustan los chavos, no porque quieras ser mujer".

Es, además, un personaje centrado en el sexo, sumamente erótico: "Yo creo que he cogido dentro del talón sin contar las veces que lo he hecho por placer, ¿verdad?, como unas tres mil quinientas veces". Adonis articula un discurso homosexual, irreverente y desinhibido, que expresa el carácter lúdico y polimorfo del sexo gay. No obstante la abundancia de escenas de sexo, el discurso homosexual no resulta agresivo, dado que el mismo se produce en un contexto de humor; aun las descripciones sexuales más atrevidas, como la penetración anal, se convierten en una celebración del hedonismo gay.

En su introducción a la colección de cuentos *De amores marginales* (1996), Mario Muñoz afirma que, a raíz de la aparición de *El vampiro…* empieza a formalizarse una corriente narrativa que se caracteriza por la continuidad y el surgimiento de otras propuestas literarias relacionadas con el tema. La publicación de dos novelas, ambas por Premiá Editores en 1982, como parte de la serie La Red de Jonás, es un claro indicio de dicha continuidad y de la apertura editorial que surge a raíz del éxito de *El vampiro...*: *Octavio*, de Jorge Arturo Ojeda (1943), y *Flash back*, de Raúl Rodríguez Cetina (1953).

Octavio es una novela metaliteraria, en la que el protagonista, un hombre maduro, tipo intelectual, escribe un texto llamado justamente "Octavio", en el que narra la relación con el joven del mismo nombre, una relación marcada por encuentros y desencuentros. Si bien la narración utiliza un lenguaje homoerótico —"le chupé las tetillas, le mamé la verga, le lamí el ano, le mordí las nalgas"—, abundan las digresiones de todo tipo que reflejan la amplia cultura del narrador. Trasciende, además, un acercamiento estético y contemplativo de la belleza física masculina. Así, al referirse a Octavio, joven gimnasta de 22 años, el narrador anota: "Tu cuerpo desnudo me hace recordar a las estatuas clásicas".

Flash back, de Rodríguez Cetina, novela que recibió mención honorífica de la Casa de la Cultura de Michoacán en 1979, comparte con *Octavio* las mismas vicisitudes de amores no correspondidos. En su relato, el protagonista, Remi, narra en rápida sucesión y sin orden lineal escenas presentes y pasadas de su vida íntima y sentimental, que producen la sensación de ver en pantalla una película. La vida del narrador está marcada por la ambigüedad, como él mismo anota cuando dice que "todos se dan cuenta de mi personalidad ambigua". Dedicado a la prostitución durante su juventud en su ciudad natal, Remi se traslada al entonces Distrito Federal, donde consigue un empleo que le brinda independencia económica. Sin embargo, en el plano íntimo, Remi continúa atrapado por conflictos internos que lo llevan a experimentar una serie de aventuras románticas, todas ellas pasajeras, sin hallar su estabilidad emocional. Remi encuentra a su contraparte en un joven llamado

Ricardo, quien, al igual que él, "se negaba a aceptar su homosexualidad". La relación, una aventura más al principio, se convierte en una obsesión para Remi: "Es sólo una obsesión que ha crecido porque lo he visto mucho durante algunos meses. Ahora que lo quiero, no me responde".

Ambas novelas terminan en un tono pesimista en lo que atañe a las relaciones homosexuales, y en ellas se percibe la soledad de sus respectivos narradores. Remi, quien luego de meses de separación regresa con Ricardo, confiesa: "Ricardo, prefiero no decirte que mi soledad te necesita". Por su parte, el narrador de *Octavio* se aferra a un nuevo amor, igualmente incierto, sobre el cual escribe al final: "Y si él desapareciera, yo lo buscaría por todas partes, como pretexto para seguir viviendo". Corresponderá a otras novelas alejarse de la imagen estereotipada del homosexual solitario y el tono pesimista que tradicionalmente imperó en las novelas que abordaron el tema gay antes de *El vampiro de la colonia Roma*.

II

Cinco novelas, todas ellas publicadas en los ochenta, ejemplifican el surgimiento de nuevas propuestas y reflejan la madurez que había alcanzado el tema gay en la narrativa mexicana: *Melodrama, Utopía gay, Las púberes canéforas, En jirones* y *Brenda Berenice o el diario de una loca*. Se trata de novelas que continúan la renovación del tema gay, con personajes fuera del clóset que reclaman su espacio en la sociedad y la legitimidad de la pareja homosexual.

En *Melodrama* (1983), Luis Zapata se apropia de los elementos arquetípicos del cine mexicano de los años cuarenta y cincuenta, y recrea la película que sirve de epítome a la construcción ideológica de la familia mexicana, *Cuando los hijos se van* (1941), de Juan Bustillo Oro. Como corresponde al género, la anécdota es simple: la "tragedia" se inicia cuando una madre escucha que su hijo emplea el género femenino al referirse a sí mismo: "Es que estoy muy desvelada, manita", le dice por teléfono a su interlocutor. La sospecha inicial de la madre es inevitable: "Lo primero que pensé fue que el hecho de que mi hijo hablara en femenino significaba algo: 'es homosexual; debe serlo para hablar así'". Para corroborar sus sospechas, contrata a un detective (Axel), quien al final abandona a su mujer para establecer una relación con el joven perseguido, Alex.

Melodrama se apropia de géneros ampliamente difundidos en la cultura popular, el cine y la novela rosa, y coloca a una pareja homosexual en contraposición a las parejas románticas perpetuadas por el propio cine mexicano, para proponer la legitimidad de pareja homosexual. Para lograr esta subversión recurre a la intertextualidad, es decir, la relación de un texto con otro. Pero esa intertextualidad no es literaria, sino visual, ya que nos remite a escenas clásicas del cine mexicano, entre ellas *Nosotros los pobres* (1948).

El final feliz, que procede casi íntegramente de la película *Cuando los hijos se van*, nos remite de nuevo a un intertexto, ya que la escena está relacionada con el texto original por su función. Al igual que Sara García y Fernando Soler, actores que interpretan al matrimonio en la referida película, Marga y Arturo, padres del protagonista —cuyos nombres nos refieren a otra pareja emblemática del cine mexicano, Marga López y Arturo de Córdova—, colocan una silla para el hijo ausente en la mesa de Nochebuena: "Es simbólico. Es el lugar que tu hermano tiene y seguirá teniendo en nuestra casa y en nuestros corazones". Alex regresa y, al igual que el hijo que ha robado y engañado a sus padres en la película, es perdonado. La gran diferencia consiste en que, junto a Alex, los padres aceptan en la mesa de Nochebuena a su amante, con lo que la pareja homosexual se ve finalmente integrada a la institución familiar. Zapata se burla y subvierte los elementos del melodrama utilizando la parodia y el elemento *camp* para desarticular los valores tradicionales y las instituciones de la sociedad mexicana: la moral conservadora, el machismo, la familia monolítica y la supuesta infalibilidad de la pareja heterosexual, tan anacrónicas como el propio melodrama.

La parodia llega a su máxima expresión en *Utopía gay* (1983), de José Rafael Calva (1953-1997), novela que subvierte dos elementos pilares de la sociedad heterosexista: el matrimonio y la maternidad. Los protagonistas, Carlos y Adrián, contemplan la idea de abandonar la Ciudad de México para hacer una casita en Baja California Sur frente al Mar de Cortés, "en un lugar con playa, oleaje suave, la cabaña construida con nuestras manos así como la barca". Esta fantasía obedece al hecho insólito de que Adrián espera un hijo de Carlos: "No creen que yo, Adrián Santamaría Núñez, tenga un feto vivo entre los intestinos".

Carlos y Adrián van a legitimar su relación con el hijo que esperan, "siempre unidos los tres hasta que tengamos que ayudar a Carlos Adrián a conseguirse un hombre que lo ame". *Utopía gay* emerge como una novela fundacional que anticipa el reclamo, a escala mundial y cada vez mayor, a favor del matrimonio entre personas del mismo sexo y el derecho a la adopción: "Carlos y yo seremos como Adán y Eva fundando una nueva institución familiar".

El monólogo interior de ambos protagonistas permite a Calva valerse del humor para desarticular el discurso homofóbico y sexista. Carlos y Adrián subvierten el estereotipo de feminidad asociado al homosexual —"si nos gustamos precisamente por ser muy masculinos ambos y por no ser amanerados ni feminoides"—, y alteran los esquemas tradicionales en el que los roles sexuales activo/pasivo recrean el binarismo hombre/mujer: "Si se vive la relación sana porque es fraternal y tierna como un ejercicio de la virilidad en ambos papeles al mismo tiempo que por todo es un sexo entre iguales y todo se vuelve un juego y como niños nos amamos".

En su lugar se propone un modelo alterno basado en la igualdad: "Tú y yo somos maridos los dos y llevamos partes intercambiables"; también el disfrute pleno, recíproco, del sexo entre dos hombres: "Si yo siento que Carlos me invade las entrañas y me lleno de él y él dice que siente lo mismo cuando me vengo dentro de él". De toda esta utopía que propone Calva, en la que "la homosexualidad será el *establishment*", el amor entre dos hombres constituye la propuesta más radical. Como observó Michel Foucault en la entrevista que le realizó René de Ceccaty, publicada en *La Jornada*, lo que más perturba a la sociedad heterosexual, más que el propio acto sexual, es que las personas del mismo sexo comiencen a amarse. En un mundo que le niega al homosexual la capacidad de amor, *Utopía gay* desarma la "leyenda negra", el mito de promiscuidad como único estilo de vida del homosexual, e insiste en el amor que se profesa esta pareja.

En oposición al humor y a la parodia de estas novelas, se encuentra *Las púberes canéforas*, de José Joaquín Blanco: una novela autorreferencial que alude a sí misma por medio del libro que el narrador, Guillermo, está empeñado en escribir "para contarse una novela a sí mismo". El pretexto del relato son los acontecimientos recientes en la vida de Felipe, el amante que acaba de abandonarlo por una prostituta. La historia, sin embargo, dista mucho de ser "el sobado melodrama del puto que se derrumba en llanto" por el abandono de su amante. Por el contrario, *Las púberes canéforas* trasciende la anécdota amorosa y se inscribe en un contexto urbano: la violencia en la capital mexicana, poblada de asesinos a sueldo, políticos corruptos, prostitutas y chichifos.

Los personajes provienen de todas las capas sociales y representan una multiplicidad de estilos de vida y visiones de la homosexualidad mexicana: desde el homosexual privilegiado gracias a su condición económica, hasta los homosexuales miserables de barrio. En gran medida, estos personajes textualizan algunas de las ideas vertidas por Blanco en su ensayo "Ojos que da pánico soñar", incluido en la colección *Función de medianoche* (1988). De todos los personajes, el único contestatario es La Gorda, quien "se llamaba a sí mismo puto como si se dijera Mariscal de Campo". En el momento en que La Gorda acepta con aparente "sumisión" su arresto en los

Baños Jáuregui —"estuviste cogiendo en los baños con menores de edad"—, asume una postura de enfrentamiento, una opción política, que responde al reclamo de Blanco de conformar una especie de "subversión dentro del conformismo de nuestra clase media". Esto lo lleva a enfrentar la persecución, a pesar de sus recursos económicos, o a aceptar la "falsa credencial de policía judicial", con todos los riesgos que eso implica: "Pero en algún momento se llegaba al final de la calle, a la consumación de un destino".

Dos propuestas adicionales, publicadas el mismo año, emplean el diario como recurso narrativo. En su quinta novela, *En jirones* (1985), Luis Zapata se aleja de la nota humorística y del ambiente capitalino, tan característico de sus obras anteriores, para examinar la relación entre Sebastián y un individuo identificado únicamente por la inicial A. La novela se desarrolla en una ciudad no identificada de provincia. El encuentro con A. determina la propia existencia del texto, ya que la narración consiste en las anotaciones que Sebastián registra en un diario a partir del momento en que lo conoce.

Construida en dos partes, la primera, "Diario de un enamorado", registra los primeros 18 días posteriores al primer encuentro. La segunda parte, "En jirones", comienza con la interrupción del idilio cuando, luego de un fin de semana lleno de incidentes en la playa, A. desaparece y al cabo de tres semanas de ausencia regresa para anunciar su boda: "Me voy a casar, me caso dentro de dos semanas, vine a despedirme".

La unión de A. y Sebastián dista mucho de ser la relación idílica de Axel y Alex, la pareja perfecta de *Melodrama*, o la de Carlos y Adrián, de *Utopía gay*. En su lugar, esta novela propone una clara oposición entre un individuo que posee y asume su identidad homosexual (Sebastián) y otro que la rechaza. La lucha interna que sostiene A. —"el que está mal soy yo, yo soy el que tiene que resolver sus broncas"—, pone de relieve cómo la familia y la Iglesia interactúan y propician que el individuo internalice el estigma asociado a la homosexualidad, al punto de negarla: "No soy homosexual... yo no soy como ustedes". Esto a pesar de los repetidos encuentros homosexuales que ha sostenido hasta el momento de su matrimonio. Como apunta Sebastián: "A todo el mundo le dice A. que ha tenido pocas experiencias homosexuales, pero me podría jurar que se ha acostado con casi todos los que están en la fiesta, que ha cogido con más gente de la que me imagino".

A la negación abierta y rotunda se suma el silencio autoimpuesto, la actitud de evitar cualquier alusión al tema, como de manera acertada registra Sebastián: "Mientras no tenga que nombrar sus actos, decir sus sentimientos, no hay problema: su homosexualidad no existe". Esto lo conduce finalmente al matrimonio, un acto de conveniencia social para guardar las apariencias. Como apunta José Joaquín Blanco: "En provincia, donde la persona no es individual sino parte de una familia, un matrimonio de determinada forma es indispensable para ocupar un lugar en la sociedad". La vida heterosexual, sin embargo, no trae la paz deseada, pues A. regresa a Sebastián con mayores deseos de posesión, matizados por la violencia física y verbal: "Pero no: me insulta, me dice hijo de la chingada, y cuando trato de levantarme comienza a patearme".

En este reencuentro el acto sexual se convierte en una actividad mecánica. Así como no hay comunicación efectiva entre la pareja —"A. y yo no podemos hablar; lo único que logramos es confesar estados de ánimo, sensaciones, temores, reproches"—, tampoco hay evolución posible: la escritura se reduce hasta convertirse en anotaciones esporádicas, escuetas y repetitivas. En las últimas páginas de su diario, Sebastián sólo registra dos eventos, sin ninguna referencia temporal, "Viene. Cogemos", que evidencian el deterioro y la sensación de encierro de la relación.

En jirones es una novela profundamente homoerótica que textualiza, con un lenguaje certero y desprovisto de artificios, prácticas sexuales estigmatizadas, como la relación oro-genital, oro-anal y el coito anal. Zapata despoja al ano del pudor y el estigma asociado con sus funciones biológicas y lo transforma en un centro de placer central; un placer que, al ser deseado de forma voluntaria por dos hombres, transgrede la imagen de virilidad ampliamente explotada y difundida del hombre mexicano: "Le pido que me deje lamer su culo: ya no parece tener miedo a las palabras. Cruza sus piernas sobre mi espalda y me ofrece ese objeto tan codiciado: lo lamo con fruición, restrego en él mi lengua, lo baño de saliva".

Al igual que Zapata, el malogrado Luis Montaño (1955-1985) emplea el diario como recurso narrativo en su novela *Brenda Berenice o el diario de una loca* (1985). Las anotaciones, en este caso sin fecha ni orden lineal, abarcan diversos episodios, a veces inconexos, en la vida del protagonista, Gerardo Urbiñón Campos, alias Brenda Berenice, desde su infancia en un pueblo del norte, hasta su llegada al (entonces) Distrito Federal, sus amoríos y desengaños.

Montaño privilegia al marginado por excelencia, aun dentro de la subcultura gay, el travesti, y recrea y lleva a su máxima expresión todos los estereotipos asociados con la "loca": "Te juro que el que nos puso locas no pudo haber encontrado otra palabra mejor". El subtítulo "Diario de una loca" tiene una connotación doble: por un lado, Brenda Berenice resume la esencia misma de la "loca": "Mira, una loca es… ¿Cómo decirte? Pues una poesía, una quimera, un sueño"; por el otro, exhibe un estilo de vida en el que impera el caos y el desorden, un mundo de fantasía y teatralidad. Su escritura encierra un "cotorreo" mental con su diario, a tal grado que escribe: "Si te estoy volviendo loco, querido diario, no es culpa mía, pues te tienes que poner muy listo".

Así como el personaje se inventa a sí mismo/a —"hija de reina y nieta de general"—, inventa también un lenguaje propio en tanto Brenda Berenice se apropia del lenguaje para producir un discurso alterno, el discurso del travesti, que continuamente invierte los significados: un joto es "un hombre feliz" y un pervertido es "un hombre que sí sabe hacer el amor". En cambio, un heterosexual es "un hombre que reprime sus deseos homoeróticos". Con este lenguaje se construye, además, un género propio que le permite al travesti autodefinirse: "Yo quería decirle que no era puto, sino toda una mujer".

Brenda Berenice o el diario de una loca es una novela irreverente que, al igual que *El vampiro de la colonia Roma*, celebra el carácter lúdico y el hedonismo de la vida gay. No es gratuito que Montaño reconozca su deuda: "Querido diario, vieras cómo alucino con ese vampiro, y es que Luis Zapata lo describe tan cachondo, tan terrible, tan cabrón en pocas palabras…"

Si en la narrativa mexicana de las primeras décadas del siglo XX el homosexual es objeto de escarnio o se le condena a permanecer en el clóset, en la segunda mitad se abren espacios que le permiten salir de la clandestinidad y articular un discurso propio, un discurso que reta al poder. En la *Historia de la sexualidad* (1977), Michel Foucault sostiene que este poder no se limita al plano político, sino que se produce en todos los niveles, entre ellos el lenguaje. Es por ello que, a partir de los años ochenta, la toma del discurso y la inversión de sus significados son las estrategias fundamentales que encontramos en la representación del homosexual en la narrativa mexicana. En este discurso subyace un elemento político: el apoderamiento de una minoría que se atreve a decir su nombre, a celebrar su sexualidad y a reclamar su espacio en la sociedad mexicana.

La jotería es puro cuento
Relato gay

Ernesto Reséndiz Oikión

I

Se antoja que los cuentos gay en su brevedad son como el sabroso chisme que se narra entre comadres para divulgar a propios y extraños las anécdotas, ya sean cotidianas o insólitas, que viven los jotos, incluso antes de salir del clóset. Me atrevo a considerar que el cuento, y no la poesía, la novela, el teatro, la crónica o las memorias, es el género más cultivado de la literatura gay en México durante el siglo XX. Su concisión, casi como la explosión de una potente eyaculación que apenas dura unos segundos, así el resplandor de un relámpago, lo hace un estupendo medio para expresar las experiencias de los homosexuales, sus fantasías, sus angustias, sus penas, sus calenturas, sus alegrías, sus recuerdos y sus secretos. Además, a diferencia de otros géneros, el cuento convoca concursos y antologías con mayor frecuencia. La vitalidad de su prosa está dada por la diversidad de sus creadores, ya sean mujeres, hombres o quimeras, que han escrito clásicos compactos para el placer de los lectores, o bien, son escritores aficionados, pubertos excitados o viejitos curiosos, que se lanzan a la imaginación con la única intención de disfrutar breves, aunque candentes historias.

La primera idea que viene a la mente cuando se habla de cuentos gay son historias homoeróticas, que van desde los relatos de iniciación sexual con el amigo, el primo o el vecino, hasta las narraciones que desembocan en odiseas compartidas en un cuarto de otel o fugaces encuentros en el último vagón del metro. Aunque, como se verá aquí, las posibilidades de los temas son numerosas: hay, por supuesto, las historias de amor, a veces rosas, otras, melancólicas, sin miedo al melodrama hasta llegar a la abierta cursilería o el desamor sin más; cuentos de ciencia ficción; historias con final feliz o trágico; cuentos policiacos, con los crímenes de odio por homofobia como tema más recurrente; cuentos de risa loca; cuentos de clóset; cuentos descarados; gozosas pornografías; minificciones; intrépidas narraciones de machos calados, mayates, chacales o chichifos; historias de familias felices: papito y papacito; cuentos de fantasmas del deseo; espeluznantes historias de terror; narraciones sobre el VIH-sida. Todos los temas, todos los tonos, son materia de la cuentística gay. El gran espectro multicolor del arcoíris tiene su reflejo en este corpus. Insisto, los hay de tal maestría que se han convertido en pequeñas grandes obras de arte de la narrativa mexicana, con el estatuto de auténticos clásicos. Incluso, algunos de los autores han merecido el reconocimiento de los críticos y los lectores, y han ganado premios por ellos.

Además, están las historias que circulaban en publicaciones clandestinas y en las primeras revistas gay como *Macho Tips*, *Hermes* y *Del Otro Lado*; narraciones que se colaban en los rincones de los folletos de la publicidad de bares; o después, con la llegada del internet, subidas en blogs, en páginas porno, con sus lugares comunes ardientes: mi primera vez con mi tío o con mi maestro (o con mi tío que fue mi mejor maestro), escritas para el consumo instantáneo de los deseos apremiantes, sin mayores pretensiones literarias. Por la cantidad y sus características particulares, en esta revisión no puedo incluirlos, aunque doy constancia de su existencia, como una invitación a su disfrute. Al respecto, Antonio Marquet (1955) en su ensayo "Ofensivas discursivas en la narrativa gay (para sobrevivir en heterolandia)" (2005) señala que "una colección de estos breves paréntesis orgiásticos para una mano se encuentra en secciones de revistas como *Ser Gay*, *Homópolis*..." Aventarse un clavado (o varios) en estas publicaciones y en la inmensidad de la red promete ser una experiencia de sorpresas felices y múltiples intensidades.

En este recorrido por la cuentística gay del siglo XX en México, cabe aclarar que no están todos los que son, aunque sí todos los que están mencionados son cuentos que merecen la atención de los lectores y la crítica. Este recuento de cuentos no tiene las exigencias de los estudios literarios, es una sencilla provocación para la lectura. Hay que subrayar que este género ha merecido el análisis de académicos y especialistas en literatura, quienes han elaborado ensayos y tesis al respecto. Además, como he dicho, estos cuentos están incluidos tanto en antologías generales como en compilaciones más específicas, por ejemplo, de cuentos eróticos; o más particulares, como las antologías personales o con el subtítulo de antologías de cuentos gay, que funcionan como guías y mapas útiles para rastrear los textos y sus autores. La Universidad Veracruzana ha publicado dos: la primera en 1996 de Mario Muñoz (1940) titulada *De amores marginales*, donde se reunían 16 relatos, y la otra de 2014, compilada por el mismo Mario Muñoz con León Guillermo Gutiérrez (1955), *Amor que se atreve a decir su nombre*, que incluye 25 cuentos. La polémica que desató en su momento la nueva compilación consiste en que algunos de los cuentos originalmente seleccionados por Muñoz fueron descartados 17 años después.

El panorama de este ensayo se limita exclusivamente a los cuentos gay. Si bien en otros textos he dedicado mi interés a los cuentos lésbicos, la cuentística sáfica tiene sus propias características formales y merece una revisión detenida y aparte. Aunque hay historias donde aparecen personajes lesbianas y homosexuales, considero que las etiquetas de "cuentos gay" y "cuentos lésbicos" no son equivalentes, porque cada una plantea posibilidades de lectura particulares. Por cierto, aquí comento las narraciones de escritores y autoras de México, sin importar si son o no homosexuales, lo que muestra una pluralidad de voces que suma a la riqueza del género.

Además, hay que destacar la participación de las escritoras mexicanas en la empresa de la jotería, enriqueciendo las posibilidades de las representaciones. Las autoras han sido amigas, aliadas y estupendas joteras, por decisión propia. La propuesta de este recorrido no pretende ser exhaustiva, no sólo para evitar aburrirlos, sino porque algunos de los libros de cuentos se han convertido en auténticas rarezas bibliográficas: son raros no sólo por hablar de los raritos, sino porque es muy difícil encontrarlos en librerías o en bibliotecas; en este caso, sólo puedo mencionar su existencia y esperar que una nueva edición los ponga al alcance de los lectores. Por último, estos apuntes llegan hasta el año 2010, fecha histórica cuando entró en vigor la ley del matrimonio igualitario en la Ciudad de México. Este hecho marcó un parteaguas no sólo social y político, sino cultural, y será muy interesante ver sus repercusiones en las producciones artísticas. Así, las bodas gay dejaron de ser puros cuentos e ilusiones vanas, para ser realidades de nuevos arreglos, en buena ley.

II

La cuentística gay mexicana tiene su historia, aunque rastrear sus orígenes en nuestro país es más complejo, incierto y supone los riesgos de caer en anacronismos. El error más común en el cual se puede incurrir en esta pesquisa es encontrar personajes que en el presente pueden ser leídos como homosexuales, aunque en su contexto original sólo fueran afeminados. En América Latina, los críticos y estudiosos de la literatura gay tienen un mayor acuerdo de que el texto fundacional del cuento homosexual es *El hombre que parecía un caballo*, del guatemalteco Rafael Arévalo Martínez (1884-1957), escrito en octubre de 1914. Éste es un clásico del cuento hispanoamericano y una hermosa joya literaria de principios de siglo, que narra la fascinación y repulsión que provocó el encuentro entre el joven autor con el escritor colombiano Ricardo Arenales, quien después se haría llamar Porfirio Barba

Jacob (1883-1942), uno de los grandes poetas malditos del canon homosexual.

En el cuento de Arévalo Martínez, el narrador expresa un deseo subyugante por el señor de Aretal, a quien también llama el "Señor de los topacios". La figura del caballo es un símbolo potente de deseo homoerótico. Para apreciar el lujo del estilo, un fragmento:

> Empezó el señor de Aretal a desprenderse, para obsequiarnos, de los traslúcidos collares de ópalos, de amatistas, de esmeraldas y de carbunclos que constituían su íntimo tesoro. En un principio de deslumbramiento, yo me tendí todo, yo me extendí todo, como una gran sábana blanca, para hacer mayor mi superficie de contacto con el generoso donante.

La mención de los nombres de las piedras preciosas es una jotería diamantina que petrifica y aquilata el éxtasis desbordado. El narrador se tiende sin objeciones para recibir los regalos de su amado. La expresión de esta nueva sensibilidad le valió a Rafael Arévalo Martínez la posteridad literaria y la confrontación y ruptura con Barba Jacob.

Si *El hombre que parecía un caballo* es un cuento fundacional para la literatura hispanoamericana, esta certeza no existe en el caso de la literatura mexicana. Incluso considero necesario ser prudentes al momento de hacer afirmaciones. El estudioso León Guillermo Gutiérrez, en la introducción de la antología *Amor que se atreve a decir su nombre*, dice: "El primer relato del que tenemos noticias que trata el tema homosexual, aunque de manera soslayada, es 'Los machos cabríos', de Jorge Ferretis, publicado en 1952". Por su parte, José Ricardo Chaves (1958), en su ensayo sobre la narrativa mexicana del siglo XIX —incluido tanto en la primera como en esta nueva edición de *México se escribe con J*—, ofrece información sobre algunos cuentos decimonónicos con representaciones travestidas: como es el caso de *Manolito el pisaverde* (1838), de Ignacio Rodríguez Galván (1816-1842), y, poco más de medio siglo después, el cuento *Aventura de carnaval* (escrito entre 1890 y 1895), por Amado Nervo (1870-1919). En ambas historias, el disfraz es un elemento que permite el travestismo de los protagonistas. El estudioso considera que en ninguno de los cuentos el travestismo tiene repercusiones en la identidad sexual de los personajes, "aunque igual se generan consecuencias en el campo del deseo, propio y ajeno. Ninguno de los personajes disfrazados tiene que ver con un perfil de homosexualidad, aunque algunos de los que los rodean es muy probable que sí".

En su tesis de maestría *El personaje gay en seis cuentos mexicanos* (2011), por la Universidad Veracruzana, Víctor Saúl Villegas Martínez encuentra otros antecedentes del género en las historias de Federico Gamboa (1864-1939) y Jaime Torres Bodet (1902-1974). El relato "La excursionista", de Federico Gamboa, incluido en el libro *Del natural. Esbozos contemporáneos,* fue publicado en Guatemala por la tipografía La Unión en 1889 y relata el viaje de una misteriosa estadounidense, miss Eva Blackhill, quien se traslada, por supuestos motivos de negocios, desde El Paso, Texas, a la Ciudad de México. La viajera despierta las sospechas, los rumores y las animadversiones de sus compañeras, por vestir con un enorme guardapolvo y un espeso velo que le cubre el rostro, demorar mucho tiempo en el tocador, y mantenerse aislada. El joven Fernando se enamora de Eva, y sufre al no ser correspondido. Incluso, al saber de la pobreza de la mujer, le da dinero como una forma de seducción. Con reparos, Eva accede a una cena con el enamorado. En un momento de arrebato, Fernando intenta besarla y durante el forcejeo descubre la verdadera identidad de Eva, en un recurso efectista: "Era un célebre filibustero tejano, que personalmente quiso enterarse de cómo andaba la pública opinión respecto a sus congéneres y que adoptó un disfraz femenino para no ser reconocido en la empresa". La deshonra cae sobre Fernando. Héctor Domínguez Ruvalcaba (1962), en su libro *De la sensualidad a la violencia de género* (2013), considera que ésta es "una de las historias que pueden leerse como emblemáticas del travestismo porfiriano".

Conviene traer a cuento el relato "El pobre de Gonzalitos", que forma parte de la novela *Miserias de México* (1916) de Heriberto Frías (1870-1925), publicada por la editorial Andrés Botas y Miguel. El narrador construye el perfil de un burócrata del registro civil, pusilánime y hacendoso, cuyo nombre es Gonzalitos (el diminutivo es uno de los recursos para infantilizar y desacreditar a los homosexuales). La representación es caricaturesca. Gonzalitos dice sobre su vida amorosa: "Nunca he tenido novia; palabra de honor. Pero sí conozco a las mujeres; cuando me han llevado a verlas he ido... No me chocan, pero tampoco me gustan tanto que me mortifique por ellas..." Los puntos suspensivos abren una ambivalencia en la autopercepción del personaje y el silencio de una verdad que todavía no puede o no se atreve a decir abiertamente. Para rematar, el perfil cierra así: "No es pato, ni gallareta, ni masculino, ni femenino: ¡es un ser neutro!... ¡pobre 'mosquita muerta'!... ¡Un viejo escribiente en eterna miseria!" Las referencias al pato y la gallareta son eufemismos para referirse a una *rara avis*. El adjetivo *neutro* fue usado para referirse a los homosexuales afeminados. La historiadora Gabriela Cano (1960), en su ensayo "Inocultables realidades del deseo. Amelio Robles, masculinidad (transgénero) en la Revolución mexicana" (2009), señala que la prensa sensacionalista daba este significado a la palabra, de la misma forma en que Miguel Gil, reportero de *El Universal*, "se refiere a los 'neutros' como 'unos seres incongruentes, incomprensibles [...] que no son mujeres ni hombres'". Aunque no pretendo afirmar que "El pobre de Gonzalitos" es el primer cuento mexicano sobre un homosexual, porque además se trata de un texto que pertenece a una novela, sí considero que es valioso contemplarlo entre los precursores de este tipo de representaciones que aparecen en espacios urbanos. La investigación acuciosa en publicaciones periódicas de las primeras décadas del siglo XX quizá nos ofrezca cuentos donde aparecen afeminados o maricones que se mueven en la ambigüedad, ya sea como protagonistas o personajes secundarios.

Así, encontramos un vacío de la producción en el periodo de 1916 a 1929, año de la publicación de "Retrato de un estudiante", cuento de Jaime Torres Bodet que apareció el 7 de febrero de 1929 en *El Ilustrado* y luego fue incluido por Luis Mario Schneider (1931-1999) en la antología *El juglar y la domadora*, publicada por El Colegio de México en 1992. Se trata de una historia de formación y descubrimiento, del paso de la infancia a la adolescencia. José, un estudiante aplicado de preparatoria, en la edad de 15 años, perteneciente a una familia de clase media de provincia, resiente un fuerte conflicto de clase frente a sus compañeros en la capital y siente un distanciamiento con sus padres. El narrador crea el efecto de un estilo indirecto para acercarnos a la subjetividad del protagonista y de forma sutil nos dice:

> Empezó a leer novelas. Aprendió de memoria algunos párrafos llenos de frases sentimentales. En vez de pensar en una mujer a quien dedicarlos, era siempre la figura de un amigo ideal la que creaba, con palabras inútiles, durante su soledad. Todos los jóvenes le parecían dignos de interés, menos los que trataba. De estos simulacros de su sensibilidad desviada volvía no obstante, siempre, sobre sí mismo con la constancia de un caballo de madera, arrebatado —y devuelto— por la marea del carrusel.

La "sensibilidad desviada" era una frase recurrente para estigmatizar el deseo homoerótico, que en el caso de José se presenta como una idealización narcisista proyectada en la figura de un amigo.

En 1950, José Mancisidor (1894-1956) publica *El Tiras*, en Editorial Stylo. El narrador nos cuenta la tragedia del Tiras, quien fuera su amigo en el pasado, un escuincle de 10 años, cargador de costales, con un papá alcohólico. El papá del Tiras le había prometido regalarle un muñeco. El obsequio imposible se convierte en un deseo obsesivo para el chamaco: "No sé qué secretos, íntimos anhelos se manifestaban en su infantil ilusión. Pero lo cierto es que, empujado por recónditos e insatisfechos deseos, el Tiras se sentía atraído por aquel muñeco como el acero por el imán". Para el narrador resulta incomprensible esta atracción que rompe los roles de género exigidos a los niños: "A mí me ponía fuera de quicio el hecho de que un muchacho como él se interesara por algo que no era propio para hombres". La sospecha cae sobre el niño. Con sutileza, el narrador sugiere "secretos" e "íntimos anhelos" que motivan al Tiras, a un nivel simbólico se trata de un vínculo amoroso con su padre. El homoerotismo latente en este lazo con el muñeco, que lo atrae como el acero al imán, jamás se concreta, aunque la figura del juguete representa un fetiche de su deseo.

En 1952, aparece publicado *Los machos cabríos*, de Jorge Ferretis (1902-1962), bajo el sello del Fondo de Cultura Económica (FCE). El protagonista de la historia es Filemón, un hombrecillo de 23 años que le gusta jugar con los niños de la vecindad y tiene el mote de "Don Marica". Durante el incendio de la vecindad, demuestra su valentía al salvar a una niña. Herido con varias quemaduras, Filemón es atendido por un médico, quien diagnostica que éste es "asexuado por irregular colocación y parcial atrofia testicular, acaso mediante un simple desplazamiento pudiesen corregir su condición humana". La práctica médica aparece en la narración como un discurso científico que puede corregir una desviación de la naturaleza. León Guillermo Gutiérrez acierta al afirmar que la historia secreta debajo de la trama es "la 'enfermedad' del homoerotismo del personaje".

III

Si no hay certeza sobre el primer cuento, sí se puede afirmar con seguridad que la famosa poeta Guadalupe (Pita) Amor (1918-2000) es la primera autora mexicana que escribió un cuento homosexual titulado *El casado* (1959), también dado a conocer por el FCE. Amor es la primera escritora que desarrolla una trama explícita, sin los recovecos que permiten la ambigüedad o la mera representación afeminada no necesariamente gay; además, lo hace desde la primera persona del narrador, quien deja claro a los lectores el drama interior de un homosexual en voz propia. La historia cuenta la "doble vida" del narrador, quien divide su tiempo entre su novia y su "íntimo amigo, que a pesar de mis treinta y cinco años y de mi tupida barba rasurada tenía conmigo ternuras extremas. Mi amigo con el que yo vivía una relación anclada en el placer de la epidermis". El narrador-personaje, recién casado, es presa del pánico, al estar en la incertidumbre de ser delatado por una mujer que espía a la pareja en un restaurante. El cuento es notable como ejemplo de la homosexualidad vivida como un secreto de la "región inconmensurable de la angustia".

El mismo año apareció *Los Malabé*, de José de la Colina (1934), publicado por la Universidad Veracruzana. La historia expresa el oprobio que padece don Francisco Malabert, un acaudalado mulato caficultor de una zona tropical, sometido a la moral de sus dos hermanas solteronas. El negro Nepomuceno Sánchez accede al encuentro sexual con don Francisco a cambio de que le regale un bote de motor diésel. El negro le cuenta a su interlocutor el momento de seducción: "Y me llevó al caserón, abrió la puerta y *entramoh loh doh* en lo *ojcuro*, tú te *imaginah*, ahí *loh doh solitoh...*" El color de la piel y la clase atraviesan el deseo homoerótico: "Los dos, el atlético negro en su traje de baño guinda y el mulato rico, delgado, pequeño, con sus labios finos, sus canas, sus ojitos soñadores. Ahí, en la húmeda sombra del zaguán, a unos pasos del jardín incendiado en colores". El desenlace ocurre cuando las hermanas descubren a Francisco travestido, mientras el negro huye.

La verdadera historia de la muerte de Francisco Franco (1960), de Max Aub (1903-1972), escritor español exiliado en México, merece una mención. Fue publicado por Libro Mex editores en la obra homónima de 1960 y tuvo otras ediciones. El protagonista del cuento es el mesero Ignacio Jurado Martínez, quien nació en Sonora y trabaja en el café Español, de la calle 5 de Mayo de la capital. Sobre Nacho se dice escuetamente que "vida sentimental nunca tuvo; carece de interés masculino: nació neutro, lo dio por bueno". Las prostitutas, al conocerlo, le dejaron de ofrecer sus servicios. El narrador dice que "la noche en México, no es propicia para el café; sí para el amor. Entran y salen mujeres al acecho, cinturitas, jotos". Nacho se siente cómodo con su trabajo, hasta que en 1939 los refugiados españoles trastocan la vida cotidiana del café. Fastidiado por la intromisión de los exiliados, Nacho, el mesero, urde un plan para asesinar a Franco, convencido de que ésta es la solución a sus problemas. La historia es muy divertida por el uso exacto de la ironía y sirvió a Arturo Ripstein (1943) para su película *La virgen de la lujuria* (2002).

Los amigos (1962), de Juan Vicente Melo (1932-1996), publicada por la Universidad Veracruzana, es una narración construida desde un código homoerótico para algunos entendidos que puedan descifrar los signos del deseo. El cuento expresa con maestría de estilo la experiencia del secreto. Los amigos del título son Andrés y Enrique, muchachos que cultivan una relación durante casi cuatro meses. Las afinidades electivas establecen sus propios gestos cómplices, para pasar desapercibidas ante los extraños. Desde la calle, Andrés silba a Enrique, ésa es la señal para sus encuentros nocturnos: "La señal subía, bajaba, se perdía, se transformaba [...] Invocación, entendimiento a medias palabras; preguntándote sin que contestes nada; respondiéndote siempre [...] A veces, la señal se articulaba en proporciones diversas, se volvía efímera [...] Una urgencia callada".

El suicidio de Andrés dispara la paranoia de Enrique, quien recuerda una y otra vez, como si se tratara de los "ojos que da pánico soñar", el rostro de su amigo muerto: "Los ojos, especialmente cuidarse de no ver los ojos. Siempre había creído que eran tristes, con un brillo curioso (líquido, eso es: un brillo líquido); pero ahora, en la foto del periódico, un solo ojo inmensamente abierto, ahora lo veía por primera vez, no que tuviera otra mirada, sino que tenía mirada". En la cultura gay, la mirada es el más intenso y frecuente de los sentidos, porque permite el lenguaje del ligue. El amor que no se atrevía a decir su nombre se podía expresar con la sola mirada sostenida. El final trágico de la historia de Juan Vicente Melo es frecuente en las obras tempranas que reflejaban los tiempos oscuros de la represión.

Cabe señalar que dos años después del cuento de Melo, Carlos Fuentes (1928-2012) publicó *A la víbora de la mar* (1964), una novela breve dedicada a Julio Cortázar, bajo el sello de Joaquín Mortiz. Las peripecias del romance y la boda de una solterona mexicana durante su viaje en crucero abren la puerta del clóset para abordar la jotería, que se descubre al final del relato, cuando la señora cacha a su galán en la cama con otro. Mario Muñoz explica que la pareja de hombres funciona aquí como un "recurso efectista".

IV

La irrupción del movimiento de liberación homosexual mexicano en la década de los setenta provocó una transformación considerable en la producción de los cuentos gay. El género tuvo una renovación temática: la homosexualidad ya no fue representada únicamente de forma tormentosa, se escribió también desde la cachondería directa, la alegría luminosa, la provocación abierta y el desparpajo sin reparos; además, aumentaron los textos y las voces que expresaron la cultura juvenil.

El viento de la ciudad (1970), de René Avilés Fabila (1940-2016), es un ejemplo de la narrativa de la onda, con sexo, drogas y rocanrol. Las protagonistas, Yolanda y Lourdes, tienen una relación lésbica que se descubre al final de la historia. El lugar de sus correrías es el bar El Caballo Marica que va cambiando de nombre con sorna: El Caballo Homosexual, El Caballo Pederasta, El Caballo que es

Yegua, El Caballo Puto, El Caballo Putín, El Caballo Impotente y El Caballo Invertido. El juego de las denominaciones muestra que el uso de la palabra *homosexual* empezó a ser una moneda corriente y sinónimo. En la historia, los amigos de las chavas son personajes secundarios:

> Al quedarse Tuko solo, es decir, sin los hippies que fueron deportados por drogadictos, conoció a Julio Antonio y a Carlos, ambos amantes amorosos. Tuko también había evolucionado en lo sexual y trabajaba indiscriminadamente cualquier línea, fuese masculina, fuese femenina. Era vegetariano.

Tuko, Carlos y Antonio, con su gusto por el yoga, la música psicodélica, el consumo de drogas, sus melenas largas, la liberación sexual y las consignas de amor y paz del movimiento pacifista, representan la redefinición de la masculinidad durante esa época. También se alude a la novela *El lugar sin límites* (1966), de José Donoso (1924-1996), que, llevada al cine, se convirtió en un clásico del emergente cine gay mexicano, con la actuación de Roberto Cobo (1930-2002) como La Manuela.

Domingo, de Rosario Castellanos (1925-1974), publicado por Joaquín Mortiz en 1971, relata una historia que evita los lugares comunes de la representación homosexual. El domingo es el día propicio para el encuentro con los amigos. Edith y Carlos forman un matrimonio maduro de clase media que disfruta la compañía de sus amistades. Se trata de personajes liberados de sus prejuicios, aunque cansados del día a día, por lo que tienen romances ocasionales para romper la rutina. Rosario Castellanos introduce la relación de Luis y Jorge, sin dar mayores explicaciones sobre la homosexualidad de los personajes secundarios. Luis y Jorge están separados, aunque no sufren por ser homosexuales. Jorge es un militar que está próximo a su retiro; con humor, la voz narrativa dice que "Jorge no tenía ojos más que para los jóvenes reclutas". Edith encuentra en Jorge y Luis un espejo del hastío que siente con su esposo, y aventura una hipótesis de la ruptura amorosa: "En el fondo del asunto no hallaría más que una sórdida historia de dinero (porque Jorge era avaro y Luis derrochador). ¡Dinero! Como si importara tanto". La posibilidad de la razón económica como un motivo para la separación es una aguda crítica de Castellanos a la lógica burguesa del matrimonio como una institución conservadora, tanto en parejas heterosexuales como gay.

En 1973, Jorge Arturo Ojeda (1943) publicó "Flavio" en el número de mayo de la revista *Plural*; al año siguiente apareció en ediciones Mester y fue seleccionado por el escritor panameño Enrique Jaramillo Levi (1944) para la antología *El cuento erótico en México*, publicada por Diana en 1975. La historia es simple y lineal, resulta muy floja, e incurre en varios lugares comunes de la literatura gay: el protagonista es un guapísimo tapatío blanco, rubio, de ojos verdes, señorito mimado de clase media, que no trabaja y pasa sus horas en el gimnasio para pulir su narcisismo. Flavio sólo está jugando con Ana, su dizque novia, y en un arrebato de frivolidad sale del clóset con ella cuando se pone una bata amarilla, regalo de Amado, su verdadero amado. La revelación provoca una histeria en la muchacha, quien termina siendo asesinada por el galán. La misoginia del gay suma al estereotipo.

Otro cuento de 1974 es "Fiesta I: Gonzalo", de Héctor Gally (1942-2010), editado por Joaquín Mortiz, que Jaramillo Levi también incluyó en la compilación *El cuento erótico en México*. La historia narra el amor no correspondido del pintor Roberto por Gonzalo, un efebo buga que es diagnosticado epiléptico. Los diálogos de los personajes parodian el melodrama de la familia mexicana. La ironía se expresa cuando Gonzalo revela la condición a sus padres, como si se tratara de una salida del clóset distinta. Los anhelos de Roberto, mencionados con un dejo de humor, reproducen una fantasía que busca un estilo de vida similar al de los heterosexuales: "Debería haber burdeles con muchachos y debería permitirse bailar con ellos y ser su novio y también casarse. Con un carajo".

Jaramillo Levi también dio a conocer un cuento inédito de Alberto Dallal (1936) titulado "Aprendiz". La narración se vale del monólogo indirecto para expresar el deseo creciente de un joven acomodador de teatro, quien se concentra en la cacería del fantasma de sus ardores. La mirada compartida del acomodador y el asistente elusivo dispara el homoerotismo, que se consuma al final en forma de sexo oral. La relación de poder dada por la diferencia de clase apenas está insinuada: "Se llenó de seguridad, humedeció sus labios. Recorrió la corta distancia hasta el sofá, se arrodilló ante las dos piernas, inclinó la cabeza, maniobró con la destreza de un cirujano, de un desmantelador de bombas de tiempo, de un experto".

También en 1974, Costa Amic, una de las editoriales pioneras de la literatura gay, publicó el libro *Hoteles de paso*, con el subtítulo de "Estampas humanas", del periodista Jorge A. Rubio, que incluye dos relatos cliché: "El jardinero" y "La mafia de los argentinos". En el primero, el jardinero de un hotel es un voyerista reincidente que satisface los placeres masturbatorios de los huéspedes. En el segundo, se narra una de las frecuentes extorsiones a las que estaban expuestos quienes levantaban muchachos en la noche de la capital: "El hombre no pudo entender el significado de las palabras. ¿Qué pasaba? ¿Cuáles drogas, por qué se le acusaba de homosexual? Dentro de esa incertidumbre empezó a comprender que se encontraba en una situación difícil, que alguien trataba de involucrarlo con la policía".

Los zapatos de la princesa (1978), de Guillermo Samperio (1948-2016), publicado por editorial Grijalbo, es un cuento que recurre a la salida del clóset al final de la historia como un recurso efectista. La identidad de la voz narrativa, ambigua al principio, se revela en las últimas líneas. Así, la vuelta de tuerca convierte a la historia en una confesión. El narrador sufre por el casamiento de Felipe, el hombre de sus fantasías y ahora su cuñado: "Entonces, cuando me tocó darle el abrazo a mi cuñado las lágrimas me llegaban hasta el bigote y resbalaban por la corbata hasta chocar contra mis pequeños bostonianos, me di cuenta de que tía Delia me miraba socarronamente y pensé que ella era la única que había adivinado".

"Allegro ma non troppo", de José Rafael Calva (1953-1997), obtuvo el primer lugar en el concurso de la revista *La Palabra y el Hombre*, de 1978. El cuento forma parte del libro *Variaciones y fuga sobre la clase media*, que fue finalista del Premio Nacional de Cuento del Instituto Nacional de Bellas Artes (INBA) ese mismo año y fue publicado por la Universidad Veracruzana en 1980. La narradora, María Encarnación Estrada Ramírez, es una chica frívola, envidiosa, criticona y homofóbica, que se ilusiona con fantasías clasemedieras, mientras espera en la fila para que le den una tarjeta de crédito de una tienda departamental. Destaca la capacidad de Calva para recrear el habla femenina, con buenas dosis de ironía. María se encapricha con el empleado que le dará el crédito, J. Armendáriz. La inicial jota de Juan es un signo sutil que anuncia el desencanto de la muchacha. El descubrimiento de la homosexualidad de Juan, un recurso efectista en la narración, ocurre cuando es abordado por otro compañero de trabajo para invitarlo a un café: "Lo bueno es que le he coqueteado y ya se me va a lanzar. Sobre todo enfrente del maricón este para que vea que con él nada. Está guapo este señor pero como que se le ve lo marica en la cara y se le pierde lo guapo; con eso en cambio yo para Juanito soy una morenaza tropical".

En 1979, Luis Arturo Ramos (1947) publicó *Siete veces el sueño*, en Amate, una editorial veracruzana independiente. La historia gira en torno al secreto. Las fantasías latentes entre dos hombres provocan el insomnio de uno de ellos. Carlos escucha a su amigo, presa nocturna de la homofobia internalizada. El homoerotismo, representado como un sueño imposible, aunque compartido y cómplice, tatúa los signos en sus cuerpos: "Vendría el sueño que se juntaría con el de él y así, ambos, soñarían lo mismo como siete veces antes: de ahí las marcas violáceas en sus hombros."

V

La década de los ochenta afirmó la cultura gay a nivel internacional. En la música, el cine y la pintura la jotería se difundió con mayor frecuencia y apertura. Las divas de la escena maricona sedujeron a las masas. La vida nocturna encontró sus templos en los bares y tugurios. Los gimnasios y los baños fueron el reino de la promesa de los cuerpos que se pierden en espejos y el mercado rosa incentivó un consumo de placeres para quien pudiera pagarlo. En mayo de 1986, el virus que desarrolla el sida fue llamado VIH (virus de inmunodeficiencia humana): la irrupción del sida pareció anunciar el fin de la fiesta. Esta época de cambios sociales también tuvo su expresión en la narrativa gay: había más voces y más posibilidades de representación. El cuento alcanzó sus propuestas más audaces, tanto temáticas como formales.

Durante los ochenta, se escribieron los que la crítica considera los mejores cuentos gay. El año de 1980, por ejemplo, abrió con el relato de Jorge López Páez (1922), "Doña Herlinda y su hijo", publicado en el influyente suplemento *Sábado* del diario *unomásuno*. No era la primera vez que el autor incursionaba en el género porque, como bien señalan Mario Muñoz y León Guillermo Gutiérrez, López Páez ya había publicado *El viaje de Berenice* en 1962. "Doña Herlinda y su hijo" alcanzó una amplia difusión debido a su aparición en un periódico de circulación nacional y muy pronto obtuvo el reconocimiento de su condición de clásico de la literatura mexicana. La gran proyección de la historia se debió a la película homónima que dirigió Jaime Humberto Hermosillo (1942) en 1985. También a que apareció en diversas publicaciones; por ejemplo, en 1993 se publicó en el *Semanario Cultural de Novedades* y en el libro homónimo del Fondo de Cultura Económica. La crítica académica se ha ocupado del cuento y la película como referentes claves de la cultura gay en el país, y en nuestro corpus el cuento de Jorge López Páez es el único que ha tenido tal alcance de recepción y éxito.

Se trata de una divertida comedia narrada por Moncho sobre sus amores con Rodolfo, un pediatra. Sin embargo, la gran protagonista de la trama no es la pareja de tapatíos, sino doña Herlinda, la mamá de Rodolfo. Doña Herlinda, que representa a todas las madres mexicanas, es un personaje paródico formidable. López Páez construye, con singular ironía, una celestina que, al mismo tiempo que reproduce el machismo, garantiza la unión de la familia tradicional, con acuerdos tácitos de tolerancia velada a las relaciones entre Moncho y Rodolfo, siempre y cuando su hijo cumpla con la obligación y las expectativas de casarse y ser padre. Todo queda en familia: hasta la aceptación de la jotería o la bisexualidad. La historia funciona estupendamente porque da en el clavo de las dinámicas de las relaciones de poder al interior de la familia mexicana. La ropa sucia se lava en casa. José Joaquín Blanco (1951) destaca que con este cuento: "El homosexual, reducido hasta entonces a la nota roja o a un lacrimoso payaso de carpa, encontró un superior registro cómico"; tampoco duda en considerarlo "uno de los íconos más sonrientes de la llamada 'cultura gay'".

El crítico Luis Mario Schneider, en su ensayo clásico "El tema homosexual en la nueva narrativa mexicana" (1985) —originalmente publicado en la revista *Casa del Tiempo*, pionera de los estudios gay en nuestro país—, comenta que entre las obras que no revisará está el cuento "Los magos" (1980), de Antonio López Chavira, aparecido en el libro homónimo publicado por la editorial La Máquina de Escribir, de Federico Campbell (1941-2014). Es una rareza para los bibliófilos de la cual un ejemplar se encuentra en la biblioteca de El Colegio de México, con un autógrafo del autor y un comentario suyo: "Parte de estos textos fueron escritos bajo los auspicios de la beca Salvador Novo del Centro Mexicano de Escritores".

La historia cuenta el breve romance, la separación y el reencuentro entre Tomás y un ilusionista callejero. Se trata de un cuento fantástico que expresa el amor entre hombres como un camino de revelaciones de saberes antiguos. El estilo del autor es muy imaginativo y logra imágenes con un aura mágica, como la fusión de los amantes: "Sus cuerpos desnudos yacían en la caleta en una posición que evocaba las representaciones del signo zodiacal de Cáncer. Una vibrante luminosidad comenzó a surgir de ambos mientras aspiraban mutuamente las volutas plateada y cobriza en que a partir de los pies sus cuerpos se transfiguraban". Cabe mencionar otro de los cuentos, "Los ángeles de la noche (Intermedio)", con dedicatoria "a J.J.B.", probablemente, José Joaquín Blanco, una reescritura narrativa del poema "Nocturno de los ángeles" (1936), de Xavier Villaurrutia (1903-1950), una joya de la poesía homoerótica. La historia sigue los rastros noctámbulos de los ángeles terrenales, varoniles cazadores entretenidos en el ligue anónimo de la urbe sin descanso.

"El vino de los bravos" (1981), de Luis González de Alba (1944-2016), es una historia donde tiempo y espacio confluyen en una orgía masculina desbordada. El cuento pertenece al libro homónimo publicado por Katún y está dedicado al actor Ernesto Bañuelos, pareja del escritor. El título es un eco de los versos de Constantino Cavafis (1863-1933), poeta predilecto de González de Alba. La narración es una lograda exaltación de la belleza viril. En el amanecer de las ramblas catalanas, Rodrigo, un muchacho de 20 años, se masturba frenéticamente dentro de su auto, con la intención de provocar a los paseantes de la madrugada. El carro llevará a los lectores de forma simultánea a Venecia, Londres, Monterrey, Roma, Atenas, Cozumel, São Paulo, Ámsterdam, Nueva York, Nápoles, San Francisco, Zihuatanejo, el Vaticano y Túnez. El recorrido por los cuerpos masculinos, ya sean negros, rubios y morenos, dibuja un mapa de ciudades del deseo. Coger con un hombre significa coger con todos los hombres del planeta. El deseo está asociado íntimamente a los espacios del sexo: baños, saunas, clubes, cines, cuartos oscuros, cuartos de hotel, gimnasios, vagones del tren, parques, playas y matorrales. Cualquier rincón es buena trinchera.

El homoerotismo está expresado en unas frases que plantean el sexo entre hombres sin fronteras de raza, clase o nacionalidades: "Hay muchos hombres guapos en toda la calle [...] El mundo está lleno de ellos. Hay millones que nunca conocerá Rodrigo, sentado al volante de su auto mientras aprieta en la mano la blanca columna que le sale de las piernas". La imagen varonil de un deseo internacional fue recuperada por González de Alba en el eslogan de la publicidad de su negocio El Taller, un bar gay que fue no sólo un espacio de sociabilidad masculina, sino un importante centro cultural donde se articularon varias acciones de los grupos de activistas para enfrentar el sida. La publicidad de El Taller, que estaba en un sótano de la calle de Florencia en la Zona Rosa, apareció en la revista *Macho Tips* y es idéntica al fragmento de la narración: "El mundo está lleno de hombres guapos. Hay millones que nunca conocerás, pero hay algunos que podrás conocer en... El Taller".

"Juego de ajedrez" (1981), de Fidencio González Montes (1954-2012) (otro de los autores mencionados por Schneider, aunque no revisados en su ensayo), fue incluido en la antología de Gustavo Sainz (1940-2015), *Jaula de palabras*, publicada por Grijalbo. Se trata de una divertida historia que hace evidente el homoerotismo latente en las relaciones entre amigos machines. El narrador vagabundea con su cuate Alfonso por las playas de Acapulco, hasta que conocen a César, un joto güero que intentará seducirlos. La comunicación entre Poncho y César despierta los celos del narrador. El personaje homosexual sirve en la historia para visibilizar el deseo entre los amigos bugas. Entre el narrador, Poncho y César se crea un triángulo de tensión sexual. La voz del narrador se dice traicionada por su amigo. El descontento es tal que Poncho tiene que refrendarle a su carnal el vínculo afectivo: "Pinche Alfonso, me cai que a veces es un niño. Me dio un golpecito amistoso en el hombro, me echó el brazo por el cuello y me dijo: No te puedo decir por qué lo estoy haciendo, porque ni yo mismo lo sé; pero la amistad que existe entre tú y yo son dos eslabones que nadie los podrá separar". El autor recrea con maestría los giros del habla coloquial: albures, chistes y groserías fluyen de forma espontánea en la boca del narrador. El humor resuelve el conflicto en favor de la camaradería entre machos.

"Yoni Bich" es el relato que da título al libro homónimo de Raúl Prieto (1918-2003), publicado por Grijalbo en 1982 —el autor firmó otras obras bajo el seudónimo de Nikito Nipongo—. Es un cuento policiaco en tono humorístico en el cual destaca la habilidad de Prieto para recrear los diálogos entre un policía mulato buga y un viejo gringo gay. El asesinato de Juan, un indio lanchero y buceador de Puerto Vallarta, conocido por todos con el apodo de Yoni Bich, porque era un *beach boy* que ejercía la prostitución con turistas nacionales y extranjeros, sin importar su género, muestra las prácticas homoeróticas y bisexuales de los machos mexicanos casados. El personaje, un indio varonil que seducía lo mismo a mujeres y hombres, se ganaba de inmediato la simpatía y el cariño de los demás, y era la adoración de los niños por su ternura. La ironía de la narración alcanza su clímax cuando se sugiere que Yoni Bich también fue el prostituto de presidentes, en palabras de la señorita Dolores Ortega, su maestra de primaria:

> Podría sostener una conversación en inglés o en francés. Yo le enseñé todo lo que pude […] Me sentí tan feliz cuando lo vi por la tele, muy bien vestido, platicando un momento con el presidente de México y con el presidente de los Estados Unidos, aquella vez que vinieron. Ahí estaba él, sirviéndoles de beber y conversando, en un hotelito exclusivo.

Fernando Nachón (1957) dio a conocer *El hombro izquierdo de Alejandro* (1982), publicado en Grijalbo. El cuento es muy breve y reproduce con humor la sordidez de la nota roja: el personaje del título se suicida debido al abandono de su pareja, Carlos. Entonces el lugar común del final trágico al resultar tan cliché sólo puede ser expresado en tono paródico. El narrador es consciente de que el melodrama incurre en varios estereotipos, así que se vale de la parodia: "Decir que todos fueron lugares comunes: el hotel de paso, el tiro en la boca, la homosexualidad de un rico".

La editorial Amate también publicó en 1982 *Respiración artificial*, de Raúl Hernández Viveros (1944). La breve narración se desarrolla en el puerto de Veracruz, a donde llega el capitán de un barco. El hombre es un rubio texano, con una esposa en Dallas. La soledad del barco parece ser el único motivo para que el capitán viole y asesine a un niño. La masculinidad se representa asociada a una violencia irracional e irrefrenable. Cabe señalar que, al igual que en el relato de "Yoni Bich", el gringo en este cuento confirma el estereotipo del extranjero asesino.

Del mismo año es *Todos somos vecinos*, de Dolores Plaza (1949), por Ediciones Negro Sol, una narración concisa que consigue expresar los claroscuros de la negociación sexual entre el narrador, un muchachito de 15 años que se prostituye por dinero y mota, y Benito, el dueño de una pulquería, con familia. La historia es sórdida y el lenguaje elegido por la autora es descarnado y directo: "Era gordo, traía guayabera y pantalón de dril. Me metió en el culo su verga limpia, y me zarandeó lastimándome con sus manazas las costillas, hasta que eyaculó, mitad en mí y mitad en las harapientas sábanas del compadre. Yo tenía escaldado el ano, y me dolió".

Vidal es el protagonista de *Un caso semejante* (1983), de Agustín Monsreal (1941), publicado por la editorial Folios. El muchacho es el hijo de un papá soltero, jubilado y envejecido, y trabaja de oficinista para apoyar en la casa. Su primer romance es con Adolfo, mayor que él e hijo de la dueña de la empresa. Las diferencias de clase y edad conducen a una relación de poder que se desarrolla durante la primera cena de la pareja. Adolfo lo presiona para que tengan su primer acostón, pero el chico rechaza repetidamente los avances del otro. Vidal se debate entre sus propias inseguridades, la homofobia internalizada por las burlas de sus compañeros y el respeto y cariño que siente por la figura de su padre. El conflicto interno del protagonista se resuelve con un final triste: el narrador sugiere de manera ambigua que el papá de Vidal podría ser un homosexual desdichado, un "caso semejante" al del hijo. De allí el título de la historia.

"De amor es mi negra pena", de Luis Zapata (1951), fue publicado originalmente en el libro homónimo de la editorial Panfleto y Pantomima, en 1983, y después fue incluido en *Ese amor que hasta ayer nos quemaba*, de la editorial Posada en 1989. Zapata explota con provecho las posibilidades del monólogo indirecto para armar una narración fragmentaria donde se entretejen los planos del deseo, la conciencia, el sueño y las canciones de Sonia López, para configurar el drama de los amores entre dos soldados. La unión de los distintos planos da una gran plasticidad al conflicto interno de Evaristo, apodado *el Guacho*. El grupo de militares es un círculo homoerótico cerrado, donde se permite todo, siempre y cuando jamás se afirme la homosexualidad. La sospecha, que cae implacable sobre *el Guacho* desde el principio de la narración, da lugar a un evidente deseo homoerótico cuando es su turno de manosear a Félix, el mesero güero amanerado, pues su erección lo delata. *El Cuervo* grita: " 'Miren, ¡es puto!, ¡tiene la verga bien parada!', y *el Reno* 'ora sí ya se supo, pinche puto' ". El suicidio del personaje precipita el desenlace trágico de la historia; sin embargo, a diferencia de otras narraciones donde el suicidio era un lugar común que reproducía el estereotipo de la fatalidad del homosexual, en este cuento Zapata desvela cómo impacta el estigma en la subjetividad del soldado.

"Opus 123" (1983), de Inés Arredondo (1928-1989), fue publicado originalmente por Oasis, otra de las editoriales pioneras de la literatura gay, y después fue incluido en el libro *Los espejos*, publicado por Joaquín Mortiz en 1988. El cuento destaca por una factura que lo convierte en un clásico del género. En forma especular, la narración cuenta las vidas paralelas de Pepe Rojas y Feliciano Larrea, unos niños mariquitas, visiblemente afeminados, con vocación musical, que sufren el estigma de la provincia. Arredondo es aguda para descubrir las repercusiones de la homofobia en la psicología de los personajes: "Esa noche, insomne y con fiebre, Feliciano pudo oír la voz alta y colérica de su padre. Una frase se le quedó grabada con fuego en la mente: 'No vas a dejarme por ese marica, por ese homosexual...' No conocía la palabra, pero supo que ella sellaba su destino". La intuición del poder ominoso de ciertas palabras enturbia la existencia de los protagonistas.

El hábito oculto (1984), de Ignacio Betancourt (1948), por editorial Premià, es una historia breve ambientada en la ciudad del Real del Potosí en los tiempos de la Colonia. La narración es sencilla, sin mayor complejidad, y se reduce a la doble vida del fraile Juan Domingo Perera y el oidor don Joaquín de Belarmino, un hombre casado. El robo del hábito, a la mañana siguiente del encuentro sexual entre los personajes, desencadena en el sacerdote una histeria tal que lo lleva al suicidio. En este caso, el final trágico es un lugar común que refuerza el estereotipo.

Del mismo año es *Tu bella boca rojo carmesí*, de Ana Clavel (1961), publicado por la SEP. La escritora juega irónicamente con la fascinación de probarse un viejo vestido de novia guardado en el clóset. La narración no desvela, sino hasta el final, que quien disfruta lucir el hermoso ajuar y provocar los piropos de los vecinos es Carlos, un muchacho travestido de novia, a punto de ser descubierto por su mamá y sus hermanas. El descubrimiento es una salida del clóset involuntaria que funciona como un recurso efectista.

Gonzalo Martré (1928), seudónimo de Mario Trejo González, dio a conocer "Dime con quién andas y te diré quién herpes", del libro homónimo publicado por la editorial Claves Latinoamericanas en 1985. Se trata de una narración homofóbica sobre un planeta apocalíptico que representa una metáfora grotesca de los orígenes del sida. Los científicos Aullet y Ávila, de la UNAM, aíslan el herpes-AA, que será usado como un arma biológica para exterminar a los homosexuales, en oposición a la postura del filólogo Cayetano

García, quien afirma los aportes de los jotos a la cultura. El texto es un mal chiste elaborado con un terrífico humor negro.

En 1986 apareció *También hay inviernos fértiles*, de Severino Salazar (1947-2005), publicado por la Universidad Veracruzana. La historia, con ecos autobiográficos, sobresale por el estilo sobrio y evocativo. El monólogo interior del narrador recuerda sus años infantiles en un internado dirigido por sacerdotes. El relato de los amores velados de tres niños zacatecanos en el colegio de curas en Chihuahua está enmarcado en un crudo invierno, cuando Gilberto, uno de los pequeños, se ahorca. El cuento narra la pérdida, el duelo y el recuerdo triste de la tragedia infantil. La homofobia internalizada cercena la vida de Gilberto y tiñe de dolor a sus amigos.

Escrita en segunda persona, la historia fluye con un tiempo en retrospectiva. La narración alcanza su catarsis cuando uno de los chicos experimenta su desolación interna, después del funeral de su amigo. El luto del puto es un lujo del estilo:

> Te sientas a la orilla de tu cama y miras la que fue de Gilberto. Hay algo de terror en tu cara. Te quitas los guantes, la boina, la camisa, los zapatos. Te bajas los pantalones y los dejas sobre una silla. Te hincas en el suelo y doblas la cintura hasta que tu cabeza toca el suelo, y ves debajo de la cama tu balón de basquetbol, lo acaricias con la mano derecha por unos momentos y luego te paras [...] Tiemblas cuando se encuentra tu cuerpo semidesnudo entre las sábanas frías, casi húmedas.

"El sida es más que un chiste de oficina" (1988), de Rosamaría Roffiel (1945), se publicó originalmente en *El sida en México: los efectos sociales*, un libro coordinado por Francisco Galván Díaz (1952-1993); después, la autora lo incluyó en *El para siempre dura una noche*, publicado por la editorial Sentido Contrario en 2001. Se trata de una historia de solidaridad, amistad y duelo, en la Ciudad de México. Bambina, la narradora, acompaña a Patricio, en sus últimos días. Patricio también recibe los cuidados de Gonzalo, quien ha sido su pareja durante tres años, y de Consuelo, su madre. La narradora señala los discursos de odio y el impacto de la enfermedad en los círculos familiares y de amigos. Para Bambina, "del sida, lo más contagioso es el miedo". La narradora describe el cuerpo consumido de Patricio: "Le salieron ojeras, se puso más pálido que de costumbre, se le apergaminó la piel", le salió "la flor púrpura de su abdomen".

Cuentos para homosexuales es una rareza para los bibliófilos, una joyita pornográfica de bolsillo, para masturbaciones reiteradas de lectores urgidos. Se publicó en mayo de 1987, bajo el seudónimo de Martín, por una imaginaria Ediciones Aparte —en realidad se imprimió en la Federación Editorial Mexicana—. El prólogo recurre al tópico del manuscrito encontrado para atrapar el interés del lector sobre el misterioso pasado del autor anónimo y del libro. Se afirma, como parte de la ficción, que el recopilador se llama Martín, al tiempo que se anuncian próximas obras del autor: *Cuentos para homófobos* y la novela gay *La casa del Doctor Cosa*. El librito reúne 21 textos, de nulo valor literario, aunque formidable recreación de las fantasías escatológicas relacionadas con la Ciudad de México. Probablemente el autor fue un universitario, ya que se menciona el Colegio de Ciencias y Humanidades (CCH), y homosexual, porque aparecen palabras del argot: "bugas, chichifos, maricas, bicicletas y de todo, se encontraban danzando a la par de Jim Morrison". Por cierto, "La historia de Octavio" es un homenaje, cuasi plagio irreverente, de *El vampiro de la colonia Roma* (1979), la novela clásica de Luis Zapata. El título del libro es muy sugerente porque explota la idea de un público específico; es decir, hace explícita su intención de literatura de consumo. No se plantea que son cuentos gay para cualquier persona, sino cuentos dirigidos exclusivamente a homosexuales. El gueto funciona aquí con una intención de venta marginal; incluso, se dice que su distribución es "de mano en mano, claro", con el doble sentido de los placeres de la mano amiga y la recomendación entre manos (y manas) cómplices.

Jaime Cobián (1964), en su libro *Los jotos* (2013), dice que en 1988 se publicó el libro de cuentos *La casa del Arrayán*, de Ramiro Bonilla Sierra, en Guadalajara, Jalisco. Al parecer, se trata de una edición de autor. No se tiene mayor información sobre esta obra.

VI

Respecto a la década pasada, los años noventa carecen de la exuberancia temática y formal de la cuentística que la preceden, aunque se mantiene su producción en México. Coincido con León Guillermo Gutiérrez cuando afirma que "la novela se convierte en el verdadero negocio de las editoriales, sobre todo trasnacionales, que promueven premios internacionales, relegando al cuento, mas no su cultivo". Durante este periodo se emprendieron los primeros esfuerzos de la crítica académica por revisar y valorar el corpus de la literatura gay en el país.

En 1991, Enrique Serna (1959) ofreció el cuento "El alimento del artista", en el libro *Amores de segunda mano* publicado por la Universidad Veracruzana. La narradora, una bailarina decrépita del cabaret El Sarape en Acapulco, cuenta a su interlocutor la condición particular de su pareja de *show*, Gamaliel, una loca amanerada, quien para poder hacerle sexo en vivo necesita el aplauso del público. La historia es una comedia divertidísima, que destaca por la habilidad de Serna para recrear el habla de la mujer: "De pronto sentí que algo duro tocaba mi sexo como queriendo entrar a la fuerza. Vi a Gamaliel con otra cara, con cara de no reconocerse a sí mismo, y entonces la vanidad de mujer se me subió a la cabeza, me creí domadora de jotos o no sé qué y empecé a sentirme de veras lujuriosa, de veras lesbiana". El cuento hace visible la fluidez del deseo y dinamita la idea de una identidad sexual clara, estable y única. Los jotos también pueden cogerse a una mujer.

El cuento "Resurrección", de Gabriela Rábago Palafox (1950-1995), fue incluido por Federico Schaffler (1959) en *Más allá de lo imaginado*, primera antología de ciencia ficción mexicana, publicada por Tierra Adentro en 1991. La autora ganó el Premio Puebla de Ciencia Ficción en 1988 por *Pandemia*, que abordaba el sida. *Resurrección* cuenta el deseo de Antonio de llevar a la vida una escultura de tamaño natural de san Sebastián, el mártir que la cultura gay ha canonizado como ícono homoerótico. El muchacho es ayudado por Ernesto, un científico que se emociona con el proyecto. La narración es una recreación voluptuosa del mito de Pigmalión, porque Antonio se enamora de su creación: "Revivió el momento en que la escultura, ardorosos de sufrimiento los ojos vítreos, se retorció como para librarse de las flechas que se encarnaban a lo largo de todo su cuerpo".

En 1995, Gonzalo Valdés Medellín (1963) ganó el Premio Casa de América Latina del XII Concurso de Cuento Juan Rulfo que convocó Radio Francia Internacional por "En la casa de las semejanzas", que fue publicado hasta 2011, por Amarillo Editores, en el libro homónimo. Se trata de un monólogo indirecto que expresa el drama interior de un joven aspirante a escritor. El muchacho está inmerso en un triángulo amoroso con Amanda, una rubia andrógina, y un compañero de nombre desconocido. La sensibilidad del protagonista está ligada a la Ciudad de México, a la cual recorre eróticamente en lo que ya es un tópico de la literatura gay: "Recorrer las calles… en busca de una caricia, un cuerpo que pueda mantenerte tranquilo para quizá después buscar a algún amigo y contarle de tus escarceos con esa nueva lectura picaresca". Nótese el guiño explícito a *El vampiro de la colonia Roma*. A lo largo de la narración se plantea una serie de correspondencias del espacio urbano como espejo de la subjetividad del personaje; por ejemplo, el monumento de Cuauhtémoc le despierta deseo, cual si fuera estatua de sal.

En 1996, la Universidad Veracruzana publicó *Sólo era un juego*, de Víctor Rejón (1941). El narrador, amigo de Leobardo, cuenta la carrera de prostituto de su cuate en las calles de Hamburgo,

Amberes y Copenhague, en la Zona Rosa, y en la esquina de Álvaro Obregón y Córdoba, en la colonia Roma. Se menciona la novela de Luis Zapata por la evidente similitud del argumento, aunque el cuento adolece del lugar común: el anciano burócrata que paga por el sexo con el muchacho. El desenlace es predecible, porque se anuncia desde el inicio. Leobardo agoniza, enfermo de sida, con lo cual se reproduce el estereotipo del final trágico del homosexual.

El mismo año la editorial Era publicó *El último vacío*, de Eduardo Antonio Parra (1965). La noche de Monterrey es el escenario del drama interior de un hombre varonil, de 50 años, adinerado, que, después de estar en una relación de cinco años con un muchacho, se enfrenta a la soltería. El joven lo dejó para casarse con una mujer. El deseo de una relación estable, el abandono, la soledad y la torpeza para ligar, son las causas del sufrimiento del protagonista, quien siente un desprecio por los amanerados. Parra expresa con agudeza los claroscuros de una subjetividad atravesada por la clase, la expresión de género y la edad. La mirada homoerótica tiene su opuesto en el pánico: "Te acercarás entonces para escudriñar el fondo de tus ojos donde persistirá una terrible chispa oculta, perceptible acaso sólo para los hombres: es la revelación de tu ansiedad, tu soledad, tu homosexualidad mordiente y frustrada: la chispa que los hace alejarse de ti".

En 1997 se publicó *Nadita de miedo le tengo a la muerte*, de Joaquín Hurtado (1961), por el Fondo Estatal para la Cultura y las Artes de Nuevo León. El narrador es una jota que nos cuenta las orgías que arman sus amigas la Carla, la Rufina y la Pamela, quienes se disfrazan de luchadoras para coger con Celestino y Romualdo, una pareja de policías. Destaca el estilo barroco de la narradora, quien erotiza a los chacales en la noche poblada de fantasías de Monterrey. La masculinidad del chacal se subvierte cuando al final se entregan al divertido joteo travestido: "No alcanza a amanecer cuando los chacales empiezan solitos a voltearse. En el fondo todos son más lobas que uno. Nunca está de más contar las veces que

Romualdo y Celestino dicen 'ah chingá, chingá' mientras se colocan las pelucas y ven cómo les cambian de color las uñas postizas".

Hombre y niño sentados en una silla (1998), de Luis Martín Ulloa (1967), publicado por Mantis Editores, es un cuento que realiza una innovación en la representación del personaje homosexual porque el protagonista es un chamaco mudo, David. El "muchachito precioso" coge con Juan, un hombre casado. El niño se ve más decidido que el adulto para el sexo. El encuentro ocurre en un tugurio de San Juan de Dios, una de las zonas rojas de Guadalajara, y está contado sin el uso de los signos de puntuación, lo que da el efecto de deseo desbordado y urgencia. La narración está escrita en segunda persona, en este caso la de David, y Juan es mencionado por el apelativo de "usted", lo que genera en los lectores el efecto de sentirse interpelados y partícipes de la acción: "De cualquier manera usted es quien está siendo violado succionado sorbido por ti que ahora te engarzas a su miembro un crujido fuerte lo pone alerta pero ya es imposible detenerse ahora que siente tu chorro caliente inundándole el ombligo". La historia fue llevada al cine en 2005 por Roberto Fiesco (1972), en el entrañable corto *David*, que recibió los premios por mejor cortometraje de ficción del Festival Internacional de Cine de Morelia y el Torino International Gay and Lesbian Film Festival.

En 1998, la editora del Gobierno del Estado de Veracruz publicó "La noche que murió River Phoenix", de Armando Ortiz (1968), incluido en el libro homónimo. Se trata de una historia inverosímil que incurre en varios clichés y distorsiona las posibilidades del melodrama. El narrador, Christian, es un prostituto homofóbico que le escribe una carta al actor River Phoenix (1970-1993), protagonista de la película de Gus van Sant (1952) *My Own Private Idaho* (1991). El autor de la carta fue violado por un sacerdote, y ésta es, al parecer, la causa de su homofobia. Sus padres prefieren creerle al violador. Su amigo, Ricagno, un drogadicto, lo chantajea emocionalmente para pedirle ayuda económica: le dice que él lo ofreció a un viejo narco español. Chris le niega el dinero y días después Ricagno se suicida. Chris es secuestrado y violado por el anciano. El final tan patético es risible.

El mismo año se publicó *Champions*, de Margarita Peña (1937), por Fontamara. La narración muestra a un personaje pusilánime, Axel, en un momento crítico de su carrera profesional. Axel ama la literatura, pero trabaja como informático. Tiene 30 años, es moreno, calvo y usa anteojos. Mientras ve un partido de futbol americano, en el bar Champions, de San Antonio, Texas, se debate sobre su futuro. Su colega, Jaime, le sugiere que renuncie. El deseo homoerótico de Axel es un fantasma insufrible que se descubre en el desenlace como un recurso efectista:

> Luego soñó que Jaime, Susana y él tenían un "menage a trois". El avión sale dentro de cuatro horas. Ha decidido casarse con Susana. Sobre todo, después de ver en el sueño cómo la acariciaba Jaime; y cómo, luego, lo acariciaba a él. Aterrado por la pesadilla, Axel se dice que Susana y el vodka son su única defensa contra la soledad, contra el desamparo.

Hernán Lara Zavala (1946), en la edición de 1999 de la antología *Los mejores cuentos mexicanos*, publicada por Joaquín Mortiz, incluyó una sección titulada "Amor que no se atrevía a decir su nombre", con cuentos de Jorge López Páez, José Joaquín Blanco y Antonio Marquet. El cuento de José Joaquín Blanco, "Recuerdo de Veracruz", originalmente apareció en la revista *Nexos*, en enero de 1998; después, fue incluido en *Las rosas eran de otro modo*, por Cal y Arena, en 2001; y luego, seleccionado en *Triple función*, por Quimera, en 2007. La historia es contada por un cantinero jarocho, quien recuerda a tres turistas maricones de la capital, Pancho, Aurelio y Melchor, durante su visita al puerto. Melchor, un panzón, calvo, treintañero, se siente atraído por Nicho, un chamaquito, no mayor de 13 años, con acné, dientes de oro y ojos verdes, que trabaja de chichifo en Los Portales. Con ironía, el narrador expone la relación de poder y seducción entre el hombre y el escuincle: "¿Quién le iba a creer a Melchor que ahora, pasada la mitad del camino de su vida, harto de soledad, desengañado del sexo mercenario de fin de semana, había decidido adoptar inocentemente, dizque sin lujuria alguna, un ahijadito que lo acompañara en la tediosa y deprimente senda de sus días?"

El relato de Antonio Marquet, *Fin de año* (1998), muestra el drama interior de Ignacio, al ser consciente de que sus amigos están muriendo por enfermedades relacionadas con el sida. En el duro final del año 1994, la crisis de los cuarenta y la crisis de salud que arrasa las vidas de los hombres gay pulverizan la frivolidad clasemediera de Ignacio. El sida es el mal que no dice su nombre a lo largo de la narración y el autor interroga sobre la tragedia del silencio: "Era cuestión de días para que Jesús, con sus defensas deprimidas, contrajera a su vez tuberculosis. No van a durar. Y él, sólo testigo mudo, sin poder siquiera mencionar nada puesto que no se había hablado del tema, ¿por qué?"

VII

Durante la primera década del siglo el movimiento gay sumó victorias en lo relacionado con el matrimonio igualitario y el derecho de la adopción por parte de parejas del mismo sexo. En 2005 el matrimonio igualitario fue reconocido en España. Argentina fue el primer país de América Latina en aprobarlo en 2010. Ese mismo año, la Ciudad de México fue la primera entidad del país en aprobar la legislación de matrimonio igualitario y el derecho a la adopción. El mundo editorial mantuvo en sus catálogos una oferta de narrativa gay. Incluso, respecto a la década pasada, el cuento se publicó con mayor frecuencia que la novela, con la parodia y la ironía como los recursos literarios que renovaron el género y le dieron mayor desenfado y vitalidad.

El relato *AZT*, de Wenceslao Bruciaga (1977), fue publicado por Moho en 2000. Es una provocación a todo lo políticamente correcto y anuncia el tono de parodia que será recurrente en las historias de la década. El título es el nombre con el que fue conocida la azidotimidina, el primer medicamento antirretroviral. La narración, que puede incluirse dentro del realismo sucio, es una desenfrenada serie de escenas de violencia, asesinatos, persecuciones policiacas, cocaína y porno duro en Torreón, con el fondo de "Frankly Mr. Shankly" de The Smiths. La historia arranca una vez que Sara y el narrador se enteran de que son seropositivos. Ella lo acusa de haberla contagiado. El protagonista trabaja como obrero en una maquiladora de piezas para aviones. Jonás, hijo de un militar, es su amante. La historia se vuelve muy sugerente cuando erotiza el virus: "No pude evitar que Jonás mamara mi verga. Sentía cosquillas mientras imaginaba a mis glóbulos blancos siendo devorados ya por el VIH".

En 2002 apareció publicado *¿Eres joto?*, de Heriberto Yépez (1974), en una coedición de la Universidad Autónoma de Baja California y Plaza y Valdés. Rafael, el protagonista, ingresó a la policía a los 19 años por sugerencia de Alberto, su amigo, por quien siente una atracción imposible de confesar. Incluso intenta coger con Brigitte, una travesti. La historia se desarrolla en Tijuana en el momento de las elecciones presidenciales que dieron el triunfo a Vicente Fox. Yépez explora con ironía el deseo homoerótico entre varones, en espacios codificados como el cuerpo de policías:

> Todos ellos le parecían a Rafael perfectos jotos. Todo el tiempo estaban juntos, queriéndose entre sí más que a sus esposas, siendo 'pareja' [...] agarrándose, acomodándose los testículos [...] dando vueltas y vueltas a la macana forrada de cinta negra, jugando a las vencidas, enseñando los bíceps [...] nuevamente agarrándose los testículos, haciéndolos evidentes bajo el uniforme para demostrar que los tenían y que querían ofrecerlos a los otros.

Despliegue de masculinidad, un cuento de Gerardo Guiza Lemus (1957), escrito en 2003 y publicado por Fontamara en 2007, explora el deseo homoerótico que unos fortachones vaqueros despiertan en el narrador cuando asiste a la conmemoración de la batalla del 5 de mayo en San Miguel, Texcoco. El narrador deja claro que hay hombres casados que, con unos tragos encima, también cabalgan maricones: "Eyahwehl, que era por demás conocido entre los lugareños, y quien afirmaba haber tenido amoríos y sexo con algunos hombres solteros y casados, abordó a algunos jinetes que bebían cerveza empuñando la botella con rudeza". En las fiestas la bebida hace heteroflexibles a los más machos; pero el protagonista resulta pusilánime y no se aventura al rodeo del sexo.

Jesús Meza León (1955) es uno de los autores que usa la etiqueta de "cuento gay" para denominar su trabajo. En el prólogo al primer volumen de *Cuentos gay*, publicado por Fontamara en 2004, Meza considera:

> ¿Por qué gusta este género literario? Por la experiencia que tuve como editor de revistas dirigidas al público gay, puedo afirmar que por funcionar como aceleradores de la libido y porque cuando se presentan con la debida calidad literaria, el público —cualquiera que sea su orientación sexual— ha reconocido su valor artístico.

La intención de excitar la libido es uno de los objetivos de la historia "En los *scouts*", que recurre al lugar común de la excursión a la sierra de Hidalgo, donde el narrador, un muchacho virgen de 28 años, tiene su primera vez con Manolo, uno de sus compañeros: "El pene de Manolo parecía tener vida propia, pues solito se acomodó a la entrada de mi ano, que sentía palpitar como un segundo corazón".

La minificción *Para ser hombre...*, de Óscar Palacios (1942), fue publicada por la editorial Praxis en 2005. El autor parodia de forma concisa el lugar común que receta para una vida exitosa: sembrar un árbol, escribir un libro y tener un hijo. Esta verdad de autoayuda provoca el malestar de Epigmenio; por ello, "ante la frustración por no ser un hombre pleno, se volvió talamontes, quemó su libro, se divorció y hoy vive felizmente gay". El humor afirma la homosexualidad como un estilo de vida feliz.

Los fines de semana (2006), de Carlos Martín Briceño (1966), publicado en coedición por la editorial Ficticia y el Instituto de Cultura de Yucatán, es la construcción de un triángulo de deseo entre una madre, el hijo y un amigo. Andrés, el narrador, siente atracción por doña Evelyn, la sensual madre de su amigo Emilio. La referencia explícita a la película *El graduado* (1967) da un giro cuando, en el desenlace, descubrimos a Emilio y Andrés después de su encuentro sexual. El descubrimiento del deseo homoerótico de Emilio resulta efectista.

Ese mismo año, Mayra Luna (1974) entregó "Un cuerpo como el suyo", con el subtítulo de "Seminovela", para su publicación en *Tierra Adentro*. Luna se vale del recurso de la metaficción para relatar la historia de Nadia, la protagonista de una novela contada por una narradora, a su vez, imaginada por una autora. Nadia es una gerente en un departamento de recursos humanos y está enamorada de Bernardo, cuyo novio es Joshua. La insistencia en la secuencia narrativa donde ella espía a los novios en una cafetería quizás es un eco del cuento de Guadalupe Amor. La parodia y la ironía subrayan la metaficción: "Nadie sabrá a ciencia cierta si las acciones que posteriormente toma Nadia para que la pareja gay se separe, son en realidad suyas o simplemente trucos de la narradora para crear suspenso y confusión".

En 2007 apareció *Mariachi*, de Juan Villoro (1956), publicado por Almadía. Es una historia hilarante en voz de Julián, El Gallito de Jojutla, estrella de la música ranchera. Él se siente atraído por Brenda, una productora de cine, y por Catalina, una actriz. Brenda convence al mariachi de participar en la próxima película de un director enamorado de él. Por medio de la parodia, Villoro expresa muy bien la transformación de la masculinidad mexicana en su figura emblemática. Así lo cuenta Julián, a propósito de un periodista que cada vez que cumplo años publica un artículo en el que comprueba mi homosexualidad. Su principal argumento es que llego a otro aniversario sin estar casado. Un mariachi se debe reproducir como semental de crianza. Pensé en el motociclista al que debía darle un beso de tornillo, vi al periodista y supe que iba a ser el único que escribiría que soy puto. Los demás hablarían de lo viril que es besar a otro hombre porque lo pide el guión.

Ese mismo año, Ángeles Mastretta (1949) publicó *En el parque*, por Seix Barral. La protagonista, Isabel Covarrubias, descubre que su marido tiene un romance con otra mujer. Isabel confía su ánimo y atribulaciones a Luis, su mejor amigo desde hace 30 años. Luis atraviesa por una situación similar, ya que su pareja, el Mapache, se fue a Acapulco tras un DJ joven. Isabel y Luis descubren las alegrías de la soltería y disfrutan la complicidad de las afinidades en común. La historia se sitúa alrededor de 2005 en el contexto de la polémica por la construcción del segundo piso del Periférico en la capital. Éste es un cuento sobre la amistad, con varios momentos de ironía: "Ni la profesión tengo de gay. Lo único gay que tengo es la preferencia. 'Gay': ¡qué palabra! Gay está bien para uno que pone discos. ¿Yo qué? Yo ni a calificativo llego. ¿Homo? ¿Qué te parece 'homo'? Sé de mejores mamadas que ésa".

Ignacio Padilla (1968-2016) ganó el Premio Internacional de Cuento Juan Rulfo en 2008 con *Los anacrónicos*, que fue publicado por el FCE en 2010. Dicho cuento construye con maestría una estructura que se vale de la elipsis para mantener el secreto que da sentido al suicidio del alférez Joaquín Bautista. El léxico, con algunos arcaísmos, recrea un estilo apropiado para evocar la Batalla del Zurco, ocurrida medio siglo atrás, que dio el triunfo al Regimiento Santa Engracia frente a las tropas federales. Un año antes del suicidio del alférez Bautista, había sido asesinado un hermoso sargento del bando federal, de 20 años y con modales afeminados. El narrador relata el pasado y lo une al encuentro con su amigo Carlos Lagunas, sobrino nieto del alférez Bautista. Lagunas le cuenta al narrador que un día descubrió en la casa de su tía una caja enterrada que contenía las cartas de amor que el sargento le escribió a su tío: "Pensé entonces que daba igual: a cualquiera de ellos o a ambos podrían haberlos matado por maricas o por intimar con el enemigo o por amenazar al Regimiento Santa Engracia, al pueblo y a la nación misma con derribar los bastiones que hasta entonces habían representado con tanto ahínco". La homofobia se encarniza con quien decide dormir con el enemigo.

En 2008 se publicó "El cardenal salió a comer y sus amantes perdieron la fe más dulce", de Antonio Mestre-Domnar (1969), seudónimo de Freddy Domínguez Nárez, en el libro homónimo de Gatsby Ediciones. La historia recurre al lugar común de la pasión perversa del cardenal de Florencia, Cesare Maltesio, por su joven ayudante, Jordanus Batuta. El autor recrea el ambiente libertino de los círculos eclesiásticos entregados al hedonismo. El narrador cuenta cada uno de los artificios de los que se vale el cardenal para seducir al atractivo muchacho mexicano. La imagen católica es utilizada para representar el orgasmo del encuentro homoerótico: "El cardenal entró en Jordanus después de recorrerlo cuerpo a cuerpo, y el muchacho contuvo un grito delatado en las lágrimas que miró san Agustín desde el marco de plata donde estaba su imagen". No obstante, el final del cuento resulta forzado y responde más a una lógica efectista que a una consecuencia verosímil de la trama.

Nadia Villafuerte (1978) publicó "Roxi" en 2008, con *Tierra Adentro*. El título del cuento corresponde al nombre del protagonista, un travesti que trabaja en un bar frecuentado por *marines*. La historia es contada por el padrote de Roxi en un estilo contundente, aunque no escapa de la representación estereotipada: "El fulano ahora le toca las pantaletas, siente el bulto de Roxi, no se asombra, al contrario, ha notado en ella, bajo el maquillaje teatral, las facciones ambiguas". Se repite el lugar común del cliente que elige a la vestida, quien aparenta ser una mujer despampanante hasta el final, cuando revela su sexo.

El mismo año apareció *Hoy es domingo*, de Hugo César Moreno Hernández (1978), publicado por la editorial Cofradía de Coyotes. El narrador, un homosexual reprimido, siente un deseo repulsivo por su psicoanalista. La historia es otro lugar común inverosímil sobre la homofobia cínica del narrador. El cuento, que pertenece también al realismo sucio, pretende parodiar el discurso de lo políticamente correcto gay, desde una estética grotesca; sin embargo, la exacerbada fealdad de la representación sólo consigue ser un escupitajo de homofobia: "Cuando su fétido aliento me da en la cara tengo ganas de darle un beso. De acariciarle las peludas mejillas. De tocar su incipiente calvicie. De tocar su hinchado vientre y bajar la mano hasta dar con su verga".

Prohibido fumar gracias, de Sandro Cohen (1953), publicado por Ediciones El Ermitaño en 2009, es un cuento de un intenso homoerotismo. Sergio evoca la primera vez que su primo Gerardo, de 12 años, le hizo sexo oral. Sentado en un baño de Sanborns, Sergio recuerda aquella mamada deliciosa con su primo. El final de la historia tiene un cierre con humor que es un giro irónico a la narración pormenorizada del recuerdo de las mamadas recíprocas entre primos. Cohen se vale de la secuencia de verbos para producir el efecto de urgencia sexual e inminencia del orgasmo: "Chupó el pene, lo lamió y relamió. Quiso disolverlo en la boca, besarlo y volver a lamerlo y chuparlo de nuevo, cien veces. Con la mano llena de su propia saliva, cerrada, empezó a recorrer el tallo del pene mientras mantuvo sus labios alrededor del glande".

También en 2009 *Tierra Adentro* publicó "Gatos pardos", de Iris García (1977). La historia es un espejo sin concesiones de la violencia, la corrupción y la impunidad brutales en Acapulco. Jesús Palomino Alberto, alias Chucho el Loco, comandante de la Policía Judicial del Estado y su jefe, el licenciado Martín Flores Romero, director de Averiguaciones Previas de la Procuraduría, responden al estereotipo de los policías corruptos que violan la ley sistemáticamente. Los crímenes de odio por homofobia, en lugar de ser investigados por la autoridad, son perpetrados por el mismo Flores en complicidad con Chucho el Loco. La autora es aguda para representar los pactos de impunidad y protección, sesgados por el machismo, en los cuerpos policiacos.

En la narración, la Cony, un travesti moreno de pelo oxigenado que trabaja fichando en El Zarape, salva su vida cuando rechaza la coerción de los judiciales. Chucho, en su condición de achichincle, le lleva otro travesti a su jefe, a quien, ya borracho y drogado, le gusta cogerse a las "viejas con regalo". La objetivación del cuerpo travesti y la misoginia se articulan como parte del deseo de los machos. Iris García recurre a la parodia del machismo, para desvelar que estos hombres violentos son vulnerables. El licenciado Flores se comporta como un niño arrepentido, después de matar al hombre travestido con quien tuvo sexo:

—¿Verdad que no soy puto, pinche Chucho?
—¿Cómo cree, licenciado? De noche cualquiera se equivoca.

Coincido con León Guillermo Gutiérrez, quien incluye este cuento de Iris García dentro del realismo sucio.

Al año siguiente, Rosina Conde (1954) ofreció una minificción titulada *Sin destino*, sobre un crimen de odio por homofobia, perpetrado en un hotel. La publicación fue una coedición de Desliz ediciones con la Universidad Autónoma de Baja California y el Instituto Municipal de Arte y Cultura. La minificción consiste en apenas un párrafo que hace eco de la nota roja. El cierre de la brevísima narración cambia la mirada de atención del crimen hacia la repercusión que tiene en una mujer engañada: "Los cuerpos desnudos de dos hombres yacen sobre las sábanas ensangrentadas. Mirándolos desde la puerta, una mujer está a punto del suicidio". Como lo anuncia el título, se trata de una tragedia con aire de melodrama; sin embargo, Rosina Conde, a diferencia de Iris García, no aventura en las motivaciones del asesinato.

"t.o.c.", título del cuento de Luis Panini (1978), publicado por *Tierra Adentro* en 2010, representa las siglas del trastorno obsesivo compulsivo de un empleado. El narrador enlista las manías cotidianas que realiza un trabajador para mantener el orden y el control. El giro preciso al final de la breve historia consiste en desvelar otra obsesión vinculada íntimamente con un deseo homoerótico fetichista: "Tan pronto se asegura de ser la única persona en el cuarto, se arrodilla junto a los mingitorios y busca los vellos púbicos que a sus colegas se les desprendieron mientras orinaban, para luego guardarlos en su cartera. Su colección sobrepasa los setecientos".

"La marrana negra de la literatura rosa", de Carlos Velázquez (1978), incluida en el libro homónimo publicado por Sexto Piso en 2010 y que alcanzó su tercera edición en 2013, es una joya maricona que parodia la idea de una literatura gay. El narrador, un supuesto buga, eterno enamorado de Claudia, tiene por mascota una marrana negra llamada Leonor. La imaginación desquiciada de Velázquez brilla con humor porque la cochinita es una ninfómana que esclaviza a su dueño y le dicta una novela gay, cuando no está cogiendo con un cerdo:

> Un texto que cada noche y entre sueños cobró la extensión de una novela. En ella se narraba no cualquier historia. Era una obra chacal. El retrato de un hombre que gustaba de la compañía de los albañiles, los traileros y los cholos. El personaje principal sufría a causa de sus "mayates" drogadictos, ladrones, golpeadores. Yo no sabía cómo calificarla. ¿Telenovela o diario? Hasta que una madrugada, Leonor me dijo que se trataba de una dulce novelita de amor homosexual.

En la figura de la puerca que habla con su dueño hay una parodia divertidísima de Sherezada. Destaca la capacidad de Velázquez para recrear el ritmo y sentido de la oralidad y para construir una narración fuera de serie.

VIII

El surgimiento de editoriales especializadas en diversidad sexual ha continuado la producción de la cuentística gay en México, después de la primera década del siglo XXI. Por ejemplo, la editorial tapatía La Décima Letra convocó a concursos de cuento de diversidad sexual durante los años 2012, 2013 y 2014. No es posible revisar la totalidad de los cuentos publicados a partir de entonces, pero menciono a sus autores: Luis Aguilar (1969) con *Lateral izquierdo* (2011); Juan Carlos Bautista (1964) con *La noche, a orillas de la Alameda* (2011); Omar G. Villegas (1979) con *El jardín de los delirios* (2012); Jaime Velasco Estrada (1988) con *¡Despierta ya!* (2012), ganador del 9° Premio Internacional de Narrativa Siglo XXI; Guillermo Arreola (1969) con *Traición a domicilio* (2013); Alexander Hernández (1984) con *Los días de búsqueda* (2013); Ériq Sáñez (1986) con *La novela zombi* (2014), ganador del Premio Nacional de Cuento Breve Julio Torri 2014; Israel Mendoza Torres (1982) con *Desmoronando el tiempo* (2015); Artemisa Téllez (1979) con *Fotografías instantáneas* (2015) y Daniel Olmos (1975) con *Relatos visibles para mitómanos valientes* (2016).

El recorrido de este ensayo permite apuntar algunas conclusiones sobre las características de la cuentística gay mexicana: las historias son, en su mayoría, urbanas, así la ciudad es la verdadera geografía del deseo; no existe una evolución lineal y progresiva en el desarrollo histórico de las representaciones de los personajes homosexuales, sino una convivencia de los discursos homofóbicos, activistas y homoeróticos, lo que permite una pluralidad narrativa; en varios cuentos, el desenlace de la salida del clóset o el descubrimiento de la homosexualidad de los personajes significa un recurso efectista; los estereotipos y lugares comunes recurrentes en los temas escabrosos, las descripciones sórdidas y grotescas, las acciones predecibles y los finales trágicos de varios de los cuentos constituyen una tradición que abreva del machismo, la misoginia y la homofobia persistentes en la sociedad mexicana; el secreto y la mirada son tópicos privilegiados por los autores para expresar el deseo homoerótico; la parodia es un recurso literario que en estos cuentos permite desvelar la lógica cultural del orden de género; la amplia producción de estas historias dirigidas para el consumo y el entretenimiento ratifica un público lector ávido; las etiquetas "homosexual" y "gay" sirvieron como un recurso político para hacer visible la estética homoerótica. El panorama se antoja amplio, complejo y fascinante, quizá el gran reto de los autores es alejarse de las soluciones ya conocidas, y atreverse a la imaginación sin concesiones.

Los diez cuentos imperdibles de la jotería mexicana

1. *Doña Herlinda y su hijo* (1980), de Jorge López Páez.
2. *Opus 123* (1983), de Inés Arredondo.
3. *El alimento del artista* (1991), de Enrique Serna.
4. *Los anacrónicos* (2008), de Ignacio Padilla.
5. *El vino de los bravos* (1981), de Luis González de Alba.
6. *Los amigos* (1962), de Juan Vicente Melo.
7. *La marrana negra de la literatura rosa* (2010), de Carlos Velázquez.
8. *De amor es mi negra pena* (1983), de Luis Zapata.
9. *También hay inviernos fértiles* (1986), de Severino Salazar.
10. *Mariachi* (2007), de Juan Villoro.

Digo lo que amo.
El afecto diverso en nuestra poesía jota
Poesía homoerótica

César Cañedo

Por la J inicial de tu nombre

Decir lo que se ama en muchas ocasiones no es una tarea fácil. Si ese amor es, además, "el amor que no se atreve a decir su nombre", la tarea puede resultar áspera y complicadísima porque puede estar la vida o la voz de por medio. Cuando revisamos las posibilidades que hemos tenido de gritar ese amor, de ponerle apellidos, barba o pelos, nos encontramos con que los contextos para hacerlo cambian, que el "Digo lo que amo", declaración profunda hecha poemario de Abigael Bohórquez no habría podido ser posible con esa agencia y contundencia años antes, y que eso no está bien ni mal, sino que importan las condiciones por las que la voz puede ser ejercida.

El arte, y en gran medida la poesía, han colaborado para que los afectos diversos puedan ser nombrados, para que, por ejemplo, todo el rico imaginario de sensaciones, vivencias y realidades del amor de un hombre por otro hombre pueda existir en el universo de representación, y con ello pueda tener sentido en la vida el deseo —de quien escribió, sí, pero también de quien lee— desde un enfoque propio, no ya externo. La poesía homosexual, gay, jota ha sido siempre una fuerza emotiva para que la dignidad de los otros amores sea visible. Considero aquí que la jotería no es sólo un tema poético, sino una postura vital y ética para comprender y habitar el mundo desde otros horizontes, una manera de leer y compartir a una cantidad considerable de autores mexicanos y sus obras, en quienes a veces un solo poema, un verso, a veces uno o varios poemarios, y en ocasiones toda la personalidad literaria puede girar en torno al compromiso encarnizado del deseo diverso.

Decido nombrar, también para que exista, nuestra tradición poética mexicana como jota, para aproximarnos desde ahí, para tener un sentido más específico y reapropiado ante palabras quizá más aceptadas, como *gay* u *homosexual*, pero más arriesgadas por generales, opacas y lejanas respecto a muchas de nuestras realidades deseantes; tampoco sería la nuestra una poesía "de temática", en todo caso sería de ambiente. Y justo en ese cruce con el humor, el desenfado, la autoparodia, la distancia y a la vez el coqueteo con la solemnidad, nuestra región 4, o mejor 41, salta a revelarse jota y no tanto gay. Trazaremos un recorrido por nuestros momentos expresivos más contundentes para llegar al centro de la jota poética y al final espantarnos quizá con su vacío, divertirnos con sus excesos o conmovernos con su esporádica ternura.

La poesía en nuestra tradición —jota y mexicana— ha manifestado más prontamente que la prosa el deseo homoerótico; en esta historia, como en toda buena historia, no importa tanto el qué de ese deseo, sino el cómo (y el quién con quién, pero ésa es otra historia), y a veces, cuando las condiciones lo permitan, veremos un para qué que tiene que ver con la subversión e inconformidad. En ocasiones se cuestiona o no aparece lo estrictamente homosexual o lo decididamente erótico; es decir, el flujo del deseo y del afecto pueden figurar desde otros valores expresivos, y dichos valores, así como ciertas recurrencias simbólicas e imágenes poéticas, cambian con el tiempo y pueden ser reapropiados o transgredidos.

La mirada externa del siglo XIX: exhibir es también hacer que exista

En el discurso hay una lucha de poder para lograr ser representado, porque en términos más prácticos que simbólicos ser representado significa existir. Desde una mirada ajena ha estado presente, en muchos periodos y sociedades y con objetivos muy distintos, la representación del deseo homosexual masculino, con mayor visibilidad y reconocimiento que el femenino. En las sociedades modernas, vistas en su proceso de consolidación desde finales del siglo XIX hasta el siglo XX, el homosexual aparece en el discurso desde un enfoque exterior, y es representado desde la burla, el chiste, el personaje secundario, el escarnio, el repudio moral. Por ejemplo, el jotito de cantina del cine de ficheras, el amigo de la protagonista de las novelas posrevolucionarias, el afeminado del siglo XIX. Imágenes que buscan estereotipar un comportamiento y encubrir la parte afectiva del personaje representado, ya que mostrarlo deseante significaría mostrarlo agente en su potencia de sujeto, y no era ése el objetivo, sino denigrar y encasillar un tipo social que no expresara abierta ni públicamente su deseo y menos su amor por otro hombre; la intimidad y la ternura, desde la mirada exterior, deben serle ajenas.

Las primeras representaciones de algo que podríamos denominar como elementos aislados que prefigurarán una cultura homosexual, o prehomosexual, fueron hechas desde la mirada exterior, en situaciones que no buscaban dignificar una identidad, sino a veces denigrarla o mostrar una estética del periodo, o elementos culturales de época. Sin embargo, podemos tomar estos elementos desde la reapropiación, como ha pasado, por ejemplo, con nuestra cifra-destino, el 41, porque lo que aportaron todos estos elementos en su momento fue visibilizar la existencia de varias maneras de agenciar; es decir, de vivir el mundo, ajenas a la heterosexualidad impuesta.

De finales del siglo XIX es un estado general de apertura cultural que se materializó en la búsqueda de experimentar más sensaciones, e integrar diversas tradiciones a la propia, ya que la mentalidad en el ambiente era la de intercambio intercultural y artístico. Se recupera, por ejemplo, el uranismo y la figura del andrógino bajo el signo del tercer sexo para construir una experiencia superior de la sexualidad en un plano trascendente. La experimentación artística y vivencial es una constante para la prefiguración del artista moderno. Desde esa mentalidad se expresa un famoso soneto de Amado Nervo (1870-1919), "El andrógino", que ha sido considerado como piedra de toque y es importante para nuestra tradición, ya que presenta una sexualidad disidente y un cuerpo ambiguo. Recuperamos los primeros dos cuartetos:

> Por ti, por ti clamaba cuando surgiste,
> infernal arquetipo del hondo Erebo,
> con tus neutros encantos, tu faz de efebo,
> tus senos *pectorales*, y a mí viniste.
>
> Sombra y luz, yema y polen a un tiempo fuiste,
> despertando en las almas el crimen nuevo,
> ya con virilidades de dios mancebo,
> ya con mustios halagos de mujer triste.

Respecto al poema, no podemos decir que Nervo era homosexual ni que su poesía tuviera una intención afirmativa, sino que muestra el estado de cierta apertura cultural y social que se vivió en el fin de siglo decimonónico y que va a chocar con el momento de mayor visibilidad de nuestra cultura diversa en el periodo; momento que se resume en la mítica y jota cifra 41. En México es capital el evento que ocurrió en noviembre de 1901, ya que se trató de un hecho real que tuvo una gran trascendencia simbólica. El famoso baile de "Los 41", al volverse público y escandaloso, se acompañó de manifestaciones de repudio, en cierto tono de burla y chiste, que a pesar de todo podemos leer en la línea de valores que posteriormente serán reapropiados. Los cuartetos famosos que además fueron ilustrados por el caricaturista José Guadalupe Posada pretenden denigrar a los participantes del baile, quienes son exhibidos en la prensa en sonoros versos que inician con la presentación: "Aquí están los maricones / muy chulos y coquetones". Los versos y todo el escándalo muestran también de soslayo la parte gozosa de la fiesta, porque nada les quita lo chulos y menos lo coquetones; además la visibilidad de un baile de esas dimensiones nos da la clave para interpretar que no fue un hecho aislado, que presumiblemente hubo una interesante tradición de fiestas mariconas en nuestro diecinueve oculto.

El secreto que los hombres que van y vienen conocen: Novo, Villaurrutia, Pellicer y Nandino

Después de la visibilidad a veces no tan favorable por ajena durante el siglo XIX, empezó el proceso de apropiación y asimilación identitaria que se expresará en una comunidad de sujetos que se viven y asumen distintos, de manera más privada que pública al principio, y estos poetas mostrarán su deseo ocultándolo.

A comienzos del siglo XX fueron importantes algunos factores para la apertura expresiva que se permitieron nuestros poetas. Podemos mencionar la consolidación de un grupo de jóvenes que defendían la idea de universalizar el arte y sus corrientes de influencia, en oposición del arte nacionalista y de su expresión y valores que se reflejaron con fuerza pero no de manera única en el muralismo de la época; nacionalismo que se vivía en masculinidades duras, cerradas, comprometidas y revolucionarias. El pensamiento que se conoce como vanguardista de los años veinte se expresó en un núcleo sólido de personajes a quienes genéricamente conocemos como el grupo sin grupo, los Contemporáneos, cuya relación con la revista homónima también fue fundamental. Tenían además de la afinidad artística mucha afinidad en la homosexualidad, algunos la hacían evidente y pública tanto en vida como en obra, otros la ejercían oculta en obra y en vida, de otros no lo sabemos a ciencia cierta. Nos interesa la de aquellas más públicas: Salvador Novo, Xavier Villaurrutia, Carlos Pellicer y por añadidura y contacto Elías Nandino, quien en sentido estricto no pertenecería a los Contemporáneos; sin embargo, los cuatro poetizaron su deseo por los hombres y tejieron lazos de amistad entre sí. Ellos son los pioneros y fundadores de nuestra tradición de poesía jota. La historia de ese grupo ha sido muy bien contada y muchas veces revisitada y debatida, y no será faena menor insistir en la importancia que tuvo el homoerotismo en ellos y el contacto cultural con figuras como el colombiano Porfirio Barba Jacob, así como las lecturas que hacían de André Gide y de Oscar Wilde para vivir la homosexualidad como desafío o como problema muchas veces estético.

En líneas generales hay coincidencias importantes en la manera como Novo, Nandino, Pellicer y Villaurrutia expresaron su deseo, en general de manera velada y entre silencios; dice Pellicer: "Sé del silencio ante la gente oscura / de callar este amor que es de otro modo". Su decir sin evidenciar se expresa con códigos y símbolos afianzados en la estética del ocultamiento que se entiende como motivo de época, no habría sido fácil ni bien aceptado que su homosexualidad fuera expresada de manera evidente. Carlos Monsiváis llama "desolación sin límites" a la expresión homoerótica de los poetas mencionados. Esta poesía, en términos generales, asumía una actitud fatalista y resentida; se presentaba desde una marginalidad que condiciona el gozo y que exige la autodestrucción en la esfera de los afectos. El tono en general es solemne, profundo y algo apesadumbrado. Como recurrencias simbólicas podemos mencionar la figura del ángel, que retoman de la tradición andrógina; los marineros, que tiene como una de sus fuentes la tradición inglesa; la presencia de las manos que quizá dibuje un código de homosociabilidad de época, como veremos en el caso de Novo, cuyas manos también fueron llamativas por la joyería con que las adornaba.

En el centro de ese horizonte expresivo resalta Salvador Novo (1904-1974), figura apabullante y polémica y en todos los casos imprescindible para hablar de la jotería en la poesía. Nombrado cronista de la Ciudad de México durante el sexenio de Díaz Ordaz, antes burócrata y funcionario en varios gobiernos, profesor, periodista destacado y prolífico, conservador en sus últimos días y miembro de la Academia de la Lengua, Novo construye una marca registrada sobre su extravagancia, ademanes, afeminamiento, ingenio mordaz, carencia de escrúpulos, y poco ocultamiento de su condición homosexual, que también se revela performática; todo esto al mismo tiempo que es cobijado por las estructuras más solidas de poder literario, social y político. Novo sabe estar dentro y fuera de ese poder valiéndose de su pose jota y literaria.

Por un lado, hubo un Salvador Novo que se expresó afín a los valores estéticos que mencionamos, como la presencia del tono solemne y sobrio, y la ocultación de la homosexualidad, que sólo se muestra en código cifrado en algunos de sus tempranos poemarios, *Espejo* (1933) y *Nuevo amor* (1933). En este último aparece su ya clásica "Elegía", de la que recuperamos el inicio:

> Los que tenemos unas manos que no nos pertenecen,
> grotescas para la caricia, inútiles para el taller o
> la azada,
> largas y flácidas como una flor privada de simiente
> o como un reptil que entrega su veneno
> porque no tiene nada más que ofrecer.
> Los que tenemos una mirada culpable y amarga
> por donde mira la Muerte no lograda del mundo
> y fulge una sonrisa que se congela frente a las estatuas
> desnudas

> porque no podrá nunca cerrarse sobre los anillos de oro
> ni entregarse como una antorcha sobre los horizontes
> del Tiempo
> en una noche cuya aurora es solamente este mediodía
> que nos flagela la carne por instantes arrancados a la
> eternidad.

La presencia constante de las manos puede ser leída en su dimensión simbólica e incluso pudiera referirse a códigos de homosociabilidad y de identificación con un grupo de varones que adornan sus manos, que renuncian a ser las agrietadas del hombre fuerte, rudo y trabajador para ser un signo visible de delicadeza entre quienes podían así reconocerse. Las manos también pueden ser la parte visible para calcular tamaños ocultos. La "mano caída" es un símbolo popular de la jotería, es la renuncia al trabajo duro, la elección por lo terso y al mismo tiempo se vuelve una carga pesada y es una ofensa a veces autoimpuesta. La mano empuñada conduce al autoplacer viril, en Novo esto significa también la decisión por la soltería y la improductividad. Las manos distintas a las de otros hombres, en la "Elegía", de Novo, nos dan sentido y pertenencia.

Por otro lado, Novo llegó a exhibir en su estética —con pelos y señales— preocupaciones de un mundo homosexual que empezaba a reconocerse en el discurso. Hizo circular de manera casi clandestina algunos sonetos, que presentaba en publicaciones efímeras, como *Dueño mío. Cuatro sonetos* (1944), y a veces en reuniones con amigos, de mano en mano; algunos se mantuvieron inéditos, otros se integraron después a la vena satírica expuesta por el mismo Novo en *Sátira. El libro ca...* (1978). De estos sonetos se percibe una intención de burla, autoparodia y humorismo, se nombra al amor y objeto de deseo en toda su potente virilidad para burlarse de ésta. Resaltan también los modelos diversos de afecto en la promiscuidad y la compraventa del deseo, la fugacidad de las relaciones homoeróticas, la juventud como valor supremo que regula la noción del tiempo de vida del homosexual, la dignificación del ano como espacio de placer y subversión. Baste un ejemplo que si bien no aglutina todas las formulaciones que enumeramos, da cuenta de las preocupaciones bastante vigentes del mundo homosexual que se fortalecía en su diversidad, y que también podía vivirse desde un gozo ácido a mediados del siglo XX:

> Yo te aguardé esta noche con el ansia
> de mirarte llegar, y de que luego
> escucharas impávido mi ruego
> y me dieras tu fuerza y tu fragancia.
>
> Pero quisiste darte la elegancia
> de no venir, de desdeñar mi fuego,
> sin saber que recibo por entrego
> leche de muchos toros en mi estancia.
>
> Yo pensaba quererte en exclusiva;
> gemir y sollozar bajo tu fuete,
> brindarte mis pasiones rediviva.
>
> Y a casa regresé —con tu billete—
> luego que una salubre lavativa
> a los hijos ahogó de otro cadete.

Novo fue un adelantado a su época y supo conciliar en su vida y en su obra dos extremos expresivos que se presumen a veces opuestos: la solemnidad y el encubrimiento del deseo, y la exposición descarnada, ridícula e irrisoria del mismo.

En el caso de Xavier Villaurrutia (1903-1950), enorme poeta y apasionado dramaturgo, podemos reconocer una progresión desde una línea homoerótica que tímidamente se asoma en sus primeros poemas, como por ejemplo en "Mar", en el que carga a este elemento de valores sensuales y al ser éste un sustantivo masculino la erotización puede caracterizarse con un ente simbólico y varón. En su primer poemario, *Reflejos* (1926), la evocación de dos hombres que buscan el misterio y la oscuridad será una clave que continúa materializando la presencia de su deseo. Finalmente, la poesía que publicó en los años treinta incluirá símbolos y referencias más directas a la homosexualidad, afectado quizá —en un sentido positivo— por el único viaje a Estados Unidos, entre 1935 y 1936 (las cartas que envía a Novo y que fueron publicadas como *Cartas de Villaurrutia a Novo* son una verdadera joya). Las efímeras publicaciones que hizo en la década de los treinta, como *Nocturnos* (1931), *Nocturno de los ángeles* (1936), *Nocturno mar* (1937), dan cuenta de este sutil cambio expresivo, y de la relación autobiográfica de un Villaurrutia que transitó los espacios secretos de Los Ángeles y otros lugares de California, y transmutó algunas de estas experiencias en bellas imágenes poéticas.

En los poemarios mencionados aparecen algunos de los códigos simbólicos más recurrentes de la tradición inicial de poesía homoerótica, que compartirá con otros autores incluso de diversas latitudes, como la presencia de los marineros, las estatuas, los ángeles; así como las referencias al "secreto" que se prefiere oculto y no revelado, sin nombre ni apellido, como en las "Décimas de nuestro amor" y el "Madrigal sombrío", por mencionar ejemplos que aclaran que en Villaurrutia es una constante la presencia de un amor apasionado e intenso pero siempre gozoso desde el ocultamiento, que es también una toma de postura estética y política respecto a la representación del deseo bajo la cara del amor secreto. La dedicatoria de su "Nocturno mar" a Salvador Novo puede ser leída como un "desclosetamiento" y también como filiación poética. Muchos de estos poemas serán incluidos en *Nostalgia de la muerte* (publicado en Argentina en 1938, y posteriormente en México en 1946). Si Novo lega un poema clásico para la representación de la jotería desde el ocultamiento, su ya mencionada

"Elegía", Villaurrutia celebra la noche —que es el momento ideal para el secreto— de cuerpos masculinos en su también monumental "Nocturno de los ángeles", un poema de largo aliento y fundacional, del que mostramos las primeras estrofas:

> Se diría que las calles fluyen dulcemente en la noche.
> Las luces no son tan vivas que logren develar el secreto,
> el secreto que los hombres que van y vienen conocen,
> porque todos están en el secreto
> y nada se ganaría con partirlo en mil pedazos
> si, por el contrario, es tan dulce guardarlo
> y compartirlo sólo con la persona elegida.
>
> Si cada uno dijera en un momento dado,
> en sólo una palabra, lo que piensa,
> las cinco letras del deseo formarían una enorme cicatriz luminosa,
> una constelación más antigua, más viva aún que las otras.
> Y esa constelación sería como un ardiente sexo
> en el profundo cuerpo de la noche,
> o, mejor, como los Gemelos que por vez primera en la vida
> se miran de frente, a los ojos, y se abrazan ya para siempre.

También se abrazarán a puerta cerrada los amantes varones en la poesía solar del tabasqueño Carlos Pellicer (1899-1976). Este último, cuando se atreve a decir su deseo también se rige bajo el velo del ocultamiento. Pellicer es conocido por ser luminoso y festivo, abundante en naturaleza y en colores, y elige tonos monocromáticos y sobrios al referirse al homoerotismo, que se encuentra de manera esporádica en su obra y que resulta difícil de rastrear salvo en sus estampas más evidentes. Uno de esos momentos se construye en *Recinto y otras imágenes* (1941). En *Recinto* aparece otro poema monumento, cuyo primer verso, "Que se cierre esa puerta", evoca el silencio del deseo a partir de la imagen de la puerta cerrada, que junto con la noche es el espacio cerrado e íntimo que permite florecer el amor por lo "idéntico", según el final del poema: "Tu obstrucción es la liberación destas dos cárceles; / la escapatoria de las dos pisadas / idénticas que saltan a la nube / de la que se regresa en la mañana". La evocación a Géminis y al gemelo en Villaurrutia, los espejos de Novo, lo igual o idéntico en Pellicer, serán claves para nombrar el amor y el deseo entre hombres. El inicio del poema es ya un clásico:

> Que se cierre esa puerta
> que no me deja estar a solas con tus besos.
> Que se cierre esa puerta
> por donde campos, sol y rosas quieren vernos.
> Esa puerta por donde
> la cal azul de los pilares entra
> a mirar como niños maliciosos
> la timidez de nuestras dos caricias
> que no se dan porque la puerta, abierta...

El amigo cercano del grupo, el médico jalisciense Elías Nandino (1903-1993), fue un prolífico poeta que presenta mucho eco y cercanía estética con su cómplice y maestro Xavier Villaurrutia. Nandino cuenta con una vasta obra poética que atraviesa varias décadas y que ha sido escasamente recuperada. Destaca el joven médico por haber sido un gran sonetista, forma poética que será recurrente en su poesía posterior. *Eco* (1934), *Río de sombra* (1935), *Sonetos* (1937) y *Sonetos* (1939) son cuatro poemarios de juventud que aparecen bajo la forma bien lograda del soneto. En el poemario *Eco* sobresale el homoerotismo que se acompaña de imágenes y dibujos en las que ciertas evocaciones a los cuerpos masculinos pueden resultar un poco más directas. También su poesía prefiere la indeterminación masculina del objeto amoroso en muchos casos. Sus sonetos suelen evocar imágenes eróticas, hay una dimensión más pasional y corporal en la poesía de Nandino, retoma los elementos ya cifrados como código, como la presencia de los ángeles, y agrega referencias veladas al falo erguido y sus realidades deseantes, como la excitación y la eyaculación, con imágenes donde lo "crecido", lo "erecto", "lo desparramado" y lo "impotente" dan una clave de lectura de dos cuerpos masculinos encontrados en lo fálico y en la materialización del orgasmo:

> Desparrama tus brasas en mi pecho
> y exacerba mi vida en los dolores
> que conmuevan las rocas interiores,
> hasta dejar mi corazón desecho.
>
> Como escarba el arado en el barbecho,
> destroza la erección de mis clamores,
> hasta sangrar torrentes de colores
> que apaguen mi dolor insatisfecho.

Hacia el final de su obra poética Nandino mezclará esta vena erótica con la presencia del albur para saturar de humorismo lo homoerótico y desnudarlo en su dimensión más sexual y corporal, como se muestra en *Erotismo al rojo blanco* (1983), donde el blanco —un color ya codificado por la cultura homosexual desde la moda— también puede tomar la evocación del semen. Miguel Capistrán nos recordó en este libro los usos del blanco como un código velado de vestimenta.

Otras latitudes que convergen en la jota patria

Una mención importante merecen cuatro poetas que en distintas épocas tuvieron contacto directo con nuestra tradición de poesía jota, fueron nutridos por ésta y la nutrieron, vivieron o han vivido en el país, donde también han escrito y en ocasiones publicado sus poemas, tuvieron lazos de amistad sólidos con algunos de nuestros poetas, también tejieron relaciones de afectividad y carnalidad con hombres del lado de acá, de nuestra acera opuesta. Ellos son el colombiano Porfirio Barba Jacob (1883-1942), el español Luis Cernuda (1902-1963), el peruano César Moro (1903-1956) y el brasileño Horacio Costa (1954).

Cernuda ha sido piedra angular para el desarrollo del homoerotismo poético en lengua española, su ahora célebre poema "Si el hombre pudiera decir lo que ama" sigue la línea del deseo ligado al ocultamiento, además de que afianzó la tradición simbólica de los marineros como tipos sociales y poéticos proclives al deseo de hombre a hombre, rasgo que comparte con Porfirio Barba Jacob, personaje fascinante, transgresor y de culto. Este último, quien fuera abiertamente mariguano, viajero y prófugo, disidente político, públicamente homosexual, es autor de poemas como "Retrato de un jovencito" y comparte también con Cernuda la inauguración del homoerotismo efébico; es decir, la representación del deseo por jóvenes —a veces peligrosamente jóvenes— idealizados y potencialmente seductores y atractivos, que consume a una voz poética de edad avanzada.

César Moro, surrealista altísimo, logra saturar un flujo de imágenes a veces inconexas con una potente violencia amorosa; muestra en su poesía un desgarro apasionado que aparece como una constante. Habla de un amor que ya también dice su nombre y lo eleva y a veces lo denigra con toda la fuerza de una pasión que explota: "Antonio es Dios" es de sus versos más célebres y decididos a mostrar lo que se ama. Horacio Costa, desde una tradición más cercana a la actual, cuenta con una nutrida obra poética en español y portugués, su poesía toca la experimentación formal, la prosa poética, el tono confesional y autobiográfico. Es un excelente traductor de poesía y ha puesto a circular a grandes de los nuestros como Xavier Villaurrutia en lengua portuguesa. De su vena jota poética destaca la representación del deseo por el travestismo, y la fascinación que puede provocar a un sujeto masculino el mostrarse desde una sensibilidad femenina, además de rozar la ambigüedad genérica de contacto entre los dos polos, como se aprecia en el poema "La forma para ser": "Quiero que me llamen Madre de Dios / con mis hieráticos pechos frondosos / que me llamen el Huevo / [...] propongo que me vean desnudo y encinta, soy el monumento de silicona para todos".

Se abrió la puerta: la posibilidad de asumirse a partir de la década de los setenta

Es posible hablar de un cambio a un paradigma expresivo "desde fuera" del clóset, en cuanto a la posibilidad artística y política del asumirse homosexual y que también se expresará en poesía a partir de la década de los setenta. Este cambio es dado gracias a la transformación del espacio social urbano y cultural simbólico que se vive en los setenta, una década que finalizó con la visibilidad y transgresión social palpable de las minorías sexuales. De ahí, por ejemplo, que poetas que publicaron en la época se anticipen, desde su propuesta, a la revolución simbólica en el campo cultural mexicano que para la tradición de la literatura jota representó la novela de Luis Zapata, *Las aventuras, desventuras y sueños de Adonis García, el vampiro de la colonia Roma*, de 1979. Antes de *El Vampiro...*, la década presenta poemarios significativos en los que la poesía homosexual aporta elementos para la conformación de una identidad cultural que adquiere fuerza en su radical diferencia, en su transgresión y en algo que puede categorizarse como un "orgullo" de ser diferente. Novo de alguna manera ya lo había hecho, pero es interesante pensar la postura enunciativa desde el orgullo y la festividad, además de que la categoría gay empieza a afianzarse en el discurso como una identidad digna y visible.

Ciertos valores expresivos toman una postura menos velada y más combativa; los espacios simbólicos de sociabilidad gay son expresados; la corporalidad masculina adquiere formas más allá del velo; la enunciación del discurso amoroso se vuelve directa; este amor, en poesía, ya no sólo se atreve a decir su nombre sino que incluye, a veces, el apellido, se quita la ropa a plena luz del día y contempla sin culpa el objeto de deseo, y por último, aleja por momentos el fatalismo que condenaba socialmente este tipo de relaciones.

Entre los poetas que publicaron en la década destaca de manera especial el sonorense Abigael Bohórquez (1937-1995), quien publicó varios poemarios comprometidos de manera significativa con la identidad jota y cuya obra ahora es felizmente reeditada y puesta a circular en *Poesía reunida e inédita* (publicada por el Instituto Sonorense de Cultura, 2016). Desde *Las amarras terrestres* (1969) el poeta presenta el amor dedicado a una figura masculina, y continúa con esta intención al dedicar poemas a varones, ya sea en el título o en la dedicatoria, por ejemplo en el poemario *Memoria en la Alta Milpa* (1975) aparece la célebre "Crónica de Emmanuel", en la que el poeta hace uso de una voz efébica para hablar con ternura de la venidera madurez del amante joven.

Digo lo que amo (1976) es la expresión de esta homosexualidad expuesta y retadora. Es la resignificación del tópico amoroso en la tradición hispana para expresar el amor de un hombre a otro hombre desde una resistencia combativa. El espacio en muchos de los poemas es altamente bucólico, el idilio en el caso de Bohórquez adquiere resonancia bíblica, se presenta una irónica experiencia religiosa: aparece una expresión solemne y sacralizada, al mismo nivel de la dimensión erótica de la poesía pastoril; además Abigael reconfigura el español peninsular arcaico, para, con todos estos elementos, construir un paraíso expresivo de una moral distinta, de un español distinto, de una religiosidad distinta a partir de los modelos clásicos de la tradición. Los poemas "Primera ceremonia" y el también ya clásico y potente "Reincidencia" dan cuenta de lo anterior. Aquí presentamos el inicio de este último:

> Dejó sus cabras el zagal y vino
> qué resplandor de vástago sonoro,
> qué sabia oscuridad sus ojos mansos,
> qué ligera y morena su estatura,
> qué galanura enhiesta y turbadora,
> qué esbelta desnudez túrgida y sola,
> qué tamboril de niño sus pisadas.

A partir de *Digo lo que amo* el poeta ejerce su compromiso político y poético con el homoerotismo, ésta será una de las venas más potentes de su poesía y lo acompañará en todos sus poemarios posteriores. El poeta presenta el cuerpo del amado ya no de manera grotesca, satírica ni velada, sino desde una felicidad y sensualidad que no temen el desafío lúdico de la imagen que se forma, la subversión en este caso implica construir un espacio y un lenguaje poético para la expresión y realización del deseo homosexual, ese espacio alcanzará cumbre expresiva en *Navegación en Yoremito* (1993), uno de sus últimos poemarios. En él, Abigael afianza y subvierte la tradición de la poesía jota efébica, pues presenta un yo poético adulto que enaltece el cuerpo joven a veces virgen de varón, aunque en este caso el mayor no es el activo —como marcaba la tradición griega— sino el orgulloso y digno pasivo, esto es recurrente en la poesía del sonorense. En esta misma línea se inscribe otro de sus poemarios más homoafectivos, *B. A. y G. frecuentan los hoteles* (1988), en el que se poetiza la práctica amorosa en sus problemas cotidianos: dónde hacerlo y cómo, a partir de un recorrido de deseo homosexual y efébico en hoteles y moteles.

El español de Bohórquez es suyo y único, se alimenta de todos los españoles posibles a los que tiene alcance, porque un español no es suficiente para expresar las realidades del otro amor. Su propuesta flexibiliza el lenguaje, y por extensión, la mente y el culo, la creación de términos e imágenes poéticas que podemos llamar abigaelismos es un sello de su poética. La subversión del lenguaje es también un juego y un compromiso social y ético, que se afianza con fuerza en su último poemario desde el título: *Poesida* (1996), testamento y legado para que la comunidad jota exija a la sociedad no volver a ser satanizados, para denunciar el horror de la pandemia del sida que provocó la muerte social de tanto joto; muerte que pesó a veces con igual impacto que la muerte física.

Abigael fue un poeta marginal, con poco reconocimiento en vida, que habitó en zonas periféricas de la Ciudad de México, como Chalco y Milpa Alta, desde donde construía lazos afectivos con los lugareños a partir de la poesía coral, la declamación y el teatro, enormes pasiones que integra a la manera en la que construye y recita su material poético. Fue también un poeta muy joto, consciente y comprometido con la tarea infinita de borrar el estigma social reconociendo el gozo de las prácticas y vivencias homosexuales. Ha sido catalogado como el mejor poeta que ha dado el norte; después de varias décadas de haber habitado los márgenes de la Ciudad de México vuelve a su natal Sonora, donde muere. Desde mi afinidad personal, al reconocerlo como mi madre poética, también es para mí el más alto poeta de nuestro siglo XX.

El entonces joven José Joaquín Blanco (1951), escritor, activista, poeta y periodista cultural, ejerció dos actos enunciativos contundentes en la década: la publicación del poemario *La ciudad tan personal* (1976), a sus 24 años, y su salida del clóset pública y simbólica a partir de la publicación del artículo "Ojos que da pánico soñar" (1979) en el suplemento *Sábado* del periódico *unomásuno*. Este texto, considerado como fundacional, es una llamada de atención sobre los peligros de fijar un estereotipo de lo gay al denunciar que habrá tolerancia pero no aceptación, gracias a lo que conoceremos después como el "mercado rosa". Blanco también es autor de una considerable obra ensayística, narrativa y poética, y es uno de los autores representativos de la jotería literaria en México.

En los poemas de *La ciudad tan personal* Blanco hace uso de la brevedad poética para desacralizar algunos espacios urbanos y sacralizar otros para una tradición homosexual en un juego dinámico que en el poemario se expresa en la transformación del día y la noche. La noche aparece como la protagonista, ocultadora y a la vez reveladora del ambiente gay, el tránsito simbólico de "entrar en ambiente" es poetizado. La ambivalencia además se significa desde el título, en el que la personalización de la ciudad implica el juego discursivo entre la expresión individual y el sentido de pertenencia a un colectivo, al grupo urbano que para Blanco es el de la comunidad jota a partir de dos espacios urbanos: el bar y la calle. La ciudad funciona entonces como artefacto de autoconocimiento y de exhibición pública. Los valores homosociales de la vida nocturna, su fauna, fascinación, misterios y peligros aparecerán en propuestas poéticas de las décadas posteriores.

De la ternura entre hombres a la fiesta insaciable. Galería de autores en los ochenta y noventa

En las décadas siguientes la poesía jota va a diversificar sus posibilidades expresivas, mientras la militancia de poetas activistas y el compromiso político con visibilizar contextos de diversidad en el arte tendrán mayor contundencia en este periodo. La fiesta y la vida nocturna se integran completamente a las realidades que era posible disfrutar. Tanto la expresión de la ternura como las relaciones conflictivas con la identidad serán más frecuentes. Se vive la homosexualidad, en ocasiones, *a pesar de* la misma homosexualidad, lo que puede llevar a conflictos profundos, que también podrán ser motivo poético. El sida ha hecho su entrada destructiva a las vidas homosexuales, por lo que también es un tiempo de cuestionamiento, organización, formación de comunidad y un importante momento para replantear los valores, silencios y orgullos posibles. La poesía resistirá una sola manera de asumirse gay, homosexual o joto, y por ello presentamos una potente y nutrida selección de voces poéticas que en las dos décadas posteriores al orgullo de finales de los setenta compartieron su visión homosexual del mundo.

El más alto traductor de poesía italiana en México, poco valorado y antologado, Guillermo Fernández (1934-2012), merece ser revisitado poéticamente, siempre. Su asesinato duele y es hasta hoy una indignante injusticia no esclarecida. Fernández construye una obra sólida y prolongada que lo vuelve imprescindible. Muestra un gran dominio de diversas tradiciones poéticas, también ejerce tradiciones visibles jotas con las que teje lazos de afecto y de poesía, directamente con Carlos Pellicer y Luis Cernuda. "Que se abra pues esa ventana" anuncia inaugural el primer verso de *La hora y el sitio* (1973). La línea homoerótica de Fernández es por lo general silenciosa, no precisa nombrar al amado para sentir la contundencia del afecto diverso. Si bien estamos en un momento de mayor visibilidad, en la dimensión poética es posible expresarse de nuevo "desde el clóset" para provocar un efecto, para comprometerse con cierto ocultamiento y ejercer el deseo desde ahí. *Bajo llave* (1983) es el poemario en el que se perfila más contundente la dimensión afectiva por un varón, en poemas como "A un muchacho desconocido", que sigue la tradición efébica; en otros poemas es posible reconstruir que se habla de un deseo amoroso hacia un varón gracias a las dedicatorias, o por juegos verbales que el poeta establece, como en el poema "Aquí tu nombre bruno". De modo que se puede afirmar que Guillermo Fernández, por medio de silencios y ligeras evocaciones, dibuja una ternura amorosa homosexual en breves destellos poéticos.

El regiomontano Jorge Cantú de la Garza (1937-1998) fue periodista, publicista, poeta y promotor cultural en su estado natal. Autor de varios poemarios, actualmente hay un trabajo de rescate de su obra a través de sus coterráneos. Es importante mencionar que buena parte de su poesía la publicó en Monterrey, como su poemario *De vida irregular* (1986), con lo que hizo circular una vena homoerótica en el norte del país. En la poesía de Cantú de la Garza es una constante la enunciación de una voz de un hombre mayor, escuchamos a un poeta de edad escribiendo sobre preocupaciones y reminiscencias autobiográficas. Cuenta con varios poemas familiares, habla de hijos y relaciones amorosas con mujeres, y también como una constante aparece el efebismo, con lo que la homosexualidad se integra a otras dimensiones vitales y afectivas. Aparecen referencias directas a una tradición poética homosexual, ya que menciona y cita a Barba Jacob, Pellicer, Jaime Gil de Biedma, Novo y Cernuda. Una constante también es la fugacidad e intensidad de las relaciones homosexuales: "Hoy, con la sensatez como pretexto, / permito que se aleje amante en turno y con lágrimas nublo, y vano afán / su ausencia, mi vejez, mi cobardía", dice en otro de sus poemarios, *Ajuste provisional* (1991).

Para el arte joto Arturo Ramírez Juárez (1949-1988) resulta una figura imprescindible, por haber sido un gran dibujante, pintor y poeta que de manera plástica fusionaba sus pasiones y profesiones con una cargada fuerza homoerótica. Se formó en letras y en pintura, fue militante político de la visibilidad homosexual, fue becado para estudiar artes plásticas en Brasil, trabajó como ilustrador y escribió de manera asidua en diversas publicaciones. En 1980 publicó *Puertas ocultas*, poemario que incluye dibujos del autor, reeditado en 1982. Además publicó los poemarios *Hoy empiezan los días* (1981), *Causas nocturnas* (1985) y *Rituales* (1987).

La poesía de Ramírez Juárez transita los espacios de la noche clandestina y jota, la Plaza de la Constitución aparece como "jardín de las delicias", la Zona Rosa también es retratada en su descarnado encuentro de ángeles caídos, adolescentes, pederastas, amantes sin rostro, encuentros todos con imágenes sórdidas pero siempre gozosas que plástica y poéticamente son delincadas desde la sutileza que desnuda prácticas de sociabilidad cubiertas por cierto velo de silencio. En su poesía, poco se habla de un deseo directo al varón, sino que se deja entrever. La relación con la ritualidad desde la subversión de códigos religiosos es también en este caso una constante.

Puertas ocultas es un viaje y llave de entrada a lo que se encubre del inconsciente, aparecen de manera simbólica puertas y ventanas que no existen, días sin fecha, posturas abiertas y expandidas que muestran el flujo del deseo que no tiene límites. Lo anterior también se expresa de manera plástica, puesto que el poemario se acompaña de dibujos donde aparecen cuerpos ambiguos, polimorfos, deseantes y erectos de varón, incompletos, conectados por el deseo y por posturas torcidas y mezcladas; una recurrencia son las cabezas que se expanden en nalgas abiertas que brotan como flores abyectas de la incompletud y lo indeterminado. Podemos señalar la propuesta pictórica y poética de Ramírez Juárez como un antecedente de la estética cuir, ya que un valor es el flujo de aquello que está en tránsito: el cuerpo, el deseo y las imágenes plásticas que refuerzan un sentido de expansión de todo aquello que se presumía determinado del Deseo, que en esta propuesta toma fuerza mayúscula y se indetermina.

Ramírez Juárez muestra la figura del travesti desde un nombre quimérico, "vampiro-mariposa, en el poema "Travesti", del que citamos el inicio:

> Sales de la noche vestida de vampiro-mariposa
> Persigues el desconcierto cuando doblas una esquina
> en donde un hombre orina
> Caminas disfrazando la oscuridad
> mientras el aire te entretiene con sus risas de muchacho loco
> La realidad te manotea mientras te ensañas
> Perfumando el jardín
> Alborotando ademanes
> Sonriéndole al Sol que no existe

La bella imagen del travesti como vampiro-mariposa evidencia la monstruosidad, lo efímero, lo que está siempre a medio camino y mezclado en el exceso, ademanes, perfume, presencia y mirada;

además es dignamente nombrada en femenino, al elegir el segundo término del compuesto quimérico.

Luis González de Alba (1944-2016) fue periodista, empresario cultural, divulgador de la ciencia, poeta, prolífico narrador e importante activista de los movimientos juveniles del 68 y del movimiento homosexual. Su línea narrativa y poética es comprometida con la dimensión jota. En 1984 publicó su poemario *Malas compañías* del que incluye algunas secciones con añadidos y cambios en *El sueño y la vigilia* de 2006. El poemario abre con una sección que recupera la dimensión de la Grecia clásica para hablar del homoerotismo. Grecia y sus valores simbólicos y homoeróticos será una clave de lectura de *El sueño y la vigilia*, que fue inspirado por el tiempo que pasó el autor en el país aludido. Otra de las secciones se compone por traducciones del poeta Cavafis, por lo que resalta esta tarea cultural también en clave de filiación poética homosexual.

Destaca la presencia de problemas asociados con la vejez y la masculinidad, como el uso de viagra o la dificultad de encontrarse el miembro por el abultamiento de la panza, vividos además desde un contexto joto: "He vuelto con trabajo a verme el pito, / dijo el Pelón Valdés aquella tarde / mirándose la panza de hito en hito". También es significativa la presencia de cuerpos masculinos viejos y gordos, y con una sexualidad que no descarta las relaciones afectivas con mujeres, como aparece en el poema "Vapor": "Redúceme a objeto de tu placer / y no me preguntes ni mi nombre, gordo prieto / que presumes de tus múltiples mujeres / entre las regaderas". Es curiosa la representación literaria de momentos de intimidad y complicidad entre hombres, como los espacios de la comida y la descripción de la misma; representar comida no es usual en poesía, y menos para resaltar lazos de afecto entre varones, lo cual es bastante importante porque incluye una dimensión tierna y cercana que no se espera del contacto entre varones. En ese marco de complicidad aparecen identidades problemáticas cercanas a la realidad social de hombres que tienen sexo con hombres, y próximas a la categoría del "mayate", "bisexual", chacal"; como ejemplo el fragmento inicial del poema "De hombre a hombre":

> Debemos hablar
> de hombre a hombre
> —le dijo su amigo en la cantina,
> el caluroso día en que celebraban
> con cerveza y ceviche
> el primer aniversario
> de haberse conocido–,
> la verdad,
> no soy así:
> y en el taller
> ya me hacen burla los muchachos
> cuando me ven contigo;
> además,
> la hija del patrón me coquetea
> y voy a probar suerte con ella.
> Sobre todo —dijo mirando su cerveza—
> ya hace un año y...
> —la voz se le quebró un poco
> y los bonitos ojos negros le brillaron
> con unas incipientes lágrimas—
> no me vaya yo a encular de ti,
> así que mejor ya le paramos.

Uriel Martínez (1950) es autor de los poemarios *Primera comunión* (1983), *Vengan copas* (2000) y *La noche de Hugo y otros poemas* (2007). La poesía de Martínez evoca estampas y sensaciones cotidianas con un lenguaje claro y contundente. Esporádicamente aparece la vena homoerótica y cuando lo hace es igual de potente que el resto de sus pulsiones. Traza lazos de reconocimiento poético, amistad y filiación jota con poetas poco conocidos como Darío

Galaviz Quezada y Darío Galicia, con este último en el poema "Lady Orlando". Uriel construye una poesía de la simplicidad, en consonancia con los espacios de siempre, con lo conocido y lo hogareño, y así lo expresa en la ternura del amante, por ejemplo en el poema "La casa vasta" de su primer poemario, *Primera comunión*: "Su nombre significa el vencedor de hombres, / o algo así; cuando lo supe / lo resolví en un poema, un amor. / Por eso hay días / llenos de globos / que se escapan, que no vuelven. / Yo suelo callarme pues me bastan / la casa y su presencia".

Manuel Ulacia (1953-2001) fue un importante y elevado poeta que no ocultó su filiación homoerótica en su poesía, sino que la integró a sus preocupaciones vitales y autobiográficas. Su poemario más representativo en este sentido es *Origami para un día de lluvia* (1990). El tránsito de las dudas identitarias y sexuales de un niño a su posterior afirmación homosexual son una constante poética en Ulacia; también lo es la presencia de Cernuda en todas las dimensiones de homenaje, filiación y cercanía poética y vital, pues Ulacia devota un profundo conocimiento y respeto por la obra de Luis Cernuda. *Origami* es un poema de largo aliento autobiográfico, es un viaje en el tiempo, entre lluvias, ciudades, rostros y afectos para descubrir una sexualidad que cuesta trabajo asumir en la cara del amor, por los problemas de autoaceptación y búsqueda afectiva que muchas veces no concuerdan entre las prácticas posibles y los anhelos guardados: "Buscas un ser total / que sea para ti / cifra cerrada, pero duermes / con sólo dorsos que se funden / al sentir el incendio de tus manos / y se consolidan en bronce / cuando el placer termina". La llegada de una relación amorosa también se retrata desde el dolor, ya que los deseos y anhelos se fracturan porque resulta de nuevo difícil en la práctica conciliar un acuerdo entre relación abierta y relación cerrada, modelos que chocan y colapsan, y replantean la esfera de los afectos diversos: "¿Qué sed de infinito tiene tu amigo? / ¿no le basta el instante que nos hace / dar el salto a otro tiempo? / ¿qué busca al repetirlo / mil veces con mil cuerpos...?"

La poesía de Darío Galicia (1955) es contundente respecto a la homosexualidad y aviva una línea de ternura las relaciones entre hombres. Galicia cuenta con dos poemarios: *Historias cinematográficas* (1987) y *La ciencia de la tristeza y otros poemas* (1994), y su vida está rodeada de pasajes misteriosos y a veces de dimensiones trágicas. Perteneció al grupo de Infrarrealistas, no se sabe a ciencia cierta su paradero, se sabe que dejó de escribir poesía, se dice que intentó formar un partido comunista homosexual mexicano. Su vena jota es clara y desafiante, por lo que vale la pena recuperar su vida y su obra desde este enfoque. En el poema "Fábula de amor" Galicia manifiesta la necesidad de transgredir el espacio público diurno con manifestaciones de amor entre hombres:

>Nuestro amor es una historia
>prohibida
>y aún así tú y yo
>nos besamos en reforma
>y en la universidad
>ocultos en las sombras
>y también cuando
>nos resistimos
>el brillo y la atracción
>de nuestros labios,
>la fuerza de cuatro piernas
>y esta honda ternura
>y la necesidad de
>amarnos
>frente a la luz del día.
>simplemente como dos hombres
>que se aman.

José Ramón Enríquez (1945) es un reconocido dramaturgo y un importante poeta que recupera magistralmente la dimensión espiritual y el catolicismo como un problema filosófico y personal ante el asumir la homosexualidad en el poemario *Supino rostro arriba* (1999). Éste es un poema de largo aliento que incluye una imagen hermosa en la que dos adolescentes encuentran el amor cobijados por la sonrisa de Cristo que no los condena: "Reíste con nosotros esa noche / cuando él, de diecisiete y yo de diecinueve, / con nuestra piel intacta y nuestro sexo / supimos del delirio. / Tú querías ser testigo / de los muslos, las lenguas / del sexo duplicado / y los glandes de seda".

Juan Carlos Bautista (1964), poeta y empresario cultural, es autor de los poemarios *Lenguas en erección* (1990), *Cantar del Marrakech* (1993) y *Bestial* (2004). En su poesía aparece la pasión homoerótica violenta, en imágenes contundentes: "Y el húmedo negro rabioso grito de tu culo". Sobresalen los poemas de tono confesional. La apropiación del imaginario bíblico también está presente en toda su poesía. La declaratoria de amor al amado es directa y está presente desde su primer poemario, *Lenguas en erección*, que muestra el deseo joto en su cara más desesperada, anhelante y frustrada en la sed que se sacia sólo para volver a requerir el placer del agua. Aparece también en Bautista la noche de espacios abiertos como ciclo de encuentros furtivos: "Ir a la noche a encontrar al desconocido".

Cantar del Marrakech es un poemario capital, ya que nos muestra un acercamiento a la fiesta nocturna de aquello que se llamó —se llama con menor frecuencia— el ambiente. El *close up* a la noche arcoíris representa la interesante propuesta del poemario, que adquiere un matiz particular porque el enfoque nocturno se hace en esta ocasión a un espacio interior cargado simbólicamente: el mítico putero Marrakech, lugar que fue absorbido por la noche y que Juan Carlos Bautista rescataría no sólo de manera poética sino de forma tangible al reinaugurarlo y reubicarlo bajo su sello en República de Cuba, tal como lo conocemos hasta ahora. Ya no es sólo la noche abierta y clandestina, ni la noche de bares sin anclaje en el mundo real, *Cantar del Marrakech* es un homenaje a un espacio de sociabilidad reconocido por los primeros lectores, parroquianos asiduos de la fiesta.

En el espacio poético del Marrakech figuran los mayates, las locas, los chichifos, los jóvenes que son objeto de deseo, travestis legendarias (Diabla la Grande), y aparece una propia lógica, una serie de códigos y un lenguaje particular que nos hablan de una comunidad que se consolida por valores como subvertir el lenguaje cotidiano para construir uno propio, gozar la abyección y la pose. Las locas ofician esta desacralización:

> Reinas de melancólico fumar
> que oteaban descaradas el pez de los hombres,
> tras pestañas egipcias y dolencias abisinias.
> Henchidas de presentimientos,
> fieles a su embuste,
>   ligeras y estridentes como plumas,
> paseaban su odio, su ternura,
>   su culo espléndido,
>   entre el azar de las mesas,
> girando con el hábito furioso del insecto.
>
> Iban al Marrakech y lo llamaban alegremente:
>   El Garra.
> El Garrakech o el Marranech.
> Hechizadas ante ese nombre crispado y su conjuro.

Reinventar el nombre del lugar, llamarlo "el Garra" o "el Marranech", es una apropiación comunitaria del espacio, gracias a la burla y la comicidad, y también es una subversión del lenguaje; es, sobre todo, una estrategia recurrente de la identidad jota. Es interesante cómo se retratan el espacio y la lógica jota del deseo desesperado por las vergas que vuelan y graznan: "cuir, cuir cuir";

cómo se representa la noche desde la fiesta, el baile, las canciones de Juanga y el gozo del amor efímero y sin nombres.

Entre los poemarios de Gabriel Santander (1961) destacan *Novia sin lengua* (1994), *El jardín de Derek Jarman* (1998) y *Utopía del desamor* (2001). Su tono poético es desenfadado y jocoso, incluye homoerotismo también explícito aunque no domina en su poesía. *El jardín de Derek Jarman* se titula así en homenaje al director de cine inglés homosexual y seropositivo que hizo pública su condición. En el poemario aparecen escenas cotidianas de los amantes que evocan recuerdos de complicidad en la cama, en los viajes y en los tiempos y trayectos compartidos, como en el final del poema "Zanahorias, 6:30 p.m.", en el que se poetiza la estimulación cómplice del amante que introduce sus dedos en el ano amado: "Y sobre todo sus dedos / que un día posados sobre la mesa / corrieron / como el viento hecho tijera / hacia mi alegre y cristalino esfínter".

Flashazos jotos del nuevo milenio

En 2001 aparece bajo el sello editorial Plaza y Janés la antología *Sol de mi antojo. Antología poética del erotismo gay*, preparada por el poeta Víctor Manuel Mendiola. Es la muestra más completa hasta ahora de un panorama poético de la diversidad afectiva en México; incluye 29 autores y autoras de distintas épocas y también a poetas que hablan del tema sin que necesariamente agencien una sexualidad disidente, como Efraín Huerta y Gerardo Deniz; también da cabida a algunos extranjeros que han influido nuestra tradición, como Cernuda y Barba Jacob. La antología tiene un corte político-sexual —en la portada aparece el arcoíris—, inclusivo, y ha sido importante en la dimensión histórica para visibilizar y ubicar una postura poética de la diversidad, así como a autores y obras cuya calidad es notable.

La sodomía en la Nueva España (2010), de Luis Felipe Fabre (1974), es un desafío al silencio atávico que recupera la posibilidad de representar relaciones entre homosexuales antes de que la categoría existiera, en el contexto virreinal del siglo XVII. Es también un recorrido poético brillante, que además contó con una sólida documentación de archivo sobre procesos inquisitoriales. Además, las formas métricas, lenguaje y figuras retóricas de la poesía y el drama barrocos ayudan a reconstruir una experiencia subvertida. La feminización del sujeto masculino aparece como motivo de escarnio, pero también de reapropiación, festividad y gozo. Si bien la muerte, la lapidación, el exilio eran posibilidades muy reales, también había lagunas y silencios que son reapropiados: la alegoría del Silencio es la primera en aparecer sólo para romperse. En el poemario nos asedian voces inversas que trastocan los valores tradicionales. La documentación que generalmente sirve para instruir y ejemplificar lo que no se debe hacer, en Fabre reaparece para liberarse de su carga e imaginar eso que no se expresa en los documentos oficiales, las sensaciones, los deseos, y las prácticas de los nefandos y culpables sodomitas:

> Dice
> el Alcalde: Los acusados confesaron que se convidaban
> en sus casas
> y se regalaban chocolate y se decían requiebros y bailaban.
>
> El escribano lee un papel en voz alta: Los acusados
> confesaron que se llamaban por los nombres
> que usan las mujeres públicas
> y bailaban.

Fabre nos regala la posibilidad de soñarnos jotos en la Colonia, de la mano del protagonista histórico Juan de la Vega, mejor conocido entre entendidos como Cotita de la Encarnación. En ese imaginarnos jotos coloniales se construye una referencia que dignifica un pasado, pasado inventado, quizá, pero posible.

Una coda. En la poesía de Sergio Loo (1982-2014) aparece de manera constante el cuerpo del deseo homoerótico, que es un cuerpo móvil, abierto e indeterminado que transita tanto el espacio urbano como el espacio poético. Sergio, por desgracia, cerró su obra pronto. Nos lega tres bellos poemarios que dan cuenta de su madurez poética que no está peleada ni con su juventud ni con su asumirse joto en su voz poética: *Claveles automáticos* (2006), *Sus brazos labios en su boca rodando* (2007) y *Guía roji* (2012). Claveles negros en camas insumisas para el gran poeta Sergio Loo.

"La palabra joto" a manera de final

Para finalizar nuestro recorrido presentamos a los poetas que están escribiendo en la segunda década del siglo XXI. Resaltan el sinaloense A. E. Quintero (1969), el toluqueño Saúl Ordóñez (1981) y el regiomontano Óscar David López (1982); los tres han sido premiados y reconocidos por su trabajo poético. Lo joto en poesía también ha ganado premios. Ordóñez es autor de *Jeffrey* (2011), con el que gana el Premio de Poesía Joven Elías Nandino, donde la J de Jeffrey, homosexual asesino serial de homosexuales, se asimila con la J de la tradición del escarnio del joto, "no hay putos en el cielo / Dios odia a los putos", para resignificarse sórdida y problemática. Óscar David López es autor de, entre otros poemarios, *Gangbang* (2007) y *Farmacotopía* (2013), este último es Premio Nacional de Poesía Gilberto Owen (2011) y presenta una exploración de la corporalidad abyecta en el marco de la enfermedad y la violencia que el discurso médico puede llegar a ejercer. Quintero ha sido galardonado con el premio de poesía más prestigioso del país, el Premio Nacional de Poesía Aguascalientes, en 2011, por su poemario *Cuenta regresiva*. Además de este último, cuenta con los poemarios *El taxista saca su pene* (2013) y *200 gramos de almendras* (2013; 2016), por mencionar algunos. En su poética transita la exploración cotidiana, de aparente factura sencilla aunque elevada y filosófica en Quintero, quien acaricia los objetos comunes para cargarlos de sensaciones propias y universales, también abraza de cerca la profundidad sobre lo joto. En el poema "La palabra joto" aparecen el peso que puede tener asumirse así y el riesgo como promesa abierta. Cerremos este recuento poético en voz del sinaloense:

> La palabra joto
> siempre logra que un niño se esconda
> y salga de sus ojos disfrazado. Y salga
> menos joto. Cuidando los ojos
> y lo que miran los ojos.
> Imitando, aprendiendo,
> militarizando el vuelo de las manos:
> su certeza de pájaros navieros
> sobre el mundo que queda, que se hace olas.

Celebramos que pese al disfraz y el miedo, hemos podido construirnos locas, amantes, contestatarios, enamorados, festivos, descarnados, escandalosos, procaces, discretos, solemnes, ocultos, religiosos, efebistas, azotados, burlescos, creadores de nuestros propios lenguajes y códigos, chistosos, trágicos, closeteros, serios, profanos, orgullosos, contradictorios, travestidos, *ninfos, volteados y jotos*. Nuestra poesía dice lo que hemos inventado, amado o soñado ser en distintas épocas. Nuestra poesía nos invita a despojarnos de más y más estereotipos. Nuestra poesía nos recuerda la importancia de asumirnos. Nuestra poesía nos aguarda viva.

Estampas bibliográficas de nuestra poesía

SALVADOR NOVO
Espejo (Taller de La Mundial, 1933)
Nuevo amor (Taller de La Mundial, 1933)

Xavier Villaurrutia
Nocturnos (Fábula, 1931)
Nocturno de los ángeles (Hipocampo, 1936)
Nocturno mar (Hipocampo, 1937)
Nostalgia de la muerte (Buenos Aires, 1938; México, 1946)

Carlos Pellicer
Recinto y otras imágenes (Tezontle, 1941)

Elías Nandino
Eco (Imprenta Mundial, 1934)
Sonetos. 1937-1939 (Katún, 1983)
Erotismo al rojo blanco (Domés, 1983)

Abigael Bohórquez
Memoria en la Alta Milpa (FEC, 1975)
Digo lo que amo (FEM, 1976)
Navegación en Yoremito (Coordinación General de Comunicación Social, 1993)
Poesida (Los Domésticos, 1996)
Poesía reunida e inédita (Instituto Sonorense de Cultura, 2016)

José Joaquín Blanco
La ciudad tan personal (CEFOL, 1976)

Guillermo Fernández
La hora y el sitio (Libros Escogidos, 1973)
Bajo llave (Katún, 1983)

Jorge Cantú de la Garza
De vida irregular (Gobierno del Estado de Nuevo León, 1984)
Ajuste provisional (UNAM, 1991)

Arturo Ramírez Juárez
Puertas abiertas (Katún, 1980)
Hoy empiezan los días (UAM, 1981)
Causas nocturnas (Oasis, 1985)
Rituales (FCE, 1987)

Luis González de Alba
Malas compañías (Katún, 1984)
El sueño y la vigilia (Ediciones Sin Nombre, 2006)

Uriel Martínez
Primera comunión (Premiá, 1983)
Vengan copas (Juan Pablos, 2000)
La noche de Hugo y otros poemas (Instituto de Cultura del Estado de Durango, 2007)

Manuel Ulacia
Origami para un día de lluvia (El Tucán de Virginia, 1990)

Darío Galicia
Historias cinematográficas (Universidad Autónoma de Puebla, 1987)
La ciencia de la tristeza y otros poemas (UNAM, 1994)

José Ramón Enríquez
Supino rostro arriba (Juan Pablos / Ediciones Sin Nombre, 1999)

Juan Carlos Bautista
Lenguas en erección (Cuadernos de Malinalco, 1990)
Cantar del Marrakesh (1993, FETA)
Bestial (El Tucán de Virginia, 2004)

Gabriel Santander
El jardín de Derek Jarman (Lamentaciones del Atrio, 1998)

Sol de mi antojo (Sel. Víctor Manuel Mendiola [comp.], Plaza y Janés, 2001)

Luis Felipe Fabre
La sodomía en la Nueva España (Pre-Textos, 2010)

Sergio Loo
Sus brazos labios en su boca rodando (FETA, 2007)

Saúl Ordóñez
Jeffrey (FETA, 2011)

Óscar David López
Farmacotopía (Bonobos, 2013)

A. E. Quintero
200 gramos de almendras (Andraval, 2013; Simiente, 2016)

César Cañedo
Rostro cuir (Mantra, 2016)
Inversa memoria (Valparaíso México, 2016)

LA IMAGEN DEL DESEO

Artes plásticas, videoarte y cine

Eros se aproxima
y es el maestro de Apolo

Teresa del Conde

El título de esta colaboración esta tomado del discurso de Agatón ante Sócrates, Fedro, Diotima y otros en el diálogo *Sympósion*, traducido al castellano como *El banquete de Platón*.

Debido a mi apoyo como conferencista en las versiones de la Semana Cultural Lésbico-Gay y también al que presté a las exposiciones que de manera simultánea se llevaron a cabo en el Museo del Chopo, y a las no pocas ocasiones en las que me he pronunciado en diversos foros respecto a la criminal injusticia implícita en la discriminación hacia las llamadas "minorías", los editores de este libro tuvieron a bien encargarme el presente ensayo. De primer envite mi respuesta fue la siguiente: "¿A estas alturas del partido realmente se considera que puede existir una división entre la cultura gay y la cultura en general?" De inmediato señalé: "Es imposible: no puede existir tal división".

Miguel Capistrán entendió bien mi observación, pero me dijo que "había que anotarlo", y eso es lo que hago como declaración de principio. Estoy hablando de cultura, no de segregación, puritanismo, represión, discriminación, criminalidad, zonas "machistas", racismo, homofobia, grupúsculos como el de Provida, objeciones eclesiásticas al uso de condones para prevención de VIH, situación jurídica respecto a matrimonio entre parejas del mismo sexo, adopción, etcétera, cuestión afortunadamente solucionada en el Distrito

Federal hoy día.[1] Todos estos puntos son de suma importancia y hay que seguir discutiéndolos para que no se debiliten, pero no conciernen al tema que me propongo abordar ahora.

En principio de cuentas, la cultura está marcada por épocas. No estamos en el siglo XIX ni en el XX, sino que nos vamos adentrando en el XXI sin poder asimilar ni de lejos todo lo que concierne a las relaciones electrónicas. Lo que se asume respecto a la cultura se remonta a centenares de siglos atrás. ¿Qué haríamos sin los griegos? Querámoslo o no, son eje de la cultura occidental. Sería necesario remitir a Platón en el *Hipias* y sobre todo en *El banquete*, pero este artículo no es filosófico. Sólo deseo recordar que en la inmortal mitología de Hesíodo, cuyos orígenes se remontan a Homero, Zeus, el *factotum* masculino, con tantas aventuras y cópulas que protagonizó con diosas y ninfas, decidió llevarse al Olimpo al joven Ganímedes, "el copero de los dioses". Es cierto que, por prudente conveniencia, tuvo que raptarlo y trasportarlo en vilo, motivo por el que se trasmutó en águila. Igual, cuando sedujo a Danae, optó por la lluvia de oro. ¿Qué haríamos con el amor entre Aquiles y Patroclo? Y ya en el ámbito romano, ¿qué con el emperador Adriano y el bello Antínoo? Los ejemplos son tantos, incluida Safo y desde luego las amazonas, que resulta imposible recordarlos, así sea de pasada. Ni siquiera Ovidio pudo recopilarlos.

Eros y su versión latina, Cupido, atacan por igual a todos los seres humanos cualquiera que sea la orientación amatoria, y en nuestro mundo prehispánico sucedió lo mismo. Por eso no encuentro manera adecuada para describir los procesos culturales a los que alude el concepto de una cultura gay. La cultura es cultivo, todos somos susceptibles de realizar aportaciones culturales, incluso aquellos seres humanos que han cometido asesinatos e inenarrables crímenes, algunos de lesa majestad. Pero no bastan tan sólo los "impulsos creativos", hay que concretarlos y dotarlos

---

[1] Hoy Ciudad de México.

de cierto peso. Lo mismo gays, lesbianas que "bugas" intentamos hacerlo, con resultados disparejos en todos los casos.

Breve comentario biológico

En esta ocasión, lo que me propongo primero es referirme a una condición biológica que involucra a los cromosomas. Los humanos, como bien se sabe, tenemos 46; excepción hecha de quienes padecen síndrome de Down. Antes se suponía que sólo los cromosomas X o Y eran portadores de la psicosexualidad y aun de la androginia. No me es posible definir con certeza esta condición, porque la figura del andrógino, presente desde los albores de la historia, está referida principalmente a apariencias, las cuales involucran de manera muy importante el *demeanour* (conducta, modos, gestos, manera de elegir y portar las vestiduras) de cada quien. Sólo diré que, con todo y las costumbres y los atuendos consabidos, ni los travestis ni los metrosexuales caen en pleno dentro de la situación andrógina, pues desde el punto de vista común ésta corresponde sobre todo a los caracteres sexuales secundarios, como las mamas o tetillas, la distribución del vello, la dimensión de caderas y glúteos, la distribución adiposa o la delgadez, tanto en mujeres como en hombres... En términos culturales, la androginia es también una moda con múltiples ejemplos en la literatura y las artes. Físicamente, Frida Kahlo era bastante andrógina; ella, como es archisabido, protagonizó relaciones lésbicas. Diego Rivera también fue medio andrógino y Frida solía celebrar sus hermosos senitos y sus delicadas manos; él, sin embargo, gustó de vincularse sexualmente sólo con mujeres.

Entre las pinturas figurativas más viriles —me refiero al método "físico" de encarar la pintura— del siglo XX, están las de Francis Bacon. Sin excepción, sus vinculaciones sexuales fueron con varones, aunque es justo recordar que tuvo entrañables amigas, pues no era misógino.

Sí existe cierto tipo de homosexualismo misógino, más acentuado, creo, que el que pudiera darse entre mujeres lesbianas que abominan a los varones. La homofobia entre heterosexuales también es un hecho incontrovertible y se debe más que nada a ignorancia, si no es que a envidia o a recubrimientos de tipo freudiano, como ocurre en la excelente película de Ripstein *El lugar sin límites*, protagonizada por el excelente actor Roberto Cobo en el inolvidable papel de La Manuela.

El hermafroditismo no debe confundirse con la androginia. La primera implica otra situación: pues a menos que los rasgos físicos sean en extremo visibles, sólo los médicos especialistas conocen los rasgos hermafroditas debido a que implican observación y estudio a fondo de los genitales y de las glándulas de secreción interna. Un caso típico parece haber sido el de la Monja Alférez, que el psiquiatra y escritor mexicano Héctor Pérez Rincón ha estudiado a profundidad.

Al respecto sólo diré que nunca encontraremos en la cotidianidad un caso tan hermoso y perfecto de esta índole como el que ostenta la bellísima escultura helenística del *Hermafrodita yacente*, de la que existen varias versiones; una de las más explícitas y hermosas se encuentra en el Museo Nazionale Romano.

Para desconsuelo de muchos, tanto el andrógino como el hermafrodita tienden a desaparecer del panorama médico-biológico debido a recientes investigaciones que se relacionan precisamente con los cromosomas, dado lo cual los anales médicos están proponiendo otras denominaciones que parecen ecuaciones, cosa que es una lástima, pues, de adoptarlas, las variantes, aunque desde luego más exactas y científicas, quedan privadas de poesía, por lo que esperamos que no prosperen.

¿De qué modo se relacionan el sexo biológico, el psicológico y el cultural, que es el que aquí importaría? Ésa es una pregunta que se ha hecho el doctor Javier Flores, mi colega de opinión en el periódico *La Jornada*. Su respuesta, aunque provisoria, es certera: cada uno de estos rubros dista de ser homogéneo tal como lo explica en el artículo titulado "Las tres dimensiones de la sexualidad". Resulta que no sólo el cromosoma X (en las mujeres) o el Y (en los hombres) son sexuales. ¿Qué sucede con los otros 44? No es cierto, dice, apoyándose en recientes estudios, que los otros 44 sean cromosomas no sexuales o "autosomas", pues más de la mitad de éstos participa de alguna forma en el desarrollo sexual de nuestra especie.

Kraft-Ebbing, el famoso sexólogo del siglo XIX, parece que fue el primero en difundir con amplitud el término *homosexualidad*, aunque en realidad el vocablo se debe al médico húngaro Kart Benkert, quien lo habría acuñado en 1869. Al respecto debemos recordar que es un término híbrido, pues *homo*, del griego, no quiere decir "hombre", sino "igual", tal como sucede con la palabra *homogéneo*. Debido a tal equívoco hubo que recurrir a Lesbos para hacer referencia a la homosexualidad femenina.

Psicoanalíticamente, el término está referido a elección de objeto, y Freud, que ha sido calificado de manera injusta de misógino (¡qué aberración! Con todo el tiempo que dedicó a las histéricas) y hasta de homofóbico, afirmó de modo contundente que la homosexualidad "no es un vicio, ni un signo de degeneración, y no puede clasificarse como una enfermedad ni como una perversión... Perseguir la homosexualidad es una gran injusticia y una crueldad".

En otro texto advierte que los homosexuales, tanto mujeres como hombres, fincan su elección de objeto en el núcleo de las pulsiones. A la vez hace saber que la causalidad única no está en establecer identificaciones con el padre o con la madre, ni tampoco con la elección narcisista —especular— de objeto, pues estos factores no son, ni con mucho, los únicos que existen. Sólo operan en determinados tipos de homosexualidad y puede decirse que lo mismo ocurre con las fijaciones libidinales heterosexuales.

Pondré un ejemplo al respecto. Conozco a un sujeto de orientación heterosexual que mantiene una "fijación" intensa hacia su hermano del mismo sexo, tanto que sería posible calificar su idiosincrasia como prototípica de un "psicoincesto neoplatónico" que quizá se gestó debido a competencia por el amor de la madre, dado que estos hermanos son, sin ser mellizos, muy próximos en edad.

No me baso en la simple observación que me depara la vida cotidiana. Estoy además sumamente permeada de la vida, las fijaciones y sobre todo las novelas de uno de los narradores en lengua inglesa a quien más admiro: el estadounidense Henry James. ¿Cómo desvincularlo de su hermano, el psicólogo y filósofo William James? Entre ambos protagonizaron una de esas relaciones amor-odio en la que se estableció dependencia mutua. Henry, con todo y las pasiones femeninas que suscitó, fundamentalmente fue homosexual. William, tan sabio como lo era, pareció ignorar de manera victoriana la condición de su hermano un poco menor, pese a que entre ambos tuvieron necesariamente que percatarse de que su querida hermana Alice era lesbiana. La protegieron y la sostuvieron hasta que murió de forma prematura de cáncer. Los dos le prodigaron comprensión y afecto. William, casado y con hijos, murió antes que Henry. Éste nunca se repuso de la pérdida.

Es quizás un lugar común recalcar que desde el punto de vista psíquico nadie es por completo homosexual ni totalmente heterosexual, sea cual fuere la elección de objeto perseguida. Damos por consabido que hay personas que mantuvieron y mantienen relaciones con individuos de su mismo sexo y del sexo opuesto, y es de Perogrullo recordar que las llamamos "bisexuales". Sus predilecciones, a lo largo de sus decursos, en múltiples ocasiones tienen que ver con circunstancias históricas (eso en todos los tiempos) o bien con contingencias y cuestiones culturales. En la mitología, el adivino Tiresias presenta el caso más extremo, y en la literatura el personaje Orlando de Virginia Woolf quizá sea el más conspicuo. Virginia sí se basó en su propia índole: sostuvo amoríos con varias mujeres, pero se mantuvo matrimonialmente vinculada a Leonard Woolf, intelectual y militante de izquierda notabilísimo, quien además fundó la Hogarth Press. Las biografías sobre Virginia y sus mismos diarios ilustran ampliamente sobre sus predilecciones, pero no hay que adjudicar a ellas su suicidio, llevado a cabo a los 59 años. Virginia sí padeció severos desórdenes mentales y hoy tal vez diríamos que era bipolar, aunque en su tiempo solía calificarse esta condición de psicosis maniaco-depresiva. Un padecimiento que hoy es manejable, pero que antes de la investigación y difusión médica acerca de los neurotransmisores no lo era y que ocasionaba un alto porcentaje de suicidios.

Algunas ejemplificaciones

Todo tipo de trabajo escritural que tiene que ver con este tema necesariamente presenta matices autobiográficos, que son los que permiten, de alguna manera, discernir ciertos rasgos específicos acerca de predilecciones estéticas, costumbres, rechazos o afinidades. Todavía hoy día, pese a lo que anoté al principio, no resulta posible proponer ejemplos en todos los casos, salvo en aquellos que son consabidos. Así pues, de ellos me valdré.

Uno de mis mejores amigos de adolescencia fue el extinto musicólogo José Antonio Alcaraz, quien, por cierto, era de jovencito físicamente bastante atractivo. Cultísimo y muy informado, acostumbraba a decirme seguido: "Me visitó otra vez el fantasma de Oscar Wilde". Le respondía: "¿Y qué te dijo esta ocasión?" "El fantasma me dijo que había que convertir al catolicismo al clavecinista Enrique Aracil Guarnido." Y a eso se abocó. Este joven, hijo de exiliados republicanos españoles, que llegó a estudiar con Wanda Landowska, se volvió monje cartujo por un tiempo (es decir, necesitaba el silencio y silenciarse). No logró sobrevivir a su dilema, era depresivo, quizá de carácter congénito, y se suicidó, situación que a muchos nos produjo una profunda pena. Tiempo ha que había prescindido del clavecín y ejercía funciones culturales, de bibliotecario en el IFAL entre otras.

Cuando, debido a mi profesión, trabé conocimiento del pintor Rodolfo Morales, lo visité varias veces en su departamento en Coyoacán. Lo tenía retacado de bisutería, era un coleccionista nato de todo tipo de objetos y éste es un rasgo que he encontrado en algunos artistas plásticos homosexuales, pero ni con mucho en todos. Otro pintor y arteobjetista, notable antecesor de la estética de la nostalgia y profundo conocedor del *art déco*, muy apreciado por todas sus amistades, confeccionó un esplendente salón fumador de hachís, con todas las reglas del arte. Tampoco allí la vista conocía reposo, aunque dudo que alguien haya fumado hachís en el recinto, en el que por lo común se escuchaban arias de ópera con los mejores divos y divas del mundo. La predilección por esos arreglos de hábitat podría definirse como un *horror vacui*, que no he percibido entre homosexuales varones de otras profesiones, pero que sí he reencontrado entre mujeres heterosexuales, proclives a acumular objetos que funcionan como mementos, fetiches, recuerdos de alguna situación. Esto también es muy perceptible en las niñas prepúberes, más que en los niños. Con los niños de hoy, tan enterados como están de todo lo habido y por haber, a veces se dan situaciones simpáticas, de vis cómica. Un niño de ocho años le reclamó a su padre —médico, con formación en Dinamarca— el regalo de cumpleaños que éste le hizo: balón de futbol, atuendo respectivo, equipo para escalar, etcétera.

—Papá —dijo el niño a su padre—, ¿qué no ves que soy gay?

La contundente respuesta paterna —certera a mi parecer— fue la siguiente:

—Pues vas a ser gay de clóset hasta que tengas 15 o 16 años.

Sin embargo, al chico no le fue prohibido en lo más mínimo jugar a la cocinita o al salón de belleza con las muñecas de sus hermanas o con ellas mismas, actitud que también fue correcta.

Soy protagonista de otra anécdota que también es cómica. En el contexto de una de las Semanas Culturales Lésbico-Gay a las que ya aludí, José María Covarrubias, fallecido, de grata memoria, me convocó a impartir una conferencia sobre los *ignudi* de Miguel

Ángel en la Capilla Sixtina. La acompañé de abundantes diapositivas y recité algunos sonetos de ese "genio universal", dedicados a Tomasso de Cavallieri. Otro amigo, ya también fallecido, un auténtico "dandi" contemporáneo al estilo *hippie*, me invitó a impartir la misma conferencia en el afamado Bar 9 (ya no en funciones hoy día, pero era muy concurrido entonces). Todo fue debidamente preparado: el proyector, la pantalla, el micrófono. Recabé muchos aplausos, pero también una queja radical y absoluta por parte de uno de los concurrentes. El sujeto medía como dos metros de estatura, era fortísimo y se comportó como auténtico retador. Me conminaba a declarar que los inmortales logros del Buonarroti se debían exclusivamente a su condición homosexual, a lo cual me negué de manera rotunda. El sujeto me insultó —me calificó como "buga de mierda"— y se armó no un zafarrancho, pero sí una situación incómoda porque mis oyentes, gays, lésbicas y bugas, se indignaron sobremanera. Mis invitadores prudentemente indicaron que debíamos abandonar el recinto, pues el muy equilibrado e inteligente Henri Donadieu, propietario del Bar 9, no se encontraba presente en ese momento.

Hay *very fine arts*, buen arte, arte cumplidor y también hay mal arte en todas las ramas de la creatividad humana. El mural de Siqueiros en el Palacio de Bellas Artes titulado *La nueva democracia* no es "la nueva democracia", pero la representa mediante un emblema. Las figuras que protagonizan los amores gay en las pinturas de Nahum B. Zenil no son gay o no gay, son trabajos minuciosos, muy gráficos, efectuados con delicadeza y con gran pericia artesanal, buenos ejemplos de temática gay. Pero en sí, esas piezas son configuraciones plásticas. De modo que hay que distinguir entre temática gay, lésbica o lo que sea, y la índole de los productos en sí; ése es mi criterio al respecto, motivo por el que vuelvo a las versiones de las exposiciones que se realizaron en el Museo del Chopo. Por lo común se intentaban representaciones homoeróticas bajo diferentes técnicas y modalidades. Participaban artistas gay, lésbicas y heterosexuales, figurativos, abstractos, tri o bidimensionales, fotógrafos, instalacionistas a quienes se les adjudicaban sus metros cuadrados, etcétera.

Fue en este contexto en el que hablé de "estética gay" en una conferencia, que después fue publicada en el libro conmemorativo *Diez y va un siglo*, cuando se cumplieron los 10 años de esa Semana Cultural. En todas las exposiciones que se realizaron, los coordinadores procuraron que la temática se refiriera a la vida erótica, a las preferencias sexuales, los signos y símbolos codificados de tiempo atrás respecto a lo que implican nociones como genitalidad, fantasías sexuales, libertad en la manera de expresarlas, etcétera. Se dio preeminencia a representaciones que tienen que ver con la desrepresión en cuanto al amor o la vinculación homosexual-lésbica y fueron muchos los artistas heterosexuales, mujeres y hombres, que participaron en tales exposiciones.

Diría que, a menos que se conocieran las predilecciones de los autores y las autoras, las preferencias sólo muy de forma ocasional pueden ser deducibles a partir del producto. Una pintura, un ensamblado, una fotografía o un video, un filme, un poema, etcétera, son predominantemente eso, con independencia de su contenido, ya sea que alcancen excelencia o validez, o bien, cual suele suceder en múltiples ocasiones, no pasen de ser simplemente productos retóricos, más o menos elaborados.

Sin embargo, en estas manifestaciones es común que existan mensajes abiertos, denotativos de la condición homosexual, y, como digo, los emiten no sólo lesbianas o gays, sino también bugas.

Se trata de un conglomerado iconográfico que cuenta con muchísimos adeptos en todo el mundo, expresado a través de modalidades muy diversificadas. Claro que hablar de contenidos iconográficos, emisión de signos y aparición de símbolos es una cosa. Hablar de "estilo" o factura es otra.

¿Habrá rasgos estilísticos que se correspondan con una estética gay? Creo que sí los hay, y se nos han hecho manifiestos en buena medida a través del cine. Los espléndidos y trabajados montajes en los filmes de Pedro Almodóvar proporcionan un buen ejemplo.

En las artes plásticas es posible encontrar rasgos estilísticos análogos. En una buena mayoría de ocasiones estos rasgos pueden ofrecer vecindades con aquello que llamamos *kitsch*, tomando en cuenta por supuesto que el *kitsch* es categoría estética, muy socorrida sobre todo en la llamada posmodernidad.

Para hablar de la cuestión con algún detalle, tendría que hacer mención de los paradigmas de feminidad y virilidad, los cuales son eso: paradigmas, no realidades. Sin embargo, voy a proponer dos ejemplos que entre sí contrastan vivamente. El pintor Francis Bacon, ya mencionado, fue abiertamente homosexual declarado. Todos sus amantes fueron hombres y a varios de ellos los retrató de manera reiterada. Pero su vigorosa pintura no se corresponde en lo más mínimo con aquella modalidad a la que aludo.

Max Ernst y Salvador Dalí fueron heterosexuales (aunque no estoy muy segura de que Dalí lo haya sido, pese a su mitológica veneración por su esposa Gala, la ex mujer de Paul Elouard). Sondeando en las composiciones de ambos es posible encontrar esos manierismos, ese detallismo, ese exceso de atención en el acabado e incluso ciertas orquestaciones cromáticas que yo me permito relacionar con una posible estética gay. Pero, reitero, que quede bien claro: de existir una estética gay, ésta no tiene que ver necesariamente con los contenidos representados. Tiene que ver, acaso, con la proliferación de elementos, con la forma de manejar los espacios, con la suavidad y el refinamiento, pongamos por caso, con que cualquier artista puede, si quiere, dotar a su obra de cargas masoquistas, sádicas, autoeróticas o agresivas y al mismo tiempo tiernas, dulces, nostálgicas, como solía hacerlo un notable pintor: Enrique Guzmán.

Es claro que la potencia orgiástica es una función biológica que el ser humano comparte con los animales. Todos los sentimientos respecto a la naturaleza y al arte, en los humanos, también derivan de ella o del ansia por darle cauce. Sin embargo, la noción de lo erótico es bastante más rica y complicada; sólo el hombre es animal erótico, los demás seres de la creación pueden ser objetos de erotismo (como sucede en un sinnúmero de creaciones de Francisco Toledo, con al menos tres parejas femeninas oficiales en su haber, cinco hijos y ejemplo de criterio abierto en todos sentidos). Quiero decir que los animales pueden ser objetos eróticos, pero no son sujetos de lo mismo. Me explico con un ejemplo. Acaso los posibles lectores de este ensayo recuerden al médico que se enamora perdidamente de una oveja en el episodio de la película de Woody Allen *Todo lo que usted quiso saber acerca del sexo*. Sí, el médico se enamoró de la oveja, pero a ella la persona le fue indiferente. En otra película italiana el objeto de amor por parte de un granjero es una gallina "muy coqueta". Es de tomarse en cuenta que existe inalienable tendencia erótica hacia el trabajo artístico y esto es algo más que una idea. El trabajo, cualquier trabajo, cuya realización genera placer, da oportunidad de desatar descargas de componentes libidinales muy considerables: "narcisistas, agresivos e incluso sexuales", dice Freud. El movimiento simbolista, que al padre del psicoanálisis le tocó presenciar, aunque nada haya escrito al respecto, es fuertemente erótico y dispensa en varias de sus manifestaciones algunos rasgos que de momento yo puedo adjudicar a una "estética gay", sin poder precisar cuáles sean éstos, a menos que me remitiera a la literatura.

Nadie que recuerde ha dicho, salvo yo en cierto momento y muy de soslayo, que nuestro mayor ilustrador y dibujante simbolista, Julio Ruelas, fuera gay. Sin embargo, numerosos elementos de su excelente obra podrían llevarnos a calificar a Ruelas no sólo como gay, sino incluso como misógino. ¿Dónde está el fin y dónde el principio de este ecléctico juego de atracciones, emociones, fantasías, decepciones, vanidades, frustraciones, que determinan el que en estos momentos aquello que Francisco de la Maza definió como "anhelo de lo sublime" haya aparecido y siga apareciendo en la producción artística en tan variados niveles? Mientras escribo esto, veo de reojo las *Señoritas al borde del río Sena*, de Courbet. Las dos muchachas se regocijan, están contentas, es una obvia escena de contenido lésbico perpetrada por el autor del famoso Primer Manifiesto realista en el siglo XIX, que fue un auténtico garañón. Quizá por eso hizo aquel cuadro titulado *El origen*, excelentemente pintado, que sólo consiste en la representación de las partes íntimas de la mujer.

Sobre la Semana Cultural Lésbico-Gay y la exposición que le servía de eje tengo que manifestar lo que sigue: verdad sea dicha, los organizadores incurrían de manera ocasional en desórdenes explicables, aunque no justificables, como lo era anexar, por amistad o compromiso, ciertas piezas que no habían sido seleccionadas por el jurado respectivo. Nunca existió algún tipo de censura, excepto en aquellos casos en los que el trabajo enviado resultaba aberrante por lo mal pergeñado y efectuado, o por contener insultos personalizados por escrito, y eso es algo que sucede en todas las exposiciones colectivas de cualquier índole. Por eso me es necesario aludir ahora a un ejemplo de participación "ofensiva" con el objeto de que sea posible entenderse en qué puede consistir la ofensa.

Sucedió que un muy avezado, promisorio y talentoso pintor entonces en fase figurativa realizó algo imprudente en una colectiva. El joven artista a quien yo deparaba y deparo alta estima, sobre todo por su trabajo como grabador, se quejó conmigo amargamente porque le habían suspendido de cierta exhibición su participación relacionada con la imagen de Nuestra Señora de Guadalupe. Se trataba de una muestra colectiva a la que previamente había sido convocado. Por mucho aprecio que le tenía y que le tengo, le dije: "Mire, tienen razón sus censores". Me explico: después de ocurrido el episodio de la "invasión" del Museo de Arte Moderno por parte del grupo Provida —que provocó el descabezamiento de su director Jorge Alberto Manrique, por parte de autoridades del

INBA—, el pintor de quien hablo envió a la muestra mencionada, efectuada en una ciudad de fortísima raigambre católica, una composición en la que la Guadalupana se acompañaba de una toalla sanitaria; es decir, de un Kotex. Mal gusto innecesario porque aunque el Kotex proporcionaba el elemento "abstracto", lo hacía en forma descarada. Con los íconos sacros no hay que meterse de esa manera, y aquí en nuestro país la Virgen de Guadalupe rige aún más que Nuestro Señor Jesucristo, a quien el grabador y pintor Gustavo Monroy acudía reiteradamente, al autorretratarse como tal, habida cuenta de que en aquel entonces su fisonomía guardaba bastante parecido con representaciones cristológicas tradicionales. Así y todo, su exposición fue vetada, aunque felizmente no lograron cancelarla.

En una ocasión, las autoridades del Museo del Chopo me advirtieron con claridad acerca del préstamo de cierto cuadro de Juan Soriano, perteneciente al acervo del Museo de Arte Moderno, del que yo era titular. Dados ciertos desórdenes administrativos que sin lugar a dudas llegaron a presentarse, se me comunicó que, de enviar la obra, no habría aseguración de la misma por parte del Museo del Chopo (los presupuestos nunca fueron boyantes). Aseguramos por nuestra cuenta la pieza, la hicimos llegar de manera personal al espacio de exhibición, estuvo en la exposición y la recogimos terminada la misma. José María Covarrubias tomó la situación como un rechazo a sus gestiones y promociones, y como síntoma de homofobia por parte de la autoridad del museo. Pero en honor a la verdad debo decir que, por parte de la autoridad, simplemente se trató de un "correctivo" saludable.

Ningún artista, funcionario, académico, promotor o lo que sea debe ofenderse si se le fijan límites; la llamada "cultura gay" a la que alude esta publicación se impone porque es cultura y lo es en un sentido planetario. Pero el que la obra obedezca iconográficamente a temática "gay" no la redime si el producto es mediocre. Hay buen arte y mal arte, el término *arte* tampoco redime. Las denigraciones que llegaron a sufrir los integrantes del "no grupo", los Contemporáneos, fueron injustas y arbitrarias, mas no lograron menoscabar en un ápice la importancia que tienen. Las manifestaciones, marchas o puestas en escena que celebran el orgullo gay se dan con visos de afirmación o de protesta, son acciones que promueven, objetivizan, destacan, la presencia de grupos totalmente legítimos. Su objetivo es tanto confraternizar como menoscabar las injusticias y segregaciones propias de ámbitos autoritarios que por ignorancia y carencia de formación cultural y humanística manejan de manera errónea las aspiraciones del más elemental respeto democrático. Siempre son y serán bienvenidas; como siempre el vandalismo, así obedezca a las más nobles y altas convocatorias sociológicas, será objetable y anticultural.

No está entre mis capacidades proponer conclusión alguna, pero sí quizás una propuesta. Hace poco atestiguamos la reapertura del Museo del Chopo, sea o no que estemos de acuerdo con la fisonomía arquitectónica que ahora guarda. Dada la amplia cabida de espacios y la función que se le ha dado al foro, debiera restructurarse allí la Semana Cultural Lésbico-Gay, con las conferencias y los paneles que hacían de la misma un auténtico simposio. De otra parte, si es que ha de mantenerse la exposición de artes plásticas que le fue inherente —por cierto siempre muy visitada—, debiera contar con mejores elementos organizativo-curatoriales y con presupuesto suficiente para llevarla a cabo en las mejores condiciones.

No hay que hacer de José María Covarrubias un "mártir gay", pero sí recordar siempre que a la misión que llevó a cabo y a la lucha contra el sida dedicó su existencia.

Instituto de Investigaciones Estéticas, UNAM
Enero-febrero de 2009 y agosto de 2010

Locas, chichifos, mayates y machos calados
Historia y homosexualidad en el cine

MICHAEL K. SCHUESSLER

Para Kim Jurmu, qepd

I

Preámbulo

> En la iglesia, en la calle, en las casas, en los teatros, y en todo México, locas hallarás a cada paso.
> JOSÉ JOAQUÍN FERNÁNDEZ DE LIZARDI
> (1776-1827)

Un dicho mexicano, de lo más revelador, confirma la irrefutable masculinidad de sus varones: "Ay, México, tierra donde se dan los machos... ¡Unos con otros!" Por medio de una breve investigación respecto a la relación conflictiva que mantienen los mexicanos con la homosexualidad masculina —y de la actitud contradictoria que en torno a ello prevalece—, en este ensayo pretendo documentar y analizar las representaciones y reacciones de los mexicanos frente a lo que se percibe, por lo menos desde la perspectiva de las cúpulas del poder heterosexual, como un "vicio" depravado y, por lo tanto, inaceptable. Para tal efecto, y con el propósito de reconstruir la evolución de este fenómeno, analizaré brevemente la forma como el cine mexicano ha caracterizado a los homosexuales, personajes cuyo origen se remonta a cintas como *La casa del ogro*, producida y dirigida por Fernando de Fuentes en 1938. Mi investigación está inspirada en el trabajo fundacional de Vito Russo, de modo que el objetivo específico de esta indagación es el estudio de los personajes homosexuales del cine mexicano y del contexto histórico, político y religioso que, en mayor o menor medida, ha definido y le ha dado forma a esas caracterizaciones. Aquí no se pretende revelar la supuesta homosexualidad de algunos actores; por lo tanto, la vida, los escándalos y la preferencia sexual de Ramón Novarro —el Valentino mexicano— no son materia de esta investigación.

A pesar de que pueda resultar prematuro formular una conclusión sobre la caracterización de los personajes homosexuales en el cine mexicano de los últimos setenta y tantos años, luego de ver muchas de las películas relevantes en forma sistemática, puedo confirmar, a manera de tentativa, lo que era de esperarse: el cine mexicano muestra similitudes en muchos de los aspectos documentados por Russo respecto a la evolución de la homosexualidad con el cine estadounidense y el europeo (en especial, la transformación del "joto", personaje secundario y ridiculizado, en un personaje con verdaderas dimensiones humanas). En México, el primer ejemplo de esta transformación dramática se encuentra en el personaje de La Manuela, la antiheroína trágica de la extraordinaria adaptación de Arturo Ripstein a la novela *El lugar sin límites* (1977), de José Donoso, en la que la interpretación que hace Roberto Cobo de una "vestida" de pueblo logra elevar lo que antes había sido exclusivamente un objeto de burlas y humor vengativo a la calidad de un sujeto de proporciones trágicas.

Antes del estreno de esta cinta a mediados de los años setenta, la incursión de personajes homosexuales (siempre estereotipados e inevitablemente afeminados) se limitaba a las breves apariciones del "marica", como sucede en la ya mencionada *La casa del ogro* (1938), en la que uno de los residentes del edificio (a quien sus vecinos llaman doña Petrita) se destaca claramente del resto por el toque de maquillaje que lleva en conjunto con su bigote, la bata de seda floreada y los gestos ultraafeminados que caracterizan el "tipo" de estos personajes. Esta primera representación cinematográfica evoca una comparación —que, aun cuando parezca provocadora, resulta, a todas luces, apropiada— con las imágenes que, casi 40 años antes, había creado el célebre artista José Guadalupe Posada, quien ilustró —para que todo México lo viera— la legendaria francachela de vestidas que tituló: "Los 41 maricones encontrados en un baile de la calle de la Paz el 17 de noviembre de 1901". En su serie de grabados, los participantes en este "baile nefando" son representados como hombres velludos y bigotudos envueltos en rasos y seda, lentejuelas y cintas.

La trascendencia icónica de las imágenes de Posada ha sido determinante en muchos sentidos, pero respecto a lo que aquí nos concierne, mi planteamiento es que esas imágenes fueron la fuente de inspiración de lo que más tarde sería una forma "heterodoxa" de representar al "otro" homosexual y, desde luego, el modo en que se los caracterizó en el cine no fue la excepción. Esta imagen estereotípica (y prototípica) del homosexual mexicano ha estado vigente durante más de un siglo y ha sido el recurso más explotado por los actores de cine; tal vez el representante más exitoso de ello sea el comediante y galán Mauricio Garcés. El papel de homosexual afeminado fue parte esencial de la comicidad de Garcés en películas como *Modisto de señoras* (1969), de René Cardona, en la que su personaje se hace pasar por homosexual con tal de seducir a varias mujeres. Evidentemente, en esta época un conocido actor sólo podía "representar" a un homosexual, esto por miedo al "qué dirán" del público. No obstante, este y otros papeles cómicos convirtieron al actor en una celebridad de los años sesenta y setenta y, por si fuera poco, en su interpretación de D'Maurice, un diseñador "superloca", él hace alusión a la imagen creada por Posada y publicitada por los medios de comunicación masiva del porfiriato. En la película, el personaje que representa Garcés confiesa tener 41 años de edad, evocando así el famoso guarismo, y luego lanza la provocadora exclamación: "Qué coincidencia, ¿verdad?"

II

Consideraciones históricas

> En todo [el sodomítico] se muestra mujeril o afeminado, en el andar o en el hablar, por todo lo cual merece ser quemado.
>
> FRAY BERNARDINO DE SAHAGÚN, Libro X
> *Historia general de las cosas de la Nueva España*

Para poder comprender a cabalidad los motivos que subyacen en este modo de representar a los homosexuales en el cine mexicano, debemos considerar ciertos fenómenos de naturaleza histórica y social que, con el paso del tiempo, produjeron, entre otras "castas", a los jotos, las locas, los chichifos y los mayates mexicanos. Cada uno de estos "tipos" ilustra la enorme complejidad y la diversidad que existe dentro de la homosexualidad mexicana u homoculturalidad, como yo la llamo. A pesar de que pueda esgrimirse el argumento de que los resultados cinematográficos fueron los mismos que en Estados Unidos y otros países, la forma en que se construyó la homosexualidad en México fue única desde el principio, y esto se debe a la naturaleza sincrética —y doblemente homofóbica— de la cultura mexicana, heredera de lo mejor y de lo peor de las civilizaciones prehispánicas y europeas. Y a pesar de que estas dos civilizaciones se han tenido siempre por diametralmente opuestas (civilización y barbarie, monoteísmo y politeísmo), antes de su encuentro, tanto Mesoamérica como Europa habían llegado a la misma conclusión respecto a la naturaleza abominable de los varones afeminados y, por consecuencia, ambas culturas se dieron a la tarea de perseguir y castigar a quienes estuvieran acusados de ese "pecado nefando", como lo llamó fray Bernardino de Sahagún, el primer etnógrafo del continente americano. El castigo que se acostumbraba entre los mexicas para los homosexuales pasivos era destriparles el cuerpo de tal modo que les extraían los órganos por el ano. Por su parte, a los españoles les indignó tanto haber descubierto a su llegada a México, en 1519, la práctica de sodomía entre los habitantes de algunos pueblos cerca del Golfo de México, que cronistas como Bernal Díaz del Castillo fueron rápidos en condenarla en sus obras.

Para poder formular antecedentes concisos sobre la actitud negativa del México prehispánico respecto a la homosexualidad, es indispensable volver la mirada a tiempos muy remotos, por lo menos hasta el Texcoco del afamado poeta Nezahualcóyotl. Gracias a las investigaciones de Salvador Novo, el primer cronista de la Ciudad de México (y un hombre abiertamente homosexual), sabemos que para Nezahualcóyotl —quien en su poesía compara la vida con una pluma de quetzal y a un niño con una pieza preciosa de jade— las relaciones homosexuales eran tan repulsivas que incluso en su decimotercera ordenanza el tlatoani aconseja que el hombre que resulte ser sodomita debe morir por ello. Sin embargo, el castigo que recibían los varones homosexuales activos sí era menos horroroso e ignominioso que ser destripados (a ellos sólo los enterraban vivos). Esta distinción demuestra, o por lo menos destaca, la enorme importancia que tenía, y que aún tiene en el México moderno, el hecho de diferenciar con toda precisión entre el macho y la hembra, entre quien es activo y quien es pasivo, el *cuiloni* y el chichifo, la cuina y el mayate. Siglos más tarde, Octavio Paz resucitó este concepto en *El laberinto de la soledad* (1950), libro que marcó un hito en el desarrollo del pensamiento sociocrítico en México, en el que explica que, para la mayoría de los mexicanos, el único participante de grado en una relación homosexual es el hombre pasivo, el puto, a quien se confronta con el macho activo que, luego de la comparación, resulta aún más macho por haber dominado a otro hombre. Esta oposición será abordada más adelante, pues aparece en la película *El callejón de los milagros* (1993), de Jorge Fons.

Como ya se mencionó, Bernal Díaz del Castillo, que luchó junto a Cortés durante la Conquista, señala en su *Historia verdadera de la conquista de la Nueva España* que los mexicanos y, en especial aquellos que vivían en las costas y en las tierras calientes, eran sodomitas, y comenta que incluso los niños se paseaban vestidos de mujer para desempeñar la que él consideraba la más diabólica y abominable de las profesiones. Por su parte, los mexicas aborrecían tanto a los varones afeminados que, de acuerdo con Salvador Novo, durante la Noche Triste los indígenas insultaron a los invasores con todas las ofensas imaginables pero insistieron con la más humillante: "¡Cuiloni! ¡Cuiloni!"; es decir, les gritaban a los conquistadores: "¡Putos! ¡Putos!" Después de la caída de Moctezuma y su frágil imperio, la Santa Inquisición ocupó el lugar que los mexicas habían dejado, y como sabemos que la Plaza de San Lázaro estuvo reservada exclusivamente para los sodomitas novohispanos —a quienes, por lo general, quemaban en la hoguera—, parece lógico concluir que existieron muchos casos de sodomía durante el periodo virreinal. Si continuáramos esta reseña y evaluáramos la poca información que se tiene sobre las relaciones íntimas entre los varones durante los casi cinco siglos de dominación española, sin duda descubriríamos un patrón muy claro respecto a su caracterización. Al continuar este recorrido y darnos cuenta de la poca información que se tiene, desde el tiempo de Nezahualcóyotl se ha venido desarrollando un concepto estereotipado, antagónico y, en esencia, despectivo de los hombres homosexuales mexicanos, una oposición en que el macho activo, o chichifo, se contrapone al puto afeminado, o cuilón. Y es éste el concepto que se apropiaron los medios de comunicación, empezando por los primeros cronistas; por ejemplo, los ya mencionados fray Bernardino de Sahagún y Bernal Díaz del Castillo, quienes informaban a los avaros dignatarios sobre el Nuevo Mundo, sus enormes riquezas y sus curiosos habitantes; y más adelante, los registros inquisitoriales y otros documentos que asientan los procesos legales y las tribulaciones del pasado colonial de México. A principios del siglo XX se reprodujo una imagen análoga —una herencia, pues— en los artículos, cartas, corridos y grabados que aparecieron en los periódicos después del escándalo de "Los 41" y, más tarde, por supuesto, en el cine, que debutó en la capital mexicana en 1896, con la llegada del famoso *cinématographe* de Lumière.

III

El origen de una nación *queer*

Hubo siempre locas en México.
SALVADOR NOVO (1904-1974)

La primera concepción moderna sobre la homosexualidad masculina en México se debe al prototipo del dandi europeo, que es similar a la loca mexicana (afeminado, endeble, apático: monóculo, guantes, bastón y un anillo llamativo en cada uno de sus delicados dedos). Y fue precisamente el juicio de Oscar Wilde, como lo anunciaron los diarios mexicanos de finales del siglo XIX, el primero en discutir abiertamente ese "amor que no se atreve a decir su nombre". Sin embargo, muy pronto se desató un escándalo que sacudió la Ciudad de México y demostró que también ahí existía —vivita y coleando— esa misma "decadencia europea". De hecho, el verdadero punto de partida de la homocultura mexicana fue el "baile torcido" que tuvo lugar una noche de noviembre de 1901 y en el que los invitados fueron arrestados por la policía capitalina mientras bailaban, la mitad de ellos disfrazados de mujeres y la otra mitad, de hombres. Luego de su irrupción en la fiesta, los gendarmes de Porfirio Díaz registraron la identidad de los detenidos y se llevaron una enorme sorpresa al ver que uno de ellos era el yerno del presidente Díaz, Ignacio de la Torre y Mier, el nunca desmentido autor intelectual del baile. "Nachita" fue inmediatamente sustraída de esa infame turba junto a otros que luego demostraron ser de género femenino. Quedaron entonces los 41 "maricones" encerrados en la cárcel de Belén; poco después, la mayoría de ellos fueron enviados a Yucatán para realizar trabajos forzados. Por supuesto, tamaño acontecimiento se convirtió, de inmediato, en materia de una extensa documentación gráfica y oral que recorrió la ciudad entera, y no pasó mucho tiempo antes de que quedara inscrito en las mentes de los mexicanos contemporáneos, ávidos de chismorreo durante el lánguido periodo conocido como *pax* porfiriana, en el que "el orden y el progreso" eran el pan de cada día.

Este escándalo fue la fuente de inspiración de la primera novela mexicana que abordó el tema de la homosexualidad, y en ella, las hazañas de los 41 célebres infames sirvieron para condenar la lascivia y para escarmentar a la "indolente aristocracia de Sodoma", cuyos miembros estaban directamente involucrados en el escándalo. *Los 41: novela crítico-social* fue publicada en 1906 por Eduardo E. Castrejón, y a juicio del propio editor, se trata del

> relato fiel de un hecho que produjo el escándalo y que ha dejado en las llamas de la sátira una memoria que durará por muchos años. El autor del libro deja sentir la fuerza de su imaginación, detalla sus cuadros y flagela de una manera terrible un vicio execrable, sobre el cual escupe la misma sociedad, como el corruptor de las generaciones.

La portada de la novela transmite, mejor que las palabras, la forma como los artistas, autores y editores (por no mencionar a los lectores) de ese tiempo percibían a semejantes "degenerados". La imagen es la representación de un diablo robusto, vestido de bufón, que encaja su espada larga y masculina en una cabeza degollada que posee, al estilo de Jano, rasgos femeninos y masculinos; de ese modo, la imagen enfatiza la noción del hermafrodismo que la Europa de *fin de siècle* asociaba a la homosexualidad y recalca el hecho de que el evento que la había inspirado era un baile travesti. La ilustración sugiere, sin duda, que la perversión que implica la bisexualidad debe ser destruida, a toda costa, por parte del orden masculino y paternal.

Por sorprendente que parezca, incluso 100 años después del acontecimiento que lo originó, el estigma que sobrevino al número 41 todavía está presente en México, y se hace evidente en la forma como el 41 se sustituye, en todo tipo de contextos, por "cifras" más aceptables como "40 bis" o "cuarenta y zafo". Francisco Urquizo, autor de la enciclopedia de *Símbolos y números*, declara con toda solemnidad:

> En México el número 41 no tiene ninguna validez y es ofensivo para los mexicanos. El origen de esta aversión viene de fines del siglo pasado o de principios del actual, cuando en la Ciudad de México [...] la policía metropolitana sorprendió en cierta noche a un grupo de afeminados en número de 41, que danzaban gozosos luciendo indumentarias femeninas. Grande fue el escándalo de la prensa de entonces que hizo época, impacto fijo que parece imperecedero. Decirle 41 a un hombre es decirle afeminado. Estar bajo lo que ampare a ese número es ser en cierto modo afeminado. La influencia de esa tradición es tal que hasta en lo oficial se pasa por alto el número 41. No hay en el ejército división, regimiento o batallón que lleve el número 41. Llegan hasta el 40 y de allí se salta al 42. No hay nómina que tenga renglón 41. No hay en las nomenclaturas municipales casas que ostenten el número 41. Si acaso y no hay remedio, el 40 bis [...] Nadie cumple 41 años, de los 40 se salta hasta los 42 [...]

Si bien es cierto que ya para la segunda mitad del siglo XX, tanto en Estados Unidos como en Europa, se empezaron a rescatar, por lo menos de manera parcial, las expresiones de la cultura gay, en México aún prevalece un gran vacío respecto a la documentación y el análisis de esta realidad universal. Este ostracismo cultural es resultado de la dinámica histórica, religiosa y social cuyo origen, que se remonta al México antiguo y colonial, fue codificado por la Revolución de 1910 y por la subsiguiente masculinización de la cultura nacional. Esto puede observarse, con toda claridad, en las obras épicas y didácticas de los muralistas mexicanos (Diego Rivera, José Clemente Orozco y David Alfaro Siqueiros), de los escritores de la Revolución (Mariano Azuela, Martín Luis Guzmán y Mauricio Magdaleno) y de otras figuras de la nueva cultura revolucionaria masculina. En varias ocasiones, este machismo cultural institucionalizado apuntó su testosterona hacia un grupo particular de poetas y pintores conocido como los Contemporáneos, entre los que estaban Salvador Novo, Xavier Villaurrutia, Elías Nandino, Jaime Torres Bodet, Jorge Cuesta, Bernardo Ortiz de Montellano, Gilberto Owen, José Gorostiza y Enrique González Rojo, algunos de los cuales eran homosexuales declarados; y es así como Orozco los presenta en su grabado, en el que podemos verlos posando, acicalándose, estrechándose y parloteando bajo un cielo agorero (y apocalíptico). Es como si Orozco estuviera prediciendo el fin del mundo —o, por lo menos, el fin de México y de su Revolución— por culpa de las joterías de esas locas tan pervertidas.

Mucho ha cambiado desde que Orozco hizo su grabado en 1924, y no todo para mal. Al igual que la historia cultural de todas las sociedades marginadas, la indiscutible contribución de la experiencia gay masculina a las artes plásticas del siglo XX (desde Saturnino Herrán hasta Nahum Zenil y Julio Galán), la poesía (Salvador Novo, Luis González de Alba, Juan Carlos Bautista), la dramaturgia (Emilio Carballido, Hugo Argüelles, José Dimayuga), la novela (José Joaquín Blanco, Luis Zapata, José Rafael Calva), el cine (Arturo Ripstein, Jaime Humberto Hermosillo, Roberto Cobo, Julián Hernández) y la cultura popular (Juan Gabriel, Tito

Vasconcelos, la Mitzi, Francis), así como las interpretaciones individuales de cada uno de los artistas, han creado lo que, con toda razón, podría denominarse la homocultura mexicana. Lo que es más, gracias a la valentía de un grupo pequeño, pero bastante activo, de organizaciones políticas y sociales (100 Artistas contra el sida, El Clóset de Sor Juana y Colectivo Sol, entre otras), México ha comenzado a allanar el camino hacia la construcción de una identidad y una cultura gay moderna, que es un elemento invaluable para la concreción de una sociedad completa.

IV

De la personificación a la representación

> ¡Ucha, ucha, ucha, muchachos a la lucha!
> ¡No somos machos pero somos muchas!
> MAURICIO GARCÉS,
> en *Modisto de señoras* (1969)

Muchos críticos de cine en México y el extranjero celebran, con merecida razón, el largometraje de Arturo Ripstein, *El lugar sin límites*, como un parteaguas en la historia de la cinematografía nacional y destacan el realismo y la sinceridad con la que, por primera vez en la historia del cine mexicano, la película retrata a un personaje homosexual. Este resultado fue posible gracias a que el personaje de la loca —que siempre había sido creado a partir de fórmulas y en un tenor despectivo— adquirió una dimensión humana e incluso proporciones trágicas. La cinta también explora y reconstruye, con enorme agudeza perceptiva, el mito del macho mexicano en el Jalisco rural, cuna de los charros, el tequila y el mariachi. Es importante destacar el hecho de que tanto *El lugar sin límites* como *Doña Herlinda y su hijo* (1985) de Jaime Humberto Hermosillo —las dos películas que constituyen, en opinión de muchos, la base del verdadero cine gay en México— están ambientadas en ese mismo estado y que también las dos presentan, aunque de forma radicalmente distinta, una crítica a la heterosexualidad tradicional por medio de una deconstrucción del, hasta entonces impenetrable, ideal macho. Si bien reconozco la importancia de las innovaciones temáticas de Ripstein (y, desde luego, de las de Donoso), también es cierto que su película es de naturaleza de transición y que, como tal, hizo las veces de punto de partida para películas posteriores, como *Doña Herlinda y su hijo* y otras que habrían de venir con el tiempo. En *El lugar sin límites*, el personaje de La Manuela, interpretado magistralmente por Roberto Cobo, es todavía el estereotipo de una vestida que evoca de inmediato la representación histórica —y siempre ofensiva— del homosexual mexicano, la imagen que entró en circulación, por primera vez, en los grabados de Posada después del escándalo de los 41 maricones. Así como los "jotitos" finiseculares, el personaje de Cobo se refiere a sí mismo en femenino, es exageradamente afeminado en sus gestos, se viste como bailadora de flamenco y llega al poblado de El Olivo con un grupo de prostitutas encabezadas por su *madame*, la Japonesa, interpretada con gran *camp* por la cantante ranchera Lucha Villa, quien junto a María Félix, Juan Gabriel y Pita Amor es uno de los íconos más queridos de la cultura popular gay de México. También es necesario señalar que no obstante que el personaje de La Manuela se apegue a varios estereotipos, la confrontación que tiene con Pancho (Gonzalo Vega) y la violencia del "romance" que sostiene con él conforman el primero y el más importante de los intentos que se han hecho por cuestionar y destruir el mito del macho mexicano. Y es precisamente la reacción de Pancho frente a sus deseos ocultos —e insidiosos— lo que culmina con la violenta agresión a La Manuela, quien es atacada por una muchedumbre liderada por un Pancho simbólicamente castrado y, de ese modo, se convierte en la primera representación cinematográfica de vejación gay (*gay bashing*) en el cine mexicano.

Doña Herlinda y su hijo, adaptada de una novela corta del escritor mexicano Jorge López Páez, se considera, con justa razón, la primera película gay de México, pues es la primera en explorar las relaciones emocionales y familiares de dos hombres enamorados mientras que ilustra el impacto de ese amorío en la muy decorosa sociedad de Guadalajara de mediados de los años ochenta. La película trata de la historia de Rodolfo (Arturo Meza) y Ramón (Marco Antonio Treviño), dos jóvenes que provienen de diferentes contextos socioeconómicos (Rodolfo es un pediatra, hijo de una acaudalada viuda de sociedad, y Ramón es un estudiante de música de la provincia) que deciden construir una relación juntos a pesar de que por ello tengan que enfrentarse a las miradas, siempre inquisitivas, de la sociedad mexicana convencional. Su relación se vuelve posible gracias a la perfidia de la madre de Rodolfo, pues a pesar de que "se lo imagina", ya está acostumbrada a la "debilidad" de su único hijo. De hecho, lo que en apariencia es el mantra personal de la madre, puede aplicarse —aunque de distinta forma— al hijo: "No tengo fuerza de voluntad". Doña Herlinda es incapaz de seguir una dieta y mantenerse delgada, mientras que su hijo es incapaz de adherirse a las estrictas normas heterosexuales impuestas por el catolicismo. Y éste es, precisamente, el tema de la cinta: Rodolfo intenta apegarse a los requerimientos sociales de su clase y de su género, pero como es incapaz de hacerlo, su madre se ve en la necesidad de encontrar el modo de mantener todo en aparente armonía, aun cuando ello implique tomar una medida poco convencional que, sin duda, ella misma preferiría evitar (aunque eso nunca lo revela). Al final de la película, y de manera sorprendente, Rodolfo se casa con una joven (la mujer que había sido su novia mientras él mantenía su relación con Ramón) y tiene un hijo con ella. Éste es un golpe muy duro para Ramón, quien termina discutiendo sus temores con su jotera preferida, interpretada por Billy, un conocido personaje de la Ciudad de México, quien inspiró la novela de Luis Zapata *Postulados del buen golpista* (1995). En la película de Hermosillo descubrimos —por primera vez— ejemplos de una intertextualidad cultural por medio de alusiones sutiles a gente y lugares bien conocidos por la floreciente comunidad gay en México. Lo anterior se evidencia, por ejemplo, en la escena filmada dentro del popular bar Los Panchos, de Guadalajara, que oficialmente es el más tradicional de los bares de tauromaquia en la ciudad, pero que otras personas reconocen como uno de los primeros y principales lugares de reunión gay en el centro de Guadalajara.

Todavía más sorprendente resulta el hecho de que en la cinta, doña Herlinda, la madre manipuladora, incluye a Ramón en la familia hasta el grado de designarle un ala especial de su amurallada mansión para que le sirva de "estudio". Como lo señala David William Foster, esta situación tan peculiar permite que dos miembros de grupos marginados —mujeres y homosexuales— encuentren estabilidad y alivio por medio de un acuerdo no ortodoxo en el que Rodolfo puede continuar su relación con Ramón a pesar de estar casado y tener un hijo con Olga, su esposa, una mujer feminista que, a su vez, consigue la libertad que tanto añora al irse al extranjero a continuar sus estudios en su calidad de joven madre, algo que le habría sido imposible en un matrimonio heterosexual convencional. En particular, la cinta muestra cómo, en el mundo supuestamente macho de Guadalajara, Jalisco, este amorío aberrante es orquestado hasta el punto en el que la astuta doña Herlinda logra, por fin, tener el nieto obligado —que, además, es un heredero varón— y su hijo puede continuar con su carrera y con sus dos amores: su esposa y Ramón. Al parecer, las apariencias quedan guardadas, por lo menos hasta ese momento, y las cosas siguen su curso, así como lo han hecho durante tantas generaciones.

A partir de esta sinopsis de películas, libros y otros tipos de documentos de los años setenta y ochenta que tratan el tema de la homosexualidad en México, debe ya ser evidente que sucedió algo en esa época que ocasionó un cambio en la forma como se percibían muchas cosas (e individuos), en especial, los grupos tradicionalmente marginados como las mujeres, los indígenas, los pobres y, desde luego, los gays y, aunque en menor escala, las lesbianas que, por lo general, han pasado desapercibidas por la mayor parte de la sociedad, pues algunas imitan el ideal masculino promovido en el cine; por ejemplo, María Félix o la siempre tempestuosa y macha Irma Serrano. Para poder comprender los significados detrás de la emblemática película de Ripstein, de la primera cinta gay de Hermosillo y de las caracterizaciones de homosexuales que muy pronto les seguirían, es indispensable considerar el ambiente político, histórico y cultural del que surgieron.

En 1968, México se propuso como país anfitrión de los Juegos Olímpicos con tal de demostrar que sí era la nación moderna que tan desesperadamente quería ser. Sin embargo, antes siquiera de haber comenzado, y de manera trágica, este acontecimiento fue empañado por una confrontación violenta entre estudiantes mexicanos y la seguridad del Estado que terminó en el asesinato y la desaparición de docenas de estudiantes y espectadores inocentes. Lo que se conoce como la Noche de Tlatelolco, así bautizada por Elena Poniatowska en su crónica homónima, corresponde al levantamiento político más importante en la historia mexicana desde la Revolución de 1910, el cual logró unificar a la mayoría de la población joven y educada del país en contra de la "dictadura perfecta" del PRI, que había gobernado a México con mano dura desde la institucionalización de la Revolución durante el mandato de Lázaro Cárdenas, en la década de 1930.

En un intento por establecer un vínculo, hasta ahora inexplorado, entre estos actos políticos y los de naturaleza privada, como la orientación sexual, el travestismo, el lesbianismo y otras manifestaciones "anormales" de la sexualidad, debo señalar que uno de los líderes más francos del movimiento estudiantil mexicano —encarcelado, tiempo después, por funcionarios del gobierno— fue el joven y carismático escritor Luis González de Alba, cuyo recuento sobre su encarcelamiento por parte de las autoridades mexicanas aparece en el testimonio *Los días y los años* (1972). Además de su participación activa en grupos militantes de estudiantes que protestaban por la negativa del gobierno a cumplir sus demandas, entre las que estaba la derogación del artículo 145 del Código Penal, que permitía el encarcelamiento por el crimen de "descomposición social", González de Alba era también homosexual y, con el tiempo, sería reconocido como uno de los más prominentes activistas de los derechos de los homosexuales, así como autor de estudios tan influyentes (y polémicos) como *Bases biológicas de la bisexualidad* (1985) y de literatura abiertamente homosexual como la incluida en *El vino de los bravos* (1984) y *Agapi Mu / Amor mío* (1993). También fue el dueño original de El Taller, el bar gay de más tradición en la Ciudad de México, el cual ha estado siempre activo como centro cultural, como punto de reunión para los hombres homosexuales (a las mujeres no se les permite la entrada) y como un bar *leather* bastante manso.

Pasarían más de 20 años después de la masacre en Tlatelolco para que apareciera en el cine mexicano comercial la inclusión de la homosexualidad como un fenómeno natural y sumamente humano. Una de las películas más importantes del nuevo cine mexicano, nacido en los años noventa, fue *El callejón de los milagros* (1993), dirigida por Jorge Fons y adaptada de una novela del escritor egipcio Naguib Mahfouz. Este filme confronta —entre otros asuntos familiares— el tema de la bisexualidad y de la paternidad al tiempo que explora la intimidad de un patriarca respetable (Ernesto Gómez Cruz) y su relación sentimental (y sexual) con un atractivo joven llamado Jimmy (Esteban Soberanes). También muestra en detalle la respuesta violenta de sus hijos al descubrir su secreto y la forma como atacan a su joven amante y lo golpean, casi hasta matarlo, en los conocidos (y ahora desaparecidos) Baños Torrenueva de la colonia Roma. Antes del ataque, la situación no parecía estorbarle al padre en lo más mínimo, no obstante que sus amigos lo molestaran cada vez que el "jotito" lo iba a visitar a su cantina; de ese modo, la cinta ilustra el concepto expuesto por Paz, ya que el más fuerte (y mayor) sometía al más débil (y menor), por así decirlo, y en consecuencia se salvaba de cualquier deshonra.

Otra película que trata la homosexualidad, aunque quizá de forma más superficial, es *Danzón* (1991), de María Novaro, en la que Tito Vasconcelos hace una interpretación magistral de Susy, una vestida que, con el afán de ayudarle al personaje de María Rojo —una operadora de un tablero de conmutadores— a encontrar a su pareja de baile, perdido en Veracruz, le abre los ojos a un mundo completamente ajeno al suyo.

La más reciente y madura de las exploraciones cinematográficas sobre la homosexualidad mexicana aparece (por breve que sea) en la exitosa cinta de Alfonso Cuarón *Y tu mamá también* (2001), que, a primera vista, parece ser un ejemplo más de una película para adolescentes incluso comparable a prototipos estadounidenses como *American Pie*. Sin embargo, eso es lo que se aprecia desde la superficie, pues tras una observación cuidadosa, en *Y tu mamá también* aparecen diversas críticas sociales y de género respecto a las políticas de la corrupción, las diferencias abismales que existen entre las clases sociales y económicas, la explotación cruel a la que son sometidas las clases bajas en México, etcétera. Estos conflictos sociales culminan de forma muy distinta al final de la película, cuando los dos protagonistas, Tenoch (Diego Luna) y Julio (Gael García Bernal), se involucran en un *ménage à trois* junto a una española (Maribel Verdú) y se descubren a sí mismos tanto estimulados como traumatizados en el momento en el que se dan cuenta de que se están besando y acariciando entre ellos y han dejado a la mujer a un lado. Ese hecho inenarrable termina por pesar tanto en la "masculinidad afligida" de los chicos que se convierte en la causa de su separación permanente.

Por sorprendente que parezca, hasta antes del estreno de *Mil nubes de paz cercan el cielo, amor, jamás acabarás de ser amor*, en 2003, los estudios mexicanos no habían producido, en realidad, ninguna película que se pueda considerar como parte de un movimiento de "cine gay". Sin embargo, a pesar de que este dato refleje una situación lamentable, como hemos visto, la inclusión de personajes homosexuales en el cine mexicano no sólo ha tenido un enorme incremento, sino que se ha vuelto más compleja y más genuina al separarse por completo del tipo de caracterizaciones risibles que se hacían del personaje de la "loca". Hasta hace poco existió un programa televisivo exclusivamente para los homosexuales: *Desde gayola*, y la aparición de personajes homosexuales se extiende, incluso, hasta el mundo ultraconservador de las telenovelas, en el cual, por primera vez, se han abordado temas que antes eran tabú, como la violación, la homosexualidad, el aborto y el sida. Sobra decir que cintas mexicanas recientes como *El callejón de los milagros* o *Y tu mamá también* han llevado el tema de la homosexualidad al cine popular y lo han hecho tanto con compasión como con indiferencia.

Mil nubes de paz cercan el cielo, amor, jamás acabarás de ser amor, cuyo título expansivo y sinóptico está inspirado en el poeta, director y gay radical italiano Pier Paolo Pasolini, es más la evocación de un amor no correspondido que una secuencia episódica de sucesos, y su característica más notable es la filmografía soberbia de Diego Arizmendi, que al filmar la cinta en blanco y negro logra darle un efecto de *chiaroscuro* que es, al mismo tiempo, un homenaje a las películas clásicas de la "época de oro" del cine mexicano y una declaración estética en sí misma. Esta técnica funciona muy bien con la ambientación de la película, una Ciudad de México posapocalíptica: una metrópolis desolada y deteriorada que recuerda los perturbadores paisajes urbanos de Buñuel, filmados también en las márgenes de la capital mexicana (en donde, ya para la década de 1950, los grandes edificios agoreros comenzaban a esparcirse desordenadamente por lo que antes había sido un paisaje rural). En los inicios del siglo XXI, todo aquello que una vez fue innovador se muestra convertido en un páramo humano, y ése es el lúgubre telón de fondo de los residentes de este paraíso perdido.

Gerardo, el desconsolado y absorto protagonista de la película, sufre el abandono de Bruno, su amante, quien no deja más que una carta a modo de despedida, de tal suerte que la película entera trata sobre los esfuerzos de Gerardo por recuperar su amor perdido. En *Mil nubes de paz...* prevalece lo que se conoce como "mirada gay"; la cámara se detiene en objetos de deseo homosexual, como son botas de obrero, manos masculinas, torsos esculpidos, etcétera, y se transmiten mensajes eróticos por medio de miradas sensuales: un lenguaje que cualquier gay reconoce de inmediato. Los creadores de la cinta también muestran un oído sensible ante la fuerza emocional de la música y, por consiguiente, Gerardo vincula la esencia de su añoranza a la canción *Nena*, interpretada por la diva española Sarita Montiel, en la más famosa de sus películas, *El último cuplé* (1957), la cual ahora es un clásico del cine *camp*. La cinta también ilustra la universalidad del amor —de cualquier género— por medio del inextinguible poder de una carta de despedida, una llamada de teléfono mudo y los versos de una balada romántica.

Los largos espacios de silencio en la película se interrumpen, casi siempre, con el uso de *voiceover* o de un discurso no sincronizado que, en la mayoría de los casos, sirve para narrar lo que acontece en los pensamientos más íntimos de cada uno de los personajes; de hecho, algunas veces el diálogo queda a la imaginación del espectador. *Mil nubes de paz...* también llamó la atención internacional al recibir el Teddy Bear a la mejor película en el Festival Internacional de Cine de Berlín de 2003.

En términos políticos, no se puede hacer un pronóstico positivo para el desarrollo futuro del cine gay en México, pues el reascenso al poder del PRI ha traído consigo severos recortes al presupuesto asignado al área de cultura. Si bien el cine mexicano cuenta con muy poco y a veces sin ningún apoyo financiero gubernamental, esta falta de fondos, aunada a la censura y a la discriminación, afectan en mucho mayor medida al cine "experimental" o "de arte", que siempre es un nicho para todo aquello que pueda oler a sodomía, en especial cuando el tema recibe un tratamiento inteligente, humano y digno. A continuación, y en vez de seguir con esta reseña histórica, hemos decidido que sería más relevante (y entretenido) incorporar una lista de más de una treintena de películas mexicanas "de temática"... o casi:

Algunas películas mexicanas "de temática" (o casi)

1. *La tía de las muchachas* (1938), de Juan Bustillo Oro
2. *La casa del ogro* (1939), de Fernando de Fuentes
3. *A toda máquina* (1951), de Ismael Rodríguez
4. *¿Qué te ha dado esa mujer?* (1951), de Ismael Rodríguez
5. *Pablo y Carolina* (1957), de Mauricio de la Serna
6. *Modisto de señoras* (1969), de René Cardona *
7. *Los marcados* (1971), de Alberto Mariscal
8. *La primavera de los escorpiones* (1971), de Francisco del Villar *
9. *Fin de fiesta* (1972), de Mauricio Walerstein
10. *El llanto de la tortuga* (1974), de Francisco del Villar
11. *El lugar sin límites* (1978), de Arturo Ripstein *
12. *Las apariencias engañan* (1983), de Jaime Humberto Hermosillo *
13. *Doña Herlinda y su hijo* (1984), de Jaime Humberto Hermosillo *
14. *El hombre de la mandolina* (1985), de Gonzalo Martínez Ortega *
15. *Ámsterdam Boulevard* (1991), de Enrique Gómez Vadillo
16. *Danzón* (1991), de María Novaro
17. *El callejón de los milagros* (1994), de Jorge Fons
18. *Dulces compañías* (1996), de Óscar Blancarte

19. *Y tu mamá también* (2001), de Alfonso Cuarón
20. *Simón el gran varón* (2002), de Miguel Barreda Delgado *
21. *Mil nubes de paz cercan el cielo, amor, jamás acabarás de ser amor* (2003), de Julián Hernández *
22. *Quemar las naves* (2007), de Francisco Franco Alba
23. *Rabioso sol, rabioso cielo* (2009), de Julián Hernández *
24. *La otra familia* (2011), de Gustavo Loza *
25. *Peyote* (2013), de Omar Flores Sarabia
26. *Carmín tropical* (2014), de Rigoberto Perezcano *
27. *Cuatro lunas* (2014), de Sergio Tovar Velarde *
28. *Obediencia perfecta* (2014), de Luis Urquiza *
29. *Yo soy la felicidad de este mundo* (2014), de Julián Hernández *
30. *Velocirraptor* (2014), de Chucho E. Quintero
31. *Te prometo anarquía* (2015), de Julio Hernández Cordón *
32. *Macho* (2016), de Antonio Serrano

Nota: Esta selección no representa una lista de las mejores películas gay; narra una historia cronológica y fílmica de la manera como el homosexual ha sido representado en la pantalla grande desde su primera aparición (burlesca) a finales de los años treinta. Hemos señalado con un asterisco las películas que consideramos más emblemáticas del cine gay, un subgénero que aparece en los años setenta con *El lugar sin límites*, de Arturo Ripstein.

Breve relación del videoarte gay

Víctor Jaramillo

Caminos del ayer... Los orígenes

Nueva York, 4 de octubre de 1965. Un músico inmigrante de origen coreano sigue, a bordo de un taxi, al papa Pablo VI. Armado con su cámara apunta y graba. Horas más tarde, en el A Go-Go Café se exhibe la videocinta. Nace el videoarte. Del nombre del taxista no tenemos datos; el otro tripulante responde al nombre de Nam June Paik.

Ahora el videoarte vive un *boom*, pero el hecho no es tan reciente. Hace tres décadas las galerías dejaron de colgar cuadros y optaron por nuevos medios, entre ellos el video. Muchos artistas se rindieron a la seducción del monitor y la cámara. Digamos Andy Warhol, por poner un ejemplo paradigmático. Entre nosotros, en un medio políticamente cerrado y socialmente conservador, las nuevas herramientas y estrategias del arte tardaron en naturalizarse. A pesar de estar familiarizados con lo raro, en la Gran Tenochtitlan nos pareció una locura o tomadura de pelo, casi un suicidio, como el que puso fin a la primera videasta mexicana. Hagamos un poco de memoria y regresemos a Nueva York.

Nueva York, 1976. Pola Weiss anda en busca de su alma. Ya tomó las medidas pertinentes: se ha rebautizado como teleasta, y un año antes a la hora de su examen profesional armó tremendo alboroto al negarse a recibir su título como licenciada en periodismo y comunicación colectiva, alegando otro: "Así como había cineasta para los especialistas en cine, ella, especialista en televisión, quería llamarse teleasta". Pola traía una bomba en sus manos, un *videotape*: la primera tesis de la UNAM, y de todo México, hecha en video. ¡Pero qué ocurrencia! El Consejo Técnico no aceptó la controversia, y Pola Weiss fue nombrada licenciada en periodismo y comunicación colectiva por nuestra máxima casa de estudios. Esto no le importó, y al año siguiente cambió de teleasta a videasta. Pero es 1976 y nuestra pionera *venusina* anda extraviada en la Gran Manzana, como antes en Londres. Sabe que por ahí hay algo, lo presiente y lo sabe. La mirada de *mis ojos son mi corazón*, decía. Fue entonces cuando conoció la obra de Nam June Paik, que marcaría la futura obra de Pola.

"Tu cuerpo es una copia de Venus…"
Pola Weiss, nuestra venusina

Ciudad de México, 1977. Pola trae al Museo Carrillo Gil el IX Festival Internacional de Videoarte, que es el primer evento público de semejante naturaleza en nuestro país. La muestra, que arriba con una década de atraso, genera gran expectativa. La organizadora invita a músicos, poetas, pintores y demás fauna: es el público al que le interesa mostrar el *nuevo arte*. La polémica no se hace esperar y la audiencia se divide. Una parte de la crítica de esa época considera que el video no es un arte, mientras otros callan o dicen desconocer el tema, reservándose muy prudentemente su opinión. Algunos más, los menos, salen entusiasmados. A los indignados Pola les contesta: "Bueno, si ustedes dicen que es manipulación de equipo, aquí están los artistas y reclámenle a ellos". Entre los participantes estaban Ginsberg, Ferlinghetti (que le dedicaría algunos poemas a Pola) y Nam June Paik. En este mismo festival se presentaría el primer producto del videoarte mexicano, *Flor cósmica*, de la mismísima Pola. En 1978 crea el Taller Experimental de Video en la Facultad de Ciencias Políticas y Sociales de la UNAM e inicia una vasta producción que oscila entre lo íntimo y lo social. Explora en géneros como la videodanza, el *videoperformance* y el videorretrato. En 1984 participa en la Bienal de Venecia. Años después cae en una grave depresión que la lleva a autodescalificar su obra. El 6 de mayo de 1990 Pola se quita la vida (según el mito, frente a una cámara, ¿su último video, acaso? Pocos meses después, la primera Bienal de Video en México le rinde un homenaje y se presentan los videotestimonios *forjadores* en donde Pola participa. En 1992 se inaugura en la UNAM la sala de video con el nombre Pola Weiss, contradictoria sala en la que muy rara vez se exhibe videoarte.

"Y me fui lejos de Veracruz…"
Ulises Carrión

"Ulises, vente; ven para casa. Mira aquí está tu terreno; te lo doy para que hagas tu casita. Incluso ven con Aart (el novio de Ulises)… Yo estoy viejo, ya no te he vuelto a ver. Eres mi hijo, así eres y punto. Yo no soy un juez." Es el padre de Ulises Carrión Bogard desde San Andrés Tuxtla, en una de sus últimas cartas.

Pero ¿por qué Ulises cruzó el Atlántico? ¿Por qué dicen que dejó la literatura a los 30 años, justo cuando su carrera literaria empezaba a consolidarse, como miembro de una generación notable que incluye a escritores como Juan García Ponce, Sergio Pitol, Fernando del Paso, José Emilio Pacheco? La respuesta es compleja: ninguno de esos escritores se planteó las preguntas desestabilizadoras de Carrión frente a la literatura y el lenguaje. Las ambiciones, las dudas, los hallazgos de Ulises eran muy otros. En 1964 partió becado a París y poco después instaló definitivamente su residencia en Ámsterdam.

"Yo comencé como literato, pero llegó un momento en que me di cuenta de que ese ámbito me quedaba chico y no podía continuar escribiendo cuentos y relatos en un sentido tradicional." Sus contemporáneos creyeron que Ulises abandonaba la literatura para ahora dedicarse a las artes plásticas. En 1972, en la revista *Plural* número 45 sostiene un polémico, delicioso e iluminado intercambio epistolar con Octavio Paz. El erudito y poeta no logra descifrar que la poesía de Ulises Carrión daba un paso más adelante. Paz es un conocedor de la obra y la influencia de Marcel Duchamp; en sus ensayos nos lo ha dejado claro y la resignificación de los objetos cotidianos y el absurdo en la plástica y la literatura, y bajo ese filtro observo la obra de Carrión; pero para ese momento Ulises Carrión es más cercano al movimiento Fluxus, la neovanguardia inglesa, y a la poesía concreta brasileña. De haber continuado en México, era muy poco probable que su obra encontrara eco en el limitado circuito artístico mexicano de la época, recordemos que las primeras muestras institucionales de *performance* e instalación y video en México se realizaron a inicios de los noventa, y Ulises murió en 1989.

"El video puede ser bueno o malo, pero siempre es libre." Libertad es la palabra del hombre que tanto desconfió de las palabras y que le escribió a Paz: "Palabras, palabras, palabras". "Yo no quiero ni puedo imponer un contenido, porque no sé qué quieren decir exactamente las palabras… lo que si sé de seguro es que las estructuras están allí…" Carrión llegó a París en 1964 y realizó estudios en lengua y literatura francesa en La Sorbona. Eran los años de apogeo del estructuralismo francés que le daría las herramientas para descubrir los asideros a parte de su obra: el lenguaje.

Pero el video no lo fue todo para Ulises, apenas es una herramienta en su larga obra. Se le recuerda más como creador y promotor de libros de autor, en resumen un poeta sin miedo, con herramientas varias. Citémosle: "Todo objeto, persona o evento no está dicho con palabras, sino con signos poéticos […] en el mundo de los boleros y los tríos, en ellos sólo hay un tópico totalmente importante: el amor. Es decir, un amor totalmente idealizado".

En su última visita a México a finales de los ochenta, Ulises Carrión, ya muy enfermo, visita Oaxaca, ya desfallece, pero le restan fuerzas para acudir a Santo Domingo. Se queda en el auto solo; mira hacia el templo y asegura ver un ángel volar. Ulises era ateo.

Ulises Carrión nos ha heredado un legado sin precedentes, a su muerte dejó la colección más importante de videoarte de Holanda, arte correo, libros de autor. Su obra empieza a ser revalorada por las nuevas generaciones que se muestran sorprendidas por el alcance de sus trabajos. Ulises nos es tan fresco, tan intemporal.

"Broadway, muchacha rubia, de ojos azules, sin corazón…" Ricardo Nicolayevsky

En una parte significativa de la obra de Ricardo Nicolayevsky nos enfrentamos a documentos visuales de una época (los años ochenta) que parecen ya un tiempo lejano y que al ser vistos ahora nos producen, a la vez, una impresión de extrañeza y cercanía. No pierden ese carácter del video de fragilidad y fugacidad, pero el tiempo que se ha recargado en ellos y que ahí se ha concentrado les otorgó una pureza y una fuerza visual de "clásicos". Ricardo hace arqueología de sus años formativos, años de voracidad vital y artística, y al volver sobre sus grabaciones reconstruye su memoria. Antología de sí mismo, de aquellas pieles y aquellos sueños. Retrato inigualable de una ciudad —Nueva York— que nunca volvería a ser la misma ni a tener ese salvajismo y esa sofisticación. En una obra híbrida, mezcla de pintura, cine, música, poesía y *performance*, cruzada de discretas referencias culteranas y atenida a la experiencia personal como conocimiento total.

Nicolayevsky es ante todo un poeta, un poeta que cuestiona sus herramientas, sus conocimientos y sus certezas estéticas, que se monta en ese no lugar extraño que es lo inmediato cuando ya se le ve como pasado. Ha decidido escribir con cámara en mano lo que ve, lo que siente. Despojado de estructuras narrativas, con espíritu lúdico envuelve a sus retratados en una atmósfera íntima, en una cotidianidad insólita, eterna por irrepetible, en mínimas acciones que los revelan. El retrato —su género obsesivamente visitado— es su manera de amar, de conocerse y reconocerse.

> "Me importas tú, tú sí escribes muy bonito,
> para ti soy libro abierto, escribe en mí te
> necesito…" Miguel Ventura

Considerar el trabajo de Miguel Ventura en fotografía, dibujo, video, por separado, sería no comprender la magnitud ni las estrategias de su obra. Al enfrentarnos a ella nos sabemos inmersos en un universo paralelo. Ventura somete a severo análisis las estructuras de poder que subyacen el lenguaje: idealizándose y ridiculizándose en un cuerpo infantilizado, su trabajo se traduce fundamentalmente como una crítica del lenguaje como fuente de estandarizaciones y sujeción. Es el creador casi paranoide, casi psicótico, del NILC (New Interterritorial Language Committee), el Nuevo Consejo Interterritorial de Lenguas, una institución ficticia concebida para una hipotética difusión e imposición de un nuevo sistema lingüístico, inspirado en The East African Interterritorial Language Comité (ILC), iniciativa poscolonialista inglesa que desde los años treinta hasta los sesenta se dedicó a la estandarización de las lenguas africanas. El mundo paralelo de Ventura es una laberíntica caricatura del desprecio hacia los oprimidos, del poder del lenguaje como herramienta de colonización y depredación cultural y una sátira feroz de la enajenación que se consuma en los cuerpos. En el centro del NILC está Heidi Schreber, *alter ego* de Miguel Ventura, niña aria idealizada, cuyas blondas o multicolores trenzas se retuercen formando dibujos que son la base de los 30 glifos del Nuevo Lenguaje Universal. Es, para el crítico de arte Cuauhtémoc Medina,

> un hipotético movimiento pospolítico, decididamente globalista, posestructuralista y neoétnico, que se conduce por encima de las anticuadas vías del control del aparato gubernamental y administrativo, para operar como una

mezcla de religión de autoayuda, antipsiquiatría de masas, pedagogía revolucionaria y partido neoderechista.

Existe un punto de encuentro entre los trabajos de Ulises Carrión y Miguel Ventura: la crisis del leguaje. Ulises Carrión lo desmaterializa, lo desnuda, lo imposibilita, lo deja en su imagen última, en su estructura mínima. Miguel Ventura lo reconstruye, lo reinventa y ridiculiza. Ambos desestabilizan el lenguaje, poniendo en duda la posibilidad de seguir expresando.

Ventura cuenta que de niño escuchaba muchos idiomas que no entendía y que siempre se sintió intrigado o aterrorizado por aquello que no alcanzaba a comprender. "Sentía que eran lenguajes secretos de un grupo de gente o de una nación a los que yo no pertenecía. De modo que creé mi propia nación en mi trabajo, donde delineo mis propias fronteras y puedo reunir voces del pasado, el presente y el futuro." La infancia de Miguel Ventura se desarrolló en bases militares pues sus padres boricuas pertenecían a las fuerzas armadas estadounidenses; vivió en varias de estas bases y en diferentes países.

¿Cómo he de amarte, mi nuevo pequeñín? ¿Hablando lenguajes amorosos? ¿Contemplando glifos nacer, la bienvenida regeneración? ¡Sí, pequeñín mío, mi manera de amarte será creando nuevos lenguajes, que tanto me gustan!

"Te quiero por bonita, por tu cara extraña, por tus ojos de jacaranda en flor..." Fabián Castro

Fabián Castro ha construido un planetoide llamado Planeta Fabián, un mundo con sus propias reglas y leyes gravitacionales, una masa cósmica con una región llamada *La Nueva Galicia*, donde los bugas son los raritos y los padres se preocupan por ellos y su singular problema. De manera inexplicable, ese mundo tiene un sospechoso parecido a Guadalajara, ciudad en la que el artista ha vivido prácticamente toda su vida. Sólo que la pesadilla que puede ser la experiencia de una atmósfera asfixiante se transforma en los videos de Fabián Castro en un delirio *pop*: sus personajes (descaradas versiones de sí mismo) salvan la noche gracias a un pasador o se esencializan cantando tonadillas de moda: postales y recuerdos invertidos de la muy amariconada Perla Tapatía.

Fabián, bueno para la pachanga, los amigos y la confidencia candorosa. Con gran facilidad convocó a 25 videastas en 2003, para formar un destripado cadáver exquisito: *El despertar de Roberta*. El contagio de peluches, flores de plástico y música retro que no se hizo esperar y se apoderó de todos los partícipes ahora ciudadanos hechizados del Planeta Fabián.

(Aquí debería ir un bolero cantado por Björk o mínimo Madonna) Arturo Castelán

Además de organizar con gran éxito el Festival Mix en la Ciudad de México desde 1996, Arturo Castelán ha creado una obra propia volcada en obsesiones engañosamente pueriles que exhiben su fragilidad y a veces su dolor, un laberinto de espejos del que poco a poco ha ido brotando su propio personaje.

En *Venus boy*, su primer trabajo, apenas se asoma como el amante que reconstruye el pasado, en una especie de falso documental para televisión. Armado con recortes de revistas del mundo de la farándula, Arturo reconstruye a Mauro (Eduardo Verástegui), que es el pretexto para que el autor hable de sí mismo. Y así en sus siguientes trabajos, como en *La piel blanca, el cabello negro*, donde irrumpe y se expone ante la cámara, en un gesto de sinceridad extrema y con clara actitud que podríamos llamar muy del mundo del videoarte.

Arturo es clave en el proceso y desarrollo del video gay en México. Podemos hablar de un antes y un después del Festival

Mix, un evento que se ha consolidado como un escaparate invaluable del video mexicano, específicamente el que tiene como tema la diversidad sexual. Las primeras ediciones del festival tuvieron como sede el cine Elektra; pero fue a partir de que lo acogiera la Cineteca Nacional cuando dicho festival se volvió un acontecimiento masivo y de gran repercusión.

Los gays —pero no sólo ellos— se han visto ampliamente representados en las exhibiciones del Mix, y esto ha tenido repercusiones comunitarias incalculables. Gracias al festival se han reconocido en historias contadas desde una perspectiva propia del grupo, alejadas del odio y el estereotipo, todo en un festival equilibrado entre el cine y el video, entre lo tradicional y lo experimental, entre lo frívolo y lo exquisito, con un público leal y variopinto: artistas, bugas, trans, gays, lesbianas, cinéfilos y curiosos. Es, después de la Muestra Internacional de Cine de la Cineteca Nacional, el evento con mayor afluencia de públicos.

Su reloj de arena.

> "Amor chacal, que todo quita y nada da. Amor
> chacal, cuánto me vas a costar…"
> Juan Carlos Bautista

A Juan Carlos Bautista lo conocemos sobre todo por el mítico *Cantar del Marrakech*, pero sus intereses sobrepasan el campo de la poesía. *Amor chacal*, el video documental que hizo al alimón con el autor de estas notas, es una bitácora de viaje, de amores, de picardías sexuales, una crónica de las noches candentes y los días vivísimos del Sotavento veracruzano. Para Ayala Blanco,

> es un videofilme que no tiene pierde, ni reserva, ni madre […] Corte frívola sin realeza, mester de mayatería descamisada, folleto extrañante sin modo de empleo posible, tratado de mayatería con instructivo, decálogo para reconocer mayates: se la pasan rascándose las verijas, les gusta el

relajo, y así. Picaresca que se ignora a sí misma, disimulo flexible hasta la ostentación. Jugueteo solar en tierra de todos, de nadie, alegría del choteo punzante, exhibición de culo sardónico aquiescente que niegaafirma y repeleacepta ...

Si bien se inscribe en el género documental, su espíritu es más libre, juguetón, un auténtico video *roadmovie*. De atropellada edición, sin gran despliegue técnico, con un guión que fue realizándose en el camino, ante las provocaciones de la propia realidad, el video es un recuento exaltado de correrías cantineras. Pero, sobre todo, *Amor chacal* es una declaración de amor a nuestros chacales jarochos. En el camino a Paso de Toro, Juan Carlos me confesó un día: "Si no fuera por Veracruz, ya me hubiera ido de este país".

"Amor en el aire, que nació del aire..." Luis Zapata

Como cinéfilo voraz y apasionado, Luis Zapata, el escritor emblemático de *El vampiro de la colonia Roma* y *En jirones*, ha llenado sus ojos y sus páginas de imágenes cinematográficas. Como su amado Manuel Puig, tuvo siempre la tentación de dirigir. Su primera incursión en el cine como guionista de *Confidencias* de Jaime Humberto Hermosillo, filme basado en su propio *De pétalos perennes*. Cuando vi en Cuernavaca su primera edición de *Angélica María frente al mar* le dije que esa obra, que tenía la apariencia de un homenaje a la diva de los sesenta, era en realidad un autorretrato. Después filmó *Afectuosamente*, su comadre, basado en la obra homónima de José Dimayuga.

"La gloria eres tú..." José Antonio Cordero

Canta, baila danzas exóticas, hace cine, cabaret, televisión, dirige y escribe teatro: por supuesto, también hace video. En su variada producción encontramos la clara influencia del cine experimental de los inicios del siglo XX y del videoarte pionero. En sus obras de teatro aparecen con frecuencia pequeñas piezas de videoarte: así en *Iguazú, ópera de jabón* o en *El año de la puerca*, ambas de su autoría, o en su puesta de *Casa de muñecas*, de Ibsen, como si todos los soportes sirvieran con naturalidad a un solo impulso creativo.

Renacentista posmoderno y esclavo del amor, Cordero es autor de videos hipnóticos, desternillantes y obsesivos: así ocurre, por ejemplo, con *Maquinita*, con el que ganó el segundo lugar en el Festival de Video Erótico, una lúdica pieza de engranaje tecnológico que explota el sudor y el semen en beneficio del humor. *Esclava del amor*, otro de sus videos, explora lo predecible de la televisión y el drama en cualquier parte del mundo.

Cordero ha dirigido los documentales *La cuarta casa*, sobre la vida y obra de la escritora mexicana Elena Garro, y *Bajo Juárez: la ciudad devorando a sus hijas*, sobre los feminicidios en Ciudad Juárez.

"Me la estoy pasando de agasajo…"
Eliud Hernández

La inmensa novedad de YouTube ha dispersado y multiplicado los panoramas del arte hasta volverlos inabarcables. La difusión de los productos tiene ahora, gracias a este *aleph* cibernético, cobertura global e instantánea y fronteras de arena. ¿De qué nacionalidad, de qué genero son los artistas de hoy? Las respuestas son siempre provisionales. Dentro de este panorama no deja de sorprender de todos modos la irrupción de un artista como Eliud Hernández, de quien apenas tenemos datos y de quien conocemos sólo las piezas que ha colgado en YouTube. Pero basta esta muestra irregular y a veces repetitiva para volverlo quizás el artista más interesante entre los nuevos. Obsesivo hasta el delirio, minucioso, con esa pasión por el detalle raro de los *kinkies*, Eliud Hernández no parece conocer límites: arqueólogo de la imagen, anticuario preciosista al mismo tiempo que hipertecnológico, saqueador de la cultura basura, todo, todo se lo permite en la construcción de una personalidad sonora y visual poderosa y única. Un artista que vale la pena rastrear y con el cual es inevitable establecer lazos de complicidad.

LA MÚSICA, LA DANZA, EL TEATRO Y SUS INTÉRPRETES

El éxtasis a una identidad del deseo
La música como experiencia de libertad

TAREKE ORTIZ
CON NAYAR RIVERA

El éxtasis y las diversas razones

El viento arrastra aún los cantos de los esclavos negros desde las galeras de los barcos, desde los campos de algodón en un momento de descanso. Desde en medio de la desesperación de 30 generaciones y el cansancio, resuena un cántico espiritual, armonías a cuatro voces, ritmos ancestrales y candor total invaden el espacio, sus mentes y sus cuerpos. En este momento la esclavitud parece desvanecerse, las fuerzas misteriosas de la música crean para ellos la experiencia de estar de vuelta en casa, de ser seres íntegros con una cultura única, con alma, con raíces, con dignidad, con poder, en suma: libres.

Escuchamos la música que escuchamos por y para muchas cosas, para pertenecer y para no pertenecer, llenarnos de entusiasmo o sublimar la tristeza, para abrir nuestros oídos y también para cerrarlos ante una realidad y sobrevivirla desde otra.

Es el poder de la voz, de la música humana, el grito de los presos políticos, las consignas de todas las marchas. Es el cuerpo que resuena con el movimiento de todos y la voz común se extiende en el tiempo y el espacio, inabarcable, conquistado, es el espacio de la libertad. Pues como dijera Marius Schneider, nada ni nadie se puede resistir al llamado de su propia voz cuando ésta parece provenir desde fuera de sí mismo, pues hasta los dioses descienden a la Tierra cuando algunas músicas parecen replicarlos.

Este momento que forma parte de todo gusto musical sugiere una búsqueda última detrás de cada canción o pieza instrumental y es fundamental para explicar el papel de la música como vehículo de la identidad que comparte y construye un grupo humano que se define como comunidad.

Es el éxtasis, de *ex* (fuera) y *stasis* (situación de estar parado); es decir, situarse fuera de sí mismo. Sentimos éxtasis si la voz del amante ausente nos canta, si la fe perdida, desde el blues, nos cura de querer morir, éxtasis, si una antigua desesperación por vivir libres de vergüenza nos grita con extrema emergencia desde el ritmo, desde el retumbe, el escándalo, el grito, el antro.

En estos momentos de éxtasis poco importa si las manifestaciones de nuestro deseo provienen de la más exquisita versión de *La tercera sinfonía* de Gorecky o de *Me estás oyendo inútil* de Paquita la del Barrio; a fin de cuentas, dentro de cada uno de nosotros conviven todos los arquetipos del engañoso drama que supone el gusto musical, como cuando se topan *Juguemos a cantar* con *Te amaré* de Silvio Rodríguez, que nunca imaginaron siquiera una simple amistad y mucho menos (¿por qué no?) una bonita relación.

Pero el espacio de libertad que genera la música puede crecer junto con la propia libertad individual. Por ejemplo, un coro espontáneo de hombres que canta *Ese hombre es mío* a todo pulmón en la pista de baile; en este caso, Paulina Rubio es una mujer que canta desde una expresión de deseo heterosexual, que no está dispuesta a compartir a su hombre con nadie, y el coro debe de hacer una traducción del mismo mensaje a su propio deseo no heterosexual. En cambio, cuando un intérprete (gay o no) canta *su propio deseo* desde su más profunda complejidad o en toda su franca simpleza, el espacio de libertad que conquista es mucho más grande.

Tenemos así una música que podría llamarse *gay por adopción*, la que nos regocija y mueve en los antros, la de mujeres que cantan *duro y contra de ellos,* para la cual ha sido fundamental el papel del travesti en tanto difusor de una cultura y una estética musical específicas, y una música *gay por autodeclaración* en el caso de los intérpretes que, independientemente de su propuesta musical, se declaren públicamente gays, junto con aquellos que además aborden, entre otros, el tema del amor no heterosexual.

La música gay por adopción

> Vuela más alto, más, vete más lejos ya,
> de un solo trago bébete el azul del cielo
> mucho más alto, más, mucho más lejos, ya,
> hasta encontrar el corazón del universo.
> OV7

La pista de baile es antigravitacional, la piel transparente y el retumbe del sistema de audio emula la voz omnipresente de un dios como órgano de iglesia, sólo que este dios nos dice lo que el órgano de la iglesia nunca nos diría (o al menos eso es lo que nos conviene pensar en el momento). Dios Sub Woffer nos dice lo que siempre habíamos querido escuchar: "Aterriza con tu rostro virgen en la calle de las sirenas, donde el amor puede estar en cualquier lugar, sobre la glorieta del metro Insurgentes podría estar tu foto, con esa nariz tan fina y el pelo rubio a la *glam punk*, por dentro y por fuera eres totalmente VIP".

¿Es el Pop el hijo pródigo gay del Rock? ¿Era contracultura Boy George con su Culture Club, Duran Duran, los Smiths? ¿Los alegres intérpretes de Village People? ¿O estaba más atrás el origen, en *Hair* con los *hippies* cantando loas a la sodomía y la felación?

Sigue el Dios Surround Stereo:

Éste es tu mundo, tú tienes el poder, tienes un gusto exquisito, un cuerpo joven y un futuro económico radiante. Paulina y Shakira triunfan en todos los idiomas, rubias como Britney y Cristina, como tus ídolos de Kabah, Belinda y Anahí. Eres pop mexicano, eres latino internacional, reina de corazones con alma rockera, ¿a quién le importa lo que tú hagas? Tú eres así y así seguirás, nunca cambiarás.

Hay un asunto de generaciones y un asunto de ámbitos sociales. Hay quien prefiere el ambiente del Cabaretito y oye a Moenia, a Paulina Rubio, a Jeans, a RBD y a Mónica Naranjo. Ha hablado y sentido el amor en términos de OV7, Kabah, Thalía, *No me extraña nada* con Sasha, *Las mil y una noches* con Flans y *Besos de ceniza* a coro con Timbiriche.

Hay quien amó al ritmo de las baladas de los ochenta: Camilo Sesto, Raphael y Mocedades, todos españoles, junto a la española más mexicana, Rocío Dúrcal, que basó su enorme éxito en las canciones de Juan Gabriel. El primer cantante popular que llenó el Palacio de Bellas Artes tiene un estatus prácticamente sagrado entre gays, bugas, adultos mayores y rockeros. Más allá de su coqueteo incesante con el público, sus hijos y su biografía prohibida, son las propias palabras del ídolo las que lo definen: "Lo que se ve, no se juzga".

Lupita D'Alessio, Marisela, Isabel Pantoja, Amanda Miguel, Lucha Villa, María Conchita Alonso, Estela Núñez, Yuri, Daniela Romo, Rocío Banquells y Dulce son sólo algunas de las intérpretes que definieron en sus canciones diferentes formas de amar que muchos hombres adoptaron y dedicaron a otros hombres.

Los mundos se mezclan, como los gustos, y en la misma lista de un reproductor de MP3 podemos encontrar a Lila Downs (*Tengo miedo de quererte*) y a Lhasa ("He venido al desierto pa' librarme de tu amor / que el desierto es más tierno y la espina besa mejor") con *Vente en mi boca* de las Ultrasónicas; los viejos éxitos de Alaska y Dinarama (*Un hombre de verdad*, *A quién le importa*, *Ni tú ni nadie* y *¿Cómo pudiste hacerme esto a mí?*), la cursilería de Miguel Bosé (*No hay ni un corazón que valga la pena, Sólo pienso en ti, Amante bandido*), el patetismo de los Smiths (*There's a Light that Never Goes Out*) y por supuesto *Mujer contra mujer* de Mecano.

Necesito un buen amor, porque ya no aguanto más

Hemos llorado la gota gorda, nos hemos hundido, nos hemos reído y hemos sobrevivido. El cabaret mezcla el amor con la ironía, para bien o para mal, para burlarse del dolor o llorar de a de veras. Liliana Felipe como una compositora e intérprete de los extremos del candor en la única e infinita noche, argentina de nacimiento pero más mexicana que el Zócalo y virtuosa del español mexicano, lo mismo aborda el tango que la cumbia, las rancheras y el danzón con la autenticidad que ya pocos han querido heredar de la música popular mexicana, y Jesusa Rodríguez también, como voz cantante de las dignidades extraviadas y de las que aún están por nacer también ha compuesto junto con Liliana, desde consignas políticas hasta los himnos de quienes no han estado incluidos (para algunos sordos de los ojos) en el himno nacional: El Himno a las Mujeres del Campo, El Himno a las Trabajadoras Sexuales y por supuesto muchas de las canciones adoptadas por la población gay masculina de esta urbe expandiendo enormemente el panorama musical de la ciudad y del país. Tito Vasconcelos homenajea a Nacha Guevara en su clásica interpretación de *Mi hombre* (que Nacha recordó en un concierto por la cercanía del Día Internacional de la Mujer), Las Reinas Chulas, Tareke Ortiz y Yurief Nieves componen nuevas canciones y toman el relevo con la Banda de las Recodas, Rivotrip, reivindicando al lesbianismo como forma de vida, al narcotráfico como plan de gobierno y al vicio como buena costumbre.

Y cuando el amor avasalla, cuando olvidamos lo que sabemos sobre codependencia y eso nos convierte en héroes sentimentales —o en guiñapos— sacamos la música de *Tacones lejanos* y *Mujeres al borde un ataque de nervios*, las viejas canciones de Bola de Nieve, de Lola Beltrán, de Luz Casals y Chavela Vargas, y entonamos *Te voy a enseñar a querer* con toda la prepotencia del enamorado, cantamos *Te amo* —la de Franco de Vita o la de Pablo Milanés—, según la bebida y el contexto.

Más femeninos que las mismas mujeres

> Tu muñeca, eso es,
> la que tienes arrastrándose a tus pies
> DULCE

Primero fue Marilyn Monroe susurrando su amistad por los diamantes, Tito Vasconcelos con la boca transformada en rubí. Travestis, vestidas, empapadas de androginia, estableciendo como logro máximo de la transformación el parecido sutil con una mujer. Es un trabajo del nivel de complejidad del Kabuki japonés, opina Tito Vasconcelos mientras cena en el Punto y Aparte, restaurante y cabaret de la zonaja. Pocos de nuestros travestis, agrega Tito, conocen el valor de su trabajo, en tanto estudiosos e hiperrealizadores de la feminidad, de una feminidad que imponemos los hombres, dicho sea de paso.

Raffaella Carrà y los ochenta siguen vivos y muy ágiles en *El ansia* y *el butter*. ¿Quién canta mejor, Lorena Herrera, Las Divas o Las Hermanas Vampiro? A veces la voz es prestada, a veces no. El maquillaje y los senos, la melena, las piernas, todos los rasgos exteriores de la feminidad de Amanda Miguel, de Thalía, de Paty Manterola, de Gloria Trevi, de Cindy Lauper. La voz es el sentimiento, la revelación: yo no soy esa mujer que no sale de casa y que pone a tus pies lo mejor de su alma, voy a traer el pelo suelto aunque después me tire a tus pies como una perra y te exija a gritos haz conmigo lo que quieras, reina, esclava o mujer, pero déjame volver, volver contigo…

Joyas de nuestro patrimonio en materia de inteligencia emocional. Mundos por crear

Antes el pop mexicano era naco, en cambio ahora ya venden los discos piratas de las recopilaciones del Cabaré-Tito afuera del metro Insurgentes y San Cosme, presume con justicia Tito Vasconcelos, empresario del exitoso consorcio de la Zona Rosa, esa zona bautizada así porque no era *ni blanca, ni roja*. Son nuevos tiempos, tiempos después de la liberación homosexual y el sida, quisiéramos creer, tiempos de música nueva, de tendencias que en México atraen a las últimas generaciones de jóvenes gay que en esta era de seducción a la carta se mezclan con otros sencillamente abiertos a todas las variantes de la sexualidad en un gusto común por la música, la danza y el reventón, dispuestos a asimilar modelos culturales comunes, cada vez más internacionales, provenientes de la cultura pop.

Tito piensa que, en general, la oferta musical en discos y clubes gay es muy poca, dado que la poca música mexicana que allí se presenta ni siquiera se produce en México, sino en países como España o Inglaterra. Hay un desierto en la producción y un gran desinterés en la industria por propuestas nuevas, aunque Sony se ha propuesto lanzar al mercado una productora que se dedicará a producir a músicos gay y lesbianas, lo que haría que la estética musical de este sector de la población esté directamente determinada por las necesidades del mercado. Así, en realidad apenas está por escribirse la historia de los grupos y cantantes que interpreten desde la voz de otro deseo.

Música gay por autodeclaración

La distinción entre música "clásica" y "de las otras" es arbitraria y tal vez inútil, pues finalmente hablamos de la historia de los intérpretes y su papel políticamente activo —o no—, más que del proceso creativo y los géneros. La historia de la música mexicana "gay" contemporánea es una historia marcada por la discontinuidad, por voces aisladas que se contradicen, por autores homosexuales que consideran o no relevante su orientación sexual a la hora de componer. Así se conformaron las posturas al respecto en los años setenta al interior de la comunidad de compositores de música clásica y demás creadores gay mexicanos, en la efervescencia política del movimiento de liberación gay. Hubo creadores que formaron parte del mismo grupo de trabajo pero cuya postura ideológica los alejó del activismo.

La postura fundamental es la tradicional que disocia la experiencia individual del deseo y la experiencia universal del arte, la postura que indica que la música, como el arte en general, está separada de la vida íntima de sus creadores y desde luego de su identidad sexual. El modelo de gran compositor académico definido como un genio abstraído de su cuerpo y de la realidad común continúa legitimándose como sinónimo de superioridad espiritual-artística a los ojos de una buena parte de la academia. ¿Pero, existe de verdad otra postura al respecto? De ser así, la definición de "música gay" está necesariamente ligada al movimiento de liberación gay y los grupos artísticos, intérpretes y creadores que consideraron que su proceso creativo determinaba y estaba determinado por su salida del clóset.

El llamado del viento dulce

En el teatro del Palacio de Bellas Artes, el flautista más aclamado de México se presenta para celebrar 25 años de exitosa carrera.

Es el gran intérprete contemporáneo de Bach, que en ese nombre (arroyo) evoca una corriente, una estirpe entera de compositores con el mismo apellido que recorre siglos de música antes y después de Johann Sebastian. El flautista que es también el director sale a escena vestido de manera sobria con el uniforme negro de los músicos y la música resuena opaca y desafinada. Pero un instante después, Horacio Franco se despoja del frac y muestra un traje plateado ceñido a su cuerpo rebosante de músculos. Y comienza la música. Una música fuerte, nerviosa, juguetona, como su intérprete. La música no tiene sexo, pero el músico sí...

La música —piensa Horacio— tiene un enorme poder para impulsar profundos cambios sociales si se tiene la voluntad de hacerlo, está en nuestro ser desde que nacemos, nos acompaña a lo largo de toda nuestra existencia y lo hace a través de nuestros canales más sutiles: las emociones, las sensaciones, el cuerpo. Es un medio a través del cual la gente puede aprender a ser un mejor ser humano tenga la preferencia sexual que tenga.

Es posible, como afirma Horacio, que no exista una música cuya configuración estructural corresponda a una sensibilidad gay, dado que se conforma de elementos que no tienen una preferencia sexual. Pero tal vez hay más, tal vez el espacio de libertad alcanzado por una conciencia más grande es más grande. De allí la importancia de salir del clóset frente a un medio todavía muy restrictivo y prejuicioso.

> No es que me sienta marginado, pero hay mucha gente del medio a la que no le gusta que yo me declare abiertamente gay, ¿no?, como si fuera algo superfluo por el qué dirán; se sabe, pero no se dice, ése es el problema, no tocar el tema, no mencionar lo que por sabido se calla [...] Sobre todo creo que las mujeres han luchado más por reivindicar la homosexualidad que los hombres, tienen mucho más miedo los hombres, yo he trabajado mucho por la causa gay y no diría que la música que interpreto lo sea pero sí me pongo como un gay que trata de educar a la sociedad para que sea más abierta, y en este sentido creo

que nos falta mucho por hacer... tan es así que... yo he sido casi el único hombre [...] Hay muchos nombres de compositores que han sido probados gays y pues yo no soy quién para sacarlos del clóset, los conozco, son amigos, pero podrían reprochármelo. Está el ejemplo de José Antonio Alcaraz, que fue papá de todos los críticos y de todos los diletantes de la música de los sesenta y setenta y que tuvo la valentía de salir del clóset desde los cincuenta, por lo que fue corrido del conservatorio; hay muchos directores que son gays pero el problema es que no se atreven a salir del clóset. Los jóvenes han salido mucho más que los de mi generación o de generaciones pasadas, sigue siendo un tremendo estigma. Hasta ahora comienza a haber intérpretes masculinos que se declaren gays, por ejemplo, en las marchas o los conciertos del 14 de febrero, aunque siempre, claro está, hemos contado con la presencia de Tito Vasconcelos, que es un actor que hace música.

Si los intérpretes de música popular salieran del clóset, lejos de acabárseles la audiencia, tendrían más admiración y respeto.

Como el flautista de Hamelin, Horacio cree en el poder de la música para influir sobre la sociedad: "Tengo muchísima esperanza en la sociedad civil, la sociedad mexicana es una sociedad abierta y a la que no se le ha dado chance de expresar lo que siente".

Humberto Álvarez: cuando la represión provenía desde afuera de la población homosexual

Los años setenta fueron también el tiempo, el momento crucial de creadores como Humberto Álvarez, compositor ecléctico que juega hoy con los sonidos de la tormenta y la montaña para expandirse hacia la dimensión espiritual de la música, pero que surgió de la experimentación con diversas formas musicales: en la música popular ha hecho canciones como el *Corrido del chichifo* y la *Cumbia para mi novio*; ha sido pionero de la escena del rock progresivo en México y compositor y músico para teatro, como en la puesta en escena de *Maricosas*. Humberto fue miembro fundador del grupo

Música y Contracultura (MCC), una iniciativa de jóvenes que tenían un concepto diverso de lo que era hacer la música o la cultura en general, un movimiento que se nutrió de la generación Beat:

> La contracultura se dio como un movimiento de cambio social en el que por primera vez se tomaba en cuenta la sexualidad como parte de la política, surge una primera generación que consideraba que esto debía cambiar, todos nos revindicábamos como homosexuales o bien como luchadores sociales, inconformes con lo establecido, y el hecho de que los homosexuales salieran a la calle tenía que ver con que estaban politizados, hombres y mujeres con una preparación política e intelectual que provenía de su militancia en partidos de izquierda o de carácter contestatario.

Uno de los logros del movimiento de liberación homosexual fue el haber puesto en la mesa de discusión política el tema de la sexualidad en una sociedad como la mexicana tan metida en el catolicismo y las viejas costumbres. El haber expuesto estos temas en todos los medios de comunicación logró hacer que mucha gente se cuestionara por primera vez su propia sexualidad, como la anorgasmia de tantas mujeres, la angustia del macho o bien la homosexualidad, todos temas que no se trataban en la mesa en las familias y mucho menos en la calle. Se puso en evidencia que nuestra sociedad contiene un gran resentimiento sexual y que el sexo es una vía de liberación del espíritu y de los atavismos y las limitaciones de las relaciones entre la gente independientemente de su tendencia sexual y se comenzó a cuestionar la miseria afectiva, erótica y sexual en que vive nuestra sociedad todavía.

Este nuevo interés en la sexualidad como motor de cambio social se vivía, por supuesto, desde una dimensión personal, íntima, una revolución propia:

> A mí, en lo personal, nunca me ha dado la sociedad una alternativa para vivir mi homosexualidad o mi forma de pensar que es diferente. Entonces el

término contracultura me pareció adecuado para mi proyecto artístico y de vida, y la creación del grupo Música y Contracultura surgió con la finalidad de hablar de todos estos temas, la otra cara de la moneda de la cultura vista por la mayoría como algo generado por ciudadanos de segunda o tercera clase. Esto fue en tiempos en los que yo también salía del clóset y por eso me pareció que, si bien eso era algo muy personal y difícil, era digno de formar parte de la temática contracultural [...] Fue una de las experiencias más maravillosas de mi vida, yo provengo de una familia de músicos y crecí en el ámbito de su producción y difusión, así que fue importante el hecho de haberme dado la oportunidad de hablar de mi condición homosexual en público, de mis amores con otros hombres, de que en un momento dado mi pareja formara parte de este trabajo. Yo militaba en aquel entonces en el grupo Lambda de liberación homosexual, que como sabemos fue uno de los tres grupos que desde el 79 y durante la década de los ochenta crearon el movimiento de liberación homosexual, que es de donde surgen las marchas. La presencia de MCC abarcó diversos foros, por ejemplo el Foro Isabelino, que era el teatro de Cleta en Sullivan. También tratábamos de ser consecuentes con nuestra ideología llevando nuestra música a las zonas más marginadas de la ciudad, como Santa Fe —donde antes había muchos basureros y donde se concentraban bandas como los famosos Panchitos— y los parques públicos. Apoyábamos diversos movimientos, por ejemplo, la primera tocada de MCC fue en el CCH Naucalpan porque los alumnos y muchos de los maestros que formaban parte del movimiento estudiantil estaban de acuerdo con lo que nosotros estábamos diciendo; la siguiente fue en el teatro Ho Chi Min de la UNAM un 8 de marzo, que es el Día Internacional de la Mujer. La música de MCC era una fusión de jazz con canto nuevo, etcétera, en suma, las influencias que cada uno traía. MCC cerró su ciclo en 1984, cuando salió Perico del grupo, pero la aparición del sida y las nuevas preocupaciones que de esto derivaron fueron las que verdaderamente causaron la disolución del movimiento.

Humberto afirma que la contracultura sigue vigente en tanto que abarca cualquier forma alternativa de vivir, abarca todo aquello que no le haga el juego a los cánones actuales. Está en los espacios

donde se cuestione qué clase de cultura se quiere producir, pues la contracultura no está en contra de la cultura, sino que es una contraparte a lo que está establecido. Niños, ancianos, borrachos, punks, mujeres feministas: a la sociedad de consumo no le importa hablar de edades y estados no productivos, aunque, de hecho, dos grandes mercados están formados por los niños y adolescentes, y la sexualidad sea parte principal de las estrategias de acercamiento de la mercadotecnia, Humberto conserva la esperanza de que

> las cosas van a cambiar, van a evolucionar a pesar de lo que los medios de comunicación y el *marketing* han tratado de establecer como prototipos de lo que significa ser homosexual o lesbiana. Hay que hacer que nuestra presencia en las calles no sea cosa de un día al año sino nuestra vida cotidiana y no a manera de un carnaval de ilusiones.

El Cabaré-Tito es a la Zona Rosa lo que el Vaticano a Roma: Tito Vasconcelos

Tito Vasconcelos, leyenda encarnada y trabajadora del cabaret mexicano, activista, cada vez mejor cantante y músico por placer, estuvo también presente en la creación de las nuevas formas de arte y de vida que incluían como componente básico a la sexualidad. La memoria de Tito deambula y recorre su paso por mundos que se tocan sin asombro, de la música contemporánea al reventón del Cabaré-Tito, de sus recuerdos de José Antonio Alcaraz a su trabajo como creador de tendencias y productor musical. Fue secretario particular de José Antonio Alcaraz durante casi toda la década de los setenta y principios de los ochenta, "nos peleamos y luego nos recuperamos diez años después". Una mítica pelea en el estreno de la puesta en escena de la obra *Y sin embargo se mueven*:

> José Antonio nos provocó para hacer cosas; a mí, por ejemplo, fue él quien me obligo a escribir y a cantar cuando yo creía que no estaba hecho para

eso, así que hasta el arpa toqué; con Manuel Enríquez y Mario Lavista en el Teatro del Fuego Nuevo de la UAM Iztapalapa, cuando Nacho Toscano era jefe de difusión cultural de la UAM. Tuve una etapa de trabajo arduo en el mundo de la música contemporánea, tuvimos un laboratorio de teatro vocal, con repertorio de George Crumb, Luciano Berio y Cathy Berberian, y yo interpretaba obras de canto contemporáneo, esto a finales de los setenta, principios de los ochenta. La cantata *Yo celestina puta vieja*, tenía música de José Antonio Alcaraz, y yo tocaba el arpa, en el concepto alcaraciano de que todo ruido controlado es música. Con ese grupo realizamos otro evento musical en la sala Benjamín Franklin, también con José Antonio Alcaraz, con textos de Whitman, cuando en la embajada americana había un mayor auge e interés en la cultura mexicana. La Casa del Lago nos albergó con este grupo, hicimos muchas cosas de orden multidisciplinario. Estaban en él Marta Zabaleta, Carlos Téllez —que después fue un gran productor de telenovelas como *Cuna de lobos* y *Gabriel y Gabriela*—, Gustavo Torres Cuesta, director de teatro, contemporáneo de Carlos Téllez en la universidad. Fue una de nuestras primeras víctimas de VIH, una gran pérdida para el teatro gay, porque pues éramos de los pocos fuera del clóset, Gustavo fue parte del elenco de *Y sin embargo se mueve(n)*. La aparición del VIH truncó procesos de creación de cultura como éste y/o Música y Contracultura con la muerte del cantante del grupo Mario Rivas. ¡Qué cantante! Otra hubiera sido la historia musical de México si él hubiera sobrevivido. Son trabajos indispensables que hasta la fecha no se reanudan. Humberto Álvarez hizo la música para *Maricosas*. "Yo quiero componer mis letras y me pondré a escribirlas así" [recuerda Tito que dijo Humberto].

Como empresario y ahora productor musical, Tito ha sido también testigo, partícipe y creador de nuevas propuestas musicales, como Proyecto G, que es un grupo de jóvenes cantantes abiertamente gay que están preparándose para promover la prevención del VIH a través de la expresión del amor homosexual. Tito produce versiones de temas ya existentes como *Un hombre de verdad*, *Amante bandido* y también otras piezas originales del joven compositor Mitre, quien es ya muy popular entre las nuevas generaciones del ambiente gay de la ciudad:

> Pop porque éste es nuestro mercado, ahora en la industria hay que ser músico y productor; quien quiera que se le produzca un disco tiene que audicionar y ser evaluado con altísimos estándares de producción, cosa que para quien no tiene el dinero que implica el montar aunque sea un pequeño estudio, pues es imposible... La inversión de las compañías disqueras importantes en la producción de intérpretes y músicos gay es algo muy positivo pero que seguramente se tendrá que ceñir a los criterios comerciales globales, pues quién sabe qué tanto chance haya realmente de que la producción musical que no sea necesariamente como la comercial tenga algún futuro en nuestro país. La estética y el gusto dependen del riesgo de un capital o de una inversión.

Finalmente Tito, el nombre detrás del grupo de centros de esparcimiento nocturno que comparten su nombre, Cabaré-Tito, destaca también el papel de la danza en las discotecas y los bares en la creación de nuestro gusto musical:

> En contra de lo que mucha gente cree, la música *techno* ha elaborado nuevas formas de contacto erótico entre la gente, ahora la exaltación del cuerpo y su sensualidad es mucho mayor, o más evidente, que en otras formas de baile. Es la exhibición creada por la desacralización; por el hecho de que el antro gay sea aún hoy un tabú.
>
> Las coreografías que siempre se pueden observar en los Cabaré-Titos son una mezcla de las coreografías que algunos artistas montan en sus videoclips con pasos y figuras propios, ¿el secreto de tan perfecta degrafilación y sincronía? Los bailarines se reúnen y ensayan por las tardes.
>
> ¡Bailemos felices! Hemos escapado de la dictadura del heterosexismo musical, pero... ¿y de la de Raúl Velasco?

Nuevas nociones de valor

(Lo que sigue es una entrevista con Carlos Celis, creador y director de Dinero Rosa Records, disquera independiente.)

La diversidad peligra ante la homogeneización global, no así la diversidad como marca registrada, aunque sus enemigos (pero proveedores de ideas): la vulgaridad y la experimentación no complaciente, sean el placer culpable de tantos. Dinero Rosa Records es, en definición de su fundador, auténticamente *underground*:

> Dinero Rosa es una disquera independiente que editó su primer disco gracias al apoyo del Cuarto Festival de la Diversidad Sexual de la Ciudad de México, coordinado por Salvador Irys y Fernando Osorno. Es una disquera gay, publica a músicos gay (o *gay friendly*), toca temáticas gay y no es difundida en ningún programa o estación gay. La aceleradísima evolución de las tecnologías de difusión y almacenamiento cibernético de la música, así como la enorme simplificación de los procesos de obtención de músicas de todo el mundo a través de internet y el incesante bombardeo publicitario de una estética *musical* cada vez más *visual* a través de videoclips, comerciales, telenovelas y series televisivas de fama mundial, son megamecanismos generadores de gustos y necesidades musicales ante los cuales el hombre moderno tiene que hacer grandes esfuerzos para no ver asaltado su derecho a la opción.

De la revolución a la resistencia y de la resistencia a la desobediencia estética

La contracultura o la lucha por la libertad estética pareciera haberse mudado a otro lado lejos de la lucha homosexual. El conservadurismo y las conductas marca registrada cunden entre la población gay o no gay. Dinero Rosa Records apunta:

Siempre hemos buscado nuestro propio lugar, ser independientes, y esto es ahora la médula de nuestro proyecto. Hay quien dice: "Órale, están haciendo lo mismo que Madonna", refiriéndose a que hacemos *High Energy* y discos de *mezcla continua* como concepto. Pero el hecho es que la misma Madonna es el resultado de la fórmula secreta que consiste en apropiarse del *underground* mundial y darle un formato pop. Por eso se actualiza, porque se alimenta de él. Hay quien considera esto un plagio y hay quien no lo ve así pero la dinámica es ésa.

Buscamos estar empapados de lo que está sucediendo en el mundo del arte contemporáneo, Dinero Rosa es sensible a eso. Ahora estamos en pausa para poder generar nuestra primera edición a la venta (antes todas nuestras ediciones eran de distribución gratuita), queremos convertirnos en productores independientes.

En la dictadura de Raúl Velasco nada ni nadie era gay, ni el ballet de Milton Gio.

En Dinero Rosa creemos que eso era lo que subyacía tras la supuesta universalidad del arte de quien no tuvo de otra. Así que es por eso, y no por encasillarnos, que en Dinero Rosa decimos: "Ésta sí es música gay y se chingan". Gay como tantos artistas a los que nunca se les dio el reconocimiento por crear corrientes musicales enteras como el *electro* ahora tan popular en el mundo *pop buga* por llamarlo de algún modo. Por eso nosotros sí hablamos de vergas y güevos y de coger en nuestras producciones, porque no somos niños, y cada vez hacemos cosas de mayor tono. La vulgaridad es un valor estético que se puede ordenar de maneras muy inteligentes y de otras maneras simplemente vulgares, como cualquier programa del Canal 2. La discografía de Dinero Rosa Records consta hasta ahora con los títulos *Placeres Culpables*, *Unisex*, *Poseso*, *Vestida para mutar*, *Ghola de Tobi Temple* y *Música para celebrar la vida*. Los artistas mexicanos y abiertamente gay que crean para esta disquera son Walter Schmidt, Martin Parra, DJ Chrysler, Tobi Temple, Illy Keller, Alejandra Bogue (como MC, invitada especial), Byron, Doménico Cappello (videoartista) y Cobra (Benito Aguilar).

Tirarirarirarirarirarán... tan tán

La música es a menudo definida como el sonido de un diálogo, una pregunta y una respuesta, o bien una respuesta y varias preguntas; por ejemplo: el ejercicio de nuestro gusto musical proviene de un anhelo de libertad en la expresión de nuestro deseo; ¿es esto suficiente para conquistarla?, ¿afuera de qué noción de *nosotros* debemos pararnos ahora para experimentar éxtasis nuevamente?, ¿qué cantarán los oídos de quienes escuchen en el futuro, el eco arrastrado por el viento, de nuestras modernas esclavitudes actuales?

"Un grito aquí en la sangre..."
Reflexiones sobre la obra de Gabriel Ruiz

PÁVEL GRANADOS

> Usted es como un grito que llevo aquí en la sangre...
>
> GABRIEL RUIZ

Ya que el discurso gay se inició como un discurso en clave, sólo es posible hablar de su concepción de manera especulativa. Sin tocar su forma, puesto que está concebido de tal manera que si se pretende abrir el secreto para saber qué esconde, se disipa al contacto con el aire. Y hablo sólo de un periodo sumamente restringido, ya que siglos enteros de encuentros homosexuales se esfumaron sin dejar rastro, o sí, dejaron rastro, afortunadamente, en los documentos de la Inquisición, la cual tenía métodos más efectivos para conocer la intimidad de los que me permite la crítica literaria. Pero si la vivencia gay existe es porque sobrevivió en los discursos amorosos convencionales y supo nutrirse de ellos para crear una forma expresiva nueva, hasta que sintió la necesidad de mostrarse en un medio en el que la censura se relajó, o se distrajo, creo que más bien: se exhibió porque decidió castigar un crimen sobre el que no había ejercido acción penal ostensible antes y llevó presos a 41 homosexuales detenidos durante un baile del porfiriato. ¿Los castigó porque los buscó para castigar o es que ellos se mostraron ante ella como un desafío? Como, a su vez, fueron mostrados por la prensa, ganaron el derecho de existir; pero eso no me ocupa, pues el discurso con que se decidió arropar al "joto" fue decidido por una élite patriarcal que se vio obligada a darle un espacio (marginal, es cierto) para que existiera y se le dotó de un ser con el que se debió de conformar, y se le despojó del lenguaje para que no construyera su ser, y si tomó la palabra fue para conformarse y arrepentirse de su existencia y de ejercer una sexualidad infértil pues el capital se alarma si no hay hijos que lo reproduzcan y por ello se siente protegido en el nido familiar y lo llama "la base de la sociedad". Sin embargo, existir no da por ese hecho ningún derecho a hablar, es por ello que tomar la palabra para poder decir lo que se quiere no le parece bien a la censura, y mueve la cabeza de un lado a otro, desaprobando. Nadie querrá hablar si se le reserva el lugar del joto, y el joto es una caricatura despreciable, así es que se debe ascender al nivel del hombre neutro, "de la humanidad", para poder decir algo y ser escuchado. Por ello, se toma la decisión de encarnar el amor homosexual en "dos seres que se aman", algo que nadie reprocharía puesto que sólo pueden amarse los sexos contrarios. Afortunadamente, la censura sólo ve lo más concreto y cualquier símbolo es posible siempre y cuando no tenga repercusiones en lo inmediato. Por eso la censura baila al ritmo de los boleros asexuados y les permite su existencia, ya que no concibe otro tipo de relación ni los supone vehículos de nada más allá que del amor burgués. Si dos hombres se dan cita dentro de un discurso amoroso (sitiados por la censura), deben procurar que sólo los elementos neutros se asomen al fenómeno. No ignoro que sólo hablo por el discurso masculino, ya que la experiencia de las mujeres no me corresponde (y debe ser enunciado por ellas).

Por todo lo anterior, se entiende que el sentimiento gay debió de recurrir a formas de expresión ya establecidas. Y aunque ya antes existían compositores homosexuales de tema amoroso, ni siquiera se insinuaba la posibilidad de crear un ambiente propicio para el amor homosexual. Jorge del Moral organizaba veladas masculinas en su casa con cantantes de su tiempo (Néstor Mesta Chayres, Paco Santillana, etcétera) y llevaba una vida más o menos abierta. Su canción *No niegues que me quisiste* está dedicada a una de sus parejas, pero no admite ninguna suspicacia: "Solo me encuentro ahora, solo con mi dolor. Niégame que tu cariño ha sido una infame traición... Si enferma de amor te encuentras alguna vez y sufres lo que yo sufro por el querer, espera que si amor diste amor te den; no niegues que me quisiste y yo también". Emilio de Nicolás —famoso por dos canciones, *Musmé* y *Llanto de flor*, tampoco expresó nada de su vivencia personal—, murió asesinado en su estudio de la calle de la Santa Veracruz por uno de sus amantes ocasionales. No puede decirse que Gabriel Ruiz (1908-1999) asuma ninguna postura ante el sentimiento gay, pero tal vez sea la puerta, o el umbral, o sí: más bien la puerta que se abrió ante aquel que quisiera entrar. No asumió su situación, ni siquiera escribió las letras de sus canciones, siempre las encargó: a Elías Nandino, a José Antonio Zorrilla Martínez, a Xavier Villaurrutia, a Salvador Novo, a Gabriel Luna de la Fuente, a Ricardo López Méndez (y ni siquiera ellos confesaron nada). Pero si en algún punto hay que situar el inicio de ese discurso que necesita de una clave para entenderse con quienes se entienden entre sí sin necesidad de palabras, es necesario referirse a la obra de Gabriel Ruiz. ¿Encargaba a sus letristas el contenido que necesitaba expresar? ¿O de dónde proviene la consistencia temática que recorre su producción? Existe en sus canciones una serie de temas —el secreto, la despedida, la desesperación, la noche, el sueño como escondite de los amantes, una especial tinta invisible en los mensajes del corazón— y una omisión: la mujer. La mujer toma la forma de un vacío sobre el cual se construye una manera de transmitir el deseo y el amor:

> Nadie ha sabido que yo he sentido tu corazón palpitar, que te he soñado, que te he besado y que te he visto llorar. Nadie sabe que en mis besos están los tuyos, nadie sabe que en tus labios están los míos. Amor secreto que es como un reto que hacemos al corazón; dulce agonía de cada día, tú, mi desesperación [*Reto*, 1935].

En donde la capacidad de esconder el amor es probablemente más importante que el amor mismo, a causa de que la creación de un espacio de encuentro con el *otro* es fundamental, antes incluso de depositar un destinatario preciso. Y aquí lo fundamental es volver difuso el destinatario del amor, precisamente porque el discurso amoroso se amplía para que quepan en él los amores permitidos y los secretos, pero de tal forma que sea imperceptible la diferencia. Por las características que comparte el secreto con el sueño, este último espacio mental es un complemento necesario; y ya que la censura es tanta, el amante se refugia en sí mismo para consumar una relación que puede ser ignorada por el mismo objeto del amor:

> Es inútil que busquen mis labios tus labios de fuego, es inútil que extienda la mano con loca pasión, pues no encuentro palabras ardientes que expresen mi ruego ni habrá fuego que funda la nieve de tu corazón. He soñado esta noche temblando que yo era tu dueño, he besado con fiebre tu boca sedienta de amor. Pero todo era un sueño fingido, mentira de un sueño. Y despierto en la vida no encuentro sino mi dolor [*Es inútil*, 1943].

Pero no es el amor lo fugitivo, me imagino, sino el instante el que se va pues finalmente el amor es intercambiable y siempre presente con varios nombres, una emoción embriagadora que termina por desembocar en la nada; tal vez por eso la insistencia en comparar ese amor con la fugacidad:

> Los romances en mi vida son así: mar de besos y sonrisas, ansiedad. Y al dejarme, quedo solo y canto así [*Un día soñé*, 1935].

Aún existen más elementos en la obra de Gabriel Ruiz: la idea de que el amor sólo se produce en la noche mientras el mundo duerme y la censura se relaja, un contexto en donde la escenografía sentimental es cómplice del amor:

> La luna es una flor que incita a amar [*La noche y el amor*, 1943].

Y una soledad absoluta. Sólo hasta entonces aparecerá el nombre del ser amado, cuando no exista nadie para escucharlo:

> Qué lindo nombre tu nombre, para decirlo muy quedo, en la quietud de la noche y confesar que te quiero [*Tu nombre*, 1943].

Un nombre se pronuncia a la mitad de la soledad, no hay nadie para escucharlo: ¿existe ese nombre? Y finalmente, una utopía:

> Me puse a esperar, a esperar el milagro de ver que se junten los sueños con la realidad [*La noche es nuestra*, 1943].

Dos seres sin nombre se aman en la noche, todo a su alrededor se vuelve un símbolo del amor. Su única posesión es el instante y toda su experiencia la depositan en él, ya que el instante los salvará pues al volver a la vida "real" —es decir: homofóbica— sólo podrán recurrir al recuerdo del amor y del sueño. Y pervivirá. Lo hará en sueños rancios.

> Qué lejos ha quedado aquella cita que nos juntara por primera vez. Parece una violeta ya marchita en el libro de recuerdos del ayer [*La cita*, 1943].

Es cierto que el amor en sueños se da en completa soledad, pero tiene la ventaja de que no hay nadie más ejerciendo la censura. Y esto ocurre varios años antes de que Carlos Pellicer publique *Recinto* (1941), con el mismo cuidado de no pronunciar el nombre del amor:

> Un soneto de amor que nunca diga / de quién y cómo y cuándo… ["Fin del nombre amado"].

No puedo ir mucho más allá, los fantasmas que persigo se desvanecen; sé que existe una experiencia amorosa que eligió salvarse a sí misma a cambio de no existir para nosotros. Se encuentra del otro lado del lenguaje, protegida.

Claro que todo este discurso contenido en estos boleros puede decir todo lo contrario. Y eso es justamente el secreto de su efectividad.

Juan Gabriel: háblame de mí

Pável Granados

Ciertamente, Juan Gabriel no usa metáforas, ni imágenes. Sí, por ahí hay una, en *Querida*, cuando dice: "Yo quiero ver de nuevo luz / en toda mi casa". No es una luz real, sino metafórica. Pero fuera de eso, casi nada. Todas sus canciones están hechas de palabras comunes, frases de la conversación. Si se leen en voz alta, básicamente pierden toda efectividad. Pero nadie, con seriedad, propondría que la canción (como fenómeno, en general) tenga su gran valor en las palabras. Son discursos que si quieren caminar con vida propia, se desploman. Por más bellas que sean esas palabras, tienen la mitad de la vida si se conocen sin música. La canción puede usar, y muchas veces usa, recursos poéticos además de los métricos (si es que le conviene). El caso de la ópera es elocuente, porque ese género, por muy grandes argumentistas que tenga, en general no se toma en cuenta dentro de la historia de la poesía. Aunque quizá nos perdamos grandes momentos al no hacerlo. Me gustaría que eso fuera obvio, pero desafortunadamente no lo es. Los que tenemos entre las manos es un cancionero y lo disfrutamos, no es para apreciar la letra en su pureza, sino para traer siempre la melodía, para acompañar mentalmente la lectura. Por lo general, las canciones las aprendemos sin gran conciencia de lo que dicen. Se nos revela a momentos el sentido general. De pronto: una intuición. Algo dice más, un verso que vale la pena a la mitad del disco. La Gran Ideología de la canción mexicana, ésa no asoma rápidamente. No se le puede enunciar sumariamente. José Alfredo Jiménez no es sólo el elogio del alcohol, y sería mentira que la reivindicación del machismo lo constituye por completo. Glosarlo nos revelaría matices, gradaciones, recursos dramáticos. Agustín Lara estableció una comunicación más compleja con la poesía (por ejemplo, su canción *Cabellera negra* está construida sobre un poema del ateneísta Manuel de la Parra), adjetivaciones a veces sorprendentes, guiños. Juan José Arreola escribió algunas comprensivas páginas para comentar esto. Por ejemplo, habla de aquel verso en que Lara se refiere al cisne como una "pálida flor del mal". Sin embargo, el diálogo de la canción popular con la poesía "culta" no ha sido la constante, aunque otros compositores lo hayan intentado. Tradicionalmente, los compositores desde la época de la radio se han apropiado de alguna característica: Lara, la mujer; Curiel, la tristeza; Arcaraz, las palabras símbolo (el espejo, el rímel, las telarañas); José Sabre Marroquín, el mar; Gabriel Ruiz, la noche, etcétera. Pero de nuevo: la letra es algo menos que lo central, pero más que algo accesorio. Cuando *Monís* (José Antonio Zorrilla Martínez) escribió la letra de *Usted*, para Gabriel Ruiz, incluyó un momento que me parece digno de algún verso de los Contemporáneos: "Un grito que llevo aquí en la sangre". Pero así como la poesía no la leería sin contexto (para no estar ciego desde ningún punto de vista), lo mismo haría con el fenómeno de la canción. La leería como una letra, una melodía, una interpretación, un acompañamiento, una ejecución, un arreglo musical, un medio de transmisión y un *performance*. Desde los años cuarenta, en tiempos de la Guerra Mundial, hubo una tendencia a "despoetizar" el bolero, así que los compositores usaban frases de todos los días: "Qué tal te fue, dime cómo has estado, / cuéntame si has llorado también por un amor". Esto implica, como se ve, que cada canción es una pequeña historia de impreciso final. Durante mucho tiempo, el bolero fue el género central del sentimiento radiofónico, aunque no hay que olvidar los tangos, los foxtrots, ni la canción ranchera. Pero a mediados de los sesenta, la balada comenzó a ganar el terreno de la canción sentimental. La balada es el rock lento, por lo que tenía una tradición distinta, aun cuando algunos intérpretes como Olga Guillot tenían similitud con el estilo estadounidense. Algunos compositores que comenzaron con el bolero fueron cambiando su repertorio para acercarse a la balada. Uno de ellos es Armando Manzanero. Juan Gabriel, sin embargo, siguió por más tiempo en el bolero (*Amor eterno* está compuesto en este ritmo), aunque compuso canciones rancheras, baladas, country... Tiene un huapango algo heterodoxo, *Me nace del corazón*. Y Juan Gabriel no vuela por el mundo metafórico, camina más bien, y se siente mejor entre las cosas concretas. Dos amantes se encuentran en una canción. Este encuentro será breve, lo mejor es vivirlo con intensidad. De algún modo el amante sabe que el amado (o amada) se tendrá que ir a seguir el camino de las convenciones. Ganará la familia, los padres, pero antes, aunque sea, nos veremos a escondidas. Hay que aprovechar el tiempo, qué necesidad de sufrir, juntos o separados. Es la historia encriptada en la canción *Qué necesidad*. Pero ahora me queda una duda: ¿debe de leerse en clave gay o no? Si tiene que ver con una pareja heterosexual, lo más probable es que se trate de un mal partido que ve a su novia como una mujer que se someterá a los designios de una familia. Pero tratándose de dos hombres (parece probable, pues siempre dice: "Yo *le* quiero ver feliz"), entonces quien tiene la voz está seduciendo a un joven que tarde o temprano se arrepentirá de esta relación, y terminará por obedecer las convenciones familiares. Con este amor le hago más bien que mal: "Más que un daño le hago un bien", le dice, pero pensando que todo terminará. Sin embargo, pienso que ambas interpretaciones le quedan a la letra. Quizá la primera de ellas le queda una o dos tallas chica, pero no importa, el mensaje es el mismo, el del deseo de la libertad para el ser amado. ¿Pero debo de tomar una postura? Pienso que no. Tampoco el autor. Pues se ha discutido si Juan Gabriel apoyó o no el amor gay. Siento que hay en la ambigüedad que presenta esta letra una respuesta: si el amor gay fuera su bandera sería excluyente de otro tipo de amor, y el mensaje de su música es el del amor abstracto, el del amor que sirve como espejo para quien sea, pero en el que no deja de reflejarse la pasión homosexual. De hecho, se refleja mejor, se acomoda más a su caso, pero no por eso deja fuera otro tipo de amor. Hay otro aspecto, el de la condición del amante. Se ve aquí que hay un impedimento para que sea aceptado por la familia. Tal vez sea porque la familia no acepta un amor entre hombres. Pero aunque aquí no lo diga, hay una constante en las canciones de Juan Gabriel tan presente que no importa que aquí no lo diga: no tiene dinero en casi ninguna de sus composiciones. Aquí, el dinero es el que lo vence todo, más que el amor. De hecho el amor es muchas veces un impedimento, algo que es difícil de lograr si no está el dinero de por medio. (Justo, en *No tengo dinero*, a pesar de que está por casarse, no se siente amado por su pobreza.) El amor es una mercancía en muchos de sus versos. Ya antes se había hablado del amor como algo que se compra y se vende, en el bolero y en la canción ranchera, lo que quiere decir que la canción amorosa no siempre postula al amor como la cúspide, la fuerza que lo vence todo. "Te vendes, quién pudiera comprarte", había escrito Agustín Lara. "No tengo dinero ni nada que dar", es la réplica de Juan Gabriel. Si estos significados se pierden de pronto es porque aquí lo importante es la musicalidad, la variedad de melodías es inmensa y van desde la polka que canta con mariachi (al que incorpora el acordeón, no sé si por primera vez) hasta el soul (como se puede escuchar en sus discos de dúos. Lo suyo fue, musicalmente, la fusión más extrema. El bolero con mariachi era ya común desde los cincuenta. Pero presiento que aquí sirve como apoyo de otro discurso: el joven que habla por las canciones de Juan Gabriel es un desamparado, un trashumante, toma un camión y llega a otro destino, aun cuando el destino no se pueda cambiar. Es música para los migrantes de manera natural, porque su autor estuvo en un orfanatorio, lejos de su tierra natal, luego viajó a México, tuvo casas en muchos lados. (Con el añadido de que la música de Juan Gabriel es la anunciadora cultural de la frontera.) Ya no sé si hemos perdido esa angustia de la partida de la persona amada o si es una pena que nos ha quitado la globalización, lo más parecido puede ser cuando el amado cierra su cuenta en las redes sociales. "El amor que no me escribe, / y que de una vez me diga / por favor en dónde está", canta en *Dónde andará*. Nuevamente, no es una ausencia metafórica, sino real. De todas maneras es un tema que está instalado en sus canciones: muchas veces hay un diálogo entre amantes. Se dicen muchas cosas, naturalmente. Pero destaca aquella canción en que Juan Gabriel toca a la puerta de Rocío Dúrcal, pero ella ya no siente nada, nada. A partir de entonces podemos establecer una continuidad en su repertorio. Fundamentalmente, que en ese videoclip que es su vida, Rocío Dúrcal ha cerrado la puerta para siempre. Afuera ha quedado el amante sin interlocutor, ahora cantando a solas lo que le hubiera podido decir al amado. De todas maneras, ni importa porque antes preparó sus palabras en soledad y continuará hablando en sus monólogos. Ahora seremos espectadores de sus soliloquios y hará de ellos el mayor espectáculo y cobrará la entrada. Antes: *Me nace del corazón* (la euforia en un huapango en que declara el amor apenas salido del horno del pecho), *Bésame* (la premeditación de la declaración amorosa en un ritmo vertiginoso: "Yo escogí este buen momento / de decir por fin lo que siento, / bésame y lo comprobarás". Pero más adelante, el ser amado ya está en otros brazos, ya se casó, se enamoró de alguien más. Es como si sólo viera pasar a su amor por la calle y estuviera incapacitado de acercarse. Así pasa en *Sólo sé que fue en marzo* y en *Caray*, en que sintetiza todo lo anterior: "Pero tú me abandonaste por ser pobre, / te casaste con un viejo que es muy rico". Ahora bien, hablemos un poco de intensidad amorosa. Es algo que Juan Gabriel reserva para sus mejores canciones rancheras en *La diferencia* o en *Costumbres*, en las que noto más influencia de José Alfredo Jiménez (y también quizás en *Se me olvidó otra vez*). ¿Tiene coda este repertorio? Me imagino que sí. Fantasea con olvidar el amor, sólo para en el reencuentro tener la última palabra, la última carcajada. Pero la fantasía alternativa forma el gran éxito de su carrera, la del regreso y el encuentro pleno que es *Querida*. Sus retrospectivas del amor son evocativas, con cierta belleza ingenua. Pocas cosas más le interesan a Juan Gabriel. Pero por otra parte, muy pocas cosas aparte del amor nos interesan cuando nos interesa la canción sentimental.

La danza *del otro lado*

Juan Hernández

Difícil resulta definir a la danza —decía el coreógrafo estadounidense Merce Cunningham—, es como tratar de explicar el agua: todos sabemos qué es, pero su naturaleza no deja de ser evanescente.

De la misma manera tratar de especificar la condición del arte del cuerpo en movimiento es tarea en sumo compleja. Lo que sí podemos hacer ahora mismo es decir, sin el menor asomo de duda, que es sensual: implica la piel, los pliegues, la respiración, el pulso del corazón haciendo correr sangre por las venas.

En ese sentido tiene todo que ver con lo orgánico, pero hay una parte de ella que escapa a lo material y concreto, la correspondiente al misterio del deseo. Hablar del homoerotismo en la danza entonces pareciera un contrasentido; no lo es en absoluto, en la medida que es también una construcción cultural.

Sin embargo, debemos hacer una acotación antes de entrar en materia: el arte terpsicoreano se realiza tanto en la escena como en la mirada de quien observa; en el organismo y el misterio sensual del bailarín, como en los deseos del espectador jamás imperturbable frente a la piel, el músculo sudoroso y las venas saltadas en un brazo alargado o una pierna hiperextendida como escultura helénica.

Por el cuerpo del bailarín corre energía y deseo. Su movimiento en el espacio es transgresor por naturaleza, pues es todo menos norma, sujeción o represión de los impulsos. Por lo contrario: al constituir espacio y tiempo efímeros, es existencia plena. Vida y muerte en el instante en que se manifiesta como arrebato del antojo. La danza verdadera, arte primigenio, responde a la embriaguez del trance, ajena a prejuicios y atavismos.

El cuerpo liberado es la forma más pura de la obra de arte, como dice Nietzsche que la concebían los griegos de la Antigüedad: producto de la fecunda relación de Apolo y Dionisos, porque en esa piel, en esas extremidades que construyen espacios de excepción habitables, prevalece la pérdida del juicio para dar forma al deseo.

Insisto, pareciera ocioso buscar la explicación de la experiencia homoerótica en la danza, pues ya de suyo el arte de Terpsícore es erótico; sin embargo, el sentido de esa práctica termina en el territorio de la construcción cultural. Sólo frente a la mirada del otro y en torno a la cualidad de sus deseos, esta manifestación adquiere el prefijo calificativo.

Se trata de analizar, desde el punto de vista de la cultura contemporánea, cómo se ha producido el discurso "gay" en la danza mexicana, ya sea como propósito del artista o porque termina burlando la vigilancia de la norma y así se traduce en la percepción inasible del espectador.

Es, desde esta perspectiva, como reflejo del juicio cultural e histórico, que podemos hallar la noción del discurso gay en el arte del movimiento, así como la aparición potente de la estética homoerótica subvirtiendo el orden cultural, social y religioso.

Sólo a partir de la norma es posible definir como "danza gay" a la figuración escénica de pasiones humanas, fuga transitoria de vida, en un espacio-tiempo efímero.

Mientras más pienso en definir la estética de la "danza gay" y el homoerotismo como consecuencia de la confrontación con esa forma de expresión artística, no puedo más que encontrarme de golpe con serias contradicciones. Porque el movimiento corpóreo no utilitario —es decir, aquel cuyo impulso consiste en dejar escapar la energía sin motivo alguno— está íntimamente ligado a la naturaleza del dios Eros de la Antigüedad clásica, a partir de la visión del poeta y astrónomo Eratóstenes (nacido casi tres siglos antes de Cristo), en la cual aquel personaje mitológico era principalmente el protector del deseo sexual entre varones.

La danza de cualquier modo es producto de la exaltación erótica que, como ya decía Octavio Paz en *La llama doble*, busca el placer en sí mismo y tiene fines distintos a la procreación (esta última la deja el poeta mexicano como persecución de la sexualidad); y es manifestación sensual porque en ella se ponen en juego los sentidos, convertidos en "servidores de la imaginación", agregaría en ese mismo ensayo el autor de *El laberinto de la soledad*.

En fin, hablar de danza resulta absolutamente indispensable porque nos refiere al deseo, atributo esencial en la naturaleza humana. Danza es vida, ocurre en el instante y en ese preciso momento desaparece. Es, fundamentalmente, la satisfacción del antojo y en la realización del placer erótico, diría Carlos Fuentes, se va muriendo un poco.

Bailar es cosa de jotos

Pero dejemos aquí la reflexión respecto a la naturaleza de la danza y entremos en la materia del libro *México se escribe con J*, el cual busca ser recopilación de la manera en que las distintas expresiones artísticas han abordado el asunto del homoerotismo o la "gaycidad" en la cultura mexicana.

Se cuela en el tema, de inmediato, el prejuicio que cuestiona la "heterosexualidad" del hombre que baila. La sociedad mexicana del siglo XX, con sus estereotipos revolucionarios y posrevolucionarios cargó de estigmas al varón, quien tenía que ser feo, fuerte y formal.

Nada más alejado de lo que el bailarín es. El intérprete varón en la danza es por antonomasia el "hombre gay", el joto, el invertido, el de la mano caída, el afeminado que no atiende la lección número uno del catálogo para ser macho a carta cabal, ese varón que no baila y, sobre todo, no expresa sentimientos ni emociones.

La danza representa aquello que el machismo, en la cultura mexicana, no admite. No obstante que los bailarines sean todo menos débiles, tanto física como emocionalmente. Tienen cuerpos de atletas y estructuras emocionales potentes, capaces de dar vida a todas las pasiones humanas. Sin embargo, en la conciencia heteronormada, el cuerpo del intérprete dancístico será siempre la de un ser "del otro lado".

Hablaremos aquí exclusivamente de la danza mexicana del siglo XX y lo que llevamos del XXI. Es en el siglo pasado cuando se consolidan las primeras escuelas profesionales para la formación de bailarines, se concreta el movimiento de danza moderna de corte nacionalista y, finalmente, se abre el arte coreográfico al mundo, a partir de la década de los sesenta, para insertarse en el proceso irrefrenable de la globalización.

En 1932 se creó la primera escuela oficial de danza en México, dirigida por Carlos Mérida y Carlos Orozco Romero, después feudo de las Campobello (Nellie y Gloria), de donde surge el emblemático ballet de masas "30-30", presentado en el Estadio Nacional, ante la presencia del entonces presidente Lázaro Cárdenas.

Fue una danza de estampa, predominio del más acérrimo nacionalismo de la etapa posrevolucionaria, sobre el cual se erigieron estereotipos machistas que permanecieron intactos hasta finales de la década de los cincuenta del siglo XX, cuando se vive el auge de la danza moderna, que buscaba manifestarse con un lenguaje propio, lejos de los cuadros revolucionarios y de la ideología nacionalista, eternizada en los murales de Diego Rivera, José Clemente Orozco y David Alfaro Siqueiros.

El macho mexicano, el de la Revolución mexicana, es mujeriego, pendenciero y jugador; borracho y golpeador de mujeres que deja hijos por donde quiera y, al mismo tiempo, Edipo en potencia, figura explotada en la imagen del charro del cine mexicano de la "época de oro", al que se le permite cantar pero no bailar y sólo llora cuando se muere su jefecita o anda ebrio, herido de amor.

A esta figura del charro se antepone, sin duda, la del bailarín exaltado, ese monstruo mítico delineado por el poeta Ramón López Velarde en sus versos. *El bailarín*, del vate zacatecano, fue inspiración del coreógrafo Raúl Flores Canelo (Monclova, 1929-Ciudad de México, 1992), fundador de Ballet Independiente, quien realizó una obra coreográfica homónima para ser bailada por José Rivera Moya, en aquel momento el intérprete fetiche del artista.

> Hombre perfecto, el bailarín. Yo envidio sus laureles anónimos y agradezco el bienestar que transmite con la embriaguez cantante de su persona. El bailarín comienza en sí mismo y concluye en sí mismo, con la autonomía de una moneda o de un dado. Su alma es paralela de su cuerpo, y cuando el bailarín se flexiona, eludiendo los sórdidos picos del mal gusto, convence de que entrará al Empíreo en caudalosas posturas coreográficas. La sordidez, resumen de nuestras desdichas, no le alcanza. Él es pulcro y abundante. Al embestir a su pareja, se encabrita y se acicala.

De ese modo se escuchaban las palabras del poeta, que se adherían a los movimientos sensuales de José Rivera.

Pero no comamos ansias. Dejemos para más adelante el trabajo de Flores Canelo, uno de los coreógrafos clave para entender el tratamiento que en la danza mexicana se le ha dado a la homosexualidad, lo "gay" y el homoerotismo, y cuya herencia artística determinará la estética de La Cebra Danza Gay, de José Rivera.

Pensemos primero en el momento en que la danza encuentra su lenguaje, lejos de la ideología nacionalista y del corte narrativo literal del ballet tradicional. A partir de 1960, con la introducción de la técnica Graham a México, por Guillermina Bravo, a través del Ballet Nacional de México, la danza tiene la posibilidad de construir el lenguaje del cuerpo para la escena. El arte coreográfico genera discurso artístico en relación con temas esenciales de lo humano y lo hace de manera potente. Se abre la escena dancística al erotismo, la diversidad sexual, las luchas emancipadoras de la época y, en suma, las pasiones.

Por otro parte, en 1977 un grupo de jóvenes bailarines del Ballet Nacional de México abandonó la compañía de Guillermina Bravo (paradójicamente figura emblemática de la danza nacionalista y también de la ruptura al inaugurar en el país lo que hoy conocemos como movimiento de danza contemporánea, luego de introducir la técnica Graham para la formación de bailarines).

Eva Zapfe, Jorge Domínguez, Lydia Romero y Rosa Romero fundaron el grupo Forion Ensamble. En sus inicios también Jaime Blanc, conocido por su labor en el Ballet Nacional, quiso unirse al colectivo, aunque finalmente decidió permanecer al lado de Guillermina Bravo.

Lo que sí hizo Jaime Blanc fue un dueto que bailó con Jorge Domínguez, el cual, recuerda este último, era una pieza "súper gay... así, de cogida y todo". El coreógrafo le preguntaba a su compañero de escena si no le incomodaba el contacto físico que tenían, pero a Domínguez no le desagradaba pues se trataba de abrir nuevas formas de aproximación a la danza.

> La obra era un dueto de amor de dos hombres, muy bonito, con música de Mozart. Era agradable bailarla. Me acuerdo que Lin Durán —bailarina de danza moderna, de la generación de Guillermina Bravo— nos dijo: ¡Esa obra es sólo propaganda que Jaime hace a sus desvaríos! Nosotros éramos muy inconscientes, no nos sentábamos a pensar si alguien se iba a escandalizar. Si teníamos que hacer algo, lo hacíamos. Esa coreografía era muy obvia, no escondía nada.

A finales de la década de los setenta, Jorge Domínguez era un joven seductor y atrevido. No sólo hizo el dueto con Jaime Blanc, también fue pionero del desnudo total en la escena dancística mexicana.

En la obra *Historias como cuerpos*, de Lidya Romero, el joven bailarín rompió el tabú de la desnudez en escena al interpretar a un adolescente que sueñan tres mujeres en una noche lujuriosa. El Apolo atraviesa la escena completamente desnudo, provocando más de una exclamación de admiración.

Casi cuatro décadas después Jorge Domínguez considera aquella osadía coreográfica como "un comentario sobre la sexualidad". Exégesis que causó escándalo en Cuba, en donde los desnudos estaban prohibidos. Los bailarines de Forion Ensamble se enteraron del tabú que acababan de trastocar cuando el embajador mexicano en la nación caribeña les llamó para pedirles que, por favor, "le pusieran calzones al muchacho".

Como ya había anotado con anterioridad, el homoerotismo puede ser propuesto desde la escena, pero en definitiva la experiencia se realiza en el deseo de quien mira, pues por muy erótica que se pretenda una danza, ésta puede provocar nada en el ánimo del espectador.

El cuerpo del hombre desnudo sobre la escena provoca excitación en los varones que gustan de otros hombres, sin duda; por eso el cuerpo de Jorge Domínguez resultó ser, en aquella época, altamente homoerótico para los espectadores cuyo deseo aún no se atrevía a decir su nombre.

Son muchos los artistas de la danza que, en algún momento, han hecho comentarios sobre la homosexualidad y explorado el homoerotismo en sus secuencias de movimiento e interpretativas, a veces a propósito y otras a pesar de ellos.

Un artista que provocó escándalo en la década de los ochenta fue Gregorio Fritz, nacido en Minnesota, Estados Unidos, y radicado en México desde los 19 años de edad. Personaje de la danza mexicana que ha sido ignorado por su postura radical y cuestionadora del quehacer dancístico del país. Formó parte del Ballet Nacional de México y después del Ballet Independiente. Pero sólo se sintió cómodo cuando llegó a Forion Ensamble, en donde encontró que había mayor libertad y una ruta artística no explorada por la danza mexicana.

El trabajo del coreógrafo estadounidense enriqueció el quehacer y la historia coreográfica nacional. Es de la competencia de este ensayo hablar de la obra que hizo en homenaje a Eva Zapfe —bailarina que como él fue radical en su propuesta—, quien falleció a los 28 años, en un accidente automovilístico en 1983.

Construcción del objeto, homenaje a Eva Zapfe (1983), obra en tres actos de Fritz, causó polémica y escándalo. Esta coreografía colocó al artista en el panorama de la danza contemporánea independiente, a pesar de que él eligió mantenerse lejos de los reflectores y del medio dancístico (el cual le ha parecido, en general, poco creativo y dogmático).

Gregorio subvirtió la línea predominante de la danza de concierto de aquel momento: usó ropa cotidiana, botas —criticado por los especialistas quienes pensaban que la danza debía interpretarse descalzo o con zapatilla de media punta—, y tuvo la osadía de integrar al elenco a una mujer de la tercera edad, así como una gallina viva.

Uno de los actos fue *Putos, maricones y otras confusiones*, en donde el coreógrafo hizo un reventón en escena, con música de David Bowie. Había varias parejas en esa recreación de una fiesta, hasta que dos varones empezaron a bailar en actitud de ligue, frente a la desaprobación del resto de los personajes quienes, tras señalarlos, se retiraban de la pachanga.

Una de las escenas de este acto fue *La danza de las toallas*, que se desarrolló mientras se escuchaba la voz alucinante de María Callas interpretando un aria de *Lucia Di Lammermoor*. Los bailarines aparecían cubiertos sólo por toallas, debajo de las cuales traían otras pequeñas faldas de lentejuela que se quitaban para, finalmente, quedar desnudos. Y ahí estaban, en un escenario convencional, aquellos hombres encuerados, ante los ojos asombrados del público. Fritz rememora:

Era una obra en la que recreábamos la coquetería que se daba en los vapores públicos, entre los homosexuales, y eso puso mal al público, que hiciera referencia a un lugar al que asistían varones, claramente, a tener sexo. Se trataba de una cosa cómica, nada seria. La gente gritaba: ¡Eso no es danza, eso no es danza! Y aventaban cosas. Los espectadores estaban muy furiosos en el Palacio de Bellas Artes, en donde la presenté, en el Premio Nacional de Danza INBA-UAM-Fonapas.

Ahau cazador: *jaguares machos en apareamiento*

Otro creador que se ha ocupado de explorar el homoerotismo en sus danzas es, sin duda, Cristóbal Ocaña Dorantes, nacido en Quintana Roo, en 1966. Formado en la Ciudad de México y viviendo en Mérida, Yucatán, desde hace 20 años, en donde ha vinculado la experiencia dancística a la atención de grupos vulnerables, como las niñas violadas del Refugio de Víctimas de Violencia Sexual "Casa Crisal".

En la ciudad maya de Izamal, Yucatán —famosa no tanto por su pirámide fastuosa, que derrama sus piedras sobre las casas de los habitantes, ni por su gran templo católico con la capilla abierta más grande de América, sino por la visita del papa Juan Pablo II—, el coreógrafo convocó a jóvenes izamaleños para montar una obra peculiar en el contexto de la danza mexicana.

Ocaña sacó a los bailarines de los polvorientos estadios improvisados de futbol y de las esquinas en las que, al no tener más qué hacer, se reunían a ver pasar el tiempo bebiendo cerveza helada para apaciguar el calor de sus cuerpos.

Jóvenes no entrenados en danza que encontraron en esta expresión artística una forma de hablar de la naturaleza, de su manera de ver el mundo, de los animales de su entorno, de la estela estrellada en noches calurosas y también de sus calenturas.

Eran animales en celo. Jaguares que se tocaban con fuerza descomunal, de piernas y caderas anchas, deslizándose como felinos al acecho, con el sexo a flor de piel. Erotizados. *Ahau cazador* se estrenó en el año 2000. Su escenografía la constituyeron los muros exteriores del convento franciscano de la ciudad maya.

El coreógrafo sabía que llevarlos a un teatro, lejos del lugar en donde desarrollaban su vida cotidiana, sería suicida, así que aprovechó tanto la naturaleza de los bailarines como su espacio vital para provocarlos. Lo que ocurrió fue la erotización del tiempo-espacio, a partir de la energía de aquellos cuerpos que, libres del dogma y del armazón de la técnica académica, dieron rienda suelta a sus instintos.

Se abrió la compuerta al erotismo, a la sexualidad "prohibida" por los valores judeocristianos, pero permisiva en los rituales paganos de las fiestas populares. Y así, paganos, los bailarines izamaleños, jaguares contemporáneos, se montaban uno sobre otro en una danza de apareamiento, orgía de músculos en tensión, de miradas penetrantes y cuerpos sudorosos en trance.

Los suspiros quebrados

Barro Rojo Arte Escénico, dirigido por Laura Rocha, estrenó "Tragedia en Polanco" antes de que Raúl Flores Canelo la integrara a su obra *Pervertida* de años posteriores. Resulta una pieza que sería emblemática en el tratamiento de la homosexualidad como tema de la danza en la década de los ochenta.

Amén de esta obra, de la cual nos ocuparemos adelante, la compañía hizo *Corazón apretao y los suspiros quebrados*, de Laura Rocha y Francisco Illescas, en la cual hay un comentario coreográfico en relación con la homosexualidad.

En esta coreografía se desarrolla un dueto que interpretaron los bailarines Alberto *Beto* Pérez y Erick Montes, en el Teatro de la Paz, en el marco del Festival Internacional de Danza Contemporánea de San Luis Potosí en el año 2000.

Pérez y Montes —de extraordinaria técnica y virtuosos de la interpretación— dejaron sin aliento al público. Aquellos faunos se tocaban, se cargaban, se sostenían uno al otro en equilibrio perfecto para terminar la secuencia coreográfica con un beso en la boca. "¡Aaaahhhh!", del público que había caído rendido a "la fuerza inmanente de la seducción" —citando a Jean Baudrillard— de aquellos bailarines capaces de "hacer actuar al cuerpo como profundidad del deseo".

Raúl Flores Canelo y las fantasías sexuales

El coreógrafo y bailarín Raúl Flores Canelo estudió en Estados Unidos, jugó futbol y creció con los valores machines del norte de México. Miembro de una familia terrateniente y conservadora de Coahuila, abrevó de las costumbres de los hombres y las mujeres del campo, así como del catolicismo. Observó siempre con ojo avispado las conductas de las beatas, de los caporales, se llenó del colorido de los guateques de los pueblos, colofón pagano en donde las pasiones se desataban una vez que se "santificaban" las fiestas. Admiró la cultura urbana, visitó los barrios, en donde se topó con todo tipo de personajes que después figuró en sus danzas: teporochos, albañiles, prostitutas y, desde luego, las "vestidas".

El coreógrafo desarrolló una visión crítica de lo nacional y lo mexicano en la danza. Utilizó la estética de las costumbres para criticar la doble moral, la hipocresía y el machismo con humor picante.

Si los jóvenes de Forion Ensamble abrieron la compuerta de lo cosmopolita con su danza posmoderna, Raúl Flores Canelo se mantuvo dentro de los cánones de la tradición para desnudarla y hacerla explotar desde adentro con el Ballet Independiente.

Nos referiremos a las obras coreográficas en las que abordó el tema de la homosexualidad en su diversidad, el homoerotismo y el amor entre varones. Emblemática fue *Tres fantasías sexuales y un prólogo* en la que el coreógrafo trastocó el tabú de la sexualidad en la sociedad mexicana y pasó por encima de los prejuicios y la represión de la pulsión sexual.

Raúl Flores Canelo había interpretado a un personaje homosexual, en un dueto de John Fealy, que bailó junto a Bernardo Benítez en la década de los setenta. Una obra sobre el amor entre varones, en el que los personajes se tocaban los cuerpos erotizados.

Pero fue como coreógrafo cuando Flores Canelo entró de lleno al tema de la homosexualidad en *Tres fantasías sexuales y un prólogo*, estrenada en el Teatro del Palacio Bellas Artes, el 23 de octubre de 1981.

En la primera fantasía, el artista abordó el tema de la homosexualidad, a partir de una línea estética abstracta y poética, explorando un tema hasta ese momento poco tratado por la danza mexicana.

"Cazador nocturno", la primera parte de las *Tres fantasías sexuales y un prólogo*, refiere al encuentro casual y anónimo, el *cruising* —como se dice ahora en la jerga gay— entre dos varones en una noche de calentura.

Si bien la década de los ochenta es una época de apertura a temas sexuales, esta obra resultó provocadora, aún más en una disciplina artística que se estaba inaugurando en el discurso universal y cosmopolita, luego de más de medio siglo marcado por los estereotipos machistas y conservadores del nacionalismo posrevolucionario.

El tratamiento que Raúl Flores Canelo le da al tema de la homosexualidad en "Cazador nocturno" deja de lado el aderezo justificador del amor. En la pieza no hay sentimientos afectivos como condición del deseo y el placer. El artista rompe el cerco de la mojigatería y el disimulo que por décadas había camuflado al homoerotismo como un valor estético en la danza.

En ese sentido "Cazador nocturno" es una coreografía polémica, toda vez que pone en jaque el puritanismo de la danza mexicana convencional. Trata el tema de la homosexualidad de manera abierta y construye un tipo de movimiento para expresar el ardor del cuerpo en una noche febril, cuando urge la satisfacción sexual.

Los bailarines contraen la pelvis. El pene y los testículos encuentran su lugar en la escena y el intercambio de fluidos, como resultado del encuentro erótico, se representa a través de la metáfora constituida por la mezcla de sudores. Las manos crispadas y el torso tensos se relajan con la liberación de la energía: el orgasmo cósmico.

De este primer módulo pasamos a la tercera fantasía. En este acto el coreógrafo explota la calentura de los albañiles, quienes se tocan inquietos mientras ven pasar a una mujer. No es propiamente una obra sobre la homosexualidad, el objetivo del coreógrafo es hacer un comentario sobre el machismo y la represión de la sexualidad.

Si atendemos la premisa de la obra abierta, concepto acuñado por Umberto Eco, es en la lectura que hace el espectador en donde se realiza la pieza y en el caso de la tercera fantasía algún observador pudo haber sentido en su interior el deseo ante la provocación de aquellos bailarines transfigurados en albañiles, personajes fetiche en el inconsciente colectivo homosexual.

En *Tres fantasías sexuales y un prólogo* Raúl Flores Canelo va de la expresión sobria y sublime al humor y el costumbrismo. Da al *camp* un valor estético en sus danzas, pues es la que mejor le acomoda para abordar la conducta del sector popular mexicano.

"Tragedia en Polanco", una de las piezas modulares de la obra *Pervertida*, estrenada en el Palacio de Bellas Artes, el 20 de agosto de 1990, por otro lado, se sumó el repertorio de obras que tratan el tema de la homosexualidad al centrar la atención narrativa en una loca desmecatada e histérica, quien se enamora y tiene su encontronazo sexual con el carpintero que acude a trabajar a su departamento.

Se trata de una sátira sobre este personaje (la "loca"), al que los "dioses" —quienes dejan oír su voz— condenan a vivir encadenada al diván de los psicoanalistas de Polanco, en una clara alusión prometeica.

En Ballet Independiente, Raúl Flores Canelo le pidió a José Rivera que interpretara a este personaje y él lo hizo con sobrada capacidad histriónica. Dio vida a una diva delirante, enamorada del chacal brusco y de maneras groseras, con quien tiene un amorío y al que termina por correr de su departamento para dar rienda suelta a su trágica existencia, acompañada de tres vestidas de tacón, peluca y lentejuela. La obra transcurre mientras se escucha la canción *Hasta que te conocí*, de Juan Gabriel, cantautor ícono de la cultura gay mexicana y me atrevería a decir que del mundo hispanohablante.

Con estas piezas, el coreógrafo coahuilense abrió una ruta estilística dentro de la danza mexicana y definitivamente marcó un hito en la manera como se abordó el tema de la homosexualidad en el medio coreográfico nacional. Ruta creativa que heredó a José Rivera, quien ha llevado esta propuesta artística de manera radical en La Cebra Danza Gay.

Pero antes de sumergirnos en el universo transgresor de La Cebra, considero importante hacer referencia a una obra de Flores Canelo que si bien no aborda a propósito el tema de la sexualidad, la homosexualidad y el homoerotismo, sí es una oda a esa otra sensibilidad expresada en el arte coreográfico de la cual viene el título de este texto: *La danza del otro lado*.

El bailarín, del coreógrafo coahuilense, hecha para José Rivera, tiene como origen el poema homónimo de Ramón López Velarde (Jerez, Zacatecas, 1888-Ciudad de México, 1921). Versos en los que el vate mexicano expresó la admiración que sentía por el cuerpo del danzante.

El poeta zacatecano escribió una oda al cuerpo que danza y al arte del bailarín que sublima en el poema. Por su parte el coreógrafo coahuilense realiza la pieza en referencia al ritual que el intérprete dancístico lleva a cabo en la intimidad del camerino, en donde observa endiosado su reflejo, se acicala y encabrita cargado de energía sexual explosiva.

Es cierto que Flores Canelo no buscaba hacer de esta obra un apunte coreográfico sobre la sexualidad o el homoerotismo; sin embargo, esta compuerta se abre irremediablemente por sí sola, frente al regocijo placentero y embriagante de la naturaleza del bailarín.

El bailarín es la concreción de la pulsión erótica y orgásmica. Raúl Flores Canelo piensa en José Rivera como el intérprete perfecto para esta pieza sabiendo de la condición homosexual del intérprete y de su gran capacidad para desnudarse en escena.

Es él y no otro quien debe bailarla, pues en el cuerpo de Rivera el coreógrafo ve la propensión al placer, el Narciso que se ahoga en su imagen y el animal encabritado que se erotiza ante la mirada de los demás.

La Cebra Danza Gay: la escena militante

En la danza contemporánea mexicana sólo hay una compañía que ha asumido el discurso gay como la base de su propuesta estética: La Cebra Danza Gay, fundada en 1996. La dirige José Rivera, quien desde su paso por el Ballet Independiente ya había asaltado el escenario con fuerza transgresora y potente. Es un artista peculiar que vindica, como parte del lenguaje de la danza, la problemática de la homosexualidad en sus diversas manifestaciones y denuncia la homofobia de la sociedad machista mexicana.

Rivera abrevó de la estética de Raúl Flores Canelo en el Ballet Independiente, pero en La Cebra Danza Gay esta línea artística es llevada hasta sus últimas consecuencias: desafiante de las normas sociales y religiosas.

En *Ave María Purísima (de prostitución y lentejuela)*, de 1996, José Rivera estalla un petardo en el corazón del dogma católico y al hacerlo escupe encima de la doble moral y la hipocresía de la Iglesia católica, institución a la cual critica por promover la culpa y propiciar crímenes de odio en contra de los disidentes de la heterosexualidad.

La imagen escénica de la obra se inspira en el nicho de las vírgenes católicas. Rivera está cubierto por un manto mientras es iluminado por un círculo de veladoras. El coreógrafo y también intérprete desacraliza la escena al despojarse del manto virginal para mostrar su cuerpo como el de una cortesana y pronunciar un texto provocativo: "Sí, soy una puta. Que sí, soy una puta. ¿Qué si soy una puta?"

Ya no hay vuelta atrás, José Rivera ha radicalizado el discurso y asume para su danza el estigma: gay. Pero aunque habla de la marginalidad en que la sociedad machista mexicana ha tenido a los homosexuales, el artista no acepta la marginalidad para sus producciones dancísticas. Pelea duro para abrir las puertas de los respetables teatros y se vanagloria cuando consigue ondear la bandera del arcoíris en el Teatro del Palacio de Bellas Artes.

El joven artista doblegó a las instituciones y a quienes se escandalizaron con su propuesta con el arma más poderosa: la del rigor artístico. El público quería verlo y las puertas de los escenarios más importantes del país se le abrieron de par en par.

Desde las primeras funciones La Cebra Danza Gay llenó teatros, causó polémica y los aplausos del público fueron de pie. El creador cubierto con la bandera del arcoíris agradecía la entrega de los espectadores a su trabajo.

Así comenzó una etapa fundamental en el tipo de danza militante, en relación con la temática gay, el sida, los crímenes de odio, el sexo casual en baños de vapor, el homoerotismo frente al fetiche de los soldados, los chacales y los marineros.

En *No soy Pancho Villa ni me gusta el futbol*, de 1998, el coreógrafo potosino se metió debajo de la piel del machismo y de los estereotipos de la masculinidad para hacer un comentario coreográfico crítico de grandes proporciones sociales.

La pieza, de poco más de una hora, se dividía en varios actos: "*Los Village People* de la Roma", "El soldado y el marinero", "*In the navy*", "*Gnossienne* núm. 4 (para Carlos)", "El marinero y el futbolista", "Un *stripper* para Guillermo", "A pasar lista al Tom's", "Estoy atrapado y lo celebro", "El Colegio Militar", "El compadre Villa", "Ahogándome en el vapor" y "*I will survive*".

La irreverencia del coreógrafo contra el estereotipo del macho es celebrada casi como un acto de justicia por la comunidad gay. Es un ajuste de cuentas por tantos años de *bullying*, de acoso en las familias conservadoras, en las escuelas, en las calles y en las instituciones.

El empoderamiento del ser vulnerable es tal que permitió la catarsis inmediata y la empatía con el discurso del artista a quien desde ese momento se le vio también como ícono de la cultura gay mexicana. ¡Ah, ya hacía falta! José Rivera juega en el escenario, maneja el sarcasmo con maestría y el *perreo* como parte de su lenguaje artístico.

Pone en evidencia la homosexualidad en la estructura del futbol, los baños generales a donde van a sudar los hombres un domingo luego de una cascarita; el Ejército con sus botas y pantalones camuflados, los compadres y sus rituales sexuales y Villa, el gran estereotipo del macho de la Revolución mexicana, hicieron su ingreso al discurso desmitificador de Rivera, quien encuentra en estas formas de masculinidad el más puro deseo homoerótico.

En la coreografía titulada *Antes que amanezca (cuando ya va bien mala) a La Plata*, de 1998, La Cebra Danza Gay refiere a los crímenes por odio. Era (y sigue siendo) una época de alarmantes noticias de asesinatos en contra de las vestidas en Chiapas. La homofobia fue exhibida por el coreógrafo en la emergencia. No podía ignorarse más.

El creador llenó de intención los movimientos de los bailarines, quienes interpretaban a seres marginales que al asumir su diferencia parecían firmar su sentencia de muerte. No obstante la crudeza del tema, Rivera no dejó de reírse de sí mismo. Recurrió a la farsa, el humor y la ironía, mezclando el sarcasmo con el melodrama, género idiosincrático del mexicano, para hacer retumbar las conciencias al enfrentarlas al destino trágico de los personajes.

La compañía de danza gay también hizo su aportación a la lucha contra el sida, con obras que van desde la estética más lúgubre a lo angelical y luminoso. El coreógrafo prolífico creó *La venada Casimira* (1999), pieza para 12 bailarines hecha especialmente para el intérprete Manuel Stephens (quien murió por complicaciones causadas por el sida en 2012); *Cartas de amor (por la lucha contra el sida)*, coreodrama interpretado por Rivera, en el año 2000, y *Bailemos a Mozart, por los ángeles que se han ido*, en 2001. Piezas de estética ecléctica pero con un estilo, para ese momento ya consolidado por el artista. En sus obras están los travestis en tacón y lentejuela, viviendo al margen y en riesgo.

El coreógrafo no idealiza ni maquilla aquel universo decadente, triste y trágico. Después de todo nada es oscuridad absoluta y siempre hay espacio para el encanto luminoso de la vida, aun en la más terrible circunstancia y en aquellas vidas que parecen no valer nada.

Hasta allá va La Cebra. Se sumerge en los tugurios, recupera el lenguaje de los travestis, la manera particular que tienen de moverse y el amaneramiento coloquial que es al mismo tiempo su posicionamiento frente al mundo.

Nos recuerda a todos los estragos en el cuerpo de la enfermedad, ese cuerpo que ya no puede valerse por sí mismo y termina batiéndose en la mierda frente a la mirada solidaria de los pares. Y todo esto en función de un discurso artístico riguroso.

La danza militante de Rivera participa activamente en la concientización de la pandemia y desde el arte critica con dureza la condena a muerte de seres que poco o nada le importan a la sociedad no sólo heterosexual sino, incluso, a un sector de los homosexuales (hoy llamados heteronormados), cuya homofobia interna resulta altamente peligrosa y corrosiva.

En *Cartas de amor (por la lucha contra el sida)*, Rivera no baila, se coloca en la escena para hablar por los otros, los que ya no pueden gritar su verdad y el dolor, causado por una existencia bajo el estigma social, al que fueron sometidos por ser portadores de VIH-sida. El bailarín lee cartas y luego las lanza con rabia contra el público.

Bailemos a Mozart, por los ángeles que se han ido es homenaje a los muertos a causa de la pandemia, a quienes el coreógrafo imagina en otra dimensión, vestidos de blanco, bailando ya sin el peso de la enfermedad y con el espíritu a salvo de la decadencia de la sociedad machista e intolerante.

Desde 1996 a la fecha José Rivera ha creado diversas coreografías, siempre con la espada desenvainada, la bandera del arcoíris ondeante, comprometido con una comunidad violentada por el machismo y las leyes excluyentes.

Ha bailado por los que se han ido, por aquellos que tuvieron que volver al clóset para ocultar su condición de seropositivos y evitar la segregación. A veces iracundo, inconforme, atrevido, otras amoroso y tierno como niño.

En sus obras hay espacio para jugar con los paradigmas. Danza como vive: como le da la gana. En sus obras escuchamos lo mismo a Mozart que a Lupita D'Alessio, Raphael, Chavela Vargas, Los Ángeles Azules, Diamanda Galas, Gloria Gaynor, Sinead O'Connor, Palito Ortega, Vangelis, música electrónica trance, cumbias de barriada, Björk, Steve Brown, Pink Floyd y Tracy Chapman. Así de diversa es su danza, así de infinita su manera de ver el mundo, así de transgresor su discurso artístico.

Desde la fundación de La Cebra Danza Gay en 1996 y hasta el año 2016, José Rivera ha creado alrededor de 40 coreografías. El estudio de todo el repertorio tomaría una investigación amplia y más de un libro. Pero aquí recordamos al menos algunos títulos: *Danza del mal amor o mejor me voy*, *Cuerpo de hombre, cara de niño, corazón de demonio... antes ángel*, *Los días azules*, *Brooklyn (I am feeling blue)*, *La Lapislázuli, la hermafrodita*, *Decadentemente solo, porque no tengo tiempo para hablar de amor*, *La mujer fenómeno*, *Mujer como cualquiera*, *Salón México* y *Las cosas simples*.

La Cebra Danza Gay representa el universo de la otredad. Es "la danza del otro lado" por antonomasia. Es el trabajo coreográfico que se posiciona gay ante el mundo. Rivera toma la bandera del arcoíris y la transforma en discurso del cuerpo; esa corporalidad transgresora de lo "presentable y representable" (léase a Pierre Bourdieu), construyendo instantes poderosos de vida, de militancia y de un grito de inconformidad que seguirá cimbrando la moral machista e hipócrita del México contemporáneo.

La danza gay en México, una ruta estética marginal

La danza escénica mexicana ignoró la temática gay la mayor parte del siglo XX, seguramente por la predominancia de la ideología nacionalista, que enalteció la figura del macho, así como por la influencia del catolicismo, cuya tradición condena la homosexualidad.

No es casual que fuera hasta la década de los setenta que el tema empezó a asomarse tímidamente, en el ámbito coreográfico, luego de la revolución sexual sesentera y como consecuencia de la movilidad social que provocó el movimiento estudiantil de 1968.

Tampoco extraña que en los años ochenta el homoerotismo tome un segundo y renovado aire como discurso dancístico, toda vez que es una época de lucha a favor de la democratización del sistema político y la estructura social de México, además de que se vive una segunda revuelta sexual (interrumpida de manera violenta por la aparición del sida).

Sin embargo, el sida fue tabú en la escena coreográfica, debido a la desinformación, el ocultamiento, la indiferencia institucional frente a la pandemia y, desde luego, el estigma de índole moral. Aspectos que tuvieron un efecto inhibidor del tema en la danza que se hizo en el país en los años ochenta.

En los setenta y ochenta se abrió la puerta para sacar del armario al homoerotismo y sumarlo a los temas de la danza, pero no ocurrió lo mismo con el sida y las muertes por causa de la enfermedad.

Hacía falta una voz discordante, provocadora, y hasta violenta, como la de José Rivera, para romper el cerco y dar forma a un discurso que rechazó la idealización amorosa, como elemento legitimador de la sexualidad y el erotismo entre personas del mismo género, y asumió la etiqueta gay como una necesaria manera de subvertir el orden y hablar sin tapujos sobre la violencia ejercida, desde diferentes flancos, en contra de los homosexuales.

La danza, el arte del otro lado, tardó en ocuparse de los suyos, los cuerpos que se mueven al son de sus deseos. Y aun en el siglo XXI, salvo La Cebra Danza Gay, dirigida por José Rivera, no hay otras agrupaciones que asuman de manera abierta a la homosexualidad como un discurso urgente.

La venganza de *El Bigotona*
Homosexualidades
en el teatro mexicano [1]

Luis Armando Lamadrid García

Luis Armando Lamadrid García
(Ensenada, B. C. 1958 - Ensenada, B. C. 2005)

A principios de la década de los setenta empieza a surgir un tipo de dramaturgia hasta antes poco visto en los grandes escenarios teatrales de México: la de "temática" homosexual. Y como todo lo que tiene un aire pecaminoso, lo hizo en medio de un gran escándalo.

El estreno en México de *Los chicos de la banda*, dirigida por Nancy Cárdenas, se realizó en medio de una batalla campal contra la censura; acciones que implicaron desde *un cambio de teatro* a la *ratificación, en los medios de difusión, de la heterosexualidad de los actores*. Tal vez a la luz de nuestros días la obra pueda parecer un poco ñoña o, incluso, homófoba, pero en su momento significó un primer paso, valiente y desafiante, para lo que vendría después.

No es que antes no hubieran estado los homosexuales presentes en la escena, pero su aparición no abarcaba más allá de una subtrama anecdótica, siempre en tono bufo o despectivo hacia la imagen del "jotito". Ya se habían visto en México obras como *Té*

---

[1] Este artículo se publicó por primera vez en versión digital en *Anuarios del teatro en México 1990-2000*, de Arturo Díaz Sandoval y Francisca Miranda (coords.), México, Conaculta-INBA-CITRU-CENART-PNEA, 2004 (se publica con autorización de los mismos).

y simpatía, *Súbitamente en el verano*, *La mentira infame*, *Muchachas de uniforme* —las dos últimas de tema lésbico—, por mencionar algunas, pero en ellas el personaje del homosexual recibe un castigo, debido a su comportamiento, que vendría a ser el asesinato, el chantaje, el suicidio o el descrédito social, además de vivir siempre un "amor imposible" hacia un heterosexual, y un deseo de "pertenecer" al otro sexo. Los dramaturgos del momento, independientemente de la calidad literaria, metieron todo en una licuadora y nos ofrecían un batidillo nauseabundo, adornado con la cereza de su talento. Con estos antecedentes, no es de extrañar que el ciudadano común viera al homosexual revestido con un manto de perversión, misterio y lástima a partes iguales.

Ahora bien, los ejemplos antes citados pertenecen a obras extranjeras. ¿No existen autores en México que lleven a escena estos personajes? Y, en caso de existir, ¿cómo los presentan?

Para dar respuesta a la pregunta habrá que remontarnos en el tiempo, revolviendo en los arcones del pasado histórico teatral de nuestro país.

Durante el llamado Siglo de Oro existió entre los dramaturgos una temática (recurso) recurrente: la del travestismo; casi en la mayoría de los casos de mujeres que, por necesidades de la trama, tienen que vestirse de hombres, con las confusiones y los malentendidos que del hecho se derivan. Estos enredos hacían las delicias de los espectadores de su tiempo, sobre todo, en el momento en que las damas se enamoraban de estos barbilindos, y la manera en que lograban salir de tan difícil situación. No deja de ser curioso cómo, en la obra *Más pueden celos que amor*, de Lope de Vega, al darse a conocer el engaño de la protagonista, cuando esta última está a punto de casarse con Leonor, le comente al galán:

> Leonor: Seguro está vuestro honor,
> que dos árboles sin fruto,
> qué importa que lleven flor.

Lo anterior nos indica cierta liberalidad para con las relaciones entre mujeres en el pensamiento de la época, focalizando el asunto del honor en la presencia o ausencia de un pene; pero lo que más sorprende es el parlamento que la misma Leonor le dirige a la protagonista al final de la obra:

> Leonor: Dame los braços, Octavia,
> que aunque esto ha sido traición,
> el amor que os he tenido
> será siempre el mismo amor.[2]

De eso al lugar común que dice "habiendo amor no importa el sexo", no hay más que un paso.

Pero es en 1803, en unos papeles enviados por la Inquisición de Zacatecas, donde encontramos la pista del primer personaje homosexual completamente definido como tal, y en una situación que tiene que ver con su realidad. En el *Entremés del alcalde Chamorro*, que ya se venía representando en el Coliseo de la capital novohispana desde 1790, uno de los personajes responde al nombre de Puto (él se hace llamar Pitiflorito) y es llevado preso ante el mencionado alcalde, que da título a la obra. Este personaje está lejos de comportarse con los lloriqueos y lamentos con que otros "compañeros suyos" lo harán cien años después. De una manera altiva y desenfadada se presenta ante la ley e incluso pretende los favores del alcalde. Si bien el retrato de este personaje se acerca más a la caricatura, no deja de ser asombrosa la manera en que se desenvuelve y, hasta me atrevería a decir, defiende su condición:

> Alcalde: Escribano, ¿aqueste es hombre?
> Puto: Y muy hombre, aquesto es fijo.

---

[2] Carmen Bravo-Villasante, *La mujer vestida de hombre en el teatro español (siglos XVI-XVII)*, Revista de Occidente, Madrid, 1995, p. 86.

Alcalde: Como os veo con penrendengues,
          con chiquiadores y aliño,
          me pareciste mujer.
Puto: En salvando el abanico,
          soy hombre de aquestos tiempos...³

Al serle recogida la obra a una compañía de la legua (es decir, itinerante) y en una ciudad alejada de la capital, como Zacatecas, hace suponer que la presencia del homosexual no estaba de ninguna manera oculta o soterrada en las calles de nuestro país, pese a la represión constante de Estado e Iglesia. Parece ser que este entremés se siguió representando y publicando de manera indiscriminada, como lo comenta Guillermo Prieto en sus memorias al hablar de su infancia, y nos dice que en su niñez:

> Cuando don Melesio valuó en su interior mis dotes poéticas, se convirtió en paternal su cariño a mí. Me procuraba libros sin criterio alguno, que yo devoraba y aprendía de memoria: un tomo del Parnaso, otro de Gerardo Lobo, otro del padre Sartorio, y a rollo comedias de Calderón y Lope, y entremeses mexicanos, como "Los remendones" dedicado a la Purísima, "La niña de la retreta", loas de indios con verdaderos cataclismos de lógica y lenguaje, el "Tío Chamorro" y no sé cuántas atrocidades más.⁴

Por desgracia no vuelve a presentarse otro personaje semejante en los escenarios del siglo XIX, y si lo hace, es para hacer de él escarnio y burla. Como dato curioso: un prócer de nuestra nación, héroe de la Reforma, con más ganas que talento, intenta retratar

---

³ Maya Ramos Smith (dir.), *Censura y teatro novohispano (1539-1822)*, México, Ediciones Escenología-INBA, 1998, p. 207.
⁴ Guillermo Prieto, *Memorias de mis tiempos*, véase en https://books.google.com.mx/books?id=1SrGDQAAQBAJ&pg=PT94&lpg=PT94&dq=valu%C3%B3+en+su+interior+mis+dotes+po%C3%A9ticas&source=bl&ots=xCko2e_H4r&sig=TIpGVeGv3PDlMrllhNYsemeAFUQ6AEIGTAA#v=onepage&q=valu%C3%B3%20en%20su%20interior%20mis%20dotes%20po%C3%A9ticas&f=false.

a un homosexual; el nombre: Melchor Ocampo; la obra: un sainete titulado *Don Primoroso*.[5] No se tiene noticia de si se llegó a representar —espero que no, para bien de su autor—, el asunto no deja de ser una bufonada en la que, una vez más, el personaje homosexual es ridiculizado y tratado como imbécil (para los morbosos que quieran satisfacer su curiosidad, acudir a la biblioteca de El Colegio de México).

Pero los tiempos adelantan que es una barbaridad y, ya para finales del siglo XIX, algunas "joterías" encontraron la manera de colarse en la escena de los grandes teatros y, por ende, en las familias decentes. Los llamados "transformistas" se adueñaron de la escena; presentaban espectáculos de lo más elaborado y el público asistía a unos actos de transformación que lo dejaban boquiabierto. Al no existir, como ahora, la ventaja de las grabaciones en la que a la menor provocación nos asestan el CD completo de Lupita D'Alessio (como ocurre en el *show* de Francis, tan sólo por citar un caso), el asunto requería de mayor preparación y talento. Se representaban obras cortas en las cuales, por medio de entradas y salidas y todo un equipo de ayudantes que transformaban al actor a una velocidad pasmosa, sin perder el ritmo de la obra, en cuestión de segundos uno veía salir al venerable anciano y entrar a la juvenil quinceañera, representados por el mismo actor, que además de cantar con voz de soprano y de tenor, interpretaba uno o dos instrumentos musicales.

Quien mejor representó en México esta tendencia fue el italiano Leopoldo Frégoli, que conquistó la Ciudad de México con sus presentaciones en el Teatro Principal, debutando el 9 de diciembre de 1896. Pero para entender el fenómeno y sus repercusiones, recurramos a un testigo:

---

[5] Melchor Ocampo, *Obras completas*, Talleres de F. Vázquez, México, 1900 (tres tomos).

Cada noche se repite el admirable éxito de la primera. Le ayudan en su tarea de disfrazarse su hermano y dos camaristas; tras el telón de fondo hay tres mesas y tres sillas en las cuales se ven dispuestos los trajes, pelucas y postizos que el actor ha de necesitar; cada uno de los tres ayudantes con perfecto orden, sin estorbarse, mecánica y metódicamente, le facilita y coloca la prenda necesaria, sin contar con que en las escenas de mayor movimiento lo que hace es irse desembarazando de las diversas prendas que de antemano lleva sobrepuestas unas a otras, de modo que ni se le notan ni le deforman.[6]

En 1901 regresó a México y volvió a triunfar, pero quedaría demostrado, con el escándalo de "Los 41" que ocurrió unos días después de la representación de Frégoli en el Teatro Renacimiento, que lo que el público admiraba y aplaudía sobre el escenario, en la vida real sería condenado y perseguido. Don Enrique Olavarría y Ferrari, en su monumental obra *Reseña histórica del teatro en México*, no puede evitar reaccionar como hombre de su tiempo al tema, y comenta:

> La verdad es que por ese tiempo no fue el género chico el causante único de inmorales locuras; algo estúpidamente sucio flotaba en las bajas capas sociales y prueba de ello fue el descubrimiento y la aprehensión de grupos de maricones que en diferentes barrios celebraban bailes en los que los hombres vestían trajes de mujer y por hombres eran cortejados; en uno de esos bailes la policía encarceló a mediados de 1901 [en realidad, la noche del 18-19 de noviembre] a cuarenta y un individuos, algunos no muy vulgares que fueron deportados a Yucatán, y no obstante tan severo castigo se dio un nuevo caso a principios de 1902, en el barrio de Coyuya; en que fueron aprendidos los llamados *el bigotona* y *el de los claveles dobles*, que tuvieron la osadía de interponer ante el Juez Primero de Distrito, don Juan Pérez de León, el recurso de amparo contra la determinación del señor Gobernador

---

[6] Enrique Olavarría y Ferrari, *Reseña histórica del teatro en México*, t. III, México, Porrúa, 1961.

del Distrito Federal para que fueran remitidos a Yucatán a trabajar en una hacienda. Así lo hizo saber *El Popular* en su número del 12 de febrero.[7]

Quedan para la memoria los "apelativos" de estos primeros protomártires del movimiento homosexual. Pero el asunto no pararía ahí; a mediados de 1902, al celebrarse la centésima representación de la zarzuela *Enseñanza libre*, como tradicionalmente se venía haciendo desde la Colonia, con una función en travesti, el cronista de *El Imparcial* comentaba en un artículo titulado "Colmo de indecencia":

> El éxito de la novedad fue grande, pero nos parece necesario hacer notar que ese procedimiento toca lo indecente [...] Corre en público rumor de que en el mismo teatro se preparan para poner en escena una obra que se titula *Los cuarenta y uno*... Y ¿por qué no, después de la repugnante representación de antenoche?
>
> Esta conducta está naturalmente autorizada por el último "éxito".
>
> Creemos que la intervención del señor Regidor de Espectáculos, no se hará esperar...[8]

A esto, el abogado de la empresa del Principal contestó, en una extensa carta que fue publicada el 4 de julio, en lo relativo a la futura representación:

> Con referencia al rumor, que se dice circula, sobre la representación de una obra cuyo título resultaría tan vergonzoso, podemos afirmar a usted, que no tan sólo esa obra no encontrará cobijo en este teatro, sino que, si ha existido una persona tan depravada para escribirla, felizmente no se ha acercado a esta empresa a proponer su representación, pues habría recibido enérgica respuesta.[9]

---

[7] *Idem.*
[8] *Idem.*
[9] *Idem.*

Carpetazo y olvido. La mariconería iba a tener que esperar más de 70 años para poder irrumpir en los escenarios de manera protagónica, con la ya legendaria *Y sin embargo se mueven*... Pero no adelantemos.

El fin de la Segunda Guerra Mundial parecía traer vientos renovadores para la escena mexicana. Algunos dramaturgos se atrevieron a abrir un poco la puerta del clóset y dejar que se asomaran los personajes homosexuales, como en *Los signos del zodiaco*, de Sergio Magaña; *Cada quien su vida*, de Luis G. Basurto, o *El tercer Fausto*, de Salvador Novo. Temáticamente se podían ver en escena cosas un poco más comprometidas: denuncias familiares, situación de emigrantes, problemas juveniles, prostitución, drogas, corrupción, entre otras lindezas. Si estos temas se representaban, y una situación en la que se pusiera de manifiesto la problemática homosexual no representaría problema alguno. ¡Error!

A principios de los cincuenta, la obra *Mujeres calumniadas*, de Carmen Montejo, dirigida por Xavier Rojas y con las actuaciones de Andrea Palma y Anita Blanch, entre otras, veía negada su autorización de estreno en la Sala Chopin, acusada de inmoral. La censura no perdona ni reconoce a nadie: Carmen Montejo ya era una figura del cine nacional, Xavier Rojas tenía una corta pero notoria carrera como director, de Andrea Palma o Anita Blanch lo último que podía decirse es que eran aficionadas o desconocidas; el teatro era reconocido por sus montajes audaces (para su momento) y representativo de la escena de los cincuenta. Pues ¿ven eso? Tuvieron que estrenar la obra en Guadalajara, donde fue recibida con gran éxito y la condición para que se estrenara en México fue que se le quitara todo lo relacionado con el "tema". El resultado: en la capital la obra fue un sonado fracaso; no se entendía, resultaba demasiado confusa y llena de sobreentendidos... además de durar quince minutos.

Los siguientes 20 años no significaron gran cambio para el teatro o los personajes homosexuales; si se atrevían a aparecer en escena era en teatros de clubes privados y para un selecto número de espectadores, o seguir repitiendo el estereotipo, como en el caso de la adaptación de *Nana*, que hizo Irma Serrano. Es por eso que *Los chicos de la banda* significó tanto. A ello siguieron otros títulos, como *Los ojos del hombre*, *Severa vigilancia*, *El balcón*, *Los novios de la torre Eiffel*, *Los hijos de Kennedy*, obras en las que el asunto de la homosexualidad era tratado desde una óptica diferente.

A principios de los ochenta se estrena *Y sin embargo se mueven*, de José Antonio Alcaraz, y es con esta obra con la que se puede hablar de un teatro de "temática" homosexual más cercano a la realidad; en ella, los actores hablan en primera persona de lo que sienten y cómo viven su homosexualidad, acompañados de dos mujeres heterosexuales que también testimonian su relación con los homosexuales. Tito Vasconcelos, Fernando López Arriaga, Gustavo Torres Cuesta, Homero Wimer, Delia Casanova y Carlota Villagrán fueron los que pusieron la primera piedra para un tipo de teatro que sentó las bases de lo que habría de venir.

A ella siguieron otras más, y más y más: *Sol de mi antojo*, de José Antonio Alcaraz; *Luego por qué las matan*, de Xabier Lizarraga; *Fiesta San Luis*, de Alexandro Celia; *Ciudad sin sueño*, de José Ramón Enríquez; *Los gallos salvajes*, de Hugo Argüelles; *Los camaleones* y *Dulces compañías*, de Óscar Liera; *Amsterdam Boulevard*, *Los niños prohibidos* y *De la calle*, de Jesús González Dávila, por mencionar sólo unos títulos. El homosexual dejó de inspirar temor y su presencia en las obras de teatro se fue volviendo más cotidiana; a fin de cuentas todas las familias tenían uno... las familias vecinas, se entiende.

Al volverse más familiar, se volvió más comercial. El escenario se vio inundado de una cantidad asombrosa de obras donde las joterías, los amores y los perreos se volvieron algo común. El precio que había que pagar por la aceptación era que nuestros códigos secretos (palabras, señas, lugares de reunión) eran ya del dominio público.

Ahora bien, como el sagaz lector habrá notado, he evitado poner el concepto de "teatro gay". ¿Por qué? ¿No existe? No, por cierto, no por eso, pero es hasta principios de los ochenta cuando podemos hablar de un teatro "propiamente gay", tomando el término *gay* como lo hace Michel Foucault, o sea, más relacionado con las luchas de los movimientos de liberación y no con una actitud pasiva dentro del clóset. No se trata de meter a todos los gatos en un mismo costal, pero creo que no es aún el momento para definir cuál obra es gay y cuál no, sobre todo ahora que nos invade el fascismo "buena onda" bajo el disfraz de "lo políticamente correcto". Por eso, detengámonos un poco a reflexionar.

¿Cuántas obras de teatro gay vio usted en los últimos años? Algunos sectores del público opinan que hubo demasiadas, incluso se llega a hablar de un abuso; otros dicen que apenas es suficiente y otros más anotan que la cantidad es mínima. Pero ¿se ha preguntado si realmente se trata de teatro gay?

Hagamos un pequeño recuento analítico: existen las obras en las que los personajes son gays, pero el autor, los actores y el director no lo son; otras en las que el autor es gay, pero la temática, los personajes y los creativos (actores, director, etcétera) no lo son, otras más en las que los creativos lo son pero no el elenco, y viceversa... Y así podríamos seguir con un número infinito de casos. Entonces ¿qué es teatro gay? Esa interrogante se pasea por los foros de discusión y hasta la fecha no logran ponerse de acuerdo.

Las homosexualidades son tan variadas y complejas como para poder concretizarlas en un género como "Teatro gay"; si así se hiciera habría que hablar entonces de teatro heterosexual, teatro de mujeres, teatro de negros, y clasificándolo por temas pasaríamos luego a los subtemas. Es por eso que dudo mucho que, en un futuro cercano, se logre un concepto válido que englobe todo el llamado "teatro gay". Siguiendo el concepto popular, para hacer un pequeño balance y sólo desde un punto de vista meramente descriptivo, llamaremos "Teatro gay" a aquellas obras en las que el tema o uno de sus creadores sean abiertamente homosexuales. Para ello, hagamos una pequeña revisión de lo presentado en el bienio [1996-1997] en la Ciudad de México; el muestrario es inmenso. Sólo unos cuantos títulos para mencionar y comentar, porque ni son todas ni van en orden de preferencia del autor o de mejor a peor, sino como Mnemosine las fue dictando:

El homosexual culpable o inocente, de Adolfo Filipini, con Francisco de León en el Foro Luis Buñuel. Este tipo de obras, que vendrían a colocarse en lo marginal de la marginalidad, son realizadas con poco dinero, en foros muy pequeños y dirigidas a un público no muy exigente; la sorpresa viene cuando permanecen en cartelera dos o tres años. En este caso, se trataba de presentar una imagen del homosexual, alejada de los estereotipos de "nota roja"; desgraciadamente, el discurso se sentía viejo y la forma de presentarlo poco natural para lo que se pretendía. Aun así, se mantuvo una buena temporada en cartelera.

La vida perdurable, de Mario Comadira, dirección de Antonio Argudín, en el Foro de la Nueva Dramaturgia. La idea del enfrentamiento entre un hijo y su madre por el asunto de la homosexualidad no deja de ser interesante, pero la manera como estaban tratados los personajes no lo era tanto. Todo el peso dramático sobre dos únicos actores: Miguel Loaiza y Tara Parra, que por desgracia estaban demasiado estáticos para las intensidades planteadas; en un momento, la obra comenzaba a ser cansada por un tratamiento anacrónico del tema, aunque su fecha de estreno en España fue en 1991.

También en ese espacio, *El amor, la pasión y la pasta de dientes*, de Xabier Lizarraga, dirigida por Jesús Calzada; obra en la que de un modo fársico se trataba el tema de los problemas y la convivencia de una pareja gay en la cotidianidad. Curiosamente, tanto en esta obra como en otras del mismo autor, el público heterosexual es el que más gusta de ellas, porque el público gay se resiente con la crítica que lleva implícita la obra; sin dar concesiones, intenta dar un retrato de las personas, con virtudes y defectos. Viniendo de una tradición del teatro del lamento y del azote, mucha gente malinterpreta la crítica, pero creo que dentro de los rumbos de la dramaturgia gay es uno de los intentos más honestos.

Tumbarao, de Julián de Piza, dirección de José Avilés, en el mismo foro. Con esta obra se cumplió una de las leyes matemáticas más antiguas: *menos por menos da más*. Obra previsible, pretenciosa y de anécdota mínima, actuaciones elementales, dirección de tránsito y una escenografía e iluminación básicas; con todo, fue un éxito de temporada. Se paseó por todos los horarios (media noche, tarde... sólo le faltaron las matinés), cambió de elenco y aun así, se llenaba casi todas las noches. Misterio que sólo podría solucionar "la araña".

El retrato de Dorian Grey, de Oscar Wilde, en adaptación de Citlalixayotl, dirigido por Lupita Sandoval en el Foro Roldán-Sandoval, logró alcanzar más de cien representaciones y fue la obra con la que se inauguró el mencionado foro. La adaptación en sí no aporta nada nuevo a lo ya visto con anterioridad, sólo las buenas intenciones y la apertura de un nuevo espacio la hacen memorable. Se incluye en la lista como "obra gay" por la notoriedad del autor y la preferencia del adaptador.

La fiesta, de David Dillon, dirigida por Laura Luz. Anunciada como la obra gay de los noventa resultó ser una trampa engañabobos impregnada de chistes fáciles, personajes apenas esbozados y anécdota mínima; no es que un teatro con esas características no sea válido, lo es siempre y cuando se presente como tal y no como un análisis profundo de los distintos tipos que conforman la homosexualidad. Eso sí, la publicidad prometía desnudos, y cumplía... respecto a la calidad y la estética, ya es cuestión de gustos.

Mi noche con Diego, de Kevin Elyot, dirigida por Leticia Perdigón. Curiosamente esta obra inglesa es un intento serio de retratar las relaciones homosexuales en la época del sida; por desgracia, un fenómeno tan complejo necesitaba otro esquema y no un trazo tan convencional como el planteado en dos actos.

Pasajero de medianoche, de Leonor Azcárate. Un intento de hacer un musical educativo sobre el sida y la prevención, para lo cual la autora buscó la asesoría de investigadores e instituciones, personas que vivían con el virus y amigos de estas personas, con la finalidad de ser más objetiva y llevar un mensaje. Resultado: demasiadas manos metidas dio demasiados puntos de vista; la obra no concretaba ni llegaba a aterrizar adecuadamente. ¡Lástima! El esfuerzo merecía mejor suerte.

P.D. Tu gato ha muerto, de J. Kerkwood, dirigida por Sergio Jiménez; pese a que esta obra ya se había estrenado hacía más de 10 años, en esta segunda puesta se puede decir que alcanzó el éxito. ¿Es maravillosa? ¿Aborda temas hasta antes intocados? ¿Se pasa de tres equis? Nada de eso, se trata de un trabajo digno dentro del teatro comercial, no promete más de lo que puede ofrecer; un entretenimiento no comprometido, que a la larga ha resultado ser más comprometido que otras flores de un día. Cuestión de tiempo.

Shakespeare a la carta, de Tito Vasconcelos. Usando obras de Shakespeare como pretexto, Vasconcelos y su grupo de alumnos nos presentaron una catarata de ideas e imágenes cargadas de una plástica gay fuertísima. Este trabajo, al igual que los anteriores de su creador, desde su planteamiento está impregnado de la ideología combativa de Vasconcelos, que lo ha llevado a ser uno de los actores politizados abiertamente gay con los que cuenta nuestro país. No pierde oportunidad de pasar línea sobre distintos puntos de vista del comportamiento sexual.

Entre mujeres, de Santiago Moncada, dirigida por Marcos Miranda; éste es un claro ejemplo de cómo la homofobia puede ser rentable. Aquí la villana es una lesbiana que organiza todo un circo para lograr acercarse a la mujer de la que ha estado enamorada (heterosexual, claro). Teatro en absoluto políticamente correcto, más que nada, por obvio. Se incluye en la lista por el tema y sólo como contraparte de los otros ejemplos. No todo el teatro de "temática" gay ha de ser "políticamente correcto".

El beso de la mujer araña, de Puig, McIally, Kander y Ebb, dirección de Humberto Zurita. Esta novela de Manuel Puig ya había sido puesta antes en teatro y llevada al cine; a principios de los ochenta se estrenó en México en una adaptación de Arturo Ripstein. El problema de hacerlo en musical implicaba el contraste entre la miseria de una cárcel latinoamericana con la pluma y la lentejuela. En la versión de Ripstein la obra se centraba en la relación de los presos y sus necesidades afectivas; en el musical se preocuparon más por la colocación de la voz o buscar su centro coreográfico, y no por esas frivolidades de profundidad del personaje, pero se debe tener un colmillo muy grande para lograr la fusión de tan distantes géneros. Lo único que, para mí, no funcionaba, fue la protagonista femenina; al momento parecía con sus cantos que era parte de un nuevo sistema de sofisticada tortura, tanto para los prisioneros como para el público.

Atrapadas en el ascensor, de Walter de Franco y Jorge S. Tagle; éste, más que teatro gay es teatro travesti o, como se le ha dado en llamar ahora, transgenérico. Hecho con dignidad, sin pretender nada más allá de entretener y convencer con sus caracterizaciones. Comenzó en el Foro Buñuel, uno de los más dignos de la marginalia marginal, y fue creciendo conforme ascendía en la cadena de foros independientes.

El espíritu de la pintora, de Alberto Castillo, dirigido por Mauricio García Lozano; otro ejemplo de tema transgenérico, en este caso, de una posesión de todo ello, tratado con desparpajo por parte del autor, que lo convierte en una esperanza para el teatro gay mexicano.

Había de chocolate, pero pedí de fresa, de Senel Paz, en adaptación de Jesús Ferrer. Publicada originalmente como cuento corto (*El lobo, el bosque y el hombre nuevo*) presenta en sí una serie de problemas; a eso se agrega que los dos personajes son interpretados por un mismo actor, y entonces la cosa cambia y se convierte en un ejercicio histriónico y de síntesis espléndido, aunque por momentos, en los cambios de escena, se caía un poco. Se inició también en los foros de la marginalia económica.

Éstos son sólo una pequeña cantidad en comparación con lo que se montó y vio; cabe destacar el aumento de directoras mujeres en lo relacionado con el tema, sobre todo en foros independientes.

A lo largo de más de 100 años hemos visto cómo el homosexual y sus temas han ido ganando un espacio en la escena mexicana. Sobre todo en los últimos 20 años, la homosexualidad ha pasado de ser un asunto pecaminoso y prohibido a algo cercano a nosotros; queda por esperar más adelante que la homosexualidad del personaje no pase a ser el tema central de la obra sino, como parece que empieza a ocurrir, sólo algo más de las características que lo componen como estatura, color de piel, educación... sólo por mencionar algunos.

El panorama que se abre para el teatro gay, pasando la primera mitad de la década [los noventa], depende ya únicamente del valor, la audacia y el talento de sus creadores... y, por supuesto, de la benignidad del público.

Teatro homosexual/gay en México
Una cartelera a través del tiempo

Xabier Lizarraga Cruchaga
(compilador)

José Antonio Alcaraz:
Y sin embargo se mueven...
Sol de mi antojo   (primera ópera gay, con textos de Salvador Novo)

Salvador Novo:
El tercer Fausto

Pedro Casanova:
Mariposa boulevar

Luis Zapata:
Plastic surgery

Luis Armando Lamadrid:
Retrato en claroscuro

Nancy Cárdenas (dirigió):
Los chicos de la banda   (de Mart Crowley, dirigió Nancy Cárdenas)

Las amargas lágrimas de Petra von Kant	(de Fasbinder, dirigió Nancy Cárdenas)
Claudine en la escuela	(de Colette, dirigió Nancy Cárdenas, Tito Vasconcelos como actor)
El pozo de la soledad	(basada en la novela de M. Radclyffe Hall, dirigió Nancy Cárdenas)
Sida… así es la vida	(de William M. Hoffman, dirigió Nancy Cárdenas)

HUGO ARGÜELLES:
Los gallos salvajes

JOSÉ DIMAYUGA:
Afectuosamente tu comadre

TITO VASCONCELOS:
Maricosas
Una noche con Medea
A otra cosa maricosas
La pasión según Tito (cabaret sexo-político)
Una canción apasionada (de Harvey Fierstein, dirigió Carlos Téllez, Tito Vasconcelos como actor)

JUAN JACOBO HERNÁNDEZ:
El edén

ALEXANDRO CELIA:
Fiesta San Luis

ANTONIO ALGARRA:
Un día nublado en la casa del sol

GONZALO VALDÉS MEDELLÍN:
A tu intocable persona
La estatua asesinada

JUAN CARLOS CUÉLLAR:
Las ochenta mejores amigas

LUIS FELIPE FABRE:
Novo en el Mictlán

VÍCTOR HUGO RASCÓN BANDA:
Armas blancas

RICARDO LOYOLA:
Némini Parco

JESÚS GONZÁLEZ DÁVILA
Pastel de zarzamoras

JOSÉ RAMÓN ENRÍQUEZ:
Ritual de Estío
Héctor y Aquiles
Ciudad sin sueño
La pasarela
La tarantela

Las visiones del rey Enrique IV
Divina despierta   (espectáculo de cabaret inspirado en *Nuestra Señora de las Flores*, de Jean Genet)

Julio Sergio Alazcuaga:
Ámame como hombre

Elena Guiochins:
Bellas atroces

Vicente Quirarte:
El fantasma del Hotel Alsace

Mirna Pulido:
Yo fui una de las 41

Iván Tula:
La insoportable levedad del guy

Manuel Puig:
El beso de la mujer araña

José Antonio Cordero:
Somos no obvios   (cabaret)

Xabier Lizarraga Cruchaga:
Luego por qué las matan…   (*thriller* sexopolítico)

La azarosa vida de una versátil
Un chichifo llamado psiquiatra
El amor, la pasión y la pasta de dientes

Nido de víboras
Crimen por amor no paga... pero reconforta
Todas las mujeres son iguales

Óscar Liera:
Los camaleones

Carlos Fuentes:
Orquídeas a la luz de la luna   (Juan Jacobo Hernández, actor)

Adrián Sotomayor:
La vela de la luna loca

Jesusa Rodríguez:
Donna Giovanni   (ópera, versión de Don Giovanni)

Tomás Espinosa:
Hacer la calle

Fragancia Tixou y
Perla Loretta Hayworth:
Pachecas a Belén   (pastorela)

Mike Bartlett:
Cock   (actuaron Diego Luna, José María Yazpik y Héctor Ortega)

Martin Sherman:
Bent   (actuó Enrique Álvarez Félix)

LA VIDA SOCIAL Y SUS EXPRESIONES

De la oscuridad a la luz del día, del *camp* al *kitsch*

La noche al margen
Brevísima relación de la vida nocturna gay

JUAN CARLOS BAUTISTA

La invención de la ciudad

Hay un retrato de Salvador Novo pintado por Manuel Rodríguez Lozano que detiene, magnífico, la búsqueda de los deseos en la ciudad. El joven Salvador, el poeta de los desplantes vanguardistas, el dandi desconcertante, depilado y relamido, con ojos a la vez lánguidos y atentos, enfundado en batón de seda, viaja en taxi. Los avisados sabemos lo que busca, lo que ocurre en ese instante henchido en que el deseo aún no se satisface. Es tan vívida la escena que en su extraña quietud aún nos emociona. No hay mejor retrato del poeta y ni siquiera los de Manuel Álvarez Bravo lo atrapan de modo tan exacto. Novo mismo alguna vez, asombrado y divertido, le dijo a Miguel Capistrán: "Rodríguez Lozano no me retrató... ¡me jotografió!" Nos lo mostró de cuerpo entero, quiso decir: sin socavar el amaneramiento, sin atenuar la ironía, en esas tareas arduas, en ese rebusque nocturno, en esas maneras de "ejercer la ciudad". "Ejercer": el verbo es magnífico por equívoco, si por equívoco entendemos la ambigüedad de las costumbres, el carácter forajido de la sexualidad, la erotización del mundo personal. El doble sentido obvio —ejercer la prostitución— se remite a una manera de vivir la ciudad: la ciudad prohibida, la nocturna, la prostibularia. Ejercer la ciudad: caminarla, sobrevivirla, erotizarla, forzar sus límites morales, saturarla, sumergirse en su caldo tumultuoso, multitudinario, para, al cabo, volverla íntima.

Pocos, en efecto, concibieron la ciudad y la ejercieron como Salvador Novo. Tenía apenas 24 años cuando la describió —pero podemos decir sin exagerar: la inventó— en ese texto en todos sentidos inaugural de *El joven*, que era a la vez una demostración de energía, de estilo y de voluntarismo fundacional que levantaba una ciudad a la medida de sus deseos, un acto de fe en una metrópoli moderna que no llegaba. Texto de ánimo vanguardista y espíritu decididamente moderno, enumeración de aparadores, vitrinas y eslóganes que resulta enumeración de principios, recuento selectivo de una realidad sin duda más caótica y árida:

> Leía con avidez cuanto encontraba. ¡Su ciudad! Estrechábala contra su corazón. Sonreía a sus cúpulas y prestaba atención a todo. *Man Spricht Deutsch* "Florsheim", empuje usted. Menú: sopa moscovita. Shampoo. "Ya llegó el Taíta del Arrabal", ejecute con los pies a los maestros, Au Bon Marche Facultad de México, vías urinarias, extracciones sin dolor, se hace trou, trou, examine su vista gratis, diga *son-med, Mme*, acaba de llegar, estamos tirando todo, hoy, la reina de los Caribes. *The Leading Hatters*, quien los prueba los recomienda, pronto aparecerá, ambos teléfonos, consígase la novia. Agencia de inhumaciones "Eveready". ¿Tiene usted callos? Tome Tanlac. Sin duda, a pasos lentos, pero su ciudad se clasificaba...

El *timing* jazzístico reelabora la ciudad que para muchos todavía era un apiñamiento en las estribaciones del Rancho Grande: la prosa es el desquite de la calidad cosmopolita ante la cantidad bárbara. Sea como fuere, la ciudad novesca se diferencia de la otra gran visión urbana de la época —la de los estridentistas— por estar animada por el humor, por la ironía y por la impureza. La ciudad es fascinante por lo que ella promete, pretende e insinúa: "Diga *son-med, Mme*, ¿vías urinarias?"

Novo era un moderno en una ciudad y en un país en que la modernidad y la tradición iban a llevar permanentemente relaciones conflictivas. Octavio Paz recuerda:

En aquel México lleno todavía de supervivencias del siglo XIX, Novo afirmaba como un desafío su voluntad de ser moderno. Nos azoraban sus corbatas, sus juicios irreverentes, sus zapatos bayos y chatos, su pelo untado de *stacomb*, sus cejas depiladas, sus anglicismos. Su programa era asombrar o irritar. Lo conseguía.

Había que creer en la ciudad porque sólo ella nos haría libres. Mientras otros escritores de su tiempo se empeñaban en las gestas de la Revolución, en las historias de la bola, en la mitología del arrabal, y tardarían en llegar luego de un largo rodeo del campo a la urbe, Novo y sus amigos se refugiaron en la ciudad, la apuntalaron, la buscaron, la urdieron, y transmitieron los signos en que esta ciudad, la Ciudad de México, era posible. La ciudad como refugio en medio del asedio. La ciudad como escenario posible de esa doble singularidad (como dice Monsiváis) de ser cultos y homosexuales. Deseable por deseante, porque permitía los resquicios y el anonimato, y porque era el espacio abierto para el pecado y para la evasión.

La Ciudad de México tenía, al comenzar la década de los veinte, poco más de medio millón de habitantes y era el epicentro de un país que salía apenas de una revolución. La lucha armada provocó profundas transformaciones culturales y sociales, y modificó sustancialmente la imagen que los mexicanos tenían del país y de sí mismos. Los desplazamientos de la bola a todo lo largo del territorio, las migraciones masivas, el quiebre del antiguo régimen y el surgimiento paulatino del nuevo orden fueron quizá los factores que provocaran que los años veinte fueran una época singularmente tolerante, que permitió conductas antes impensables. Novo odió la Revolución, su "brutalidad insensata", por motivos personales e inclinaciones políticas, pero fue quizás el estado de cosas que dejó la guerra civil lo que permitió que, por primera vez en la historia de México, una generación de hombres homosexuales, aun en medio del acoso del machismo, hallara los espacios (limitados, asediados, por supuesto, pero finalmente posibles) que les permitieron respirar, reconocerse y nombrar sus deseos.

Pero la calle, porque es de todos, no te la doy

En los años veinte se urde también la utopía estridentista, pero la suya es una urbe diurna, voluntarista, heterosexual. Exclama Manuel Maples Arce en "Vrbe", superpoema bolchevique en cinco cantos: "He aquí mi canto / brutal / y multánime / a la nueva ciudad. / Oh ciudad toda tensa / de cables y esfuerzos, / sonora toda / de motores y de alas". Con entusiasmo adánico, Maples Arce funda en la página una ciudad moderna atenida a sus signos tecnológicos (la máquina, los cables, los tranvías, el hierro y el acero) y anuncia la llegada inminente, desde Rusia, claro, de los vientos de la revolución social. La ciudad nueva reclama un hombre nuevo. Por eso, vociferante, este hijo de Whitman que pretendía ignorar de qué pie cojeaba su padre poético, dictamina: "Los asaltabraguetas literarios / nada comprenderán / de esta nueva belleza / sudorosa del siglo…"

Los asaltabraguetas literarios eran, por supuesto, los Contemporáneos, que por mucho tiempo fueron el blanco —directo o paradigmático— del odio homofóbico y del antiintelectualismo, y que eran vistos como enemigos de la revolución y del proletariado, los parias afeminados que lastraban el futuro, de cejas tensas y gestos feminoides, "poetisos" en la esterilidad de sus torres de marfil. Así los pintaron y los describieron Diego Rivera, José Clemente Orozco, Antonio Ruiz el Corcito, Juan O'Gorman, etcétera. "Entre ellos hay mucha mariconería, vicio nuevo aquí", asumió un espíritu tan delicado como el de Alfonso Reyes, que se solazaba en los griegos clásicos pero que tomó distancia de esa generación de uranistas. La homofobia era lo natural. Lo extraño, lo inesperado es que alguien asumiera su homosexualidad a la manera de Salvador Novo, que la declarara sin cortapisas, que la ostentara, y sobre todo, que la llevara a la calle. Lo extraordinario es que esos deseos salieran a flote y que en algunos textos valerosos aun en su discreción dieran legitimidad a los deseos homoeróticos.

Novo no fue el primer homosexual obvio que recorrió las calles de la Ciudad de México. Fue el primero, sí, que lo dijo, que lo nombró y que le dio importancia. Nuestro padre Adán, con sus amaneramientos como proclamas personalísimas, como afrentas estéticas, como gestos de combate. La época había permitido ya algunas manifestaciones insólitas —la discreta exaltación del andrógino por Amado Nervo y el personaje del colombiano Porfirio Barba Jacob, en sus contradicciones de poeta maldito y popular, cobijado por la dictadura de Díaz, que hacía ostentación de su nigromancia, sus vicios y sus amores contranatura—, pero durante largo tiempo no hubo muchas formas de imaginar y, en su caso, asumir la homosexualidad. La estrategia de ubicación, de identidad ineludible y desesperada, de aquellos que no podían y/o no querían ocultar su orientación sexual, se apegaba al estereotipo del maricón, del joto, del rarito. Novo asumió parte de ese estereotipo, buscó decididamente dotarlo de poder, y a partir de ahí, armado de una cultura vasta, de un temperamento teatral y una lengua y una pluma temibles, comenzó su guerra, haciendo alarde de su propia condición. Llegó a ser la *Gran Perra* mexicana y fue respetado y temido. Su estrategia defensiva no era nueva, pero en un país como el México de esos años, ultracatólico, machista hasta la caricatura, con fuertes resabios criollos —una cultura de la cual, claro, también emerge el propio Salvador, hijo de español—, el atrevimiento era mayúsculo. Elías Nandino dice de Novo: "Desde joven se puso más allá del bien y del mal, de tal manera que decir de él que era maricón era no decir nada". El mismo Nandino, en *Una vida no/velada*, recuerda jocundo la vez en que Salvador y sus amigos iban al teatro:

> En un camión nos subimos Pepe y Celestino Gorostiza, Jorge Cuesta, Gilberto Owen, Agustín Lazo, Roberto Rivera, Xavier, Salvador y ya no me

acuerdo quién más. Casi ocupábamos medio camión. Cuando llegamos a la esquina en que nos teníamos que bajar, Salvador se levantó —echándose una retorcida, así muy rara—, jaló el timbre y gritó: "Hasta aquí, jotos". Nadie se movió, y entonces volteó y volvió a gritar: "¡Hasta aquiií!", y nos señaló con el dedo: "Tú, tú, tú..." Nos bajamos rápido, como manada, y ya abajo no tuvimos más remedio que reírnos.

Un libro inconcluso, *La estatua de sal*, la mejor obra de Novo para Christopher Domínguez, es un recuento asombroso de osadías, prodigios sexuales, humor perro y erudito, crónica de costumbres subterráneas, incursiones en los límites oscuros de la ciudad, en sus márgenes morales. Personajes, calles, usos sexuales: todo queda enunciado desde el yo omnívoro, narcisista y procaz. Un universo donde todo cabe, dentro de una incontinencia amoral, que hoy nos emociona y nos conmociona: la sordidez, el lujo de las provocaciones, el humor feroz y festivo, el libertinaje, las ventajas y las desventajas de la vida marginal, el sexo ejercitado como deporte extremo. "Lo que *La estatua de sal* exhibe es el ritmo de los sueños sociales", expresa Monsiváis; "para que el cielo de la heterosexualidad exista, se requiere construir, con saña minuciosa, el infierno de los homosexuales, un infierno consistente en búsquedas, desprecios y acoso social". No estoy completamente de acuerdo. Al submundo de la homosexualidad se le acotó policiacamente, se le difamó con "datos" de la "naturaleza", la religión y la "ciencia médica"; se le condenó a ser la escoria de la sociedad, a convivir con la mierda y el detritus urbano, pero para sus actores centrales no era la imagen misma del infierno. Era, más bien, la parcela de realidad permitida y frecuentemente gozada hasta sus últimas consecuencias. Foucault argumentaba que la persecución de las homosexualidades tenía un aspecto compensatorio en una libertad sexual que no se permitían los heterosexuales. Eso es lo que Novo sabía y sobre lo cual construyó su primer personaje y elaboró algunos de sus mejores textos. También dudo que el tono de *La estatua de sal* sea dantesco.

Lo que deslumbra es el carácter retador, cínico, de festinación de las costumbres en contrasentido.

La crónica es de una veracidad minuciosa, de un "hiperrealismo" que adelanta algunos de los mejores momentos de la literatura gay, y no sólo latinoamericana: la homosexualidad asumida con ferocidad, de manera descarnada, como atentado contra el machismo y sus mitologías, como desenfreno jocoso, como urgencia de sacar a luz y pormenorizar los actos "inmorales", como crónica del lado-oscuro-de-la-luna. Así, las proezas de estilo casan a la perfección con el barroquismo de las costumbres y la complejidad de usos sexuales entre los miembros de este grupo.

Novo relata en *La estatua de sal*:

> Descubierto el mundo soslayado de quienes se entendían con una mirada, yo encontraba aquellas miradas con sólo caminar por la calle: la avenida Madero, por la que entonces la gente se paseaba lentamente por las tardes. Allí, en guardia a la puerta del Globo, estaba siempre, con su bastón, sus polainas, su chaleco de seda, la mirada vaga y alerta de su *pince nez*, sus bigotes grises aderezados, el señor Aristi, a quien llamaban la Nalga que Aprieta. Por la puerta de junto al Globo se subía al despacho del licenciado Solórzano, de quien contaba Ricardo que en su casa cantaba arias de ópera (*Ninon, Ninon, qu'as-tu fait de la vie*) y al que apodaban La Tamales, porque hacía sus conquistas invitando a los jovencitos a merendar "unos tamalitos y una cerveza". Por ahí andaba a caza de clientela o de surtido la madre Meza, que nunca se acostaba con la mercancía que procuraba para sus compradores, supervivientes refinados del porfirismo. Abordaba a los muchachos, los inducía a aprender a tocar guitarra, que se ofrecía a enseñarles gratuitamente, y una vez en su cuarto, tomaba con una cinta métrica la medida de su verga, y les abría la puerta de una circulación perentoria, pero inmediatamente lucrativa, entre sus contados y ricos clientes.

En esta crónica autobiográfica no hay compasión ni solidaridad, es cierto, y los personajes son expuestos con crudeza, con una ironía que se ejercita contra todos y ante todo, incluso contra sí mismo. Pero ¡qué estilo admirable, qué crueldad deliciosa, qué voluntad de verdad (esa intensa, exagerada, voluntad de verdad que ha animado la literatura homosexual) insufla estas páginas y hace creíbles y vívidas sus descripciones!

Durante el porfiriato y las primeras décadas del siglo XX la arteria gay por antonomasia fue la calle hoy llamada Francisco I. Madero, que entonces comprendía la de San Francisco y la de Plateros. Es la calle afrancesada que describe el duque Job, "desde las puertas de la Sorpresa hasta la esquina del Jockey Club", el rincón más alejado posible del México bárbaro y agreste de los mestizos y de la indiada. Sabemos, porque lo dijo él mismo, que Novo "despachaba" en Lady Baltimore y en Sanborns, la famosa cafetería. Es de suponerse que otros lugares reservaran algunas mesas sospechosas y congregaran con sigilo a los homosexuales de la época. Plateros era la calle, dice Serge Gruzinski, que "servía de punto de encuentro a los amantes de un día y a los jóvenes que vendían su adolescencia". Juan Soriano asegura que en su natal Guadalajara, en los años de su primera juventud, "toda la catrinada era homosexual". No hay por qué no pensar que en la Ciudad de México esa inclinación colectiva no fuera igual o más intensa, y era casi esperable que su lugar de encuentro, su vitrina, fuera la calle más *chic* de la ciudad. Según Miguel Capistrán, Novo le dijo que entre los gays había —como hasta hace poco— un código tácito en la manera de vestir: pantalón y zapatos blancos, peinado relamido, etcétera. Lo del pantalón blanco casi es cosa genética y transgeneracional. Estaba, por supuesto, la influencia en esos años del dandismo, con sus estrategias desconcertantes y su teatralización de la apariencia. Los dandis, que según Baudelaire debían vivir y dormir frente a un espejo. El dandi es un artista a su manera, "su vida es su obra de arte", decía Jules Lamaitre. Los dandis mexicanos lo eran a su modo, un modo aristocrático en un país que ha sido secularmente arrasado por el racismo y el sexismo.

La imagen de la ciudad de Novo está muy lejos de esa "fiebre sexual de las fábricas" de Maples Arce. Es una imagen en la que la noche y el subsuelo urbano son fundamentales. Un poema como el "Nocturno de los ángeles", de Xavier Villaurrutia, es ardorosamente explícito y constituye una crónica de los encuentros homosexuales:

> Se diría que las calles fluyen dulcemente en la noche. Las luces no son tan vivas que logren desvelar el secreto,
> el secreto que los hombres que van y vienen conocen, porque todos están en el secreto
> [...]
> De pronto el río de la calle se puebla de sedientos seres. Caminan, se detienen, prosiguen.
> Cambian miradas, atreven sonrisas, forman imprevistas parejas...

La calle ha sido de manera poderosa (incluso en los momentos de mayor represión y también hoy que un sector considerable de la población gay urbana desea y asume una vida de gueto) el eje de la vida homosexual: en ella, en sus resquicios, en su laberinto, los gays hemos podido escapar así sea brevemente a la asfixia de la opresión, encontrarnos con nuestros pares, ligar y entrever las posibilidades pecaminosas de la ciudad. La calle como la gran madrota, como la infinita alcahueta.

Durante muchos años, el "área gay" secreta de la Ciudad de México iba de Madero a un tramo de San Juan de Letrán y se extendía a la Alameda Central, a las callejas aledañas donde el pálpito conducía a tugurios clandestinos, burdeles y cuartuchos de vecindad, donde se podían practicar "vicios prohibidos". San Juan de Letrán tuvo una larga reputación de zona de tolerancia y de encuentros azarosos, de negocios turbios o segundones, de anticipaciones del caos actual, que ha acabado por hacer de ella una calle genérica, convertida en Eje Central, devorado por la prisa y el ambulantaje. Pero ésta es la calle pecaminosa de Efraín Huerta, donde los homosexuales cruzan el paisaje urbano como jinetes del Apocalipsis.

> Te declaramos nuestro odio, grandísima ciudad!
> ... a los desenfrenados maricones que devastan
> las escuelas, la Plaza Garibaldi,
> la viva y venenosa calle de San Juan de Letrán.

En esa zona y en sus alrededores, en lo que hoy conocemos como Centro Histórico, un área cuyas orillas siempre han sido turbias y permisivas, existieron antros (como hasta hoy) fuertemente ambiguos, donde no eran escasos los contactos homosexuales. Es sabido que los Contemporáneos asistían a cabarets como el Leda, el Playa Azul, el Salón México o Las Veladoras de Santa, a veces verdaderos morideros, en busca de diversión y de sexo. El Leda, en especial, era concurrido por la intelectualidad, la bohemia y los artistas de la época. Nandino detalla la estrategia:

> Empecé a ir con Roberto, Xavier y Salvador a algunos cabarets, a bailar, tomar la copa y ver gente. A las pirujitas les invitábamos copas y las sentábamos a nuestras mesas para que nos contaran sus cosas. Nos divertíamos mucho porque luego a esas "tertulias" se arrimaban los cinturitas y así la cosa se ponía más interesante [...] Íbamos a cantinas espantosas —allá por Tepito— a impresionarnos con la forma de tocar la música que tenían aquellas orquestas. Por ahí andaban unos pelados descalzos que bailaban con un ritmo que nos dejaba encantados nada más de verlos, y luego los músicos tocaban piezas que nos ponían los pelos de punta [...] Era una cosa bonita vernos amanecer tomando hojas de naranjo con alcohol, entre una bola de pelados ¡rarísimos! que nos veían con unos ojos preciosos como la noche.

Durante muchos años, para los gays, algunos un poco por esnobismo en sentido contrario, pero la mayoría porque la condición marginal no permitía otras opciones y porque en ese tipo de ambientes encontraban menos hipocresía y hasta cierto cobijo, la asistencia a tugurios y antros de mala muerte era el camino inevitable hacia el jolgorio y el rebusque.

Esplendores y miserias del margen

En su novela *Queer* (*Marica*), William Burroughs hace el retrato de una ciudad delincuencial y oscura, la "capital universal del crimen", sorprendentemente permisiva, donde "todos dominaban el arte de no meterse en las cosas de los demás". Burroughs llegó a la Ciudad de México a finales de los años cuarenta y la odió. La novela chorrea desprecio y el escritor no escatima comentarios despectivos acerca de la ciudad y de los mexicanos. Pero el personaje central —Lee, su *alter ego*— se enamora en México de un conciudadano y se hace consciente, de una manera brutal, hosca, de su propia homosexualidad. Con el protagonista vamos recorriendo antros sucios y bajunos, y llegamos a tomar nota de una vida homosexual bien articulada. Así nos enteramos de la existencia de una cervecería en la calle de Campeche, The Green Lantern, donde se reunía "una pandilla de homosexuales", y del Chimu Bar, "un bar de maricas frecuentado por mexicanos". Es impensable que se tratara de bares ostentosamente homosexuales, de ninguna manera "gays" en el sentido actual del término, pero sin duda debieron ser sitios tomados por tal concurrencia y reconocidos por los noctámbulos como tales.

La vida homosexual de la Ciudad de México fue durante décadas un secreto compartido por una minoría dispersa, que buscaba de manera afanosa los rastros dejados por sus pares en antros y lugarejos y cuyas débiles señas de reconocimiento común se limitaban a teatralizaciones gestuales, amaneramientos que eran a la vez señalización erótica y cárcel moral, y cuyos roces "comunitarios" eran apenas atisbos en medio de la cacería intensiva y frecuentemente disimulada de los efebos escurridizos, los mayates socarrones y los indecisos. La Ciudad de México había crecido hasta alcanzar los cuatro millones de almas en apenas tres décadas. Durante esos años también la vida nocturna creció y se volvió tan intensa que llegó a ser una de las señas distintivas de la capital. La noche es a finales de los cuarenta parte central de su identidad y surtidor pródigo de sus mitologías. Las visiones de lo nocturno como explicaciones o visiones de la cultura mexicana se multiplican espléndidas: de José Revueltas y Efraín Huerta a Salvador Novo, de Mauricio Magdaleno y *el Indio* Fernández a Luis Buñuel y Gabriel Figueroa. En unas pocas escenas de *Salón México* —por poner un ejemplo magnífico—, toda una época, un frenesí social, una visión colectiva del deseo, de la permisividad, del pecado, quedan capturadas en su apoteosis. Es la misma noche, aunque las lecturas arriben a distinto puerto, de *Aventurera*, de *Víctimas del pecado*, la misma noche de Efraín Huerta y de Revueltas, y de un etcétera tan largo que nos revelan una noche espléndida y caótica, providencial y funesta. En *Los hombres del alba*, una elegía que retrata esas horas de lodo entre la noche y el amanecer, Efraín Huerta enumera los ejércitos nocturnos:

> Son los hombres del alba.
> Los bandidos con la barba crecida
> y el bendito cinismo endurecido,
> los asesinos cautelosos
> con la ferocidad sobre los hombros,
> los maricas con fiebre en las orejas
> y en los blandos riñones,
> los violadores,
> los profesionales del desprecio,
> los del aguardiente en las arterias,
> los que gritan, aúllan como lobos
> con las patas heladas.

> Los hombres más abandonados,
> más locos, más valientes:
> los más puros.

El estigma dicta que cuando el marica aparece, aun enaltecido, ha de incluírsele entre los malditos y en escenarios decadentes o sórdidos. Las cantinas de México fueron el escenario casi litúrgico de la hombría operática y del machismo, con sus recovecos y pliegues de permisividad soterrada. Así se entiende que haya sido *en* las cantinas donde fuera posible la vida homosexual, porque durante mucho tiempo la idea predominante acerca de la homosexualidad era el reflejo oscuro del concepto canónico de la *hombría*. Por razones que los gays sabemos mejor que los psicoanalistas, la homosexualidad era la bestia negra del machismo, su doble fondo y su límite. En México, la cultura del machismo establecía con hierro el tabú de la homosexualidad sólo para romperlo con escandalosa frecuencia. Y el terreno donde esos juegos ambiguos se explayaban, donde la heterosexualidad permitía y propiciaba su punto de quiebra, era la cantina. Un espacio "sólo para hombres", donde las rudezas de la amistad varonil pasaban, sin más trámite que unas cervezas y algunos albures, al escarceo verbal y de ahí al manoseo franco. La cantina: el santuario del gallito inglés y del techo blanco y de todas las penetraciones que van avanzando, entre reflejos, mientras se tantea la disponibilidad del otro. La cantina: el teatro no tanto de la doble moral como de la moral esquizofrénica o si se quiere de una moral ultrabarroca, llena de resquicios, turbia, a la vez gozosa y culpígena.

La vida gay se mantuvo no sólo latente, sino de muchas maneras activa en las cantinas. Cualquiera sabía que la cantina era —todavía hoy lo sigue siendo, pero cada vez menos— el espacio idóneo, por su ambigua permisividad y por cobijarse en la cultura de la noche y del alcohol, para el ligue, para la ternura espinada y —también— para la violencia. De ahí la intensa seducción y el carácter mitológico que la cantina adquirió en el imaginario erótico de los homosexuales. Hasta donde sabemos, la primera cantina que asumió abiertamente a su clientela gay fue la Villamar, también llamada L'Hardys, sobre la calle de Ayuntamiento, que a finales de los setenta —algunos memoriosos recuerdan que la cantina ya era identificada como lugar de encuentro homosexual desde los cincuenta—, bajo un letrero que anunciaba un "ambiente familiar", mezclaba locas y mayates, mariachis y padres de familia trasnochados, burócratas y prostitutas de apariencia maternal, al lado de grupos formados por padres de familia con todo e hijos. Otras cantinas que hay que recordar fueron La París, que estaba en la calle de Donceles, enfrente de la sede actual de La Nueva París —donde ya no se paran ni las moscas— y que se especializaba en una clientela más que cuarentona, y el Viena, que comenzó en un localito a un costado del Teatro Blanquita y que luego del terremoto de 1985 se mudó a su actual ubicación en la calle de Cuba. El Viena fue durante años uno de los antros más populares, tan abarrotado que apenas se podía circular en su interior y en donde los meseros se pasaban advirtiendo a sus parroquianos más cariñosos y expresivos que ése "no era un bar gay". A su costado, semivacía durante años, estaba la cantina buga El Oasis, más bien desierta, que un buen día decidió volverse gay, lo cual bastó para que en poco tiempo se volviera tan concurrida como lo sigue siendo hasta el día de hoy.

Más memorable, el Marrakech se ubicaba en un extenso galerón detrás del Palacio de Bellas Artes, con entradas por avenida Hidalgo y Santa Vera Cruz, contiguo al sitio donde estuvo el mitológico Salón México. El lugar revolvía sin contradicciones a toda la fauna noctámbula de México: sardos, putas, mariachis, boleros, raterillos, chichifos, intelectuales, artistas, travestis, activistas de izquierda, etcétera, etcétera. El grueso de su clientela, claro, era homosexual en todas sus variantes. Era un antro de noches apocalípticas y uno de los lugares que empezaron a practicar esa mezcla después tan popular entre cantina y discoteca de arrabal, con su coctel explosivo de canciones de Juanga, Lucha Villa y Gloria Gaynor (por decir algo). Esta variación del antro popular la llevó a su punto más alto el famoso Catorce, un lugar que en su momento climático se albergó en el mismo edificio donde estuvieron los Baños Ecuador, los más orgiásticos baños de vapor que hayan existido jamás en esta ciudad. Regenteado por Charly, un personaje carismático y trágico, el bar comenzó a mediados de los ochenta en la esquina de Soledad y Circunvalación, en el área más temible de la Merced, brindándoles a sus clientes unos niveles de tolerancia inconcebibles en cualquier otro punto de la ciudad y una fauna nocturna irrepetible. Luego de un periodo ambulatorio, que lo llevó a mudarse en varias ocasiones, se asentó en la calle de Allende número 14. Finalmente llegó a la calle de Ecuador y fue entonces cuando se hizo leyenda, una leyenda fincada en noches espesas y frenéticas, espectáculos de sexo en vivo, concurrencia de sardos en noche franca, travestis y *dealers*.

A partir de los años ochenta empezaron a proliferar las cantinas de ambiente en varios puntos de la ciudad: en Fray Servando, en las inmediaciones del metro Zaragoza, en Garibaldi, en los alrededores del metro Tacuba, en Naucalpan, en El Molinito: un recuento tan largo que nos habla de la multiplicación y vigencia de este tipo de tugurios y de la fortaleza de estilos de vida que escapan del estereotipo internacional del homosexual de clase media. Estos bares, ya incontables, se han extendido de manera silenciosa por toda la ciudad, especialmente en sus orillas, sin preocuparse por publicidad de ningún tipo dirigida a un público específico. ¿Son bares gay? ¿Son bares tomados por los gays ante el azoro y la complicidad desmadrosa de la clientela buga? ¿Son antros ladinos, acomodaticios, que rehúyen cualquier clasificación del lugar y de sus clientes pero que toleran e incluso promueven el contacto homoerótico?

El caso de las cantinas de Zaragoza, de La Lilí a Las Tortugas, es ilustrativo: un grupo de loncherías y piqueras aledañas a cualquier estación de metro, donde los obreros se detienen a beber una chela antes de regresar a sus hogares en Ciudad Neza, en Chimalhuacán, en Chalco, y donde se desfogan los fines de semana, convierten el área en una zona caliente, con el resultado de que varias de ellas se especializan en cierta clientela homosexual. Pero el número proporcional de éstas, y la manera en que las clientelas de un tipo u otro se cambian de cantina en cantina, sin respingos, nos hablan de una apertura social insólita.

El caso de las cantinas cercanas a las estaciones Tacuba y Cuatro Caminos y de la colonia El Molinito es más peculiar y, si se quiere, hasta escandaloso. Cada fin de semana, cientos de soldados francos, provenientes de la cercana Zona Militar Número 1, se esparcen en el área en busca de diversión, sexo e ingresos extras. Pero la contraparte que encuentran en ellos no son cientos de mujeres sino de homosexuales, gays a los que se conoce en el ambiente como "soldaderas" o "adelitas", y que conocen los laberintos de ese tipo de amores, sus carnes duras y su violencia.

Un lugar de ambiente donde todo es diferente

En 1979 aparece, rodeado de escándalo, un libro fundamental: *Las aventuras, desventuras y sueños de Adonis García, el vampiro de la colonia Roma*, de Luis Zapata. La novela, que había ganado un concurso convocado por la editorial Grijalbo, tuvo que sortear varios intentos de censura antes de salir a la luz. Es la historia de un chichifo, un prostituto homosexual, contada a manera de entrevista. El personaje era novedoso en la literatura mexicana, pero lo era aún más su punto de vista: a pesar de sus azotes y sus contradicciones, Adonis García no pone a la vergüenza como horizonte moral y asume su orientación sexual con desparpajo, sin justificaciones ni rodeos. Es el primer gay de la literatura mexicana. Y en cuanto testimonio es la recreación estupenda de una época y el retrato de un grupo social. La calle es la otra gran protagonista de esa crónica. La calle como escenario del anonimato protector, de los prodigios nocturnos, del ligue como cacería pletórica de riesgos y recompensas.

Los setenta y los ochenta fueron testigos de un intenso "destape" a la mexicana. Aunque aún eran escasos los antros gay, fue en esa época justamente cuando el silencio se rompió y el acoso policiaco comenzó a aminorar. El juego de represión esporádica y permisividad mientras-nadie-se-entere al puro estilo priista volvió la vida homosexual de esos años increíblemente vívida. Conviene citar un párrafo de *El vampiro de la colonia Roma* que es en sí mismo una crónica inmejorable de la vida homosexual de la época:

> Entons empecé a salir muchísimo a la calle [...] en esa época me parecía la ciudad de méxico la ciudad más cachonda del mundo la que más se prestaba a coger o sea, a que uno cogiera ¿verdad? Era maravilloso podías coger todo el día todos los días había hay todavía nomás que ahora está más vigilada la cosa había lugares para todas las horas del día en la mañana por ejemplo si querías ligar en la mañana te ibas a ligar y ya ¿ves? Ligabas o en el metro en la estación insurgentes o en las tiendas de discos también como de nueve a doce o doce y media se ligaba mucho en los baños del puerto de liverpool o en los baños ecuador o en otros baños públicos los finisterre los mina los riviera me acuerdo en especial de los ecuador que eran son increíbles porque es totalmente otra onda o sea ahí ves desde los señores que dejaron afuera el galaxie y que nomás van a que les den su piquete hasta albañiles y carpinteros y demás que se van a distraer de sus obligaciones je pero ahí en los ecuador pasa una cosa muy chistosa que es que bueno hay muchísima cooperación entre todos ¿ves? Como si todos fueran iguales ahí las clases sociales se la pelan al sexo ¿verdad? y todos cooperando para que todos gocen mira de repente ves así una bola de tipos amontonados ¿no? como si estuvieran haciendo una orgía y entonces llega un cuate y agarra la verga de uno y la pone en el culo de otro sí en serio ahí se pierden todos los egoísmos y todos se preocupan porque todos se vengan no sabes es padrísimo después al mediodía ligaban en el toulouse o en cualquier esquina de la Zona Rosa

en cualquier esquina te salía alguien con quien podías hacerla por un rato pero ahí ya era más otra onda ya eran chavitos así como más decentes o bueno no decentes pues si fueran decentes no tendrían nada que hacer allí ¿verdad? ¿no? je pus son chavos más bien vestidos más hijos de familia y un chingo de extranjeros y gentes de sociedad y demás en las tardes claro estaban los cines [...] ora que si querías ir a ligar o a coger por las noches entons sí se ponía la cosa gruesa porque había miles de lugares a donde podías ir aparte de los lugares ya definitivamente de ambiente o sea de centros nocturnos definitivamente de ambiente como el penthouse que era maravilloso yo guardo así recuerdos muy especiales del penthouse o el mío mondo o el villamar o las canastas pues aparte de ésos y de otros que abrían y cerraban al día siguiente estaban los sanborns que siempre han sido de una ayuda tremenda para la gente de ambiente siempre han tenido algo que atrae a los gayos no sé por qué.

Adonis García levantaba clientes en la Zona Rosa o en la "Esquina Mágica", formada por el cruce de Insurgentes y Baja California, un área calenturienta en cuyas cercanías no sólo estaba el Penthouse (instalado efectivamente en un *penthouse*, en la esquina de Manzanillo con Baja California) sino también el memorable D'Val (Baja California casi esquina Sinaloa), el Cine Gloria, el alivianado Hotel Paraíso (ambos en la calle de Campeche) y los pródigos baños del Sanborns de la calle Aguascalientes. El Meo Mondo (¿Mío Mondo?) estaba en la calle de Atenas, y El Chaplin, en Mariano Escobedo. En la segunda mitad de los setenta surge otra discoteca que por alguna razón (¿corrupción?, ¿palancas políticas?) supo sortear por largo tiempo, con mayor éxito que todas las demás, los vaivenes administrativos y las clausuras dizque moralizantes: L'Baron, ubicado en Insurgentes Sur, a una cuadra del Parque Hundido. Era un galerón espantoso, ambientado con series navideñas, siempre atestado, cuya mayor ventaja fue que no era presa de *razzias* ni de las pesquisas extorsionadoras de la Policía Judicial.

Es sumamente significativa la fecha en que se publicó *El vampiro...* En 1979 se llevó a cabo la primera marcha del Orgullo Lésbico Homosexual, efeméride que marca el antes y después de la vida de los gays en México. Entre reacciones de asombro e indignación, burlas y verdadero interés de algunos sectores, la marcha tuvo como primer resultado una incipiente visibilidad que antaño se nos negaba (un año antes, un contingente lésbico y homosexual había participado en la marcha que conmemoraba los 10 años del movimiento estudiantil del 68). Además, también por primera vez, planteaba la problemática gay desde una perspectiva política y de crítica cultural que ponía en crisis la imagen del prejuicio y del odio. La noción misma del "orgullo" planteaba un giro copernicano para la vida y la autoestima de los propios homosexuales. Derechos y dignidad empezaron a ser para muchos un binomio irrenunciable.

El terreno que hizo posible dicha irrupción, consecuencia de una paulatina pero firme liberalización de las costumbres en la Ciudad de México, estaba abonado por los triunfos del feminismo, la legitimación de la contracultura, la andanza jipiteca, la popularidad del psicoanálisis y de su crítica, las repercusiones del movimiento del 68, el lento desarrollo en nuestro medio de los derechos civiles de las minorías, las experimentaciones estéticas de los sesenta y setenta y la lucha de la comunidad artística e intelectual contra la censura, entre otros factores socialmente renovadores. Durante los setenta y parte de los ochenta, la música disco y su estética, su glorificación del hedonismo y del culto a la apariencia, permitieron que la homosexualidad irrumpiera con cierta soltura en las discotecas. Los gays mexicanos tomaron nota a través de esa invasión de cultura juvenil de un mundo distinto al encierro con el que ya se percibía al largo régimen priista, de la paulatina "naturalidad" de la homosexualidad en otros países, de los deberes civiles de la tolerancia y del camino al respeto social, del reconocimiento de los derechos civiles y humanos *también* para ellos. La pista de baile, por lo pronto, era el primer territorio de libertad y de autoconsciencia festiva (lo cual no es cualquier cosa, creo, y es esa también la razón, muy sentimental y muy política, por la cual los gays no nos hemos separado del todo de la música disco, de su eterno *revival*.

Los mejores bares son expresiones concentradas de atmósferas culturales. Cuando El Nueve surgió, a principios de los ochenta, fue la síntesis de un momento de apertura social que ya no retrocedería y de la primera salida masiva del clóset, un proceso también irreversible. En su música, en su esnobismo, en su convocatoria heterogénea pero selectiva (gays, bugas liberales, artistas plásticos, etcétera), El Nueve expresaba una actitud persistente del colectivo gay: codificar fuertemente elementos de la cultura pop y de los usos sexuales para plantear a la vez una cierta vanguardia, un cosmopolitismo (la gay quizá fue la primera subcultura plenamente global, con códigos internacionales) y desde esa trinchera apuntalar una renovación de las costumbres. Ubicado en la Zona Rosa, en la calle de Londres, que en los sesenta y setenta fuera el epicentro de la modernidad mexicana, pero que ya en los ochenta empezaba una larga decadencia de la que no se iba a recuperar, El Nueve era un bar moderno, un lugar de clases medias y altas, que no aspiraba a la clandestinidad sino al protagonismo. Ello cambiaba el punto de vista de sus dueños y de sus habitués: no eran parte de lo marginado sino de una vanguardia, la condición minoritaria cobraba un cierto ánimo elitista.

Según recuerdan algunos, antes de El Nueve hubo otros sitios afines casi secretos: en los sesenta los llamados "cafés existencialistas", tan concurridos por la clientela "rara", que se prestaban al choteo y a la sospecha, y sobre todo, una bar legendario, el Safari. Tal vez haya sido este último el verdadero precursor de El Nueve y de todos cuantos vinieron después, por su atmósfera vívidamente gay (aunque José Joaquín Blanco en una crónica reciente haya dudado de ese carácter aliviandao. Había en ese entonces otro bar que es necesario nombrar: el Famoso 41, cuyo nombre explícito formalizaba la naturalización de los bares gay, también en los alrededores de la Zona Rosa.

La Zona Rosa era entonces, aunque ya empezaba su decadencia, nuestro Greenwich Village, petulante, pretencioso, cosmopolita hasta donde era posible, y tuvo siempre —no sólo ahora en que la densidad demográfica de nuestra comunidad vuelve innecesaria cualquier ambivalencia— esa aura maricona que todo el tiempo la ha envuelto.

En la Zona Rosa han estado varios de los locales gay más celebrados: El Cyprus, el Infinity, el Anyway, el Doors, la Estación y, más recientemente, el Lipstick, el Boy Bar y, en las cercanías, el Living, uno de los mejores antros de la ciudad. La lista se ha vuelto demasiado larga para pretender ser exhaustivos, pero es necesario, antes de concluir esta breve historia de la vida nocturna gay en la Ciudad de México, mencionar tres lugares más, definitivos en el desarrollo de nuestro ambiente: el Spartacus, El Taller y el Cabaré-Tito.

Pocos lugares pueden pretender con justicia llegar a ser legendarios. El Spartacus es uno de ellos. Ubicado en Ciudad Neza, una de las zonas más imprevisibles (por marginadas) para un lugar de su resonancia, el Spartacus tuvo durante muchos años la atmósfera más electrizante, más extravagante y heterogénea de la Ciudad de México, un sitio donde en la misma noche uno podía encontrar a Alaska y Dinarama en pleno, alguna estrellita de televisión, varios de los muchachos más bellos de la ciudad, los travestis mejor montados, los más cachondos *strippers* y, lo más insólito hasta fechas muy recientes, un trato respetuoso para su clientela. El Taller fue el primer antro que planteó la diversificación de los estilos gay, atento ciertamente al modo estadounidense (tipo San Francisco, para ser exacto) de entender la homosexualidad —que es finalmente el canon de la cultura gay global—, pero que en el momento de su inauguración era una novedad en México. Su insistencia en estimular nuevos estereotipos hablaba de un momento de expansión y diversificación del ambiente. Pero El Taller fue importante también porque su propietario, el escritor Luis González de Alba, llevó a cabo una lucha frontal contra la caprichosa interpretación de la ley por parte de los gobiernos de la ciudad y logró un trato equitativo para los locales gay. También fue importante su papel en la lucha contra el sida, en los años en que la pandemia empezó a hacer crisis, a través de su financiamiento y cooperación con la Fundación Mexicana de Lucha contra el Sida, una ONG que enfocó su esfuerzo en la comunidad gay, la más afectada por la enfermedad, y arteramente ignorada, si no estigmatizada, por las campañas oficiales hasta hace poco tiempo.

¿Qué decir del Cabaré-Tito, un conglomerado de lugares gay sumamente exitoso, que ha estado en el ojo del huracán de manera constante? Creo que es la expresión más acabada de la situación actual del ambiente gay en México, con sus limitaciones y sus triunfos, el lugar que más lejos ha llevado la conformación de una cierta "comunidad" y la que mejor representa a la generación gay actual, marcada por la salida multitudinaria del clóset. Apenas sabemos nada de esta generación de gays muy jóvenes, adolescentes, que han empezado a marcar con su estilo ruidoso, movedizo, desenfadado, la vida gay mexicana. Se habla ya de una "generación Cabaré-Tito", un fenómeno apabullante e interesantísimo que no había logrado ningún otro bar. Pero se habla de ello frecuentemente con desdén y con burla, una reacción precipitada e injusta.

¿Que son apolíticos? Lo mismo se puede decir del grueso de la juventud mexicana. ¿Que ostentan un afeminamiento y una estridencia innecesarios? Toda generación que se abre campo trata de fijar su lugar de manera tajante y no podemos afirmar que las estrategias actuales perduren en la mayoría de sus integrantes. Pero hay que tomar nota que para estos jóvenes el derecho a vivir su vida gay es ya un derecho impostergable que han llevado más allá de la recámara: a la calle, a la luz del día, a la escuela, al trabajo, al hogar. Su presencia numerosa va a generar cambios importantes. Ya los veremos.

La noche alcanza al día

La construcción de la vida gay como fenómeno colectivo ha sido, por supuesto, un proceso histórico a veces fuertemente político, a veces fuertemente cultural, en donde la noche y la calle han jugado papeles preponderantes. La vida nocturna es una de las creaciones culturales más intensas e importantes, en las que se ve reflejada no sólo la vitalidad social sino también el grado de respeto y de interacción entre los diferentes grupos sociales, la libertad alcanzada por las mujeres y las minorías, la interacción de las artes con la vida cotidiana, etcétera. Para los gays, mucho antes de que soñáramos con el respeto a nuestra vida y nuestros derechos, fue importante la construcción de un imaginario colectivo, intensamente sexual y nocturno, en el que nuestros deseos fueran posibles. Es hora de defender la cultura, porque fue en su dominio donde primero fuimos libres. Fue en la poesía, en la novela, en las artes plásticas donde pudimos ser gays íntegramente por primera vez, donde de manera tangencial, cifrada, y también a veces de modo retador, transmitimos a nuestros iguales símbolos y guiños identificatorios. Fue la cultura (cuando mirábamos un san Sebastián o cuando leíamos un nocturno de Villaurrutia) la que durante siglos de opresión nos hizo ver (por lo menos a algunos, pero algunos que siempre fueron muchos) que no estábamos solos. La invención de la ciudad nocturna de los Contemporáneos es para mí el hecho fundamental de cierta cultura gay mexicana, la piedra angular de nuestro imaginario colectivo. A partir de entonces, la noche marginal no ha dejado de crecer, hasta rebasar sus límites históricos, hasta inundar también el día. Los bares, la calle, los resquicios urbanos, jugaron un papel importante para encontrar nuestro rostro común. Para acercarnos primero y luego para separarnos. Hemos enfrentado el estigma, la difamación social, la fragmentación de nuestro colectivo, la devastación del sida, la comercialización estupidizante, la banalidad como una forma de mediatización. La vida gay es ahora tan compleja y tan diferenciada como puede serlo la de cualquier otro grupo social con presencia legítima. Hemos perdido y hemos ganado. Pero nuestra presencia, tanto de noche como de día, ya es un hecho insoslayable.

Masculinidad y cultura gay
Apuntes para una mirada kitsch

Alejandro Varderi

I

> Lo que le falta a México son hombres.
>
> Juan Gabriel

La cultura gay mexicana, y por extensión latinoamericana, por su predisposición al exceso, el sentimentalismo, la nostalgia, el artificio, constantemente recurre a la estética del *kitsch*, al gesto *camp*, al ámbito de lo cursi con y sin distancia irónica. Ello para reafirmar una identidad, travestirla o encubrirla dependiendo del lugar que busque ocupar en el imaginario —siempre semiclandestino— del hombre que observa; ya sea un acto de sexo en vivo en el bar El Catorce, un cuadro de Abraham Ángel (1905-1924), una película de Jaime Humberto Hermosillo (1942) o una actuación de Juan Gabriel (1950-2016).

Este desorden de los sentidos, al cual su masculinidad pareciera darle impunidad y derecho salvándolo de toda culpa, hace del macho victimizador por igual del homosexual y de la mujer. Un abuso que, en su vertiente gay, la literatura mexicana ha consignado en textos autobiográficos como *La estatua de sal*, de Salvador Novo, donde el tío Guillermo hace a Novo avergonzarse de su sexualidad, al decirle que se ha peleado con su amigo de infancia y no volverá a tratarlo "porque ése había resultado un puto". Crónicas como "Ojos que da pánico soñar", de José Joaquín Blanco (1951), en la cual se reflexiona sobre el modo en que la "sociedad establecida", es decir, el hombre, mira al gay para denigrarlo. Y novelas como *Materia dispuesta*, de Juan Villoro (1956), donde el joven protagonista se fascina por el hombre dueño de una vulcanizadora, "musculoso con el cuerpo cubierto de hulla", a quien le gusta ser servido por los muchachos pero también por mujeres depositarias de cualquier desmesura.

Y es ciertamente en esta ambigüedad sádica en que la cultura gay masoquistamente ensalza con una mezcla de temor y deseo —en un estira y afloja del "véjame pero cógeme"— donde reside su salvación pero también su condena. Pues para el hombre no hay peor pánico que ser descubierto en su vulnerabilidad; que su masculinidad sea puesta en evidencia por la irrisión *kitsch* de la mirada gay. Por eso le ha negado al homosexual el lugar de igualdad que le corresponde en la sociedad, amordazándolo, humillándolo, violentándolo o aprovechándose de la fantasía que parte de la comunidad tiene de acostarse con un auténtico hombre. Una fantasía también explotada, por ejemplo, por ciertos íconos dispuestos a "cruzar la frontera" y feminizarse en apariencia, ya sea desde la androginia de la voz, cual es el caso del bolerista chileno Lucho Gatica (1928), o desde la ambigüedad fálica del micrófono, en la boca y las manos de Luis Miguel (1970). Con lo cual ellos se exhiben desde un doble sentido que, por su inseguridad, el macho rehúye y ridiculiza, sin caer en cuenta de que es él quien está delatándose, pues es necesario estar muy seguro de la propia masculinidad para rajarse; de ahí el sentido de la afirmación de Juan Gabriel.

II

> Como hombre no pude aguantarme.
> JUAN DE DIOS

La manipulación de los códigos que la masculinidad ha apropiado para sí, y la cultura gay deconstruye "kitschifizando", no puede entenderse sin la afectación representada por ese ir más allá de lo real para acceder al hiperreal que el exceso representa. Un exceso que al homosexual —especialmente de las clases populares— el macho hace pagar muy caro, pues constituye un estigma que la pertenencia a los grupos de poder encuentra mecanismos para evadir —de ahí que "Nachita" fuese rápidamente eliminado del grupo de los 41 jotitos por los gendarmes de su suegro Porfirio Díaz. Para los menos afortunados, en cambio, aferrarse al objeto *kitsch*, ya sea la estampita de la Virgen de Guadalupe o un pliegue en el manto de la Santa Muerte, es el último recurso antes de abandonarse a la desesperación o al suicidio.

En tal sentido, si partimos del hecho de que la vida en México es un drama siempre renovándose, al homosexual fuera de la exageración se le teme, pues está demasiado cerca de la normalidad y por ende de la masculinidad socialmente aceptada. Es necesario entonces travestirlo, que parezca raro o extravagante para mantenerlo a una prudente distancia del hombre. Aquí el *kitsch* actúa como una mampara puesta, por un lado, a alejarlo del concepto de masculinidad —dándole al hombre el derecho a victimizarlo—, y por otro contribuye a aislarlo del colectivo social marginándolo. Pues tras el maquillaje, las lentejuelas, los tacones, la peluca, el homosexual es ignorado en la reivindicación de sus derechos. No es de extrañar entonces que el comité organizador de la Marcha del Orgullo Gay en la Ciudad de México haya, recientemente, pedido a los participantes que desfilen en ropa de calle, para enfatizar que la homosexualidad no es privilegio de la simulación.

Y es que en una sociedad tan machista, con tanto temor a rajarse, la masculinidad siempre es equívoca, pues al pavor del hombre a ser confundido con un homosexual, que constantemente lo delata, se suma la imposibilidad de refrenar sus instintos, de "aguantarse", tal cual confiesa el personaje de la telenovela *Cañaveral de pasiones*. Ello lo lleva a rendirse al *kitsch* y abrazarlo con toda la fuerza sentimental del gay; si bien, tras desfogarse, el macho negará rotundamente que le haya parpadeado la virilidad. Por esta razón las fuerzas represivas de la sociedad continuamente ponen en funcionamiento mecanismos para penalizar los desvíos de la normatividad y proteger la integridad de lo masculino. Prueba de ello es la enmienda que, en octubre de 2002, las autoridades locales de Tecate aplicaron a la Ley del Bando de Policía y Buen Gobierno para sancionar a "los hombres que se visten de mujer y circulan por los lugares públicos, causando disturbios".

III

> Por un lado eres un hombreque ha sufrido mucho;
> por el otro, una hermosa mujer.
> SERGIO FERNÁNDEZ

La escasa protección legal al homosexual, al travesti, al transexual, se debe al escaso activismo no sólo de la sociedad mexicana, sino latinoamericana en general. Debemos reconocer que el gay al sur del Río Grande no se manifiesta, aun hoy, desde la rotundidad de la cultura anglosajona o europea. Pareciera no existir el apremio por construir un discurso político que garantice la igualdad de las diferencias, el derecho al matrimonio, la adopción; los beneficios, en fin, que la ley brinda al heterosexual. Sólo grupos minoritarios muestran un frente organizado; y ello llevados más por la urgencia de afrontar emergencias, como la crisis del sida, que de luchar por la creación de un sujeto gay dable de encarar desde una sexualidad múltiple la hipocresía del hombre.

Esto se refleja también en la literatura, ante la inexistencia de un *corpus* en español que pueda equipararse al de habla inglesa; y tampoco contamos con suficientes editoriales y librerías especializadas. Textos, cine, teatro, arte carecen de un circuito propio puesto a garantizar la amplia difusión de las ideas; y a nivel legal, a la falta de un debate organizado se suma la oposición del heterosexual. Patria Jiménez, por ejemplo, primera mujer abiertamente lesbiana en el Congreso, ha encontrado numerosos obstáculos para que sus propuestas sean escuchadas; y Carlos Monsiváis apuntaba que "existe un espléndido movimiento de comercio gay pero no político".

Revistas como *Ser Gay* o *Nota'n Queer*, dirigidas a las nuevas generaciones, figuras extraídas de los cómics como Súper Gay, grupos como Guerrilla Gay, el café BGay BProud y el centro comercial Plaza de las Américas en la Ciudad de México empiezan, sin embargo, a ofrecer alternativas para darle a la comunidad mayor visibilidad. Igualmente, los usos de la cultura gay foránea en programas como *Queer as Folk* y *Queer Eye for the Straight Guy*, y las tendencias recientes de la moda y la música, han permitido abrir algunos espacios de tolerancia, especialmente entre los jóvenes, que aceptan con mayor amplitud de miras las diferencias, integrándolas a sus procesos; lo cual podría redundar en el futuro en mayor aceptación del homosexual.

El paso de nombrar al otro, no como invertido, puto, joto, sino como gay, igualmente tiende una sombrilla que quizás contribuya, en el largo plazo, al surgimiento de instituciones, entidades, grupos de presión, respaldados por el código legal mexicano; algo fundamental para lograr el reconocimiento de sus derechos, validando así las otredades sexuales dentro del proceso, largo y espinoso, de normalización del colectivo. Y aquí pienso en las palabras de uno de los comerciantes de Plaza las Américas al decir que "las cosas están cambiando pero la gente en México tiene dos caras: ellos nunca nos perdonarán que seamos gay".

En esta afirmación reside quizás una de las respuestas al porqué de la intolerancia de los otros y de nuestra propia inercia; pues apunta hacia la manera de ser del latinoamericano, siempre propenso a la imprecisión, la ambigüedad, el *trompe l'oeil* barroco. Huimos de todo aquello que pretenda etiquetarnos, encasillarnos, definirnos. Odiamos la exactitud, la planificación, la compartimentación en nuestras vidas, especialmente en las prácticas que nos causan placer. Por eso la sexualidad también se entiende como un espacio abierto, un signo de interrogación, un lugar para la experimentación y el secreto. Desentrañar las "ocultas hipérboles mentales" de nuestra identidad, ese "angelote aindiado, barroco" que vive en quienes nacimos de este lado del Atlántico, no es tarea fácil. De ahí que Sergio Fernández sostenga que el mexicano "nació para confundir los valores de los demás".

IV

—Ay, mi hijito, no te preocupes:
es señal de que ya te estás convirtiendo en una mujer.
Luis Zapata

Desconcertar, desorientar, trastocar al prójimo en sus creencias definiéndose como lo que no se es, pero es necesario hacerle creer al otro que se es para conservar las apariencias de probidad, responsabilidad, lealtad, masculinidad, son comportamientos intrínsecos al ser latinoamericano, siempre proclive a la vehemencia y al desorden de los sentidos.

México, específicamente, es un país de contradicciones y desafueros, donde la gente se emborracha y se desmelena cantando rancheras en un bar, mientras lamenta la pérdida de un amor. Llora y lanza porras ante la tumba de Pedro Infante (1917-1957) con cada nuevo aniversario de su muerte. Se amontona por miles a las puertas del metro Hidalgo porque alguien dijo que se apareció la Virgen "así nomás, en un charquito en el puro piso". Y en una calurosa noche de agosto el "tercer sexo" de Juchitán, Oaxaca —los muxes—, algunos con sus huipiles y el cabello trenzado, se congregan en la plaza mayor para celebrar la ascensión de María. Entre tanto, en el bar Catorce la soldadera, las putas, los travestis, bailan entre sí o se aglomeran para ver cómo, sobre un escenario improvisado, cuatro jovencitos, enjutos pero bien provistos, tienen sexo con dos mujeres abundantes, mientras el animador vestido de flamenca los incita a seguir, y va lanzando hacia el público los condones usados diciendo "aquí va el primer lechero".

Esta confusión entre lo aceptable y lo prohibido, lo que se nombra y lo que no se atreve a nombrarse, lo que se hace pero se niega, es intrínseco al mexicano, yendo siempre de lo sublime a lo grotesco sin transiciones.

El modo como la realidad borra las fronteras entre *low* y *high* es reciclado, con un gesto *camp*, a través del *kitsch* por la cultura gay, dada su fascinación por "lo antinatural, el artificio y la exageración". El *camp* y el *kitsch*, en manos de las culturas minoritarias, resultan ser entonces las estéticas más acertadas para apropiarse de la cultura dominante y abordar, desde el punto de vista crítico, las obras. Además, son las mejores estrategias que el escritor, el artista, el cineasta tienen para lidiar con un ambiente hostil en situaciones de extrema precariedad, y enfrentar el reto de construir una identidad gay. Algo imprescindible, pues hasta ahora el homosexual ha estado del lado de la víctima; no ha podido expresar aún su rabia interior, dado el temor a la reacción violenta del hombre. El *camp* desde la parodia y el *kitsch* desde la irrisión del exceso sentimental tienen la facultad de exponer lo que la masculinidad quiere mantener oculto, a fin de radicalizar la cultura gay. He aquí el reto: desviar la atención de la sociedad hacia nuestra agenda política, utilizando estas estéticas en el proceso.

Ciertos narradores contemporáneos han asumido el desafío, provocando al otro desde la ambigüedad de género, el uso de la cultura popular, el señalamiento de un estilo de vida distinto, buscando resaltar las diferencias y lo diferente. Operaciones que el *camp* destaca con ironía y humor, acudiendo a la afectación y al gusto por la nostalgia del *kitsch*, para sacudir las bases de la masculinidad que la intolerancia del hombre ha erigido.

En tal sentido, Luis Zapata (1951), Juan Villoro (1956), Sergio Fernández (1936), Enrique Serna (1959) han escrito obras de temática gay, o han incorporado al homosexual en su discurso. Y narradoras como Mónica Lavín (1955) y Guadalupe Loaeza (1946) han integrado lo gay en sus trabajos para establecer paralelismos con la situación de la mujer ante el atropello de lo masculino.

Así, Luis Zapata en *La hermana secreta de Angélica María* juega con el equívoco, no sólo del sexo de Álvaro, quien —frenesí del desparpajo— es aconsejado con toda naturalidad por su abuela al empezar a menstruar, sino de Alba María como la copia *kitsch* de la Novia de México. Acudiendo al melodrama telenovelesco y a la nostalgia del cine mexicano en su época dorada, Zapata —con un guiño irónico al *Orlando* de Virginia Woolf— contrapone el discurrir de Alba y Álva(ro) no sólo semántica sino vivencialmente. Sus existencias signadas por el "dolor" transcurren en los márgenes del éxito a ritmo de bolero, si bien el pop, la farándula, las revistas, las películas y los clubes sesenteros se imbrican en la obsesión de los protagonistas por reproducir no la esencia de la estrella sino su efecto, hasta llevarla al hiperreal:

> [J]unto con Toño, muere el Alvarito desprotegido e inocente, el mariconcito —por decir lo menos— que no sabe defenderse y tiene que sufrir en silencio la humillación, cuando no la agresión física: Gracias te doy, Novia y Reina de México [...] vestida de novia como en *Vivir de sueños*... Gracias te doy, Abogada de las Causas Difíciles, Amparo Musical, Reina del Cielo y de Todos los Ámbitos.

Un hiperreal que recicla la iconografía religiosa en la imagen de la actriz —depositaria del *kitsch* popular— puesta a proteger al protagonista en el instante de asesinar a un macho que pretendía violarlo. Luis Zapata focaliza así la atención del lector sobre el abuso de lo masculino, redimiendo al homosexual en el acto, pero sin perder el gusto por el artificio tal cual exige el momento *camp*.

Por su parte, Juan Villoro, en *Materia dispuesta*, gana para el *kitsch* a la Ciudad de México en su vertiente grotesca: el terremoto de 1957, la construcción indiscriminada, la escasez de agua, la contaminación y el detritus… "el entorno nos inspiraba repugnancia. Tener éxito significaba largarse", apunta el protagonista, a través de un periplo donde se incluyen espacios, experiencias y excesos que lo llevan no sólo a delinear su identidad sino la del país: "¡México se escribe con equis!", grita el padre en un arranque de masculinidad patriótica, que el hijo neutraliza cuando se pregunta "por qué lo auténtico venía desde lejos".

A partir de ese punto la novela fluctúa entre realidad y simulación, lo foráneo y lo autóctono, lo que se practica pero se niega, siguiendo la educación sentimental de Mauricio quien, como "materia dispuesta", entrena la forma de su deseo en la representación y el efecto:

> Mauricio vio los músculos desgarrados del redentor, sus ojos en éxtasis, sus elaboradas heridas, y experimentó una excitación incontenible. Tenía los pulmones llenos de humo y la mirada llorosa de tanto ver las velas. Se aferró a un barandal de madera, pulido por las muchas manos que lo habían tocado. Trató de buscar alguna causa para aquel confuso placer.

El desbordamiento de las apariencias, que se ubica como en *La hermana secreta de Angélica María* en el *kitsch* religioso, es llevado por Villoro a la irrisión *camp* mediante la artificialización contenida en el éxtasis místico del protagonista. La iconografía santa pierde así su carácter representativo, ganando la condición de objeto de culto homoerótico en el proceso.

"Vivir con tanta desmesura" es también la regla que los personajes de *Olvídame* practican desde múltiples sexualidades y geografías cambiantes, en tanto "campifican" la cultura mexicana. Sergio Fernández teje con agudeza e ironía una red de referencias al cine, la telenovela, la literatura, el arte, el teatro, la mitología, que podrían haber quedado como un conjunto de citas eruditas, a no ser por el carácter lúdico de las mismas, y el gusto por el equívoco y la parodia puestos a carnavalizar al país: "Nosotros, mexicanos de mierda, odiamos la belleza; amamos, en cambio, la fealdad, lo monstruoso, lo sucio, lo grotesco".

Será el impulso homoerótico, desde el *high camp* contenido en la figura del joven efebo Marcelo-Apolo, así como la cultura extranjera —fundamentalmente estadounidense—, lo que redimirá al protagonista distanciándolo de la vulgaridad, que el *low camp* mexicano representa, al ser "caricatura, imitación deshonesta y muy, muy burda de los gringos". El libro espeja aquí la percepción de los sectores medios y altos mexicanos —donde se ubica el homosexual "viajado" o que aspira a serlo— puestos a menospreciar el *kitsch* popular en aras del *kitsch* manufacturado proveniente de las sociedades industrializadas, en una maniobra que también pretende devaluar lo masculino exponiéndolo en su doblez: "Y ahora se volvió súbitamente triste, acaso por tener el deseo de comprar un kimono para usarlo a escondidas, caminando como una geisha a lo largo del cuarto, acaso porque con Olga su masculinidad no estaba en riesgo".

Aferrarse al momento *kitsch* para satisfacer un deseo o aplacar una nostalgia es asimismo lo que la protagonista de *Señorita México*, de Enrique Serna, hace con su vida, hasta convertirla en una mala copia del triunfo que estos concursos prometen a las aspirantes a reinas de belleza. Con perspicacia e ingenio, Serna se apropia de la voz femenina tejiendo un fresco de celos, intrigas, amores frustrados y humillaciones, para seguir a Selene Sepúlveda en su ascenso, éxito y decadencia, donde se alude al homosexual para ridiculizarlo:

> Tengo dos amigos, Paco y Raúl, dos muchachos del balé del Faraón que me vienen a visitar seguido o me invitan a su departamento. Ya cuando uno los trata se da cuenta de que son magníficas personas ¿no? Son marido y mujer, bueno, creo que Paco es el que hace de hombre, pero pa qué vamos a entrar en detalles.

Y más adelante: "El sexo debe llegar como algo natural, nunca debe ser inducido como una cuestión perversa porque entonces surgen las bajas pasiones, los adulterios, los maricones que ya ve que yo los respeto mucho pero eso no les quita que sean anormales".

Esta representación estereotipada puesta en boca del personaje refleja la percepción del mexicano en general. Una percepción hecha aún más chocante, dada la marginalidad en que el abuso de lo masculino ha sumido a la protagonista. El autor aúna así al homosexual y a la mujer desde lo grotesco del hombre, haciéndolos depositarios del *kitsch* básico, ya sea como bailarines en algún antro nocturno o actuando en una fotonovela del género porno *soft*.

Tal *bonding* es también el que se busca en *Tonada de un viejo amor* y *Primero las damas*, de Mónica Lavín y Guadalupe Loaeza, respectivamente, pues ambas tienen al gay como compañero de fatigas y confidente de las protagonistas, en la dura faena de agenciarse a un macho. Sufrir en silencio las traiciones, "cumplir, aceptar y esconder el gozo" vincula sus existencias signadas por el imposible, lo clandestino, la necesidad de conservar las apariencias y mantener en secreto el sentido de su deseo.

Con un gesto *camp*, Lavín y Loaeza hacen del homosexual recipiente del *kitsch* contenido en los cuartos empolvados, los muebles heredados de mujeres que hicieron de la simulación su profesión, y de la cual ellos vicariamente participan articulando su experiencia a la de aquéllas:

> La vieja casa donde había nacido les salió al paso en la esquina siguiente. La que ahora era de su hermano Enrique y de ella... Vivía en la Ciudad de México, solo. Se rumoraba que no era hombre, que siempre estaba rodeado de jovencitos... Qué más daba, seguramente no volvería más a este pueblo de machos briosos [Lavín].

> [S]e dirigió hacia el gran armario y lo abrió. Allí colgaban varios vestidos largos de principios de siglo. Habían pertenecido a su abuela. Sacó el negro

de encaje [...] y rápidamente se lo puso... El estilo y los encajes de cuello alto contrastaban con la barba cerrada y los bigotes abundantes.

La inclinación de lo masculino a basurear a ambos grupos por iguales utilizada aquí para, en un juego de espejos, reflejar al hombre en sus actitudes más toscas y parodiarlo, siguiendo la propensión de los demás textos estudiados, y de una parte importante de la cultura gay en general. Denunciar, caricaturizar, exponer en sus momentos más patéticos la masculinidad, que el hombre históricamente ha erigido como una barrera protectora de sus dependencias, vacilaciones y miedos, a partir del *kitsch*, pero sin abandonar el ingenio y el placer por encontrar la frase justa que sacuda y asombre propios del *camp*, son entonces herramientas con que los creadores cuentan para obligar a la sociedad a mirar abiertamente y sin prejuicios las obras. Todas ellas, diría yo, producidas "sobre la frontera" donde convergen prácticas, sexualidades, estilos, percepciones y estéticas, en un proceso híbrido, definido por la habilidad de cada quien para cruzarla y abrazar, inclusivamente, al otro y lo otro; única manera de construir una sociedad más justa a lo largo y ancho del continente. Tal cual Guillermo Gómez-Peña asienta con agudeza, al referirse a ese límite trazado, justamente, para ser perennemente transgredido:

> Hoy, si hay una cultura dominante, es la cultura de la frontera. Y aquellos que todavía no la hayan cruzado lo harán muy pronto. Todos los americanos (de este vasto continente llamado América) fueron, son o serán individuos que crucen la frontera. Todos los mexicanos, apunta Tomás Ybarra-Fausto, "son chicanos en potencia". Usted mismo mientras lee este texto está cruzando una frontera.

El peligro: la tendencia de la cultura de masas a canibalizar las subculturas y apropiárselas, a fin de comercializarlas y despojarlas de su poder subversivo. De ahí la necesidad de mantenernos en pie de guerra y alerta, para que la voracidad del *establishment* no acabe por devorarnos y extinguirnos, ahora, cuando apenas estamos empezando a caerle a patadas a ese clóset.

Un devenir de visibilidad y voces

Xabier Lizarraga Cruchaga

In memoriam Luis Armando Lamadrid
y Luis González de Alba

—¡Basta de realidades! Queremos utopías.
—¡No me da vergüenza, me da miedo!
—Se ve, se nota, aquella también es Jota.
—Detrás de los balcones se esconden maricones,
detrás de las ventanas se ocultan más lesbianas...
Consignas de 1968-1978, 1980, 1990... y sumando.

Algunos de aquellas generaciones nacidas y criadas en las rutinas del conformismo, en 1968 nos sacudimos la conciencia y, con movilizaciones y consignas, enfrentamos al poder monolítico, a granaderos y soldados, incluso confrontamos a nuestros padres y amigos de toda la vida; nos mordimos el miedo, masticamos estrategias, digerimos audacias y nos propusimos abrir brecha, queríamos trazar nuevos caminos en México, asfaltar rutas hacia los inalienables derechos humanos, aunque aún no se pusiera de moda hablar de ellos... Y fuimos capaces de seguir adelante, pese a que masacraron a muchos en la Plaza de la Tres Culturas aquel 2 de octubre, dispararon contra jóvenes eufóricos para silenciar a todo el pueblo y dar inicio a la fiesta de los XIX Juegos Olímpicos; otros más cayeron ante los Halcones aquel 10 de junio de 1971 en San Cosme. Nos habían educado en la censura y el silencio, en la represión, en la obediencia a base de inculcarnos el miedo a la autoridad, pero había llegado el momento de darnos cuenta de que no podíamos seguir así. Lentamente y casi a tientas, germinó en nosotros la protesta organizada, la rebeldía, la reflexión y la madurez política.

Sin embargo, aún tuvieron que pasar varios años para que diéramos otro importante paso; respecto a lo íntimo, al placer y los deseos, sólo habíamos despertado en el espacio privado, entre muros y con las puertas cerradas como había dicho Carlos Pellicer: "Que se cierre esa puerta / que no me deja estar a solas con tus besos", viviendo, quizá sin darnos cuenta, prisioneros del clóset. Paradójicos como somos, vivíamos la protesta social demandando al Estado, al país, a la sociedad toda una apertura política, ideológica; a voz en cuello exigíamos nuestros derechos ciudadanos, pero también guardábamos silencio... No protestábamos por los grilletes que imponían a nuestro ser más íntimo, no protestábamos por las *razzias* policiacas dirigidas, un día sí y otro también, contra nosotros por ser homosexuales, bisexuales, travestis, transexuales, por ser "diferentes".

En México, a finales de los sesenta, aún estábamos paralizados ante la dictadura de la heteronormatividad; porque al parecer nos habíamos creído el cuento y nos asumíamos "perversos", "errores de la naturaleza", y no se nos ocurría siquiera pensar que merecíamos ser reconocidos como sujetos sociales, con una vida interior y una subjetividad tan válida como cualquier otra, que éramos ciudadanos disidentes del orden sexual establecido, pero ciudadanos al fin. Nuestra primera conciencia social sólo tenía como objetivo ser ciudadanos comunes y silvestres, asexuados, porque aún no nos habíamos puesto a pensar que existía una política sexual más que restrictiva, asfixiante, que nos anulaba como sujetos sociales cuando nos dejábamos ver en la calle joteando, vistiendo atuendos y colores imposibles o mirando con derretidos gestos de apetencia a un hombre guapo que se nos cruzaba en el camino, cuando una mujer despertaba ilusiones, sueños y fantasías húmedas en nuestras compañeras lesbianas o cuando alguno de nosotros se detenía como polilla hipnotizada ante un escaparate en el que se nos mostraba la posibilidad de una vida deseada, y suspiraba ante unos vertiginosos zapatos de tacón o un traje de noche de medio paso y media tonelada de pedrería y lentejuela. De hecho, los escaparates de las tiendas nos servían de catálogo de ilusiones y de espejo retrovisor para ver hacia dónde iba aquel transeúnte que nos había llamado la atención, que nos había seducido quizá sin proponérselo... Quizá con intención.

En México, a finales de los sesenta y durante gran parte de los años setenta, los y las homosexuales, travestis y transexuales seguíamos asfixiados por el prejuicio, prisioneros en las cárceles de la vergüenza, del miedo y de la culpa moral, secuestrados por un pretendido respeto a la familia; antes que dignidad y autoestima habíamos aprendido culpas, vergüenzas y miedos, y habíamos aprendido a callar, a dejarnos ver apenas; asumíamos que nuestra obligación era proteger a la sociedad de nosotros mismos, siendo discretos, respetando las convenciones sociales, dándole prioridad a la moral erotófoba heredada de generaciones pasadas y del "Manual de Carroña".[1] Sin embargo, en los encuentros clandestinos y en las furtivas caminatas callejeras conseguíamos encontrarnos unos a otros mediante un sexto sentido que nos permitía, casi sin error, reconocer al joto que miraba de reojo y provocaba con sutileza, que nos veía y trastornaba el seso y... eso otro de allá abajo, en la entrepierna, que nos hacía vibrar muchas cosas entre las nalgas y en los pezones; y la tortillera suspiraba caminando tras una desconocida, porque era capaz de reconocer formas de invitar al encuentro, un gesto de labios y el movimiento discreto que decía: "Ven, podemos cosechar caricias y jadeos". La vestida suspiraba y se esmeraba para ser la mejor entre las mejores, esforzándose en el maquillaje y el movimiento, en el juego de pestañas y el sutil movimiento de unos labios de rubí. Sí, pese

---

[1] file:///Users/xabierlizarragac/Downloads/Dialnet-ElManualDeUrbanidadYBuenasMan erasDeManuelAntonioCa-2570290.pDF.

a todo, estábamos armados con un arsenal de miradas, movimientos, toqueteos de manos, sonrisas y gestualidad provocadora para comunicarnos y hacernos del mundo y sus placeres: estábamos en movimiento aunque sólo se dieran cuenta aquellos que también lo estaban; poseíamos un amplio lenguaje críptico, verbal y no verbal, un lenguaje de giros ingeniosos y metáforas sugerentes, que al llegar al "ambiente"[2] debíamos y ansiábamos aprender; un lenguaje lleno de humor y audacia, poseíamos toda una ingeniosa cultura del encuentro y la complicidad, transmitida de boca a boca cuando conseguíamos acercarnos a alguien que era capaz de mostrarnos no sólo el camino a bares, hoteles, baños, fiestas y esquinas mágicas, sino también hacia la construcción emocional y erótica de nosotros mismos: cicerones que podían enseñarnos estrategias de ligue y de sobrevivencia. Aprendíamos de manera casi artesanal todo eso que ahora se consigue con una serie interminable de *clicks* en la computadora o el celular, eso que está contenido en enlaces en internet y que se puede aprender mediante diálogos casi anónimos *mouse* a *mouse*, estando a metros, kilómetros de distancia de nuestros contertulios; maravillosa tecnología que, sin embargo, al facilitarnos la existencia, ha acabado con mucho de aquel intrincado juego clandestino y detectivesco que nos hizo fuertes, seguros de nosotros mismos, ingeniosos, decididos y, quizás, un poco más solidarios entre nosotros de lo que ahora somos.

Hoy estamos tan encerrados en nuestro espacio cibernético de confort, que no nos reconocemos unos a otros, tan aislados en medio de una multitud, que apenas nos sospechamos e imaginamos a nuestra manera, casi sin compartir ideas, sin proyectos conjuntos a futuro; y si bien ahora podemos ahorrarnos no pocos peligros en la calle dada la posibilidad de acceder a informaciones varias —desde fiestas hasta encuentros académicos para debatir sobre nosotros y nuestros derechos— sin necesidad de exponernos

---

[2] El "ambiente": el mundo, la subcultura homosexual y *trans*.

cuerpo a cuerpo, tendemos a concentrar nuestra atención en las pantallas del celular, el iPad o la computadora más que en las personas y, con ello, se abren puertas a otros muchos peligros, a veces insospechados, porque teniendo tres mil o más amigos en Facebook o seguidores en Twitter, no es difícil que lleguemos estar más solos que nunca, más aislados, desvalidos y dependientes de lo que ocurra y se oferte en Grindr, Manhunt, Adanel, Miumeet... De ahí, el vértigo que a muchos nos provoca la prisa y la inmediatez; la virtualidad es muy frágil y es parte central de los vínculos que hoy llegamos a crear, y con ella nos vemos signados por la obsolescencia: a los viejos (o incluso los mayores de 40 años) se nos considera una especie erótica inexistente o en vías de extinción, condenada al señalamiento criminalizador si pretendemos acceder al placer; como bien apuntara Eduardo Galeano: "La vejez es un fracaso, la infancia es un peligro".[3] A los niños o aún jóvenes adolescentes sin credencial del Instituto Nacional Electoral, se les ve como carne de uso y abuso de curas o como la nueva remesa en el mercado de los erotismos transitorios. Hoy, esa sed de aprender de los otros que teníamos las generaciones anteriores parece haber sido sustituida por reglas y reglamentos ofrecidos en fríos manuales digitales, cuya autoría poco importa, por lo que vemos erosionada la solidaridad intergeneracional que tanto nos enriquecía, que nos hacía fuertes y audaces.

Hace unas cuantas décadas nos referíamos a nosotros mismos como "mana", "vestida", "de ambiente", "que jala"... porque la palabra *gay* aún no se hacía popular y comercial en México, y no nos asfixiábamos unos a otros con las urticantes exigencias de "lo políticamente correcto". Los demás, desde papá y mamá hasta el policía y el vecino nos llamaban "putos", "marotas", "maricones", "tortilleras", "lilos", "mariposones", "del otro lado", "leandros", "mujercitos", "cacha granizo", "machorras" y otras lindezas; términos

---

[3] E. Galeano (2012:18).

y expresiones que hemos ido incorporando con humor resignificante a nuestro propio lenguaje, pero que en aquellos años estaban fuertemente cargados de intenciones vejatorias, y nos dolían y atemorizaban, porque en la escuela, el trabajo, la calle o incluso en la casa podían ir acompañados de no poca violencia. En películas y programas de televisión no se hablaba de nosotros, simple y llanamente se nos ignoraba o insultaba; y nosotros callábamos. Sin embargo, en otras regiones del planeta las cosas se habían estado moviendo de otra manera y se abrían caminos: en Nueva York, a finales de junio de 1969, estalló la protesta colorida, la rebelión de Stonewall,[4] que tuvo resonancia mundial y que ha conseguido su lugar en los libros de historia (todavía no en los de la Secretaría de Educación Pública); una revuelta callejera en la que anónimos *trans*, jotos y otras quimeras rompieron el silencio del miedo y atrajeron la atención de las miradas: un enfrentamiento con la policía, muy distinto a los que habíamos vivido en México el año anterior, pero igual de importante.

En México no éramos muchos, pero algunos habíamos despertado y estábamos decididos a seguir despiertos y a despertar a otros; deseábamos que las generaciones que venían pisándonos los talones no se durmieran arrulladas por unos éxitos susceptibles de evaporarse y borrarse de la memoria: teníamos que transformar a México para siempre. Varios tuvimos la suerte de recibir noticias de toda esa revolución que se estaba dando allende nuestras fronteras y otros más pudimos viajar y verla, vivirla en primera persona, ya en el norte o al otro lado del charco, y descubrimos que la conciencia social y la política no sólo es asunto de las fábricas y del campo, de los pobres y débiles pisoteados por los ricos y poderosos, también era (y es) asunto nuestro, atañe a nuestras emociones y pasiones, a los deseos amorosos, a los placeres eróticos y a nuestras polimorfas y polifónicas identidades. Sí, en México nos tardamos

---

[4] R. Aldrich (ed.) (2006).

10 años más en despertar en nosotros mismos la dignidad, nos tardamos 10 años en decidirnos a cultivar el orgullo de ser como somos,[5] a reivindicar nuestras diferencias; aunque muy a principios de los setenta se habían dado algunos tímidos pasos, a la manera de otros grupos en Estados Unidos y Europa: Nancy Cárdenas, Luis González de Alba, Carlos Monsiváis y algunos otros se reunían en la intimidad y pusieron las bases de lo que ha llegado a ser un movimiento social, político y cultural cargado de fuerza, emoción y pasión, un movimiento de voces y demandas, un movimiento de visibilización, un movimiento plural y cargado de contradicciones, pero vivo, potente incluso cuando no hace ruido; un movimiento que ha impregnado el entorno ambientando otras atmósferas en las ciudades y en los pueblos, incluso en los aparatos del Estado.

En 1978 ya se habían conformado, sin saber unos de otros, algunos grupos: Lesbos, Sex-Pol, Frente Homosexual de Acción Revolucionaria (FHAR), Oikabeth y Grupo Lambda de Liberación Homosexual; y seguirían surgiendo otros aquí y allá, del centro a la periferia del territorio nacional (como suele ocurrir en un país obsesionado en centralizarlo todo). No pocas agrupaciones morían sin realmente haber podido siquiera hacerse escuchar, mientras que otras crecieron, maduraron y se transformaron a lo largo de los años, por lo que no faltaron fuertes y acaloradas confrontaciones entre grupos; algo que se lamenta y critica, sin darnos cuenta de que la diversidad también está entre nosotros, que no todos los jotos pensamos igual, que no todas las lesbianas buscan lo mismo, ni todos los *trans* reivindican las mismas cosas, pues son sólo algunos objetivos puntuales los que nos hacen estar en el mismo camino, invirtiendo esfuerzo y trabajo, entrega y compromiso a un movimiento que es plural, y caótico como el vivir, como la naturaleza misma.

---

[5] http://closet-roto.blogspot.mx/2011/06/ser-o-no-estar-orgulloso-de-lo-que-soy.html?zx=dc59cb90cc364aab.

El 27 de julio de 1978, una pequeña nota en el periódico dio cuenta de que el día anterior, en la conmemoración del levantamiento cubano contra la dictadura de Fulgencio Batista, había participado un pequeño contingente de homosexuales: los compañeros del FHAR se convirtieron en el rostro de una visibilidad que tenía que ir a más.[6] Ese 26 de julio quedaron en algunas calles de la Ciudad de México los restos públicos de unos cuantos clóset hechos añicos, y también se hizo evidente que el movimiento homosexual no podía ser una acción uniforme, que siempre habría diferencias entre nosotros, que habría cuestionamientos porque inevitablemente vivimos contradicciones, confrontaciones y estrategias diferentes, persiguiendo fines compartidos, coherencias emocionales, políticas, sexuales y ciudadanas; por ello, en Lambda aplaudimos la semilla sembrada por los del FHAR, pero nos desconcertó que celebraran el inicio de una revolución que, con los años, se había convertido en un clarísimo ejemplo de homofobia de Estado: Cuba había implementado "centros especiales de trabajo" —llamados Unidades Militares de Ayuda a la Producción (UMAP)—, que eran auténticos campos de concentración y de trabajos forzados en los que encerraban y explotaban a muchos, y a todos los homosexuales que podían agarrar.[7] Tales campos de concentración arrojaron un saldo indignante: 76 muertes por tortura y ejecuciones, 180 suicidios y 507 hospitalizaciones psiquiátricas;[8] y no pocos homosexuales serían expulsados del país desde el puerto de Mariel, entre el 15 de abril y el 31 de octubre de 1980,[9] con un pesado cargamento de insultos y devaluaciones... Una homofobia institucional que hoy en el siglo XXI está muy maquillada, pero que aún es una patética rea-

---

[6] X. Lizarraga (2003).
[7] X. Lizarraga (2012).
[8] La película *Conducta impropia* de Néstor Almendros y Orlando Jiménez-Leal da pruebas testimoniales de todo ello; véase http://profesorcastro.jimdo.com/umap-campos-de-concentraci%C3%B3n-en-la-cuba-de-fidel-castro/.
[9] R. Arenas (1992).

lidad en la Cuba de los Castro.[10] En Lambda no entendíamos cómo en el FHAR podían conciliar esa homofobia con las reivindicaciones sexopolíticas, pero también nos alegraba saber que no estábamos solos en la intención de una visibilización social de nuestras realidades emocionales, eróticas y políticas, nos entusiasmó saber que había otros que además de importantes reflexiones y debates entre cuatro paredes, estaban decididos a tomar las calles como foro.

Comenzábamos no sólo a movernos sino a mover a la sociedad, por lo que no podíamos dejar de demostrar que lo que era importante para México lo era también para nosotras las tortilleras, las vestidas y las jotas (y viceversa): el 2 de octubre de ese mismo 1978, en la conmemoración del décimo aniversario de la masacre de Tlatelolco, tres grupos configuraron el grueso del contingente lésbico-homosexual: Oikabeth, grupo compuesto por aguerridas lesbianas feministas y socialistas; el ya mencionado FHAR, básicamente conformado por hombres, en muchos aspectos compenetrados con las realidades urbanas más marginales; y Lambda, el primer grupo realmente mixto también feminista, también socialista pero plural (calificados por los otros como "pequeño burgueses". Un sonoro y visible contingente al que se unieron algunos espontáneos, sobre todo hombres homosexuales y travestis, pero también varios heterosexuales solidarios. Ésa fue sin duda una experiencia que nos hizo vivir alegrías, miedos y descubrimientos: en la Plaza de las Tres Culturas se nos recibió con aplausos, pero en el camino también se nos insultó y el Partido Comunista (PC) atrasó su contingente para "no ser confundidos" con los "degenerados" que marchábamos tras el contingente del solidario Partido Revolucionario de los Trabajadores (PRT).

También en aquel 1978 se publicó en México *El vampiro de la colonia Roma*, de Luis Zapata, y en España *El homosexual ante la sociedad enferma*, coordinado por José Ramón Enríquez, en

---

[10] http://www.cubanet.org/destacados/homofobia-en-cuba-quien-tiene-la-culpa/.

Inglaterra se fundó la International Lesbian and Gay Association (ILGA),[11] a la que algunos grupos mexicanos se sumaron en los ochenta, pero dos de dichos grupos, Guerrilla Gay y Colectivo Sol, de inmediato abandonaron sus filas por no estar de acuerdo con sus pretensiones conformistas, integracionistas y de políticas atenidas a la moral imperante: la ilga promovía políticas de inclusión de jotos y tortilleras decentes, dándoles la espalda a todos aquellos señalados con dedo acusador por la Organización de las Naciones Unidas (ONU), como el grupo Nambla.[12] México aún seguía muy lejos de otros países, muy a la zaga, pero comenzábamos a hacernos oír en diversos foros, tanto sindicales como académicos (*v.g.* el IV Congreso Mundial de Sexología, México 1979, donde algunos participamos en la organización y presentación de ponencias), en la calle y en los bares; pero aún nos faltaba (y falta) mucho por andar. En 1980 se plantea la organización de los Gay Games, que por primera vez se realizaron en San Francisco, California, en 1982;[13] y no fue hasta 1994, durante el vigésimo quinto aniversario de Stonewall en Nueva York, cuando el activismo mexicano participó con algunos deportistas, entre ellos un patinador sobre hielo representando al Grupo Guerrilla Gay.

Sí, con algo de retraso, pero en México se había encendido la mecha de una bomba ideológica, de una conciencia sexo-social, y las mechas de infinidad de velas para alumbrar el camino y, posteriormente, para recordar a nuestros muertos, que han sido muchos… Y a la luz de tanta mecha y vela encendida, se hizo poesía, teatro, cine, pintura y ciencia, todo un universo de cultura orgullosamente homosexual, aunque algunos de sus creadores se sintieran lejos o reacios al activismo militante, temerosos con frecuencia de ser etiquetados como "escritor homosexual", "actor gay", "científica lesbiana": pero el movimiento es eso: *movimiento*, acción, actividad… Lo que

---

[11] http://es.wikipedia.org/wiki/Asociaci%C3%B3n_Internacional_de_Gays_y_Lesbianas.
[12] https://es.wikipedia.org/wiki/North_American_Man/Boy_Love_Association.
[13] http://es.wikipedia.org/wiki/Gay_Games.

ha ido incrementándose calendario tras calendario. En marzo de 1979 José Joaquín Blanco publicó en el periódico *unomásuno* un texto que devino paradigmático para el activismo mexicano: *Ojos que da pánico soñar*,[14] y el 30 de junio se organizó la primera Marcha del Orgullo Homosexual en la Ciudad de México; marcha un poco tímida y "chamaqueada" por la policía que nos desvió por la calle de Lerma, lateral al Paseo de la Reforma, y que concluyó en la hoy desaparecida Plaza Carlos Finlay, a un costado y atrás del Monumento a la Madre, donde, quizá para borrar de la memoria de nuestra osadía, construyeron el edificio del Registro Público de la Propiedad y de Comercio del Distrito Federal (hoy Ciudad de México).[15] Aquella primera marcha no fue masiva pero fue importante porque lanzamos a la calle las semillas de lo que hoy vamos cosechando: nuevas semillas de reivindicación de derechos, de denuncia de injusticias, de oponernos a la represión, de exigir justicia ante los numerosos crímenes de odio, de luchar contra ese monstruo de mil cabezas al que ya se le da nombre: la *homofobia*; monstruo que tiene marcado un día oficial en el calendario para ser combatido a nivel internacional, el 17 de mayo (como si no fuera un deber de todos los días). Una vez más, el discurso médico nos ha impuesto los "cómo", los "por qué" y los "cuándo": el 17 de mayo de 1990 la Organización Mundial de la Salud (OMS) nos concedió a los homosexuales, un poco a regañadientes, el certificado de "sanos", quitándonos la etiqueta de "enfermos mentales"; etiqueta que comenzaron a arrancar en 1973 los psiquiatras y que, finalmente, la medicina depositó en el bote de la basura casi 20 años después… Aunque muchos todavía la esgrimen para que se nos niegue una igualdad de derechos; particularmente jerarcas religiosos y otros que, queriendo quedar bien con Dios y con el diablo, proponen que nuestros derechos sean sometidos a consulta

---

[14] J. J. Blanco (1997:181-190).
[15] X. Lizarraga (2012).

popular, lo que es otra manera de insultarnos, porque los derechos no deben ser sujetos a referendo o voto,[16] deben ser reconocidos y defendidos por los Estados: a iguales obligaciones corresponden iguales derechos. También hay quien propone que nuestros derechos sean nombrados con términos que no se usen para los bugas[17] decentes, porque, suponemos, no quieren crean confusiones incómodas (*v.g.* ¡*gaymonio*! en vez de matrimonio).

El nuestro es un movimiento social y, por tanto, cultural y político que ha ido germinando poco a poco desde mediados del siglo XIX en Alemania y otros países, y que en la década de los ochenta del siglo XX realmente comenzó a echar raíces en tierras mexicanas;[18] pero la larga tradición de miedos y vergüenzas, de culpas asumidas, sólo nos permite ir muy lentamente, intentando objetivos muy particulares e involucrando a otros: necesitábamos (y seguimos necesitando) aliarnos con las mujeres en general —víctimas del patriarcado, de la misoginia que nos afecta a todos—, con las prostitutas y prostitutos vilipendiados —víctimas de la doble moral cargada de hipocresía—, con las etnias pisoteadas por un racismo no reconocido, con los pobres humillados por la petulancia del capital, con los minusválidos y enfermos vejados por la indiferencia de todos y la soberbia del discurso clínico: necesario crecer en oposición a un orden social ortodoxo, almidonado por los dogmas y enfermo de prepotencia... "¡No hay libertad política si no hay libertad sexual!" fue la primera consigna que rompió nuestro silencio y no ha perdido vigencia, aunque hoy pocos están dispuestos a gritarla, porque son mayoría los que sólo quieren ver en el activismo una marcha convertida en carnaval, con exposición trivial de cuerpos y coronación de frívolas reinas de *rating*

---

[16] Cabe, sin embargo, aplaudir la madurez política y amplitud de criterio del pueblo irlandés, que votó mayoritariamente por el derecho al matrimonio de parejas del mismo sexo, el 22 de mayo de 2015.
[17] "Buga" = heterosexual.
[18] X. Lizarraga (2012).

televisivo. Sin embargo, el movimiento no trata de eso o, por lo menos, no únicamente, porque tampoco se trata de solemnidades; el activismo incluye la reivindicación política, la demanda sin cuartel y también el sentido del humor, la risa, la alegría y el goce, que siempre han sido ingredientes de nuestro ser y vivir. El sentido del humor es, como diría de la poesía Gabriel Celaya: *un arma cargada de futuro*; y parafraseando al poeta, podemos gritar que "¡Maldecimos el activismo concebido como un lujo cultural polos neutrales, que lavándose las manos se desentienden y evaden!"[19]

Las Marchas del Orgullo, con problemas internos y externos, con sus éxitos y fracasos, han sido un crisol de propuestas y un espacio de encuentros y desencuentros, escenarios de denuncias y de guerras intestinas; por ello, cuanto más numerosas y bulliciosas, cuanto más coloridas y ensordecedoras, las marchas llegan ser más importantes, porque hacemos visible e innegable nuestra existencia, porque nos hacemos oír; aunque corremos el peligro de que devengan anodinas si se quedan ahí, en la fiesta multitudinaria sin compromiso, convertidas en una fecha más que da color al calendario pero que carece de más contenido que el comercial. En no pocas ocasiones las marchas se llenan de voces que se contraponen, que se confrontan, y se abren distancias dolorosas entre gays y lesbianas, entre éstos, aquéllas y los transexuales, entre la gente *trans* y los bisexuales, entre "las obvias" y "los decentes", entre homosexuales "viriles" y "locas", entre partidistas y apartidistas... Entre activistas entregados a la causa, empresarios entregados al negocio y oportunistas entregados a la rapiña proselitista. El movimiento LGBTTTI en México, como en prácticamente todos los países, no es concebible en singular y nunca lo ha sido, porque jamás ha habido una sola manera de concebirlo; ha quedado más que claro que ha derivado en por lo menos dos corrientes fundamenta-

---

[19] http://www.poemas-del-alma.com/gabriel-celaya-la-poesia-es-un-arma-cargada-de-futuro.htm.

les: aquellos que buscan ser integrados y asimilados por el sistema social existente frente aquellos que no pretendemos sólo reformar sino deconstruir el orden heterocéntrico existente para construir un nuevo orden sin centrismos limitantes, un nuevo orden no sólo social sino también amoroso, libertario del deseo y de las identidades, un orden sin estrechas perspectivas de género sino con un amplio reconocimiento de géneros que fluyen o no, pero que no se estorben mutuamente; un orden que haga posible el reconocimiento y el respeto de unos y otros, que permita la convivencia creativa de autonomías emocionales y eróticas. Reconozcámoslo, existe una amplia variedad de activistas, desde aquellos que viven para el activismo, entregados de cuerpo y tiempo completos, hasta los que viven del activismo y han hecho del mismo un negocio o una forma de obtener privilegios, de viajar o promocionarse, y entre unos y otros, unos cuantos consiguen armonizar ambos tipos de objetivos.

Ha habido no pocos desencuentros, pero también coincidencias que han permitido intercambiar ideas y discutir proyectos; así, por ejemplo, en 1984 se realizó en Guadalajara un encuentro cultural y político con activistas de diversas partes del país, lo que resultó una sana experiencia que, con diferentes matices, se repetiría año tras año en la capital del país, con la Semana Cultural Gay; pero también en 1984 se produjo uno de los primeros y más fuertes enfrentamientos entre grupos y personas del activismo, a causa de estrategias frente a la pandemia del sida, cuando la "Red Lhoca", que agrupaba al Colectivo Sol, a La Guillotina, a Mariposas Negras y a algunos travestis y punks sin denominación de origen, se enfrentó a Lambda, Oikabeth y a otros grupos durante la marcha y se repartió un documento titulado: *Eutanasia al movimiento lilo*;[20] documento que debería volverse a leer y analizar, porque además

---

[20] https://books.google.com.mx/books?id=FDACi57eZsIC&pg=PA133&lpg=PA133&dq=eutanasia+al+movimiento+lilo&source=bl&ots=bO2BIgMxI-&sig=B6wfoNzgEsB3I3L1Mw1DFeqB5nk&hl=es-419&sa=X.

de la mala leche dirigida a Lambda, aportaba reflexiones que es importante retomar. A dicho documento, en 2014, parafraseaba el breve comunicado que se hizo circular para denunciar cómo unas activistas vendían y siguen capitalizando la tradicional Marcha del Orgullo para obtener de partidos y políticos beneficios personales; documento al que esta vez titulamos: *Eutanasia al arribismo lila* y firmamos como "La red de Histéricas", jugando con la noción de "locas" y de "históricas".

El devenir del movimiento no ha sido fácil; sabemos que los homosexuales, los *trans* e incluso los bisexuales tenemos problemas sociales como todo mundo, como los indígenas, como los pobres, como los han tenido las mujeres en la larga historia de la misoginia, como incluso los tienen los empresarios y los "niños de papá", pero hoy día se olvida que hasta la década de los setenta, en la Ciudad de México la policía podía irrumpir con lujo de violencia en una casa por la simple denuncia de un vecino molesto porque al lado había "una fiesta de maricas" o porque una loca resentida, que no había sido invitada, buscaba venganza; sin orden de cateo ni tener que dar explicaciones entraba la policía y las fiestas podían terminar en donde ahora van a dar los conductores que no libran el alcoholímetro; y con más frecuencia aún irrumpían en bares, donde no podíamos tomarnos de las manos, bailar y mucho menos darnos un furtivo beso: la policía realizaba rutinarias *razzias* (denominadas "operativos") para clausurar el local y llevar a los parroquianos al "Torito", obligándolos muchas veces a vestirse de mujer y a maquillarse grotescamente para saciar el morbo de una prensa como la *Alarma!*, o bien violaban en una calle a los jotos, a los travestis, a las lesbianas y, porque el clóset da pie al chantaje, los extorsionaban: "Afloja o te llevamos a tu casa y les decimos a tus papás la clase de degenerado que eres". Por todo ello, los incipientes grupos tenían entre sus más inmediatas metas terminar con esa violencia policiaca tan cotidiana, de la que hoy los jóvenes rara vez son víctimas. En aquellos años no teníamos mucho tiempo para pensar en el "matrimonio igualitario", la "adopción y el reconocimiento de familias homoparentales", aunque muchos sí soñaban con asistencia en la reasignación sexual o de género en las actas y papeles oficiales; lo cual va siendo posible en muchas partes del mundo por ese movimiento que nació con tímidas demandas y ha ido a más, creciendo, pero no demandando "derechos especiales".

Como no podía ser de otra manera, no todos consideramos prioritarios los mismos objetivos inmediatos ni pertinentes las mismas estrategias; una pluralidad de miradas, reflexiones e intenciones nos demuestran que, por lo menos en México, resulta inadecuado hablar de "comunidad", porque poco tenemos en común; de ahí que ahora hablemos en términos de LGBTTTI e incluso bromeemos sobre un movimiento convertido en "sopa de letras". Nos dimos cuenta y ahora comenzamos a reconocer que los travestis, transgénero y mujeres y hombres transexuales requieren visibilizar realidades distintas a las que demandan los bisexuales, las lesbianas y los hombres homosexuales, incluso distintas a las de los hermafroditas o, como les gusta llamarlos el discurso dinarista clínico: los "intersexuales"; no, no tenemos las mismas necesidades ni preocupaciones, no nos enfrentamos a los mismos problemas cotidianos, no padecemos los mismos insultos y las mismas amenazas, no somos víctimas de las mismas formas de violencia ni de las mismas carencias... Si bien todos somos violentados, y en todos los colectivos hay asesinados y muchos son orillados al suicidio. No, no somos una comunidad, somos un muy amplio y plural colectivo con algunas demandas compartidas; tenemos problemas sociales porque no se nos quieren reconocer los mismos derechos que a los heterosexuales, incluso en la Ciudad de México que, con fines electorales y turísticos, ahora se maquilla y publicita ante la opinión pública y el extranjero como ciudad *gay friendly*; una ciudad donde cotidianamente se nos insulta, extorsiona y mata por no ser como papá, mamá, el policía, el legislador y el cura piensan que debemos ser. En los estados más aguerridos o empoderados como Jalisco o

Nuevo León, hoy la realidad social es parecida a la que se vivía en los ochenta y los noventa en el entonces Distrito Federal, por lo que los activistas vienen pisando fuerte y a veces conseguimos solidarizarnos unos con otros, a través de la geografía, incluso más allá de nuestras fronteras... Y para eso, sin duda internet resulta una gran herramienta, por lo que tampoco debemos menospreciar las posibilidades y los alcances del activismo cibernético.[21]

Poco después de la primera expresión pública de indignación y de ir ganando espacios, volumen de voz y atención social, una nueva lápida cayó sobre nuestro recién nacido optimismo: el sida, y produjo nuevas preocupaciones, nuevas demandas y la necesidad de implementar nuevas estrategias y campañas; y se dieron nuevos desencuentros intergrupales, como el mencionado de 1984. Todo se complicaba aún más, y ya no sólo debíamos aprender algo de leyes, de derecho, también era necesario familiarizarnos con aspectos médicos y su lenguaje lleno de palabrejas extrañas y de eufemismos; no sólo debíamos apoyar a aquellos que caían en las garras de la institución policiaca, era imprescindible actuar y ocuparnos de hombres y mujeres que caían presas del VIH y de la homofobia en hospitales, clínicas y consultorios. Debíamos abrir más caminos en los medios de comunicación, participar sin vergüenzas ni culpas en programas de radio y televisión (como los de Jacobo Zabludovsky o Nino Canún), decirle a la audiencia que el sida no es un problema de homosexuales, es un problema de la humanidad; convencerlos de que ese homosexual monstruoso y peligroso al que tanto miedo le tenían es un invento de la ignorancia y el prejuicio, que entre los homosexuales y *trans* como entre los heterosexuales, hay de todo: sanos y enfermos, académicos y obreros, gente buena y criminales, creyentes en un dios y ateos, filósofos, plomeros, artistas, campesinos, militares, migrantes, policías, artesanos, políticos y mendigos; que "estamos en todas partes" (otra consigna histó-

---

[21] X. Lizarraga (2012).

rica). Debimos reconocer que cuanto más limpiábamos el ambiente social de odios e ignorancia, más odios, miedos y mitos íbamos descubriendo en nuestras ciudades, en las esferas políticas, académicas y laborales, en la casa y en las iglesias; por lo que era y sigue siendo necesario ampliar el alcance del activismo y diversificarnos... Lo que no pocas veces conlleva a más desencuentros desagradables. El movimiento LGBTTTI lo configuramos una pluralidad de personas que no necesariamente coincidimos en preferencias partidistas, en perspectivas ideológicas y en discursos sociales y culturales; en realidad sólo nos unen los derechos que se nos niegan, los insultos que nos dirigen, la homolesbobitransfobia que nos acosa, la violencia con la que nos injertan desde niños el miedo, la culpa, la vergüenza y la resignación.

Con esa pluralidad de miras y con ese ímpetu lúdico y combativo se marchaba y se sigue marchando cada último sábado de junio, conmemorando la rebelión de Stonewall y haciéndonos más y más visibles, levantando la voz para conquistar nuestros derechos y para cantar y leer poesía. En todo el país han ido surgiendo, durante más de tres décadas, grupos y propuestas, aún tímidas o cautelosas en la mayoría de los estados, porque el ojo inquisidor de las iglesias y otras fuerzas conservadoras vigila de cerca y tiene más posibilidades de identificar y castigar a quienes osan perturbar el orden sexo-político hegemónico, heterocéntrico y reproductivista. Tras aquella primera aparición del contingente lésbico-gay en la marcha del 2 de octubre de 1978, al FHAR, Oikabeth y Lambda en la Ciudad de México siguieron otros grupos; así, en 1979 tuvimos noticias de un grupo bastante *sui generis*, nacido de las inquietudes de los hijos de algunos renombrados políticos priistas: el grupo AMHOR (Asociación Mexicana de Homosexuales Realistas), que desapareció con la misma velocidad y sigilo tras inaugurar y cerrar en poco tiempo un singular bar gay: el New York, New York, en lo que fuera el Hotel Plaza (hoy departamentos de lujo) en Sullivan e Insurgentes, a pocos metros de donde se yergue hoy el Senado de la República. Y comenzaron a sonar otras agrupaciones como el Grupo Bouquet o Nueva Batalla y el Grupo Horus, que dirigían sus inquietudes a ser acogidos por papá y mamá, por los vecinos y empresarios de bien, que buscaban integrarse sin provocar sobresaltos al orden social e interesados en impulsar empresas dirigidas fundamentalmente a la población homosexual masculina; aparecieron grupos movidos por necesidades religiosas como el Grupo Fidelidad, la Iglesia del Discípulo Amado y la Iglesia de la Comunidad Metropolitana, que nos venía de Estados Unidos, hoy aún presente como Iglesia de la Reconciliación. Asimismo, se crearon grupos más contestatarios, nacidos de las entrañas de los primeros grupos, entre los que cabe recordar a Grupo Homosexual de Acción Revolucionaria (GHAR), Colectivo Sol, Grupo Cuilotzin y Guerrilla Gay, y unas breves filiales del FHAR en Oaxaca y de Lambda en Guadalajara; ciudad esta última donde después tomó la batuta del activismo el Grupo Orgullo Homosexual de Liberación (GOHL). Estas y otras organizaciones, con fuerza contestataria, generaron espacios y discursos políticos, académicos, culturales, artísticos, incluso propuestas editoriales; el Círculo Cultural Gay se dedicó con tesón y contra viento y marea a la celebración de las Semanas Culturales; otros grupos, como Cálamo, Gis-Sida, Voz Humana, Abrazo, Grupo Dionisios-Universidad, la Fundación Mexicana de Lucha contra el sida y Ave de México centraron su objetivo en una necesidad inmediata y urgente: la prevención, la educación y la lucha contra la pandemia del VIH-sida. Aquí y allá, más a la sombra o buscando reflectores surgieron y siguen surgiendo, desaparecieron y siguen desapareciendo numerosos grupos, no pocas veces por pleitos personales, como si una lamentable consigna vital del activismo fuera: "No que no, sí que sí, nos volvimos a escindir"; por lo que es una utopía y quizás incluso no sea deseable eso de "la unidad", "la unión", porque con ello quizá se borrarían autonomías, miradas, diversidad, y provocaríamos más segregación.

No puede menos que aplaudirse que desde los setenta hasta la fecha hayan surgido las propuestas de grupos como MULA (Mujeres Urgidas de un Lesbianismo Auténtico), Ikatiani, Generación, Grupo de Madres Lesbianas (Grumale), El Clóset de Sor Juana, Patlatonalli y otros; y cabe recordar que en 1987 los grupos de mujeres realizaron el Primer Encuentro de Lesbianas de Latinoamérica y El Caribe, y constituyeron la Coordinadora Nacional de Lesbianas Feministas... Coordinadora efímera, pero que dejó huella. Asimismo, en México marcaron y aún marcan rutas aportando propuestas grupos como Palomilla Gay, el Grupo Homosexual de Acción Inmediata (GHAI) que se transformó en Grupo Homosexual de Acción e Información; Fundación Arcoíris, Grupo Eon, Musas de Metal, Opción Bi, Trans-gen, Jóvenes LGBT México, Colectivo Transexual, Vida Plena, Círculo de Familias Diversas, Piratas de Género, Guimel, Movimiento Integración de la Diversidad (movid), Migrantes LGBT, DivulgaC, Diversidad Lobos México... y un etcétera plástico y flexible. Todos ellos no sólo dan colorido sino contenido y resonancia al movimiento en prácticamente todo el territorio nacional, son la expresión quizá más visible de una lucha que hoy en día obliga a partidos políticos a tenernos presentes en sus agendas, para bien o para mal, porque los del colectivo LGBTTTI nos hemos convertido en botín electoral que no pocos aprovechan para sus particulares intereses y nos utilizan en situaciones y fechas puntuales con algunas propuestas, a veces seductoras, otras veces indignantes (como poner a consulta el matrimonio igualitario y el derecho a adoptar niños abandonados o implementar baños para transexuales).

El movimiento, a lo largo de los años, no ha quedado reducido a los grupos y sus acciones, no empieza ni termina en la calle y confrontando a los ciudadanos y a los políticos; desde sus inicios estalló por mil y un rincones a través de revistas como *Nuestro Cuerpo, Nuevo Ambiente, Hermes, Macho Tips, La Guillotina, Opus Gay, Del Otro Lado, Crisálida, Las Amantes de la Luna, Letra S,*

41 Soñar Fantasmas, *Boys & Toys* y otras muchas, que abrieron el campo a los encuentros tanto eróticos como sexo-políticos, a la par que los bares, algunos memorables e incluso icónicos como El Piccolo Mondo, Las Canastas, El Charada, El 9, L'Baron, Spartacus, el Viena, El Topo, El Vaquero, el Cyprus, Butterflies, El 41, el Tahúr, El Don, La Cueva de la Tigresa, El Taller, el Bugambilia, el Happening, el Kagbah, Cabaré-Tito y más; aunque antes de 1979 otros bares y cafeterías consiguieron dejar huella: el mítico Safari y el emblemático Villamar, El Paseo, Deval, Reno, Marrakesh (diferente al de hoy) o Penthouse; sin olvidar aquellos otros espacios propios del vivir homosexual como los baños Mina, Río, Torre Nueva y Finisterre, por sólo mencionar cuatro de larga e intensa historia. Nuestra invisibilidad nunca fue total, siempre fuimos visibles, pero de manera furtiva, escurridiza y por lo general nocturnal; casi como vampiros saciábamos nuestra sed de amor y de placer merodeando por calles y rincones, baños y bares, sabedores de que nos reproducíamos sin necesidad de cumplir con las normas coitales de la heterosexualidad, porque otros se encargaban de garantizarle nuevas generaciones al gremio.

Tras el estallido de la organización activista nuestra visibilidad pública y nuestra voz comenzaron a tener más fuerza y peso, incluso en el teatro, la danza, la música, la televisión y el cine donde finalmente nos encontramos a nosotros mismos, sin las grotescas caricaturas promovidas por la homofobia: *Los ojos del hombre*, *La primavera de los escorpiones*, *Los chicos de la banda*, *Y sin embargo se mueven*, *El pozo de la soledad*, *El día que pisamos la Luna*, *Maricosas*, *Y la maestra bebe un poco*, *Fiesta San Luis*, *Luego por qué las matan*, *El lugar sin límites*, *Dona Giovanni*, *Bent*, *Ave María Purísima (de prostitución y lentejuelas)*, *Sol de mi antojo*, *A tu intocable persona*, *Un día nublado en la casa del sol*, *El amor, la pasión y la pasta de dientes*, *Yo no soy Pancho Villa ni me gusta el futbol...* Además de los tradicionales *shows* travestis; en varios bares y discotecas desde los años ochenta también se produce conciencia social y política, ejemplo de ello son los ya icónicos *Martes de El Taller* iniciados por Guerrilla Gay (hoy *El taller de los martes* en La Belle Époque coordinados por Archivos y Memorias Diversas) y los *Lunes de cálamo* en El 9, dedicados a fortalecer la lucha contra el sida, el concientizador y lúdico teatro-cabaret del Bugambilia, de El Taller, Cabaré-Tito y El Hábito, hoy El Vicio de las Reinas Chulas; de hecho, cada vez son más numerosos los espectáculos que abren las puertas de muchos clóset y nos han dado voz y presencia social. El activismo sexo-político y cultural en México se ha enriquecido y fortalecido durante más de tres décadas gracias al trabajo, las propuestas, el talento y la entrega de gente como Max Mejía, Juan Jacobo Hernández, Mario Rivas, Humberto Álvarez, Yan María Yaoyólotl Castro, José María Covarrubias, Alejandro Celia, Marta Nualart, Pedro Preciado, Jaime Cobian, Agnes Torres y Alberto Teutle, Luis Armando Lamadrid, José Antonio Alcaraz, Hugo Argüelles y Horacio Franco, José Joaquín Blanco, José Ramón Enríquez, Carlos Monsiváis, Luis Zapata, Michael K. Schuessler, Luis Martín Ulloa, Miguel Capistrán, Juan Carlos Bautista y Braulio Peralta, Antonio Marquet, Mauricio List, Rinna Riesenfeld, Héctor Salinas y Rodrigo Laguarda, Tito Vasconcelos, José Rivera, Pedro Kóminik, Astrid Haddad, Salvador Irys, Gonzalo Valdés Medellín, Fernando Osorno Cruz, Daniel Cobian, Jesusa Rodríguez y Liliana Felipe, Francisco Estrada Valle y Arturo Díaz Betancourt, Alfonso Macías, Alonso Hernández, César Estrada, Mariaurora Mota, Diana-Alexandra Rodríguez Durán, Mario Rodríguez Platas y tantos otros... Somos muchos y seremos más. La poesía, la novela, el teatro, la música, la danza, el trabajo en la academia y la política abrieron y siguen abriendo puertas, y hoy recorre el país la Semana Cultural de la Diversidad Sexual organizada por el Instituto Nacional de Antropología e Historia, tenemos en Guadalajara una editorial audaz como La Décima Letra y en la Ciudad de México librerías como El Armario Abierto y Voces en Tinta; cada vez se abren más posibilidades de ventilar el ambiente y dejar salir el aire enrarecido de la ortodoxia heteronormativa.

Como dijera André Gide: "Todo está ya dicho, pero como nadie escucha, hay que volverlo a decir",[22] por ello, insisto: el activismo sexo-político no se reduce a marchas en junio, a abrir bares y a fundar barrios gay (que algunos viven como guetos), a hacer florecer una industria a base de empresas arcoíris ni a conseguir victorias importantes en el plano legislativo, como el matrimonio igualitario y la reelaboración de actas de nacimiento en términos de lo que uno es y no de lo que nos imponen que seamos; el movimiento de las sexualidades no hegemónicas, el activismo LGBTTTI —de militantes y no militantes de grupos y organizaciones— cada vez arrebata y consigue que se reconozcan más y más de esos derechos que nos han sido negados, secuestrados durante siglos, no sólo por la Iglesia católica sino también por leyes laicas, por haceres y discursos académicos de muy variados orígenes como la medicina, la psicología, la historia, la antropología, la sociología......... Llenen una casi interminable línea puntuada. Desde la segunda mitad del siglo XIX en algunos países europeos y desde finales de la década de los sesenta del siglo XX en adelante, en forma que podríamos calificar de "globalizada", vamos conquistando espacios en lo familiar y lo social, en lo político, lo académico, lo económico y lo emocional, pero aún queda mucho por hacer: el poder heterocéntrico es fuerte y se aferra a los cimientos heteronormativos que sostienen su estructura de exclusiones, de desprecios, odios y violencias hacia las mujeres en general y hacia todos aquellos que no respondemos a sus expectativas ni inclinamos la cerviz ante sus demandas "normalizadoras": hombres y mujeres homosexuales, bisexuales, transexuales, transgénero, travestis y otros tantos que no necesariamente responden a los binomios impuestos por las leyes y los discursos clínicos.

---

[22] http://www.enriquevilamatas.com/escritores/escrgallixa1.html.

En el país y el mundo entero aún se viven terribles realidades de odio y violencia, y permanecer en el clóset es una manera, por lo general involuntaria pero sin duda efectiva, de avalar la homofobia —la más plural homolesbobitransfobia—; por ello, requerimos ocupar con nuestra presencia y nuestras voces el espacio público todo, aun a costa de que, a medida que vamos conquistando derechos y presencia, también veamos un terrible incremento de las expresiones de odio, de violencias permitidas e incluso promocionadas por las homofobias del Estado y religiosas. Hay mucho que hacer, porque detrás de nosotros vienen nuevas generaciones cada vez más adoctrinadas en la complacencia del confort cibernético y el conformismo que ofrece la urticante tolerancia, pues como bien apunta Eduardo Galeano: "Educados en la realidad virtual, se deseducan en la ignorancia de la realidad real, que sólo existe para ser temida o para ser comprada".[23] Hay que hacer mucho más de lo que quizás imaginamos, porque esas mismas tecnologías que hoy nos sirven para hacernos más y más visibles, para que se nos escuche alrededor del mundo y podamos presionar incansables mediante el activismo cibernético, son las mismas tecnologías que utilizan los criminales que usan sotana o turbante, que ocupan las curules en los congresos, que escriben y publican manuales de diagnósticos patologizantes y que proponen terapias basadas en falacias, mitos e ignorancias... De hecho, me atrevería a decir que apenas estamos en los inicios de una larga y colorida revolución social, que no es sólo erótica, pero que reivindica el placer de ser, de estar y expresarse vitalmente.

---

[23] E. Galeano (2012:13).

Bibliografía recomendada

Aldrich, Robert (ed.)
2006   *Gays y lesbianas. Vida y cultura. Un legado universal*, Nerea, Donostia-San Sebastián.

Arenas, Reinaldo
1992   *Antes que anochezca*, Tusquets, Barcelona.

Blanco, José Joaquín
1997   *Función de medianoche. Ensayos de literatura cotidiana*, Era, México.

Galeano, Eduardo
2012   *Patas arriba. La escuela del mundo al revés*, Siglo XXI, México.

Lizarraga, Xabier
2003   *Una historia sociocultural de la homosexualidad*, Paidós, México.
2012   *Semánticas homosexuales. Reflexiones desde la antropología del comportamiento*, INAH, México.

Muere por sida el ángel de Sodoma
Vida, pasión y muerte de Mario Eduardo Rivas Montero

Juan Jacobo Hernández Chávez

Presentación

Desde su inicio, la epidemia de VIH-sida en México se ha concentrado mayoritariamente en hombres homosexuales y en otros hombres que tienen sexo con hombres; sin embargo, conocemos muy pocos testimonios que describan y reflejen cómo se vivía la enfermedad en sus comienzos, que relate desde adentro, desde el centro mismo de la epidemia de sida, cómo eran las atmósferas y los contextos sociales en los que los homosexuales mexicanos estuvimos sumidos durante una larga y terrorífica década. Pero sobre todo, que dé cuenta del estado de ánimo prevaleciente por el efecto devastador del sida a través de una serie de textos escritos a raíz de la muerte de un querido cantante y activista gay: Mario Eduardo Rivas Montero.

Contamos con escasas evidencias que relaten en la propia voz de quienes ya sabían que habían sido tocados por el aliento mortal del sida (cómo se coexistía con el inexorable tránsito hacia una muerte anunciada). Los testimonios que hay son muy poco conocidos o nunca fueron difundidos o acabados, entre ellos el documental inconcluso que Miguel Ehrenberg hizo con varios activistas gay —Mario Eduardo Rivas y Javier Galindo, conocido como *Blanca Nieves*, entre otros— que, venciendo el miedo y siendo congruentes con su actuar, accedieron a ser entrevistados y filmados como "gais con sida". Es muy difícil para las nuevas generaciones —que por fortuna ya nacieron en la era del acceso universal a medicamentos para VIH que permiten que las personas con la infección vivan plenamente y saludables— entender a cabalidad la carga de incertidumbre, de miedo transformado en terror y pánico que soportábamos cuando teníamos ante nosotros a nuestros amigos, amantes, familiares o colegas en cuyas venas corría, indetenible y voraz, el virus y en cuya mirada se reflejaba ya su inexorable muerte. Una cruel interrogante nos atormentó durante largos años, especialmente a quienes perdimos a un compañero de vida, a una pareja amorosa: "¿Por qué nosotros sí sobrevivimos y ellos no si hacíamos lo mismo, veíamos a las mismas personas que ellos y muchas veces teníamos sexo con ellos?" Vivíamos en la desesperanza, sumidos en una angustia interminable ante la posibilidad de traer ya en nosotros, sin saberlo, esa firme sentencia de muerte, ese anuncio hacia nuestro fin material irremediable... No sabíamos ni podíamos entender por qué unos no lograron eludir la muerte acechante, y por qué otros sí... La injusticia de la vida nos abrumaba, nos paralizaba.

Los textos que compartimos con los lectores giran alrededor de la vida y la muerte por sida de Mario Eduardo Rivas Montero, cantante, compositor, actor, escritor y militante del Frente Homosexual de Acción Revolucionaria y del Colectivo Sol hasta su fallecimiento; tienen el propósito de compartir el efecto que la muerte por sida de un cantante, compositor y militante en pleno despliegue de su carrera tuvo en su entorno cercano, y porque creemos que reflejan sobre todo el estado de ánimo en el que se vivía en esos años del despunte de la epidemia.

Es poco frecuente que se compongan canciones que recojan la llegada, silenciosa primero y atronadora más tarde, del sida y sus efectos: menos frecuente es que se canten en voz de las propias personas viviendo ya con el virus. Las dos canciones que se incluyen en el conjunto de textos que sigue representan dos hitos separados tres años entre sí que reflejan la manera como se percibía y se vivía la epidemia. En *El ángel de Sodoma*, compuesta en 1983 para la obra de teatro gay *El edén*, se vislumbra líricamente la llegada del sida, de aquella enfermedad que tan poco conocíamos, a la que temíamos y ante la cual no sabíamos qué hacer: "... mira las sierpes, rodean mi cuerpo, quieren matar al amor. Arde la ciudad Ángel, la carne se suicida, protégeme esta noche con tu voz, con tu cuerpo, ¡Ángel!..." En el 83 nuestros círculos afectivos, amistosos, de conocidos, estaban ya tocados por el virus, silencioso, insidioso, aterrador. Quienes logramos sobrevivir al azote inicial empezamos a ser testigos involuntarios e impotentes de la devastación: poco a poco, unos primero y otros después, los nuestros —conocidos o desconocidos, pero nuestros— empezaron a enfermar, a desaparecer, a morir. El miedo, la angustia visible en rostros abatidos y crispados se veían por doquier y pareciera que se habían ya perdido las esperanzas. Y en lo personal y lo organizativo, el sida nos tocó: en abril de 1986 Mario recibió su diagnóstico. Murió tres años después. Un pequeño pero valiosísimo gesto lo dio Mario en mayo de ese año, cuando ya conocía su estatus. Formado musicalmente entre otras corrientes por la música latinoamericana de protesta, compuso *Hoy por ellos*, la primera canción sobre el tema escrita por un hombre gay con VIH. Esperamos que estos textos den fe del valor y la importancia de esa multitud de héroes gay anónimos que resistieron el miedo y el estigma, y han sido la piedra fundacional para el pujante movimiento comunitario en la repuesta al VIH en México.

Mario Eduardo Rivas Montero nació el 4 de mayo de 1956 y murió el 24 de agosto de 1989 tras una larga lucha contra el sida. Sus inicios en la música se remontan a 1962, cuando ingresó al coro de niños de la iglesia de Nuestra Señora de Guadalupe, popularmente conocida como la Gualupita en la colonia San Rafael. Allí destacó por su impresionante voz y pasó en poco tiempo a ser soprano solista. Alentado con esmero y dedicación por su padre, aprendió guitarra por sí solo; participó desde pequeño en programas infantiles de televisión donde ganó numerosos premios. Más tarde, al mudar de voz a tenor, en medio del espíritu revolucionario adquirido durante su estancia en el CCH Naucalpan, fundó y dirigió ahí mismo el Grupo Víctor Jara, entre cuyas componentes destacan Eugenia y Margarita León. Con este grupo vocal de excelente factura y como miembro del desaparecido Partido Comunista Mexicano, recorre varios países europeos —República Democrática de Alemania, Checoeslovaquia, la URSS—, y posteriormente Cuba, Nicaragua y parte de Sudamérica. El Grupo Víctor Jara graba un bello disco, *Vamos patria*, con arreglos orquestales de Alicia Urreta —pianista y compositora mexicana amiga y colaboradora de José Antonio Alcaraz—, y alcanzan reconocimiento a nivel nacional. El grupo se disuelve en 1980 y Mario inicia su carrera como cantante de rock en el grupo MCC, fundado entre otros por Humberto Álvarez, Enrique Quezadas y Jorge Velasco. En esta agrupación se ponen en práctica las ideas de avanzada que Mario y Humberto habían adquirido como militantes del movimiento de liberación homosexual —Humberto en Lambda y Mario en el FHAR—, siendo el primer grupo, y Mario el primer cantante, que interpreta canciones con temas abiertamente gay en México. En 1989, bajo el auspicio del Archivo Lésbico de Leeuwarden, en Holanda, recorrió durante tres meses Europa, con presentaciones en Atenas, Estocolmo, Berlín, Ámsterdam y otras ciudades holandesas. Una de las facetas de Mario poco conocidas para muchos fue su magnífica calidad de compositor de música para teatro, y su gran amor por los niños a quienes dedicó múltiples composiciones. Entre sus mejores creaciones están las que hizo para *El lado oscuro de la luna*, *El edén y La cruzada de los niños*, de Juan Jacobo Hernández; *Fauna rock*, de Leonor Azcárate, y *El cisne que nunca duerme*, de Rodolfo Odín. También trabajó con Sylvia Corona en el Taller de Teatro del cch Oriente, y en el Taller de Teatro de la UAM-Iztapalapa (tatuami), donde musicalizó varias obras originales. Deja grabado un disco con MCC —*Sobrevivientes*— en 1987; un casete póstumo con materiales no publicados salió en el primer trimestre de 1990. Su gusto por la música popular mexicana, el bolero, la música tropical de calidad, su rígida formación musical y sus flamígeras ideas de liberación, justicia y democracia, lo convirtieron en un trovador inigualable, modesto y a la vez carismático, querido y respetado por cuantos lo conocieron. *La Guillotina*, la ya desaparecida revista contracultural de la cual Mario fue un entrañable y predilecto amigo, cuya colaboración solidaria como cantante tuvo en varias ocasiones, le dedicó este pequeño homenaje en reconocimiento a su trabajo y como recuerdo cariñoso al militante, al compañero, al amigo:

Carta al amado
Por Juan Jacobo Hernández Chávez, octubre 1989

¡Que pudieras, Mario, leer estas líneas! Hace ya más de un mes que te fuiste para siempre. Apenas se apacigua el primer dolor por tu ausencia definitiva. Redefino como aprendiz el sentido de los vocablos vida, luz, salud, fuerza, placer. He erigido en torno mío un altar a tu memoria: te bebo incansable en las fotos que cuelgan de las paredes y que te muestran luminoso, agitado, sonriente, creativo, serio, cachondo, adelgazando, cansado, tranquilo, triste, añorante, expectante… Te quiero tener así, aquí, conmigo, no en un afán masoquista ni necrófilo. Te quiero así porque así te tuve junto a mí. Porque me rebelo y me encabrono porque ya no estás… porque ya no estás… Y, fíjate, en mi afán de cubrir tu ausencia definitiva, resolví hacerte una estatua, escribir un libro sobre tu vida, instaurar un premio de música para los jóvenes compositores en tu nombre, abrir una audioteca para que el mundo goce de tu voz espléndida, colorida y, para que sobre los muros se pueda admirar tu rostro angélico, faunesco, hermoso… Y me derrumbo una vez más, agobiado por el vacío. Huérfanos de tus cantos, a mis oídos acuden otros sonidos que no son los que quiero escuchar y abandono la ilusión de la estatua, del premio, el libro, de la audioteca…

¡Ya no estás… no estás! ¿Qué quiero decirte, Mario? ¿Cómo expresar este dolor, esta rabia atravesada, esta ira incontenible por el hueco que me queda? ¿Qué fuiste, qué eres para mí? Me ha sorprendido, quizás igual que a ti te hubiese sorprendido, la ausencia de menciones a tu muerte, tan dolorosa como tu ausencia. Yo sé que tú jamás hubieras dejado en el olvido, la desidia o el temor del qué dirán, la partida de un talentoso compañero, como tú; de un entrañable amigo; como tú; de alguien que, como tú, se prodigó siempre a voz y manos llenas en solidaridad amorosa y auténtica con las mejores causas, las de los jodidos. Pero no vayas a creer que nadie hizo nada, no... Memo Briseño, quien te adora igual que Hebe Rossel, han sentido tu partida, lo mismo Enrique y Humberto. Amparo Ochoa y La Negra Marichal ofrecieron organizarte un concierto. El querido Alexandro —La Celia para los amigos—, sabes, hizo un programa de televisión contigo y tu papá —qué gusto, ¿verdad?— y otros amigos; un programa en Canal 22 que, por cierto, pocos verán. Y Xabier (¿te acuerdas de esa querida "ex enemiga"?) dedicó uno de sus Martes del Taller en homenaje a tu memoria. Sergio Maxil cantó en tu sepelio y estoy seguro que te hubiera fascinado a pesar de tu humildad y tu modestia artísticas. ¡Cómo odiabas el bluff! Y dejaste constancia de ello en esa magnífica pieza ("Chacal").

Mario esencial, Mario pura voz pura, Mario luminoso, Mario honesto, comprometido, lúcido, amoroso, adorado... ¡Cuánto te guardaste del ornato y los desplantes! El prodigio de tu voz, emisora de contento, de gozo y amor, regalada en incontables ocasiones durante íntimas reuniones que muchos tuvimos el privilegio de disfrutar.

Ahora que ya no estás —¡ay, cómo te extraño!— entiendo más que nunca tu desmedida fidelidad al proyecto de grupo. Te rehusaste obstinadamente a destacar en lo personal como solista. El fondo: tu formación como cantante en el coro de niños de la Gualupita; tu secuela: la entrega ardorosa al proyecto del Grupo Víctor Jara y el desenlace: la fidelidad hasta la muerte con el MCC. Porque con otros tu trabajo y tu talento encontraron siempre su mejor y más fiel reflejo. ¡Hombre de quehacer colectivo, íntimo y genuino demócrata!

Recuerdo adolorido cómo, después de una febril noche, al regreso del mar, me dijiste, vehemente, hace apenas dos meses: "Juan, yo no quiero ser famoso". Y cómo, tras escucharte, con igual fuerza y convicción supe que nunca lo serías. ¡Y no sabes cuánta rabia me da que la escoria a la que tanto combatiste y que devasta y asuela nuestro país, permanezca mientras tú ya no estás! ¡Que la mediocridad musical que tanto te emputaba siga invadiendo y pervirtiendo el gusto y la sensibilidad de la gente!

Hace unos días me llamó Pamo. Quiere que escriba algo sobre ti para *La Guillotina*. Sin pensarlo dije que sí, que claro. Ya después, pensando qué cosa le podría escribir sobre ti, tuve el temor de producir uno más de esos tantos panegíricos aduladores y sobregirados sobre lo que yo pensaba que tú eras. Para mí, chaparrito, lo fuiste todo, con todo y las bronquísimas que nos aventábamos. Trajiste a mi vida la música, la alegría, la agitación... Y bueno, como ya había aceptado, pues te escribí esta cartita, que ha servido también para recordarme en medio de todo esto cuánto significaste, cuánto significas para mí. Me sirve también para tratar de conjurar, de ahuyentar el dolor acumulado durante los siete largos meses de tu cruel martirio. Para que desaparezca ya de mi alrededor ese fantasma que te atacó y te dejó sin voz, devastado, lacios tus cabellos, marchita tu piel, agotada tu carne. Pero escribo sobre todo, Flaquito, para hacerte saber que por encima de la tortura injusta a la que fuiste sometido, queda para siempre el empuje ardoroso con el que siempre saliste en defensa de los oprimidos, de los débiles, de los humildes. Queda conmigo para siempre tu alegría contagiosa a través del desparpajo de tu risa y tu sentido del humor. Tu gusto por la fiesta, el reventón, el placer, los chavos. Aquí, clavada en mí tu imagen de brillante artista, de generoso cantante, de magnífico amigo, de compañero amadísimo, amantísimo, fiel y bondadoso. La lista de bondades y virtudes la comparten de seguro muchos, muchísimos amigos; lamentaré por siempre que las nuevas generaciones de gais y lesbianas no te hayan conocido, que no hayan disfrutado de tu voz, de tu ser... Y lo que tú fuiste Mayito, en estos días, en estas noches por ahora sin meteoros, se aclara cada vez más.

Tú, Mario, surges luminoso en medio de la turbulencia desgarrada de tu pasión y muerte. Ya sedimenta en mi memoria lo que ha de ser tu imagen perdurable para mí, hasta que me toque el momento de reunirme junto a ti. ¡Mario, Mario! ¡Cuánto te extraño, Jilguero del Sol, mi Ángel de Sodoma!

Tuyo, Juan Jacobo

México, DF, 3 de octubre, 1989

El ángel de Sodoma (1983)
Letra: Juan Jacobo Hernández Chávez
Música: Mario Eduardo Rivas Montero y Enrique Quezadas

Hablo esta noche contigo, medianoche de mis sueños
en la oscuridad me llevas a las estrellas
hermoso Ángel, omnipresente...
Empuñas el tiempo, ves lo que está oculto
sabes lo que desconozco.
¡Ángel mío! Mis ojos te hablan, ríos de palabras que tú sólo puedes oír.
¡Mírame, respóndeme!
Mi amor se escapa, sale de mi puerta... sale de mi puerta
Los tigres de la soledad amarillean en la noche,
flores en falsos jardines que no me atrevo a cruzar
mira las sierpes, rodean mi cuerpo, quieren matar al amor.
Arde la ciudad Ángel, la carne se suicida
protégeme esta noche con tu voz, con tu cuerpo
¡Ángel!
No me desampares, ni de noche ni de día
Ángel de Sodoma, mi dulce compañía
¡Ángel!...

Hoy por ellos
Letra y música de Mario Eduardo Rivas Montero
25 de mayo de 1986, México, DF

Jóvenes cuerpos detenidos que acabaron su camino,
prisioneros de mil sueños, destilando vida y sexo.
Sus heridas son los restos de una herida que no cierra.
Sus heridas son los restos de una llaga que no cura.

Suicidas de agujas podridas con el veneno en la sangre
comunican su gran viaje.
Placer de la carne que arde invocando sin saber la muerte.
Sabor y caricias que parten saludando un largo viaje.
La ciudad envejecida cobijando las caricias
poco a poco los vencía, lentamente los mataba.
Siglo veinte peste irradia, de fantasmas vigilantes
censurándote en la sombra
Ciencia oscura, falsos jueces clavan cruces en los cuerpos
de esos ángeles sin culpa;
plantan cardos en las alas de estos ángeles sin miedo.

Que arroje la primera piedra el que no tenga sangre por sus venas.
Quien no sienta que arde en nosotros más la vida
que mil muertes doloridas.
La esperanza nace el día en que el hombre en la batalla
nos devuelva la alegría de ganar tiempo a la muerte
Hoy por ellos, hoy por ellos...

"Como un tatuaje en la piel..."
Por Brenda Marín

El tiempo diluye las imágenes, las transforma, las retrata. Hay figuras que se hacen omnipresentes aunque estén lejos, o se quedan contigo, aunque no estén tan cerca... Hay quienes con su palabra o su esencia se impregnan en el recuerdo, como un tatuaje en la piel. Hay quien, como el tiempo "es muy de sí mismo"; no soporta que le marquen, o lo midan con metrónomo, hay quien está más allá de eso... Más allá de la palabra, o de la imagen, o del sonido; el sonido... los sonidos, esos los que canta el bosque o la montaña, o los que canta el pavimento cuando llueve, o la pasión cuando nos mueve, los sonidos con los que hace ruido la saliva cuando besamos, o el cuerpo cuando el amor nos lleva a visitar, todos esos callejones internos...

Esos sonidos que se llevan a una letra de canción, o esos sonidos que lleva el sentimiento o la pasión, en la voz del que canta; El que canta... Mario es todo eso, el tiempo, la canción, el tatuaje, el recuerdo, la esencia, la figura, "el fauno", la presencia, la campana mística de un templo de oriente, o la "chirimía" ese que es, porque aunque no esté lo seguirá siendo, porque no necesita "estar" para haberse quedado, en todos los que estamos aquí, que tenemos el tatuaje de su esencia en el recuerdo; Mario, ese que será omnipresente. Mario en las calles, Mario solidario, en las marchas, en el apoyo, en el compromiso, Mario de siempre, Mario compañero, feminista, valiente, hermoso como fauno en el bosque, hermoso como su voz; Mario ángel/mariposa, guerrero, pájaro. Mario Demiurgo, Mario... Dolorosamente, como se consume entre humos varios la vida, o perderte como se pierde el humo de cigarro en el ambiente... Dolorosamente ido y añorado; pero alucino que el sueño te trae consigo, que la caricia de tu voz, te hace presente; alucino que aún no te diluyes, entre los recovecos de todos esos callejones oscuros de la ciudad, de las estaciones de metro, de las lucecitas que ocultan una historia. Alucino que te has quedado redundando en mí misma; como tatuado...

Mario Rivas: en el hacer y el decir, en el cantar, en el luchar...
Xabier Lizarraga Cruchaga, Grupo Guerrilla Gay

Un día imposible de rastrear entre los calendarios de una biografía llena de dinamismo, el azar y una triste y dolorosa saeta se cruzaron con el volar musical de un cenzontle, con la rápida coreografía cotidiana de un ciervo, con el ir y venir de un hombre, con el constante mirar de un militante rebosante de gayacidad. Saeta silenciosa que penetró sin derramar un dolor en el momento: una saeta fantasmal cuyo peso sólo se hizo presente, y cada vez más presente, después. Imposible saber cuánto tiempo después.

A las dos de la tarde del 24 de agosto de 1989, esa saeta, ya fosilizada y adherida al organismo adquirió un nuevo significado. El sol de nuestro día iniciaba su retorno hacia el horizonte, inaugurando esa tarde lluviosa que escuchó nuestros pasos, nuestras voces, pero que dejó de escuchar un latido, una respiración... la actividad murmurante y dolorosa de la saeta puso fin a un día, a una biografía. Para Mario Rivas, a las dos de la tarde terminó el día, terminó la lucha entre su cuerpo y la saeta del sida. Esa fecha es un día más en nuestra agenda que colecciona risas, melancolías, llantos, prisas, ligues, protestas, fatigas, sorpresas... para Mario Rivas fue el día singular de su silencio corporal. Su voz, que se había apagado poco a poco, dejó de brotar de su garganta fatigada y herida.

Sin embargo, su voz sigue rompiendo los silencios y combatiendo a los conformismos, porque nacía con su propia música y se lanzaba al aire con su particular fuerza. Junto a todo lo que hizo y fue su vida interrumpida, su voz retumba como memoria retando a las tolerancias urticantes, enfrentando a las indiferencias. En sus canciones está mucho del Mario que conocimos algunos de nosotros pero tal vez nadie tan en lo profundo como Juan Jacobo, compañeros en el decir, en el hacer, en el contar y en el desear.

Mario fue un hombre menudo, pero no breve. Mario fue un hombre de reducidas dimensiones físicas que ocupaba un gran espacio... Un hombre de ojos grandes, profundos e inquietos como los de un ciervo alerta, expectante. Siempre vi en su mirada la sed de imágenes que parecen tener los ciervos cuando se detienen a otear el escenario de sus dinamismos. Ojos grandes, rostro de líneas breves al tiempo que contundentes, con los que absorbía gestos, ansiedades y afectos; con los que comunicaba dudas, deseos, solidaridad y rabias. Ojos del hombre-ciervo que alimentaban con imágenes al hombre-cenzontle, nutriendo a su voz de amplio registro y volumen, que agigantaba su cuerpo esbelto y nervioso. El cenzontle guardaba silencios largos para romper de pronto cualquier silencio vergonzoso, cualquier silencio lacerante, cualquier silencio conformista... su voz obligaba a detener de golpe las rutinas del tedio; nos urgía a respirar profundamente, a responder con propuestas cualquier pregunta generada por los miedos, por las opresiones, por las ansiedades. La voz de Mario parecía salir del nido de su cuerpo para volar a las ramas de nuestra carne, sin imitar gorriones, sin competir con jilgueros o canarios ocupados en otras melodías. Sí, ese hombre pequeño era capaz de gritar una propuesta y dar la mano firme, solidaria, en el combate a la opresión; por eso Mario, al cantar, necesitaba de todo el espacio...

Para muchos era un roquero, para otros un desconocido... Pero en el fondo de su laberinto personal, bullían inquietudes que hacían del ciervo, del cenzontle y del hombre un músico militante. Pero no sólo un militante gay, no sólo una presencia en el hacer del Colectivo Sol, sino un militante de la vida y de la música. Mario Rivas fue un miembro, de tiempo completo, de la solidaridad humana... dispuesto a entregar lo mejor de sí mismo cuando alguien o algo podía encontrar en él un alivio, un apoyo. El Mario Rivas, que nos brindó sus alegrías e inquietudes, rompía los límites impuestos por la opresión, abriendo, por ejemplo, su espíritu de hombre a las mujeres, con el ansia libertaria feminista. El Mario ciervo-cenzontle-militante revoloteó por entre muchas vidas, surcó distancias, anidó con sus notas y por temporadas en otros países... y como eslabones de una cadena, abría un espacio musical y una plataforma militante en cada punto de la geografía que recibió sus pasos.

La sonrisa de Mario se dibujaba en su rostro con la rapidez de un destello de pluma, de brillo que ilumina una mirada, adhiriéndose a la necesidad del compañero, del hombre o la mujer que se acercaba con las manos abiertas. Casi siempre recuerdo a Mario con una sonrisa grande, amplia, generosa, pero no recuerdo haberlo visto sonreír por diplomacia, por agradar con alevosa premeditación. Su cuerpo grácil y delicado no sólo guardaba una voz estimulante, sino también la sincera fuerza que permite la denuncia. Su voz y su música contenían muchas alegrías y festivos descubrimientos, pero también rabias. Las coléricas irritaciones de quien vive en sí y ve vivir en otros los desprecios de una moral que capitaliza nuestros cuerpos, explotándonos como obreros, como seres deseantes, como hijos, como mendigos, como inválidos... Sus rabias no nacían de los miedos, sino del dolor que producen la injusticia y la opresión.

Ya atravesado por la saeta que lo incrustó en nuestra memoria, arrancándolo de nuestros días, Mario combatió con su cuerpo, sin dejar de abrir su voz para ofrecer un escudo protector a todos nosotros, a todos los que podemos ser heridos por saetas similares... si no es que ya hemos sido alcanzados por el azar. Su lucha interior le dio nuevas formas y matices a su lucha solidaria con la vida, con la vida orgullosa de sus sonrisas, de sus placeres y deseos.

Mario, en más de una ocasión nos tendió la mano aquí mismo en El Taller, regalándonos la vitalidad que poco a poco le fue siendo arrebatada por la acción asfixiante de la saeta que cruzó su camino... Guerrilla Gay llora hacia dentro la ausencia, el hueco que nos deja la temprana muerte del músico-cenzontle, del ciudadano-ciervo, del hombre militante. Hoy Mario Rivas es la dolorosa presencia de una ausencia, que podemos conservar como un estímulo más y como un goce, gracias a la permanencia de su música mexicana, de su música gay, de su música-laberinto.

Hábitats en peligro de extinción
Los vapores y parques de México[1]

Miguel Alonso Hernández Victoria

> Cuando los ecologistas desean proteger un ecosistema que se ve amenazado en su conjunto emplean una estrategia singular: escogen a un animalito o a una flor perteneciente a dicho entorno y los elevan a la categoría de animal o planta representativo del ecosistema en general. Este modo de proceder tiene su razón de ser, ya que facilita la imprescindible labor informativa que ha de iniciar toda estrategia de lucha.
>
> *Homografías*, RICARDO LLAMAS y FRANCISCO VIDARTE

Para muchas tribus urbanas y grupos identitarios, los espacios han jugado un papel muy importante. En las identidades nacionales, muy pocas se han desarrollado fuera de un espacio territorial y aun después de haber regresado, después de cientos de años de una diáspora, defienden un territorio imaginado o inventado, como suyo

---

[1] Agradezco las aportaciones voluntarias y no, a esta investigación, de Ulises Gómez Cruz, Armando Bautista Barrios *Romanitos*, Franco, Víctor Manuel Macías, Xabier Lizarraga, Gabriel Guevara (†), Horacio Mejía (†), Xavier Segoviano (†), Horacio Guerrero, y a La Madriguera.

propio y de inmemorial historia. Algunas identidades han luchado en su propio espacio —en su cuerpo—, para deconstruirlo y reconstruirlo con nuevos significados y significantes, algunas otras han tomado espacios físicos, como lugares simbólicos, y a partir de ellos han creado cultura, política, sociedad, historia pues. En ese sentido abordaremos la historia de algunos de los muchos hábitats en peligro para las poblaciones homosexuales biológicamente machos, retomando para ello fragmentos de una serie de artículos escritos para la revista *Atracción*, que en su momento escribí bajo el seudónimo de Su Majestad Doña Juana La Loca (y algunas variantes como: Doña Juana La Crazy, Giovanna La Patza, Su Chacalesca Majestad, Cinéfila Majestad, Cácara Majestad, entre muchos otros) y que abarcaban espacios como los baños de vapor, los cines y los parques, éstos inspirados en *Nueva grandeza mexicana* de Salvador Novo, y en *México, ciudad de los palacios, crónica de un patrimonio perdido*, del historiador Guillermo Tovar de Teresa.

Hábitats en peligro de extinción son estos sitios que eran refugio y lugares de solaz esparcimiento clandestino, y que han caído ante el neoliberalismo que por una parte otorga leyes que benefician a las poblaciones LGBTTTI, pero al mismo tiempo coarta el desarrollo de espacios comerciales segmentados en identidades, en aras de "la no discriminación". De estos espacios abordaremos dos: los baños de vapor y los parques. En este sentido, recordaré que el Estado ha tratado no sólo de prohibir, vigilar, castigar o perseguir ciertas formas de sexualidad, también ha reconocido o asimilado otras prácticas antes prohibidas con el fin de regularlas y usarlas para mejorar su imagen. Además es importante subrayar la llegada de las nuevas tecnologías y el uso de algunas aplicaciones, con las cuales el ligue clandestino ha dejado la territorialidad para ocupar un espacio virtual, donde "deseantes y deseados" han adoptado nuevos lenguajes para llegar a la posición horizontal o vertical, según se prefiera. Trataré de ser breve, como bien dice mi maricónica madre, Xabier Lizarraga, comenzando desde el principio.

I. Hábitats en peligro de extinción: los baños de vapor

> Sonrío ante la complicidad / que pronto se
> establece entre ellos, por el juego de la fuerza,
> su vanidad, y su falta de pudor al ir desnudos.
> Fragmento de "Complicidad",
> de Luis González de Alba

A la llegada de los hispanos a estas tierras, quedaron maravillados no sólo por la cultura y las riquezas que veían, también se desconcertaron ante formas distintas de vivir la sexualidad y de percibir lo que hoy llamamos "hombre" y "mujer", que para sus contextos religiosos, sociales, políticos y culturales eran obra de "el maligno", de tal manera que justificaron la conquista, entre otras razones, por la presencia de los pueblos sométicos[2] que las habitaban. Con la llegada de los conquistadores se introdujo la *Pragmática* de Medina del Campo, que dice a la letra:

> Porque entre los otros pecados y delitos que ofenden a Dios nuestro Señor, e infaman la tierra, especialmente es el crimen cometido contra orden natural; contra el que las leyes y derechos se deben armar para el castigo deste nefando delito, no digno de nombrar, destruidos de la orden natural, castigado por el juicio Divino; por el qual la nobleza se pierde, y el corazon se acobarda [...] y se indigna a dar a hombre pestilencia y otros tormentos en la tierra [...] y porque las antes de agora no son suficientes para estirpar, y del todo castigar tan abominable delito [...] y en quanto en Nos sera refrenar tan maldita macula y error [...] mandamos, que cualquier persona, de cual-

---

[2] Somético o sodomita era aquella persona que tenía relaciones sexuales no procreativas con personas de su mismo sexo o del sexo contrario e incluso con animales. La sodomía perfecta era la práctica coital entre varones, un antecedente de lo que después se llamaría uranismo, homosexualidad y que son antecedentes de la identidad gay.

quier estado, condicion, preeminencia o dignidad que sea, que cometiere el delito nefando contra naturam seyendo en el convencido por aquella manera de prueba, que segun Derecho es bastante para probar el delito de heregia o crimen laesae Majestatis, que sea quemado en llamas de fuego en el lugar, y por la Justicia a quien pertenesciere el conoscimiento y punicion del tal delito …[3]

Ante esta sanción, cabe decir que los sométicos, antepasados de los gays modernos, tuvieron a bien a refugiarse en sus casas, o utilizar los márgenes de la ciudad para todas estas prácticas sexuales; tal vez estos primeros espacios son los antecedentes a lo que hoy vemos como el ligue en los parques o las orgías que se realizan en departamentos o "lugares de encuentro" de manera clandestina.

En la época prehispánica existía el baño de temascal, siendo éste un antecesor directo de los baños de vapor. Al comienzo de la época virreinal, la Inquisición estuvo al pendiente de ellos, pues se decía que los sométicos se reunían en la oscuridad y practicaban sus inmoralidades e incluso se les llegaron a confiscar estatuas de dioses prehispánicos, por lo que les tocaba doble sentencia: *a)* por sométicos, *b)* por herejes; pero al ser encontrados también estudiantes y clérigos en el ajo, la Inquisición dejó de meterse a los temascales. Hay noticias de que durante los siglos XVI y XVII tanto hombres como mujeres se prostituían en los temascales, por lo que la sodomía estaba difundida en la Nueva España, a pesar de ser vista como un crimen;[4] sin embargo, el ligue entre varones desde entonces se acompañaba con alcohol en la práctica de la seducción, así como de lenguajes que sólo los sodomitas podían entender, como la historia de Simpliciano Cuyne y Pedro Quina, dos jóvenes indígenas casados, sorprendidos teniendo sexo dentro de un temascal en agosto de 1604 en Valladolid, Michoacán:

---

[3] https://personal.us.es/alporu/histsevilla/leyes_sodomia.htm.
[4] Fernanda Núñez Becerra, *La prostitución y su represión en la ciudad de México (siglo XIX). Prácticas y representaciones*, Barcelona, Gedisa, 2002, p. 28.

> Simpliciano cuenta que estuvo charlando y bebiendo pulque con unos amigos cuando un desconocido (Pedro Quini) se le acercó para tratar de venderles unas telas. Cuando tomó camino de regreso a casa, el vendedor lo siguió y le rogó tanto que se detuviera y que bebiera con él, que por fin accedió. Simpliciano "se fue al dicho temascal y entró primero y se echó al suelo a dormir y luego el dicho yndio [Pedro Quini] se llegó a este testigo y le comenzó a abrasar y a besar y le metió la mano en la brragueta". Le dijo luego que tenía "mucho deseo" y que si se "lo había", le daría la tela como retribución. Simpliciano se negó, pero Pedro le desamarró el calzón de manta y luego el propio. Ya no se pudo negar y "como si estubiera con una muger cumplió con el y tubo copula carnal".[5]

Al contrario de quienes hoy en día argumentan caer en la prostitución para salvar "la honra masculina", en aquel entonces este argumento sumaba al pecado nefando el delito de prostitución. Durante el juicio se revela que hay por lo menos 13 varones implicados en actos sodomíticos con Quina; de todos ellos Simpliciano fue el único absuelto, siendo atenuantes su participación activa en el acto y que no hubiera podido resistirse a las tentaciones de la carne. De hecho los baños fueron también uno de los espacios socorridos por Cotita de la Encarnación y su red de amistades.[6]

En los primeros años del México independiente, los baños fueron cayendo por la penuria en que se encontraba la gente, aun así en 1857 la *Guía de forasteros y repertorio de conocimientos útiles* señalaba la existencia de los siguientes baños:

> Los hay muy buenos en las calles de Vegara, de Jesús, del Coliseo, del callejón de Betlemitas, Puerta falsa de Santo Domingo, Puente de Correo Mayor,

---

[5] Fernando Mino, "La persecución de los perversos en el México novohispano", en *Letra S: Salud, Sexualidad, Sida*, suplemento mensual núm. 163, México, 4 de febrero de 2010, p. 6.
[6] Serge Gruzinski, "Las cenizas del deseo. Homosexuales novohispanos a mediados del siglo XVII", en *De la santidad a la perversión, o de por qué no se cumplía la ley de Dios en la sociedad novohispana*, 1ª ed., México, Grijalbo 1986, pp. 255-281.

calle de los Rebeldes y callejón de Cuajomulco. El precio de un baño es de dos, tres y cuatro reales.[7]

Ya desde la Colonia, la moral cristiana dictaminaría la separación de sexos en el arte de bañarse, refrescarse o medicinarse. Madame Calderón de la Barca tuvo la oportunidad de contemplar un temazcalli,[8] sobreviviente lugar de antiguos y nuevos placeres, así como los baños calientes de Coincho y los baños de Jalapa.[9]

Para 1868, la condesa Kolonitz comentaba que después del paseo por la Alameda, "todos" volvían a sus casas, pues era la hora del baño diario, y aunque en la ciudad existieran bellos baños públicos, las casas particulares tenían los propios.[10] Al finalizar el siglo XIX algunos filántropos empezaron a ver la manera de apoyar la higiene en los obreros, pero el gobierno —tomando medidas contraproducentes— hizo tan caros los baños que más de 50% de la gente dejó de ir, lo que provocó el cierre de varios hacia 1870. Hacia la década de 1880, don Porfirio Díaz y su gabinete llegaron a la conclusión de dotar de baños públicos para mejorar la higiene de la población; sin embargo, esta medida no benefició a las clases bajas sino a la aristocracia porfiriana. Ya desde entonces el deseo homoerótico plasmado en los cuerpos desnudos o semidesnudos hacía de las suyas en estos establecimientos públicos.

En 1895 se había inaugurado uno de los vapores más exquisitos sobre Reforma, adelante del monumento a Colón, llamado La Alberca Pane que, según la investigación del doctor Víctor Manuel Macías, contaba con vapor, sauna, hidroterapias, masaje y alcobas de baño privadas; todo esto se anunciaba para uso exclusivo de una clientela masculina. Los Baños Hidalgo anunciaban tener una pis-

___
[7] Juan Nepomuceno Almonte, *Guía de forasteros y repertorio de conocimientos útiles*, 1ª ed. facsimilar, México, Instituto Mora, 1997, p. 469.
[8] Madame Calderón de la Barca, *La vida en México durante una residencia de dos años en ese país*, México, Porrúa, 1997, pp. 323 y 325.
[9] *Ibidem*, pp. 358 y 390.
[10] Paula Kolonitz, *Un viaje a México en 1864*, 1ª ed., México, FCE, 1984, pp. 104-105.

cina oriental como atracción.[11] El ligue también se podía dar en la sala de lectura donde los hombres paseaban desnudos e incluso en los cuartos de ejercicio, donde nunca faltaba aquel que pedía asesoría y ayuda en sus ejercicios, rituales que sobrevivieron por décadas.

No es en balde que durante el siglo XIX y principios del XX a la gente afeminada se le impusieran motes como lagartijos, adamados, dandis, acicalados o perfumados por gastar tanto tiempo y dinero en estos establecimientos. En 1905 el código penal de Chihuahua castigaba las relaciones entre personas del mismo sexo, no importando que fueran entre adultos y consensuadas; las autoridades brindaban protección a aquellos que en los baños habían sido molestados con este tipo de insinuaciones.[12] El escándalo más famoso lo protagonizó el archiduque Luis Víctor, hermano de los emperadores Francisco José de Austria-Hungría y Maximiliano de México, quien fue acusado de molestar sexualmente a un joven trabajador de unos baños públicos, por lo que fue apodado *El Archiduque de los Baños*.[13] Pero no todo era escándalo, también existía el reconocimiento, como este hecho registrado en Cocula, en 1914, donde el joven Elías Nandino le daría su primer beso a otro chico y como fondo sería un baño:

> ...y como hacía calor lo invité a unos baños que había en la "Planta de Luz". Eran baños pequeños: una pila cuadrilonga y dos llaves de agua, una caliente y otra fría [...] Era un romance ingenuo y claro. A los tres o cuatro días, al irnos a meter a la pileta después de enjabonarnos, sin saber cómo, sin saber quién inició, nos dimos un beso hambriento, con las bocas ardientes. La primera vez que besaba a un hombre ...[14]

---

[11] Víctor Manuel Macías González, "La homosexualidad en los baños de la ciudad de México, 1880-1910", en *Miradas recurrentes II. La ciudad de México en los siglos XIX y XX*, María del Carmen Collado (coord.), 1ª ed., México, UAM/Instituto Mora, 2004, pp. 298-299.
[12] Macías, *op. cit.*, p. 303.
[13] https://es.wikipedia.org/wiki/Luis_Víctor_de_Austria (consultado el 8 de julio de 2017).
[14] Elías Nandino, *Juntando mis pasos*, 1ª ed., México, Aldus, 2000, p. 34.

Durante el porfiriato se empezaron a implementar los cuartos de baño, separando un espacio de uso íntimo a uno público. En algunas regiones del país el baño era poco frecuente y la gente podía bañarse en manantiales o ríos, no sólo por higiene sino por diversión.[15]

Tras la caída del porfiriato el país colapsó en servicios, en 1922 hubo una crisis de abastecimiento de agua en el Distrito Federal, al descomponerse la planta de bombeo de la Condesa, lo cual provocó que la población incendiara el archivo municipal.[16] Por la misma fecha Novo relataría "un amor sin futuro", cuyo telón de fondo eran los baños de vapor:

> Clara (Ricardo Alessio Robles) empezó a perder la razón. Y una de sus chifladuras consistió en enamorarse de una loca [...] Carlos Luquin, Elena Luca [...] fue el repentino objeto de su solicitud, el apoyo y la autoridad que Clara anhelaba. A sabiendas de que Luquin andaría frotando su osamenta en los baños, con los clientes de los famosos de San Agustín (masaje completo, había que pedir a Chon al vapor individual) ...[17]

Según Elías Nandino, a finales de la década de los veinte en el cruzamiento de las calles de San Ildefonso y Correo Mayor se encontraba la Alberca de la Escuela Secundaria creada en el ex convento de San Pedro y San Pablo; eran tiempos en que las prácticas no forzadamente creaban identidades, pero sí lances sexuales y amorosos.[18]

En los años treinta y cuarenta existieron baños como los Baños del Chopo con cuartos de alberca separados por sexo, vapor, gimna-

---

[15] Gladys N. Arana López, "La vivienda de la burguesía en Mérida al cambio de siglo 1886-1916", en *La vida cotidiana en el ámbito privado*, 1ª ed., México, Conaculta-Sedeculta, 2013, pp. 127-128.

[16] Jorge H. Jiménez Muñoz, *La traza del poder. Historia de la política y los negocios urbanos en el Distrito Federal: de sus orígenes a la desaparición del ayuntamiento (1824-1928)*, 1ª ed., México, GDF, p. 207.

[17] Salvador Novo, *La estatua de sal*, 1ª ed., México, Conaculta, 1998, p. 118.

[18] Nandino, *op. cit.*, p. 87.

sio, canchas, entre otras diversiones.[19] Existen otros que el cronista de la Ciudad de México reseña en *Nueva grandeza mexicana*, entre los memorables se encuentran: El Harem, en el Regis; el San Agustín, el de Las Artes, San Antonio; y ahí donde antes se encontraba la famosa Alberca Pane, se estableció El Servicio Cornejo.[20] Novo tuvo un accidente en los baños del Regis; según Elías Nandino, el cronista quiso hacer un paso de danza a lo imperio, pero se resbaló y se rompió la clavícula;[21] seguramente esa mala experiencia le provocó escribir lo siguiente:

> El baño en la ciudad ha multiplicado sus aspectos y ha perdido carácter al tomar importancia. Por todas partes se ostentan letreros bisílabos, como los de aseo de calzado, y en su interior hay hombres destinados a reblandecerse como las papas, al vapor y al aire caliente. Los baños públicos son acaso la institución más desagradable de la edad moderna [...] Hay algo de jurado popular al entrar, revelada la identidad, en un cuarto acrobático en que se corre con jabones y con esponjas para los primeros auxilios en la plancha de los masajes ...[22]

Estos lugares eran frecuentados por las clases bajas y medias; mientras que las clases altas contaban con el sistema de agua corriente. Luis González de Alba nos regala en *De hombre a hombre* la historia de dos amigos que al celebrar con ceviche y cerveza el aniversario de haberse conocido uno le dice al otro:

> ...la verdad, / yo no soy puto, / aquella vez / en los baños Jordán, / pues... yo andaba caliente / y tú tienes muy bonitas nalgas; / además, / mientras te inclinabas sobre la banca de masaje / a lavarte los pies, / se te abrió el culo

---

[19] Graciela Herniques Escobar y Armando Hitzelin Egido Villareal, *Santa María la Ribera y sus historias*, México, INAH/UNAM, 1995, pp. 106-107
[20] Salvador Novo, *Nueva grandeza mexicana*, Cien de México, México, Conaculta, 1999, pp. 57-58.
[21] Nandino, *op. cit.*, p. 71.
[22] Salvador Novo, *Viajes y ensayos I*, 1ª ed., México, FCE, 1996, pp. 41-42.

rosadito / en el que tienes tan poquitos pelos / y, / pues uno es hombre, / por eso te seguí al cuarto de vapor / donde te gocé de prisa / y mirando de reojo la puerta cerrada. / Dos veces te la saqué con sobresalto / y disimulamos ...[23]

En los baños de vapor no sólo se junta ese lumpen tan deseado como los boxeadores, los choferes, los diableros del mercado; también van estudiantes, padres de familia, soldados y toda una gama desfila viéndose discretamente comparando y comparándose con los demás. Hacia los años setenta, Pablo Leder consignaba los siguientes:

> Los más populares están en el centro de la ciudad: "Los Mina" y "los Ecuador". En ellos, a cualquier hora encuentra uno grupos de quince o más homosexuales haciendo guagüis [...] los baños "Finisterre" ubicados en la colonia San Rafael [...] En la calzada de Tlalpan hay unos generales llamados "Costa Azul" [...] También en los "Morena" de la colonia Tacubaya [...] Por lo general en los vapores los homosexuales suelen dar espléndidas propinas a los encargados, pues así tienen la seguridad de que si apareciera gente de la "judicial", estos echarían "aguas" y todo el mundo a bañarse como si nada.[24]

Artistas como Miguel Cano han pintado escenas de las prácticas sexuales que abundaban en algunos baños como los Palma o el Ecuador, ambos clausurados en 1990 por las autoridades correspondientes, este último famoso no sólo en los recuerdos de las orgías de sus muchos clientes, sino también José Rafael Calva Prats en su novela *Utopía gay* le dedicó unas líneas:

> ...Francisco jamás estuvo tan alegre como el día en que sin ponerlo en antecedentes lo guié y de pronto estaba en el vapor general de los "Ecuador" rodeado de gays calientes y machos de Tepito disimulados en la penumbra

---

[23] Luis González de Alba, *Malas compañías*, 1ª ed., México, Katún, 1984, pp. 26-27.
[24] Pablo Leder, *Hubo una vez... antes del sida*, Taller de Méndez Impresoras, México, 2016, pp. 16-17.

y el vapor y jadeaba de placer que con sólo mover la mano podía incitar a quien quisiera a lo que quisiera que era el amo [...] Francisco se hizo del diario allí por años en donde nadie era alguien [...] y en donde el sexo realizado hace las veces de jabón de las regaderas de la angustia interior porque para muchos allí es su descarga del sexo malo que no debe ser y no lo viven de otra manera porque no pueden afrontar y acaban allí lavando su estigma social ...[25]

En 1980 había 450 baños públicos en la Ciudad de México; en 1990 son 250, en 1995 quedaban alrededor de 150. ¿Por qué la desaparición de estos lugares? Para los años setenta la Ciudad de México empieza a contar con mayor infraestructura, lo cual irá minando la proliferación de los baños de vapor, sin contar las crisis económicas y las nuevas disposiciones de higiene y leyes de protección civil que los hicieron menos redituables.

En varias ciudades los baños de vapor se encuentran cerca de terminales de autobuses y de mercados populares, en los años noventa los baños públicos habían evolucionado a tal grado que casi todos sus clientes buscaban encuentros homosexuales, pero al hacerse público el nuevo uso, varios fueron forzados a cerrar.[26] En los Imperial y en los San Jorge el ligue se presentaba en los individuales: ahí los masajistas ofrecían, como en muchos otros baños, sólo un masaje o servicios "extra". Es bien sabido que en las casas de baños la prostitución masculina es el pan de cada día. Muchos seguimos de luto por la demolición de los Baños Luna (los de Iztacalco, claro) y los Baños Mina, que se encontraban en dicha calle a unos pasos del metro Hidalgo y que ante las políticas de gentrificación, sucumbieron para convertirse en un centro comercial, lugar en espera de ser recolonizado sexualmente por hombres y mujeres libres de todo prejuicio sexual. La esperanza de vida de los baños

---

[25] José Rafael Calva Prats, *Utopía gay*, 1ª ed., México, Oasis, pp. 149-150.
[26] Joseph Carrier, *De los otros*, Guadalajara, Pandora, 2003, p. 29.

de vapor como hábitat natural del sexo clandestino homosexual se centra en la creciente gentrificación de la ciudad, que sin un plan urbanístico adecuado provocará mayor escasez de agua, y quién sabe, ¡puede que entonces las vaporeras se salven de la extinción!

II. Hábitats en peligro: la Alameda y otros parques

> Alameda: / cuando las raras hayan roído tu raíz /
> y los bárbaros devoren el último de tus brotes …
> Fragmento del *Cantar del Marrakesh*,
> de Juan Carlos Bautista

¿Quién de ustedes no ha recorrido alguna vez la Alameda de la Ciudad de México? ¿Quién no se ha admirado de la belleza de sus árboles, sus fuentes o esculturas? Sobre todo en la madrugada… ¿Su zona de ligue, sus chacales, sardos, mayates y chichifos? La Alameda, que por vientos de una ciudad en movimiento y la manía de Ebrard por reglamentar y gentrificar, volvió habitable un lugar cuasi clandestino, "todo sea por la normalización gay". La Alameda fue cerrada y remodelada, desapareciendo todo "un hábitat", con flora y fauna que ahí cohabitaban, cobijaban y encobijaban, en el mejor de los casos.

La Alameda se fundó el 11 de enero de 1592[27] por el virrey Luis de Velasco II, justo frente al quemadero de la Inquisición. En ella sólo podía pasear la gente pudiente, estaba enrejada para evitar la entrada de los pobres. La Alameda es desde entonces un lugar de recreo, convirtiéndose en el paseo más antiguo de la Ciudad de México. En el siglo XVI, sólo era un modesto jardín sembrado de

---

[27] Marcos Arróniz, *Manual del viajero en México, o compendio de la historia de la ciudad de México*, 1ª ed., México, Conaculta, 2014, p. 76.

álamos, estrechas calles de tierra apisonada y una sencilla fuente de cantera labrada al centro. Al principio la Alameda contaba con una fuente central, a la que se le agregaron cuatro, para luego terminar con 10 fuentes, la primera, que da hacia Dr. Mora esquina con avenida Hidalgo, es conocida como "La Fuente de los Deseos Negados", a donde van las personas cuya edad, artes amatorias o bolsillo no pudieron obtener el placer requerido.

Es posible que por este parque haya paseado el mayor chichifo[28] que tuviera América Latina, nuestro muy querido explorador alemán Alexandrer von Humboldt "y de México", como dice su escultura localizada en la cara de Dr. Mora, misma que conmemora el bicentenario de su arribo a la capital tenochca y que es conocido como el Monumento al Chichifo. Según Fanny Calderón de la Barca, Alexander von Humboldt realizó sus estudios gracias al patrocinio de numerosas familias de las élites hispanoamericanas.[29] Para 1846, Antonio López de Santa Anna mandó a llenar las fuentes con ponche para festejar su entrada triunfal a la ciudad. La fuente central fue un obsequio de Manuel Escandón a la Ciudad de México en 1853. La fuente de Neptuno representa al dios del mar, escultura en bronce con pedestal de cantera, firmada en 1856 por Dubrav. Otra de las fuentes es conocida mejor como "Las Comadres" o "Las Américas"; sin embargo, este conjunto escultórico en realidad se llama Las Danaides, quienes eran 50 hijas de Danao, asesinadas por sus maridos durante la noche de bodas; hay quienes han visto en ellas un guiño al amor lésbico.

Durante el Segundo Imperio, la Alameda estuvo a cargo de la emperatriz Carlota, quien la embelleció con una rosaleda, tapizó los prados con pasto y la abrió para todo público, pudiendo entonces disfrutarla todo el pueblo. Uno de los espacios ya históricos para

---

[28] Chichifo, vocablo que viene del italiano *cicisbeo*, personaje que a través de sus encantos físicos o personales seduce obteniendo favores económicos; gigoló o trabajador sexual.
[29] Calderón de la Barca, *op. cit.*, pp. 64-165.

nuestra población es un pasillo conocido como "La alfombra roja", que empieza en la fuente de Mercurio, para llegar a lo que alguna vez fue "La glorieta del placer", lugar donde los chichifos mostraban sus encantos y que algunos alcanzaron el grado de "mito" como Franco, Tamaulipeco, Mexicano o Romanitos. Esta glorieta se encuentra en medio de las fuentes de Neptuno y Danaides.

Hacia octubre de 1901 la prensa ya designaba a la Alameda y al Zócalo, entonces un parque, como espacios donde se reunían homosexuales, un mes antes de la redada de "Los 41".[30] "El Homociclo" a Juárez, otro espacio construido en el sitio que ocupó el viejo pabellón morisco, donde se hacían los sorteos de la Lotería Nacional. El hemiciclo fue inaugurado por el general Díaz el 18 de septiembre de 1910, durante los festejos del primer centenario de la Independencia y por muchos años fue el lugar donde terminaban las Marchas del Orgullo Homosexual; Gay; Lésbico Gay: Lésbica Gay Bisexual, Travesti, Transgénero, Transexual e Intersexual, como ahora la conocemos. Hacia el lado de avenida Hidalgo y Dr. Mora se encuentra *El balcón de los suspiros*, que en realidad es una entrada al metro Hidalgo. Ahí, militares y chichifos se recargan esperando triunfar ante la mirada de futuras presas, por lo que es común ver parejas de "amor verdadero": donde "puede más el interés, que el amor que se tenían". Es probable que no sepamos nunca la fecha exacta en que se empezó a dar el ligue en este parque; sin embargo, Salvador Novo nos regala un relato revelador:

> Otra eventual visita al estudio de los Antonios era Chavitos. Había sido, como el señor Amieva, inspector general de policía [...] contaba las más increíbles anécdotas del México porfiriano: de un señor muy rico que ya viejo y con muchos hijos e hijas dio en instalarse en la Alameda, y hacerse seguir, regando pesos fuertes por el suelo, por todos los desarrapados des-

---

[30] Anónimo, "Espumosas... y degenerados: libertinaje inaudito", *El Universal*, martes 1° de octubre de 1901, primera plana, Hemeroteca Nacional de México, UNAM.

calzos hasta su casa: donde al sorprenderlo uno de sus hijos, a gatas, las blancas barbas por los suelos, se suicidó.[31]

Pasada la Revolución, la Alameda tuvo a bien recibir como regalo, en 1921, de la colonia alemana en México, el monumento a Beethoven, mejor conocido como el "Monumento al Güagüis". Hay que tomar en cuenta que en 1921 la república de Weimar era un espacio de libertad y democracia donde surgió el primer movimiento de liberación homosexual. Gracias a Salvador Novo podemos saber veladamente que existía cierto ligue en el parque:

> También solía visitarles el doctor Land [...] masajista y dueño de una casa frente a la Alameda [...] Cierta vez solicité su hospitalidad para acostarme con un cobrador de camión que acababa de hacerme. El doctor Land me abrió la puerta y desapareció mientras yo introducía al "pelado". Y cuando ya lo desnudaba, reapareció el doctor [...] dio un grito y soltó la bandeja, alarmadísimo, seguro de que aquel muchachote desarrapado podría matarme.[32]

Si bien la Alameda es nuestro modelo central, estos actos y hechos fueron aplicables para otras plazas y parques al interior de la República; por desgracia muy pocos datos de ellos nos han llegado y es un campo de exploración para los futuros historiadores de las sexualidades, donde incluso un poema puede hacer la diferencia, y para muestra basta Novo y un fragmento de su poema "El retorno":

> Vieja alameda triste en que el árbol medita,
> en que la nube azul contagia su quebranto
> y en que el rosal se inclina al viento que dormita:
> te traigo mi dolor y te ofrezco mi llanto...

---

[31] Novo, *La estatua de sal*, *op. cit.*, p. 112.
[32] *Ibidem*, p. 113.

Ya en la década de los treinta, encontramos a la bailarina Nellie Campobello bañándose por las noches en las fuentes de la Alameda completamente desnuda, acompañada, entre otros personajes, por Juan Soriano y exclamando que su desnudez no ofendía a nadie. El juego de la mirada preexistente era la invitación al deseo, las clases se mezclaban como lo refiere el poeta Elías Nandino:

> Una vez que andaba dando la vuelta en la Alameda Central encontré a una criatura preciosa, un muchacho como de unos 17 años. Le pregunté que qué andaba haciendo, para iniciar la plática [...] El caso es que fue tan agradable la forma en que este chico de la Alameda se entregaba a la plática que lo invité a tomar un café a mi casa, con el propósito, no declarado de ver si podíamos llegar a algo más, y él aceptó.[33]

Es un hecho que para los años cuarenta y cincuenta la densidad de la población provocó que la Alameda quedara a manos de asaltantes, y por ello iniciara su decadencia.[34] Sin embargo, existían oasis no sólo para el ligue con extranjeros, sino también como referentes a caricias exóticas y hasta de conspiraciones de activistas; en la zona donde hoy se encuentra el monumento a Beethoven existió la Librería de Cristal, en la zona de las Pérgolas. Como ustedes ven, la Alameda ya era un territorio ganado, pero no por ello era una zona libre de homofobia: a los Contemporáneos les tocó vivir en carne viva el ataque del público:

> A poco que nos conocimos se pusieron de moda los pantalones "balón", que eran anchos de la parte de abajo [...] cuando pasábamos por la Alameda vestidos así, nos tocó una silbadora y una piedriza que tuvimos que echarnos a correr y hasta abordamos un taxi para ir más pronto a quitarnos esos pantalones.[35]

---

[33] Enrique Aguilar, *Elías Nandino: una vida no/velada*, México, Grijalbo, 1986, pp. 51-52.
[34] Novo, *Viajes y ensayos* II, *op. cit.*, p. 74.
[35] Aguilar, *op. cit.*, p. 54.

A mediados de los sesenta, Alfonso Corona del Rosal había tomado la regencia del Distrito Federal, acabando con ello la administración de Ernesto P. Uruchurtu, quien había perseguido la vida nocturna y la prostitución en la ciudad como una cruzada personal. Las personas *trans* empezaban a ocupar la Alameda sobre avenida Juárez, para ejercer el trabajo sexual con marinos y paseantes. No eran las únicas desafiantes al *establishment*: Salvador Novo, siendo ya el Cronista de la Ciudad de México, y Elías Nandino, se encontraron cerca de la Alameda:

> [...] un domingo que iba por Avenida Juárez, encontré a Salvador; llevaba una peluca azul, un anillo enorme [...] El hazmerreír completo, Inmediatamente que nos vimos dijo: "¡Acompáñame!" [...] Nos atravesamos a la Alameda Central y llegamos hasta una explanada que había ahí, en la que estaba instalada una lona, gente en unas sillas por un lado, y una mesa con micrófono en el otro [...] Al final leyó poemas ...[36]

La sexualidad de los sesenta era muy distinta a la nuestra, mucha de la gente de ambiente sobreviviente nos puede contar sobre la prohibición, la ilegalidad, la persecución que implicaba ser homosexual. El periodista Braulio Peralta, como otros de su condición, llegó a utilizar un seudónimo, que en su caso fue Jonadantes, mientras que vivía con miedo su sexualidad, dentro del sabor de lo clandestino que a muchos ahora nos apasiona, pero en aquel entonces no era un lujo, era una necesidad:

> ...estábamos empujados a la vida clandestina [...] los gay terminábamos en los saunas, en los espacios obscuros de los baños, escondidos en un bosque de la Universidad, o en un parque donde encontrábamos a otro igual que nosotros a través de la mirada. Era un sexo anónimo, era muy difícil encontrar

---
[36] *Ibidem*, pp. 153-154.

el amor, la relación amorosa, la relación de pareja, creo que esto fue poco a poco encontrando su dimensión social ...[37]

Desde siempre, la dinámica del ligue fue a partir de la mirada; la harían un sitio propicio para los encuentros furtivos entre capitalinos y gente del interior.[38] Alrededor de ella existieron otros espacios también de ligue, como el Discomex, enfrente de la Librería de Cristal, una librería con un kiosco en la esquina de la Alameda, frente a Bellas Artes; cerca de ahí se encontraba una nevería conocida como Chufas. Ése era un circuito de ligue. A veces el ligue se volvía un deporte extremo donde uno podía caer en manos de policías extorsionadores que tenían en Luis Moya un centro de reclusión.[39] Es notable que en *El vampiro de la colonia Roma*, de Luis Zapata, se omita como referencia este parque. A partir de la década de los setenta empieza un deterioro drástico en la Alameda. A la par de esta última, cerca del parque de La Lama, Juan Jacobo Hernández, cual Pablo de Tarso, fue llamado a un apostolado: convertir a las locas en homosexuales orgullosos y combativos.[40]

A diferencia de Lambda, organizado en su mayoría por clases medias, el Frente Homosexual de Acción Revolucionaria (FHAR) se conformó con personas que venían de la clase baja o media baja; ellos fueron quienes empezaron a invitar a las vestidas, locas y homosexuales de la Alameda a sumarse al movimiento unas veces, otras a volantear obras de teatro como *El lado oscuro de la luna*,

---

[37] Braulio Peralta, Entrevistas, 27 de octubre y 17 de noviembre de 2001, Archivo Histórico del Movimiento Homosexual en México, 1978-1982, Conacyt/UNAM/ENAH/CIDHOM "Ignacio Álvarez"/Colectivo Sol, CD, México, 2004, p. 29.

[38] Juan Jacobo Hernández, Entrevista, 10 de marzo de 2000, Archivo Histórico del Movimiento Homosexual en México, 1978-1982, Conacyt/UNAM/ENAH/CIDHOM "Ignacio Álvarez"/Colectivo Sol, CD, México, 2004, p. 12.

[39] Jorge Mondragón, Archivo Histórico del Movimiento Homosexual en México, 1978-1982, Conacyt/UNAM/ENAH/CIDHOM "Ignacio Álvarez"/Colectivo Sol, CD, México, 2004, p. 7.

[40] Hernández, *op. cit.*, pp. 10-11.

o *El edén*, con el fin de que se cultivaran y concientizaran.[41] No siempre eran bien recibidos y Héctor León nos cuenta:

> ...a veces podía ser peligroso, puesto que llegábamos y le preguntabas a una vestida: "Oyes mana, te invito a marchar", "¡Ay pinches maricones revoltosos no me molesten!" [...] por eso nos llevaban a la policía, algunas de ellas hasta nos culparon: "¡Ay maricones, por eso se los anda llevando la policía, por revoltosos, ya no anden de revoltosos!" Sin embargo, había muchos otros que nos recibían y que se sentían orgullosos de que existiera un movimiento.[42]

El 10 de octubre de 1978, el FHAR, Lambda y Oikiabeth participaron en la marcha conmemorativa de los 10 años del movimiento del 68. Sobre el Paseo de la Reforma marchaba un contingente de 15 personas, doblando el número al llegar a la Alameda.[43] Ahí se gestó la primera Marcha del Orgullo Homosexual. En junio de 1980, durante la segunda marcha, se encontraron sindicatos, grupos de diversos movimientos sociales que marchaban con las locas y marotas. Esta marcha inició en los Leones de Chapultepec y acabó en la Alameda.[44] Como en todos esos años, funcionaban algunos chichifos o señuelos como ganchos de la policía, por lo que muchos homosexuales eran víctimas del chantaje:

> En la Alameda andaba mucho judicial cazando a la gente gay cuando se juntaban ahí. A mí me tocó una vez, conocí a una persona en La Alameda, nos fuimos a un café, cuando salimos del café nos agarraron unos judiciales, hace como veinticinco años...[45]

---

[41] Héctor León, Entrevista 22 de abril de 2001, Archivo Histórico del Movimiento Homosexual en México, 1978-1982, Conacyt/UNAM/ENAH/CIDHOM "Ignacio Álvarez"/ Colectivo Sol, CD, México, 2004, p. 20.

[42] *Ibidem*, p. 19.

[43] Alejandro García, Entrevista 26 de agosto de 2000, Archivo Histórico del Movimiento Homosexual en México, 1978-1982, Conacyt/UNAM/ENAH/CIDHOM "Ignacio Álvarez"/ Colectivo Sol, CD, México, 2004, p. 6.

[44] Mondragón, *op. cit.*, p. 9.

[45] Jorge Cruz, CIDHOM, Archivo Histórico del Movimiento Homosexual en México, 1978-

En poco tiempo la gente se fue politizando, y para 1982 se dio la oportunidad de que Max Mejía y Claudia Hinojosa fueran nominados como candidatos del Distrito XVI y I de la Ciudad de México, respectivamente, por el PRT, siendo Patria Jiménez e Ignacio Álvarez los suplentes de dichos candidatos. Durante la campaña de Rosario Ibarra de Piedra, ésta fue apoyada por el Comité Lésbico Homosexual en Apoyo a Rosario Ibarra (CLHARI) y entre otras historias de lucha por los espacios públicos, Claudia Hinojosa, candidata lesbiana, estaba hablando durante un mitin en el Parque México de la Ciudad de México, cuando una banda empezó a agredir con varillas; ante tal incidente, las lesbianas sacaron la casta para proteger a los candidatos lésbico-gay, y también a la concurrencia. Marotas y maricas, cansados, lograron el apoyo de la policía y obligaron al ministerio público a detener a los atacantes:

> Nosotros los deteníamos también y los obligábamos a que los detuvieran porque habían participado en la agresión. Nos mantuvimos toda la noche hasta el otro día. Durante la mañana vino la gente de los partidos del PRT, del SITUAM, del FNCR, los intelectuales, los artistas se pronunciaron. Al otro día los periódicos estaban llenos, tuvimos un despegue de campaña impresionante debido a la agresión, y ya. Fue hasta ahí.[46]

Durante el sexenio de Miguel de la Madrid Hurtado, se confinó el trabajo sexual *trans* a la parte del kiosco de la Alameda. Durante el terremoto del 19 de septiembre de 1985 colapsaron varios edificios que se encontraban alrededor de ese espacio, provocando cambios en el paisaje urbano. Sin embargo, varias cosas no cambiaron de inmediato como la banca que religiosamente

---

1982, Conacyt/UNAM/ENAH/CIDHOM "Ignacio Álvarez"/Colectivo Sol, CD, México, 2004, pp. 13-14.

[46] Max Mejía, Entrevista, agosto de 2001, Archivo Histórico del Movimiento Homosexual en México, 1978-1982, Conacyt/UNAM/ENAH/CIDHOM "Ignacio Álvarez"/Colectivo Sol, CD, México, 2004, CIDHOM, pp. 22-23.

ocupó el artista Arturo Ramírez Juárez, donde retozaba con sus conquistas. La Alameda fue declarada Patrimonio Cultural de la Humanidad por la UNESCO el 7 de diciembre de 1985, mas esta declaratoria no impidió su deterioro y descuido, tampoco que se convirtiera en un lugar poco recomendado para transitar de noche. Sin embargo, seguía viva, pues fue templo de la clandestinidad, cercana a espacios *underground* como El Clandestine o El Internet. La Alameda siguió conservando su matiz activista con las uniones simbólicas a favor de la Ley de Sociedades de Convivencia y las veladas de muertos para las personas fallecidas a consecuencia del VIH-sida, terminándose de manera abrupta por la presión de los vendedores ambulantes y el poco apoyo del Gobierno del Distrito Federal en 2008.

El plan gentrificador de Marcelo Ebrard no ocultó el desdén hacia el trabajo sexual masculino, tampoco hacia la población en situación de calle; a pesar de ello, poco a poco vuelven a sus cauces o encontrando nuevos espacios, mientras que la Alameda se ha convertido en un sitio histórico para las poblaciones LGBTTTI, similar a otros parques como el de Mexicali que está en el centro de la ciudad, o el Parque Revolución en Guadalajara, o el Parque del Valle en la ciudad de Oaxaca, el Parque Zamora en el puerto de Veracruz o el del Globito en Tampico, éstos sí son hábitats en peligro de extinción.

¿Qué me cuentas a mí, que sé tu historia?

Salvador Irys Gómez

Cuando llegué a la Ciudad de México, no sabía nada del mundo gay, ni siquiera estaba seguro si lo era.

—No te hagas tonta, bien que sabías que te gustaban los hombres.

—Eso sí, pero nunca había estado con uno.

—Pero, ¿qué tal te la jalabas con los modelos de las revistas que llevaba tu madre a casa?

—Pero no tenía idea de dónde se ligaba; es más, pensaba que ni teníamos derechos y que lo que hacíamos estaba mal.

—¡Ay, mana! Cuando una sale de provincia, también hay que dejar que la provincia salga de ti.

—No digas eso que te voy a denunciar por discriminación.

—¡Ves cómo sí sabes!...

—De verdad que en esa época no sabía de nada, ni de los grupos que luchan por nuestros derechos y mucho menos de nuestra historia.

—¿A poco no conocías de Carlos Monsiváis? Él escribía mucho sobre nosotros.

—Sí, pero nunca imaginé que fue él junto con su amiga, la actriz y dramaturga Nancy Cárdenas, quienes organizaron en 1971 al primer grupo de lesbianas y homosexuales de nuestro país llamado Frente de Liberación Homosexual (FLH). Ni que esto daría pie a la primera protesta pública que fue a raíz del despido de Fernando Vigortto de una tienda departamental, a quien corrieron por el simple hecho de ser homosexual.

—¿Neto?, ¿fue sólo por eso?, ¿qué no había más homosexuales y lesbianas en la tienda? O en otros lugares…

—Seguro que sí, pero nadie hacía pública su orientación sexual, por eso fue un escándalo cuando en 1973 Nancy Cárdenas se declaró lesbiana en el noticiero más importante de televisión nacional. Imagínate que la estaban entrevistando por una obra que montó en el Teatro de los Insurgentes llamada *Los chicos de la banda* y que había causado mucha polémica por abordar abiertamente la homosexualidad masculina y que ahí mismo se nos descloseta…

—En qué poca agua se ahogaban, de verdad…

—Acuérdate que fue hasta 1990 que se quitó la homosexualidad de la lista oficial de enfermedades mentales.

—¡Ay, mana! Con razón me dicen *loca*… ¿y qué paso después?

—El FLH se desintegró por diferencias ideológicas, pero la gente siguió reuniéndose y en 1974 surge Sex Pol, un grupo impulsado por Braulio Peralta y Antonio Cué, que sostendría reuniones periódicas en un departamento de Ezequiel Montes 37, así como eventos culturales donde se podía disfrutar de conferencias, lecturas de textos y exposiciones en torno a la homosexualidad. En 1975 un grupo de intelectuales, entre ellos Carlos Prieto, Luis González de Alba, Carlos Monsiváis, Nancy Cárdenas y otros más promueven la publicación del "Primer manifiesto en defensa de los homosexuales", también conocido como "Contra la práctica del ciudadano como botín político". Para 1978 aparecen los grupos FHAR (Frente Homosexual de Acción Revolucionaria), cuyos miembros irrumpen en la marcha conmemorativa al asalto al cuartel Moncada del 26 de julio, con un contingente de homosexuales; Lambda de Liberación Homosexual y Oikabeth, conformado por mujeres lesbianas; los tres grupos participarían meses después en la marcha del 2 de octubre. Ese mismo año se publica, en el periódico *unomásuno*,

Ojos que da pánico soñar, de José Joaquín Blanco, primer texto que habla en primera persona del ser homosexual. También aparecen las revistas *Política Sexual* editada por Sex Pol y *Nuestro Cuerpo* del colectivo Mariposas Negras del FHAR.

—¿Y la marcha del orgullo?

—Ésa se llevó a cabo en junio de 1979, convocada por los tres grupos.

—Me imagino que fue un pachangón.

—No, a diferencia de las marchas de ahora, ésa fue sin carros, sin música, sin multitudes, pero cargada de una conciencia política que exigía el reconocimiento a nuestros derechos, un alto a *razzias* y a la extorsión policiaca.

—Qué rara suena la palabra *razzias*, hace mucho no la escuchaba.

—¿Te imaginas? Estás en una fiesta con tus amigos y de repente llega la policía y se llevan a todos, sólo por ser homosexuales...

—Algo así leí en un libro, uno que hablaba de un prostituto.

—Seguro fue *Las aventuras, desventuras y sueños de Adonis García, el vampiro de la colonia Roma*, de Luis Zapata, que se publicó en 1979 y que se podría considerar la primera novela gay de la era contemporánea; también se publican *Las púberes canéforas* de José Joaquín Blanco, *Utopía gay* de José Rafael Calva, José Antonio Alcaraz escribe *Y sin embargo se mueven*, que es dirigida por Sergio Torres Cuesta y actuada por Tito Vasconcelos, quien también dirige y actúa *Maricosas* (*sabes que no te escucho bien cuando estás en el clóset*); en el cine Jaime Humberto Hermosillo dirige *Doña Herlinda y su hijo*, adaptada de la novela del escritor mexicano Jorge López Páez, que cuestiona la doble moral de la sociedad en la provincia mexicana; el grupo Música y Contracultura, comandado por Humberto Álvarez y el maravilloso cantante Mario Rivas, se presenta en espacios como el Foro Isabelino de la UNAM con su propuesta que habla abiertamente de las relaciones homosexuales; pintores como Arturo Ramírez Juárez y Oliverio Hinojosa vislumbran universos homoeróticos impensables para la época.

—Cuánta cosa... y una sin saber nada. Pero, ¿cómo te enteraste de todo esto? Si no sabías nada.

—Fue por la Semana, mana...

—¿Cuál semana?

–La Semana Cultural Lésbica Gay es el evento artístico más importante del movimiento de liberación homosexual mexicano: artes plásticas, teatro, danza, música, presentaciones editoriales, una serie de conferencias, y mesas de debate sobre la situación de los homosexuales y las lesbianas en México.

—Suena pocamadre, ¿cómo te enteraste de ello?

—Por casualidad, caminando por Santa María la Ribera me topé con el Museo Universitario del Chopo y dicen que la sangre llama.

—A mí no me engañas, fue la carne.

—La verdad sí, vi tantos hombres fuera del museo que me acerqué a preguntar qué pasaba.

—Y, ¿qué pasó?...

—Me recibió un personaje muy particular, chaparrito, de mirada encendida y con un cigarro en la mano. Ese personaje era José María Covarrubias, fundador del Círculo Cultural Gay y director de la Semana Cultural. "La Pepa", como era conocido por sus amigos (y también sus enemigos), nació en Nayarit y estudió psicología en la UNAM, militó en distintos grupos de liberación homosexual, hasta que en 1982 forma el Círculo Cultural Gay, con el cual organizó durante 19 años la Semana Cultural Lésbica Gay, inspirado en un evento que Hugo Patiño realizó en 1982 dentro de la galería Alaide Foppa de la Plaza del Rábano del centro de la Ciudad de México con el nombre de "Jornadas de Cultura Homosexual", el cual mejoró hasta convertirlo en el foro más importante para el arte homoerótico en México, consiguiendo la participación de artistas de la talla de Francisco Toledo, Nahum B. Zenil, Reynaldo Velázquez, Yolanda Andrade, Mónica Mayer, Armando Cristeto, Juan Soriano, Alberto y José Castro Leñero, Nancy

Cárdenas, Tito Vasconcelos, Horacio Franco, La Cebra Danza Gay, entre muchos otros que sin importar su orientación sexual se sumaban a las actividades de la Semana Cultural. Su impacto fue tanto que se convirtió en un modelo a seguir que ha sido replicado a nivel internacional; en ella participaron también muchas organizaciones y colectivos de la sociedad civil: políticos, intelectuales, instancias de gobierno y organismos internacionales preocupados por la situación de los homosexuales y las lesbianas en México.

—¿Y cómo le hizo para hacer todo eso?

—La Pepa era muy obstinado; organizó su primera semana con el Círculo Cultural Gay en 1985 en el Foro Cultural Simón Bolívar y al año siguiente en el Club de Periodistas, pero fue en 1987 cuando la Semana llegaría a la que sería su sede principal: el Museo Universitario del Chopo de la UNAM. Nunca obtuvo un beneficio económico por hacerla, pero se apoyó en la solidaridad de mucha gente como Jorge Fichtl, Carlos Monsiváis, Teresa del Conde, Carlos Blas Galindo, Olivier Debroise, Jorge Alberto Manrique, Francesca Gargallo y los artistas Nahum B. Zenil, Reynaldo Velázquez, Armando Cristeto Patiño, Miguel Cano, Yolanda Andrade y otros más que creían en su proyecto. Al final acabó solo, sin dinero, sin casa, con muchos enemigos, debido a su carácter explosivo. Se quitó la vida en un hotel frente al Museo del Chopo el 16 de agosto de 2003.

—Qué mal final para alguien que hizo tanto por su comunidad.

—Así somos a veces, pero en fin...

—¿Y ligaste ese día en el museo?

—No, te digo que era muy tonta, pero conocí a mucha gente, hasta acabé siendo voluntario en una organización que se llamaba "La manta de México".

—¿Y eso qué era?...

—Una organización de lucha contra el sida inspirada en el proyecto estadounidense llamado The Names Project que buscaba hacer conciencia a través de mantas conmemorativas bordadas con los nombres de personas fallecidas por el virus. Ahí me enteré de que los primeros casos de sida llegaron a México en 1983, afectando principalmente a la población homosexual, tal como pasaba en el resto del mundo, así alimentando el estigma y la discriminación en ciertos sectores de la sociedad, pero dejando ver también la solidaridad y el apoyo de otros tantos como es el caso de Antonio Salazar, profesor de la Academia de San Carlos, ex militante del FHAR y coordinador de la maestría en artes visuales, que en 1984 conformaría junto con algunos estudiantes el Taller Documentación Visual (TDV), colectivo que colaboró con los grupos de liberación homosexual diseñando carteles y propaganda, así como en la creación de los primeros materiales de información y prevención sobre VIH en México. Apostaron al trabajo colectivo, ya que pensaban que la obra pertenecía al espectador y no al artista, liberando todos sus derechos para que cualquiera pudiera usarlas con fines de prevención; algunas de ellas formaron parte de la primera publicación especializada en VIH de Latinoamérica, editada por Francisco Galván con el nombre de *Sociedad y Sida*, publicada por el periódico *El Nacional*. Antonio nunca se presentó en ninguna de las inauguraciones del TDV y tampoco concedió entrevistas a los medios de comunicación, sus colaboraciones fueron siempre gratuitas y aportó dinero de su sueldo como docente a distintas iniciativas a favor de los derechos sexuales y la lucha contra el VIH, con la condición de que no se supiera, manteniendo siempre un perfil bajo aunque sus aportaciones fueron de gran importancia. En 1999 el TDV desapareció, lo que no impidió que Antonio continuara su labor como artista comprometido con su gremio. Se concentró en la investigación y publicación de libros con temática LGBT, nunca dejó de apoyar económicamente las causas que consideraba importantes para el reconocimiento de los derechos de su comunidad. En 2014 le fue detectado un tumor cerebral y falleció en noviembre de 2016.

—Eso del sida sí me daba miedo...

—Pero eran otros tiempos, mana; ahora hay más información, que se la debemos a muchas organizaciones que se pusieron las pilas, como Cálamo Espacios Alternativos, A. C., la primera constituida legalmente en 1985, enfocada en trabajar con la población homosexual, que comenzó a realizar campañas de prevención e información. Posteriormente se creó la Fundación Mexicana de Lucha Contra el Sida A. C., dedicada a combatir el sida en México y conformada por activistas e intelectuales, esto en 1987.

—Quién fuera a decir. Antes no había organizaciones y ahora hasta políticos gay tenemos…

—Eso comenzó en 1982, con el CLHARI.

—¿Quién es ésa?

–No seas tonta, el CHLARI era el Comité de Homosexuales y Lesbianas en Apoyo a Rosario Ibarra de Piedra, que era la candidata a la presidencia de la República por el Partido Revolucionario de los Trabajadores (PRT), que manifestó abiertamente su apoyo a la comunidad y por eso algunos grupos se juntaron bajo ese nombre, hasta se postularon por primera vez candidaturas de personas homosexuales como Max Mejía y Claudia Hinojosa.

—Eso sí debió haber sido todo un escándalo, jotas y lesbianas en cargos de representación popular, pero no llegaron, ¿o sí?…

—No, pero marcaron un precedente de conciencia política en el colectivo que después se vio reflejada en la campaña "Vota Rosa", de las elecciones de 1993, donde muchas organizaciones y colectivos participaron para promover el voto razonado en nuestra comunidad; tanto así, que en 1997 toma posesión como diputada federal Patria Jiménez, la primera lesbiana declarada en ocupar un cargo de representación popular. Para 1998 se organiza en la Asamblea del Distrito Federal el Primer Foro Legislativo de Diversidad Sexual y Derechos Humanos, promovido por David Sánchez Camacho y distintos activistas, el cual marcaría una pauta para que se comiencen a legislar iniciativas enfocadas a poblaciones sexodiversas como el artículo 281 bis (hoy 206) aprobado en 1999, que tipifica la discriminación en la Ciudad de México e incluye la orientación sexual como uno de sus motivos.

—Mira que ya eran otros tiempos, hasta usas otras palabras cuando hablas de nosotros, seguro ya andabas de cusca por todos lados. ¿O dónde andabas en ese entonces?...

—Yo participaba en Codisex (Comité de la Diversidad Sexual), una red de personas y organizaciones convocada alrededor de Jiménez, que impulsó la llegada de la Marcha del Orgullo al Zócalo de la Ciudad de México en 1999.

—No seas mustia, hablo de tu vida amorosa...

—¡Cómo eres chismosa! Para esa época ya había conocido a mucha gente y también sabía dónde ir a ligar, Zona Rosa, por ejemplo; también algunos cines como el Paseo, el París, el Diana, el Elektra, donde se organizó en 1997 por primera vez el Mix México, Festival de Diversidad Sexual en Cine y Video, iniciativa de Arturo Castelán que todavía sigue vigente y que ha presentado lo más relevante de las producciones cinematográficas, nacionales e internacionales, que abordan las distintas formas de expresar la sexualidad. Al Mix le debemos haber conocido muchas películas y directores que hoy son clásicos del cine lésbico-gay, así como la creación de audiencias para este tipo de cine que provocarían que instancias como el Instituto Mexicano de Cinematografía apostaran en su realización.

—¡Órale!... ¡Cómo cambiaron las cosas en tan poco tiempo!

—Dicen que 20 años no es nada y mira todo lo que pasó.

—Y tú, ¿cuándo decidiste meterte en esto por completo?

—Fue en el 2000, con la llegada del nuevo siglo y con todo eso que uno se propone en esas fechas; recuerdo que ese año tomaba protesta como diputada local Enoé Uranga, otra mujer abiertamente lesbiana que impulsaría la Ley de Sociedades de Convivencia que sería promulgada en 2006 y que se convertiría en el antecedente del "Matrimonio igualitario", que reconoce las uniones de parejas del mismo sexo aprobado en 2009 en el entonces

Distrito Federal. Con tanta cosa que pasaba yo sentía que tenía que hacer algo, y con un grupo de amigos formamos una organización donde el arte fuera la principal herramienta para promover los derechos sexuales y el respeto a la diversidad sexual. La llamamos Altarte y con ella organizamos, junto con un colectivo de chicas llamado Nueva Generación de Jóvenes Lesbianas, el primer Festival de Diversidad Sexual Juvenil de la Ciudad de México, en el recién estrenado Faro de Oriente de la Ciudad de México, apoyados por gente como Carlos Monsiváis, Patria Jiménez, Arturo Díaz Betancourt, Guillermo Santamarina, Ely Guerra, José María Covarrubias, Manuel Oropeza, Fernando Osorno y muchos más; el evento que apostaba a los nuevos postulados sobre la sexualidad y buscaba la inclusión de identidades que hasta ese momento se habían mantenido a la sombra. Toma tal relevancia, que al fallecer José María Covarrubias se convierte en el heredero de la tradición de la Semana Cultural con el nombre de Festival Internacional por la Diversidad Sexual, con actividades culturales que durante todo el mes de junio se presentan en el Museo Universitario del Chopo y otros espacios de la Ciudad de México. Ni nosotros nos la creíamos cuando Juan Carlos Bautista nos propuso hacernos cargo de la Semana.

—Ésa es mucha responsabilidad, ¿no crees?...

—Pero no estoy solo, tengo mucha gente que me apoya y una no se puede quedar sin hacer nada, mucho menos después de conocer esta historia.

—Se me hace que te quieres hacer la interesante, si lo único que buscabas era ligue...

—La verdad sí, pero cuando conoces toda esta historia y a toda esta gente, no puedes hacer como que la Virgen te habla; esta historia se vuelve la tuya y la de toda la gente que es como tú.

—Pero esta historia no termina aquí.

—Claro que no, todavía hay mucho más por hacer y muchas cosas más que han pasado y siguen pasando, como el empoderamiento de la comunidad transexual que comenzó a verse en la segunda década de este siglo, como consecuencia de los discursos *queers* y la lucha que venían dando desde hace años. En 2009 se incluyen por primera vez en la Ley de Salud del Distrito Federal (hoy Ciudad de México) los tratamientos hormonales y las psicoterapias para el proceso de cambio de sexo y para 2015 se reforma el código civil y penal para que a través de un trámite administrativo toda persona pueda acceder al derecho de la reasignación y concordancia de su identidad de género; el 13 de noviembre del mismo año se declara en la Ciudad de México el día de las personas transexuales en un acto donde participa el jefe de gobierno de la ciudad y películas como *Quebranto* de Roberto Fiesco, *Made in Bangkok* de Flavio Florencio, *Viviana Rocco, yo trans* de Daniel Reyes y *Estrellas solitarias* de Fernando Urdapilleta, todas protagonizadas por personajes transexuales, acaparan los más importantes festivales de cine del país. Ese mismo año es declarada la capital del país como Ciudad Amigable LGBTTTI, el 23 de noviembre, y el presidente de la República hace un pronunciamiento, el 17 mayo del año siguiente, declarando el Día Nacional Contra la Homofobia y exhortando a aceptar el matrimonio igualitario en todo el territorio nacional.

—Pues qué *nice*, mana, parece que ya lo tenemos todo.

—¡No seas estúpida, mana! Después de la declaración del presidente, los grupos de ultraderecha comenzaron a hacer movilizaciones nacionales y una ola de asesinatos de transexuales ha permeado el país; no podemos quedarnos como si nada, o vamos regresar al principio.

—Ay, mana, como que ya te estás azotando mucho; mejor ya vamos a tomarnos una chela y brindemos por todo lo ganado.

—Vas a decir que soy paranoica, pero creo que hay que ponernos las pilas de nuevo, pues esta historia es la historia de todas y sin ella no podríamos ir a tomarnos una chela tan tranquilamente.

—¡Conmigo no, mana!... Tu historia es la misma que todas, no quieras venir a sentirte especial, al final todas le debemos lo mismo a las mismas y esta historia nos iguala a todas, como diría mi Juanga: "¿Qué me cuentas a mí, que sé tu historia?"; mejor celebremos lo que tenemos y lo que podemos hacer.

—Mejor celebremos lo que este libro significa.

—¿Libro? Ay, mana, creo que ya te balconeé.

—No importa, mana, al final esta historia nos pertenece a todas; sin ella no estaría hablando contigo, ni tomándome una chela tan tranquilamente. ¿Sabes? Al final me queda claro que sin nosotros este país no tendría muchas coas que ahora tiene, que fuimos parte de lo que ahora llaman democracia y eso no se puede negar. ¡Al final me queda claro que México se escribe con *J*!

Jotas, vestidas, cuinas, locas y mariposas
Historias del movimiento trans *en la Ciudad de México*

Alexandra Rodríguez de Ruíz

> A mí me resultó interesante la distinción entre sexo y género porque permite, como decía Beauvoir, diferenciar entre anatomía y función social, de modo que se podría tener una anatomía cualquiera pero la forma social no estaría determinada por la anatomía.
>
> Judith Butler

Historia y cultura *trans*

No podemos hablar de la cultura *trans* (un término más inclusivo y amplio respecto a las identidades bajo el espectro transgénero, tal vez fue acuñado por Nash Jones, coordinador del programa de educación llamado "Bridge 13 Community") sin mencionar la historia del travestismo, transgenerismo y transexualismo y el impacto de éstos en la sociedad mexicana. En la historia de la humanidad y sus conductas, la presencia *trans* siempre ha existido, quizás en secreto, negada, escondida y en muchos casos prohibida. No obstante, la transgresión al binario genérico que constituye ha existido en los ámbitos sociales y culturales humanos por siglos, si no milenios.

En este ensayo viajaremos a través del tiempo para contemplar cómo los individuos que retan a la normatividad y sus patrones de comportamiento impactan a la sociedad contemporánea al encarnar un tabú que históricamente ha servido como un blanco del estigma y la violencia en México. La historia *trans* no es simple, sino subversiva, variada y extensa, al igual que la de las sexualidades e identidades *trans*. Como señala Judith Butler en su teoría de la performatividad del género, nuestro género se construye por la repetición performativa de éste, o sea que "el género es una repetición estilizada de actos [...] que son internamente discontinuos" (Butler, 2001, pp. 171-172). En otras palabras, no hay nada reglamentario en cuanto al género. Socialmente, históricamente y culturalmente, el género, o los géneros, son construidos y por lo tanto no existen reglas absolutas en nuestra naturaleza humana que nos indiquen cómo debemos de comportarnos para pertenecer a cierto género. Y es precisamente en la teoría de Butler donde el término *trans* también aparece como abreviatura de transgénero: una persona a la cual le fue asignado un género al nacer pero que se identifica con otro diferente. Aquí me refiero a géneros, ya que hay una variedad de identidades sexo-genéricas que se abrigan bajo el prefijo *trans* (transgénero), y entre éstas se encuentran términos como: transexual, travesti, dos espíritus, género *queer*, género no conforme, y muchos más. También hay que aclarar que el género es muy diferente al sexo biológico, y aunque los dos se usan de manera indistinta en nuestra sociedad, es mi opinión que al hacerlo se crea más confusión, ya que el género, o géneros, son fenómenos culturales y construidos socialmente, mientras que el sexo es estrictamente biológico.

La presencia *trans* ha existido en la sociedad occidental a lo largo de los siglos, de modo secreto, prohibido, escondido y negado en muchos casos por la historia misma. No podemos negar que Juana de Arco, por ejemplo, adoptó la indumentaria masculina y no por ser un acto estratégico, ya que toda su vida adulta vistió prendas masculinas y se rehusó a vestir ropa femenina hasta la hoguera. Su identidad de género ha sido debatida por los historiadores, quienes la han considerado travesti y transgénero entre otros nombres para demostrar su androginia; sea como sea, es claro que al vestirse de hombre, Juana de Arco transgredió al binario genérico. Al igual que Juana de Arco, durante la Revolución mexicana existió un coronel que vivió con una identidad de género diferente a la cual se le asignó al nacer, el coronel Amelio Robles Ávila, quien nació con el nombre de Carmen Amelia Robles Ávila el 3 de noviembre de 1889 en Xochipala, en el estado de Guerrero. Gabriela Cano, autora del libro *Género, poder y política en el México posrevolucionario*, nos habla de este extraordinario soldado en su capítulo "Amelio Robles, masculinidad (transgénero) en la Revolución mexicana". En su investigación, la historiadora expone que durante la Revolución mexicana había mujeres que adoptaron una identidad masculina, pero que finalmente regresaron a sus roles femeninos; no obstante, éste no fue el caso de Amelio Robles. Es más; Robles transgredió al binario de género desde los 24 años de edad para unirse a los revolucionarios, pero como lo explica Cano, no fue para protegerse de ser violada, estrategia adoptada por otras mujeres en la misma situación, sino más bien porque en realidad su deseo era el de ser hombre. En las palabras de la autora, Amelio Robles "transitó" de una identidad de género asignada al nacer hacia la que en realidad sentía que pertenecía. Al igual que Juana de Arco, el coronel Robles vivió como hombre por el resto de su vida e incluso tuvo parejas femeninas. Fue aceptado como hombre no sólo dentro de su entorno familiar y social, sino también por el gobierno, al ser reconocido como un "veterano" de la Revolución mexicana, convirtiéndolo en la primera persona *trans* reconocida oficialmente por el Estado.

No puedo hablar de personas *trans* revolucionarias sin mencionar a las dos personas *trans* que participaron en los disturbios de Stonewall en la ciudad de Nueva York en 1969 y que dieron lugar al movimiento LGBT en Estados Unidos. Ellas son Sylvia Rivera y Marsha P. Johnson, dos *trans* revolucionarias que lucharon toda su vida por los derechos de individuos como ellas. Stonewall es el punto de partida del movimiento LGBT y es un orgullo saber que fueron estas dos revolucionarias transgénero, hartas del abuso policiaco y del sistema, que se enfrentaron a los policías aquella noche del 28 de junio. Al igual que ellas, en México y en Latinoamérica ha habido personas *trans* que lucharon por sus derechos y que fueron criminalizadas por querer ser quienes realmente eran, por expresar su identidad de género, quienes además desafiaron a la sociedad, al sistema y a los "buenos modales".

Otro dato histórico importante en la historia LGBT de México es el del famoso baile de "Los 41". Desde entonces en México se ha sabido de personas que transgredían al binario de manera pública, ya que sus audaces actividades fueron reportadas con deleite por la prensa de su época. Se menciona que eran 42 los invitados a este baile de "maricas", pero se le conoce como "Los 41", y es que uno de los invitados a esta fiesta, según la historia, era nada menos que el yerno de don Porfirio Díaz, y fue el mismo Díaz quien hizo que se encubriera tamaño escándalo en su familia.

Respecto a la historia *trans* en México, no olvidemos que en algunas culturas indígenas prehispánicas las personas *trans* éramos consideradas como seres divinos, poseedores de los dos espíritus, pues tenemos la capacidad de ser femenino y masculino a la vez. Hoy en día son pocas las comunidades indígenas que aún conservan estas creencias; por ejemplo, en algunas tribus de Estados Unidos las personas *trans* son aceptadas y respetadas como "Dos espíritus". Dentro de la población zapoteca del istmo de Tehuantepec, en Juchitán, Oaxaca, las muxes, que son personas nacidas con el sexo masculino pero que se identifican o asumen roles del sexo femenino, son consideradas como seres de gran valor familiar, social e incluso económico. Las muxes son reconocidas desde tiempos prehispánicos como parte de la sociedad zapoteca, supuestamente organizada en un matriarcado. Por consiguiente, se les respeta y no son criminalizadas por sus identidades o sexualidades como en otros lugares en el mundo. La profesora e investigadora Marianella Miano Borruso nos informa más al respecto en el capítulo "Historia de belleza, pasiones e identidades" de su libro *Hombres, mujeres y muxe: el Istmo de Tehuantepec*, donde nos explica a detalle cómo las muxes impactan a la sociedad en la que se desenvuelven:

La sociedad zapoteca agrega otro rasgo peculiar a su organización dicotómica: no parece existir estigma y marginación del homosexual que en zapoteco es llamado muxe. Al contrario parece haber una aceptación e integración del muxe en la organización genérica de la sociedad y en el universo cultural étnico poco usuales en nuestra sociedad occidental. Dice Macario Matus, escritor zapoteco: "En Juchitán la homosexualidad se toma como una gracia y una virtud que proviene de la naturaleza" (Miano Borruso, Marianella, 2002, p. 230). Así pues, es digno de contemplar y teorizar sobre la manera en que en nuestras culturas prehispánicas tanto la homosexualidad como el transgenerismo no eran siempre fenómenos vistos como algo antinatural y una aberración como lo propone la religión introducida por los conquistadores.

Jotas, vestidas, cuinas, locas y mariposas

Existen varias teorías respecto a por qué hablamos de jotas, vestidas, cuinas, locas y mariposas para identificar a un hombre afeminado; aquí no pretendo profundizar demasiado en este tema, pero sí narrar los detalles de mi propia experiencia. La palabra *jota* es la forma femenina del sustantivo *joto*, y en las frases del historiador Alonso Hernández, se deriva del término náhuatl *xoto* que se empleaba para identificar a los homosexuales en la época prehispánica, aunque claro, sería durante la Colonia cuando se utilizan otros adjetivos para referirse a ellos, como nos explica Salvador Novo en su ensayo "Las locas, el sexo, los burdeles":

> Parece ocioso recordar que el nombre de "sodomitas" (que los españoles esdrujulizaron "sométicos") es patronímico de los habitantes de la bíblica ciudad pecaminosa de Sodoma, gemela de aquella Gomorra en que las ciudadanas del bello sexo emulaban a los varones del otro bando con dedicarse al aplauso [Novo, Salvador, 1996, p. 495].

También existe el mito de que en la cárcel de Lecumberri había una crujía "J" donde fueron a dar todos los "introvertidos, torcidos, y pederastas" y que por eso el uso de la palabra *jota* para etiquetar a los disidentes sexuales. Esta teoría fue desmentida por Luis González de Alba en más de una ocasión en sus publicaciones y en las conversaciones que tuve el honor de sostener con él.

Es en la *Historia verdadera de la conquista de la Nueva España*, de Bernal Díaz del Castillo, donde por vez primera se hace mención de las "vestidas" en los tiempos de la Conquista y cómo, al parecer, éstas se dedicaban a la prostitución, ya que "eran todos los demás de ellos sométicos, en especial los que vivían en las costas y tierra caliente; en tanta manera, que andaban vestidos en hábito de mujeres muchachos a ganar en aquel diabólico y abominable oficio…" (Díaz del Castillo, Bernal. 795, pp, 503). He aquí tal vez la razón histórica por la cual siempre ha existido esa relación de las vestidas con el trabajo sexual, un estereotipo muy difundido respecto a los miembros de la comunidad *trans*. Por otro lado, la cuina es un derivado de la palabra inglesa *queen* (reina, en español) y se refiere a una persona *trans* que vive su vida como tal, o sea día y noche, pública y privadamente. *Loca*, por otro lado, es un término peyorativo para señalar a un hombre, no necesariamente homosexual, con características femeninas. También es empleado como sinónimo para aquella persona que transgrede a la sociedad por atreverse a salir en público tal como es. En una charla presentada en el Lincoln Center de Nueva York, en mayo de 2016, el investigador puertorriqueño Lawrence La Fountain Stokes habló "sobre translocas, sinvergüenzas, malas malas y otras disidencias sexuales"; ahí define lo que es una loca: "Tiene la cara pintada con mucho maquillaje y múltiples nombres. Grita, se ríe, causa desorden. No responde a las normas de lo común o establecido…" Por otro lado, la "mariposa" es un símbolo para las personas *trans* y es la mejor manera en la que tal vez podamos explicar nuestra mutación propia. En la sociedad machista y LGBT-fóbica, la mariposa es como la define una famosa canción tropical llamada *Mariposas locas* cantada por Mike Laure y sus Cometas a mediados de los años setenta:

> Ay mariposa, tienes una mirada
> de lo más delicada y misteriosa.
> Ay mariposa, tú que siempre caminas
> como las bailarinas, mira qué cosa.
> Un muchacho tan fino, que camina muy raro.
> Un muchacho tan fino, que camina tan raro.
> Yo me muero de risa, cuando pasa a mi lado.
> Yo me muero de risa, cuando pasa a mi lado.

Esta canción fue un éxito de la música tropical de su época y también una de las primeras en donde se menciona a la mariposa, a la loca, de manera cómica y para ridiculizar al sujeto que es blanco fácil por no conformar a la norma social, por retar a los roles tradicionales que definen en nuestra cultura lo masculino y lo femenino, y que paga el precio con el ridículo y la burla pública por su transgresión.

Un testimonio personal

Aún recuerdo la primera vez que escuché la palabra *vestida*. Estaba en la primaria, tal vez en mi segundo año, en la escuela Víctor María Flores en la calle de Barcelona 15, de la colonia Juárez, y fue un amigo de mi hermano el que usó el término para referirse a una persona que iba pasando frente a nuestra escuela a la salida de clases. A mi parecer, era una mujer, pero fue el querido amigo Jorge él que nos aclaró: "No es mujer, es una vestida, le dicen la *teacher*". Desde entonces comprendí que no estaba sola en mi camino y que si la "maestra" podía andar por las calles en todo su esplendor, pues yo también. Esto lo aprendí a los siete años de edad. Yo ya tenía mi propia historia de transgredir a la sociedad, pues he cuestionado al binario sexual desde que tengo uso de razón. Recuerdo que desde los cinco años afirmaba que era una niña, a pesar de que todos a mi alrededor me decían lo contrario. Recuerdo que lloraba al escuchar a los demás decirme: "Tú no eres niña, eres niño". Por supuesto, le preguntaba a mi madre y ella me consolaba diciéndome que no me entendían y que no les hiciera caso. Esto sucedía cuando aún estaba en el kínder, pero la historia cambió cuando entré a mi primer año de primaria.

Yo ya me ponía unas lentejuelas en las orejas como aretes y me pintaba los labios con la goma de mascar marca Chiclets Adams, unos rectángulos pequeños cubiertos de color rojo intenso, sabor canela. Los mojaba con mi saliva y me los untaba en los labios, logrando así casi el mismo tono que el de los pequeños rectángulos. La gente me preguntaba: "¿Eres niño o niña?", ya que mi ropa era masculina y mi pelo corto, pero convencida de mi identidad, afirmaba que yo era niña. Esto me ocasionó muchos problemas en la escuela primaria Horacio Mann en la esquina de Abraham González y avenida Chapultepec de la colonia Juárez, pues era a finales de los años sesenta y dentro del sistema de educación pública. Desde aquel entonces, aprendí lo que eran el rechazo y el aislamiento social. A pesar de estos retos, no cambié mi historia ni mi manera de ser. Finalmente, mi madre, a recomendación del director de la escuela, me llevó a un centro de ayuda psicológica en la calle de Niños Héroes en la colonia Doctores. Ahí aprendí que mi caso no era aislado, que existían otros niños y niñas como yo y que supuestamente me ayudarían a superar esta etapa. El primer paso fue que mi mamá me tenía que cambiar de escuela, y debido a este cambio perdí el resto del año escolar. La época del kínder y de mi primer año en la primaria Horacio Mann fueron traumatizantes, ya que sufrí burlas, rechazo, insultos, acoso y golpes, todo lo que hoy en día es conocido como *bullying*, un fenómeno aún demasiado real en nuestra sociedad, especialmente en las escuelas, tanto públicas como privadas.

Fue así como llegué a la escuela Víctor María Flores, y después de cinco años de acudir al centro de ayuda psicológica, los terapeutas le dijeron a mi adorada madre que me dejara ser, que yo no iba a cambiar y que quizá, al alcanzar la adolescencia, cambiaría de parecer, pero por lo pronto recomendaron que para no ocasionarme más "trauma" psicológico, mi familia debería aceptarme y apoyarme en mi manera de ser. Esto, en mi opinión, fue lo que marcó la diferencia en mi vida, ya que la mía no es la típica historia de alguien que "habita en el cuerpo equivocado" o que sufrió rechazo de su propia familia. Al contrario, desde los 12 años de edad mi madre me apoyó y me dejó ser quien yo deseaba ser.

Como he señalado, fue en la escuela primaria en donde me di cuenta de que no estaba sola, de que así como yo, que no jugaba con los niños ni con las niñas, había un ser que, al igual que yo, se aislaba y deambulaba solo durante el recreo por todo el patio de la escuela, que a esa edad me parecía enorme, pero en realidad no lo era. En uno de esos pocos días de calor que hay en la Ciudad de México, a lo lejos crucé miradas con este ser y nos identificamos de inmediato; fue así como conocí a Karina, mi mejor amiga y hermana del alma, con la cual crecería y con quien también nos convertiríamos en unas jotas, unas locas, unas cuinas, unas mariposas, unas vestidas. La identificación fue inmediata, pero el aceptar y asimilar que sentíamos lo mismo y que no cuadrábamos en este escenario normativo fue todo un proceso. La familia de Karina era cristiana y la mía muy católica, así que había un choque de ideologías entre las dos desde el principio. Lo que sí teníamos en común, y lo que siento que fue una ventaja a nuestro favor, es que tanto Karina como yo no teníamos padre; el mío había fallecido cuando yo tenía cinco años de edad y el de Karina creo que las abandonó a ella y a sus hermanas desde pequeñas. Así que nuestra complicidad no fue una casualidad, sino más bien el destino que nos unió y nos ayudó a forjar nuestros caminos. Por ejemplo, de mí se burlaban algunos niños por ser femenino, o "feme-niño", y de Karina porque le gustaba dibujar flores y pintarse las uñas con los crayones. Pero ahora, unidas, éramos nosotras las que nos burlábamos de los demás por cualquier razón, pero lo hacíamos abiertamente y sin ningún reparo. Esto ocasionó problemas y varias veces mi madre y la de Karina fueron citadas a la escuela, por lo cual le bajamos un poco a nuestro *bullying* a otros alumnos, pero ahora como ya no estábamos solas, raramente alguno de ellos nos molestaba o nos decía algo. Sin saberlo, Karina y yo ya estábamos creando una comunidad, ya que otros alumnos que también eran rebeldes o no cuadraban se nos unieron y de repente ya éramos un grupo, un grupo de rebeldes, inadaptados, incompatibles, siendo Karina y yo las jotas, las lideresas.

Finalmente, llegó otro rebelde, otra jota, a nuestro grupo. Karina y yo ya estábamos en cuarto año de primaria cuando un buen día apareció Mario Chávez Traconi; tal vez el nombre suene familiar ya que Mario es considerado como uno de los tres mejores falsificadores de la historia criminal de México. Mario siempre fue un niño afeminado y rebelde, caprichoso y a veces prepotente, que pensaba que el dinero lo compraba todo, incluyendo la amistad, algo que le costó caro. Mario estuvo con nosotras por dos años y después fue expulsado de la escuela, aparentemente por razones obvias, pues se dice que falsificó su boleta de calificaciones y después supimos que dirigía una banda de jotas vestidas que se dedicaba a asaltar en la Zona Rosa. Para mí es importante que sepan mis antecedentes, mi historia, claro que no en su totalidad, ya que me tomaría todo un ejemplar de *México se escribe con J* para narrar todas las anécdotas que conforman mi vida, pero creo éste es un buen comienzo.

La primera vez que Karina y yo pudimos identificar a la *teacher* fuera de la escuela, la seguimos y descubrimos que era nuestra vecina, ya que vivía en una vecindad en Abraham González, así que nos fue fácil investigar sus pasos. También descubrimos que se dedicaba al trabajo sexual, y que de maestra en realidad no tenía nada, ya que vimos cómo se subía y bajaba de automóviles en plena avenida Insurgentes. En una reciente conversación con Jorge, el amigo de mi hermano, me contó que le decían *teacher* porque de día era maestra de una escuela primaria, y ya en las tardes se convertía en una mujer muy sensual, que vestía de minifalda y blusas escotadas y que se iba a la Zona Rosa a caminar por las calles en busca de clientes. Así es como recuerdo a la *teacher* que, de manera simbólica, representa a mi maestra de la vida, ya que fue mi primer ejemplo de como sí podía ser yo y no tener que avergonzarme por ello. Karina y yo ya estábamos en quinto año de primaria cuando en una de esas tardes después de clases jugábamos en la glorieta George Washington en la esquina de Londres y Dinamarca cuando vimos pasar a una chica de minifalda, con botas de tacón alto hasta la rodilla y una blusa hálter, con el pelo hasta la cintura y caminando muy *sexy*. Lo que más llamó nuestra atención fue que los conductores de carros pitaban su claxon y le chiflaban, algunos le gritaban de cosas, en su mayoría peyorativas, tales como, "mamacito", "ay mariposa", "ay loca". A pesar de los chiflidos, seguía caminando como si nada y Karina y yo corrimos a recoger nuestras mochilas para seguir a esta chica, que más tarde sabríamos que se llamaba Rubí. Se dirigía a su lugar de trabajo ubicado en las calles de Hamburgo y Niza, frente al Sanborns, y fue ahí en donde Karina y yo vimos a muchas otras chicas que se dedicaban al trabajo sexual, esto en una Zona Rosa todavía elegante y muy diferente a la que conocemos hoy día. Fue también esa tarde que Karina y yo descubrimos que no sólo había vestidas sino también jotas, locas, mariposas y cuinas, de todas edades y estilos, que se exhibían en una esquina como modelos, haciendo negocio con sus cuerpos. Para mí éste fue un parteaguas en mi vida, aunque aún no comprendía los motivos o las razones por los que estas chicas se paraban en una esquina a vender sus cuerpos. Lo que sí entendí fue que tenían mucho valor para hacerlo y que no se avergonzaban ni se inmutaban en lo más mínimo y que, de una manera u otra, estas vestidas se empoderaban y se apropiaban de sus cuerpos y de las calles para sobrevivir. Ahí Karina y yo descubrimos un mundo muy diferente al que nosotras nos imaginábamos y esto sirvió mucho para dar los siguientes pasos en nuestra transición de niños a niñas, o más bien, de jotas a mariposas. Fue a los doce años y medio, con toda la aceptación y el apoyo de mi madre y del resto de mi familia, que decidí un día a salir con mi mamá de falda y con zapatos de tacón, maquillada y nerviosa por la reacción de los vecinos, pero sin importarme demasiado el qué dirán. A partir de ese día nunca di un paso atrás, me seguí de frente y aunque en la escuela sufría rechazo, insultos y regaños, me decidí a encarnar lo que yo quería ser desde lo más profundo de mi existencia, a convertirme en esa mariposa que vuela libre en la sociedad, a ser mi yo verdadero, sin temerle a nada. Al no darme cuenta de que en realidad yo era una transgresora, me convertí en una adolescente con muchos sueños y con muchos retos que afrontar en la vida.

A pesar de los grandes pasos que se han dado respecto a los derechos de personas gay y lesbianas, las personas *trans* seguimos luchando por nuestros derechos en la sociedad y desgraciadamente los estereotipos no ayudan. Las personas *trans* somos seres como cualquier otro y aun así tenemos que pelear por tener un lugar en esta sociedad, para que se nos reconozca como seres capaces y productivos. No obstante estar en pleno siglo XXI, la sociedad aún reprime el derecho a ser de las personas *trans*. En un mundo utópico, lo ideal sería que la cultura *trans* diera un giro a la historia y que personas como yo no tuviéramos que luchar más por nuestros derechos, y que se nos considerara como otra faceta más de todos los individuos que habitamos el planeta Tierra, pues como se ha demostrado una y otra vez a lo largo de la historia, hay riqueza en la diversidad.

La fuente, los cines, las calles y la criminalización de los cuerpos *trans*

Nuestra historia es vasta y llena de pasajes que aún permanecen en el olvido; por eso es importante documentar y dar testimonio de los sitios y lugares que han logrado permanecer no sólo en el recuerdo de algunos y algunas, sino también aquellos que lograron impactar a las personas *trans*, a mí y a mis compañeras de camino. También son monumentos que de una manera u otra servían como espacios abiertos para crear comunidad y dar visibilidad a nuestra jotería en la sociedad mexicana de mediados de los años setenta en la Ciudad de México. Uno de estos lugares de reunión giraba alrededor de una de las fuentes en la Alameda Central, que tiene su propia historia por ser un lugar de ligue para personas de la comunidad LGBT capitalina. Esta fuente se ubicaba precisamente en la esquina de avenida Juárez y la calle de Ángela Peralta, justo frente al Palacio de Bellas Artes; era una fuente enorme que ocupaba gran parte de esa esquina y que, por desdicha, ya no está en el mismo lugar. La descubrí porque pasaba por ahí en ocasiones rumbo a mi casa después de haber trabajado en Casa Palou, en la calle de López 5, una casa de modas para señoras de la alta sociedad en donde se les confeccionaban vestidos, sombreros y accesorios a la medida. Yo era asistente de Mary, la encargada de diseñar y darles el toque final a los sombreros y accesorios. Fue en una de esas ocasiones después de trabajar entre telas, lentejuelas y otros accesorios brillantes y joteros que por vez primera me fijé en la fuente y descubrí que ahí, al parecer, había jotas, locas, vestidas, cuinas y mariposas reunidas alrededor de ella y que se dedicaban a jotear con todo lo que daba. Lo que me llamó la atención esa vez fue que había una jota con una blusa de lentejuelas muy brillosa y que traía unos "zuecos" de madera que hacían ruido al caminar. Todas gritaban y se reían al mismo tiempo, así que todos los que pasábamos junto a la fuente éramos testigos de un enorme escándalo. Pasé y me hice pequeña temiendo ser identificada, pero la verdad es que quedé fascinada con este escenario tan colorido y jotero. Eran como a las seis de la tarde y aún alumbraba la luz del día. La mayoría de los individuos ahí reunidos eran andróginos, o sea que vestían ropa femenina mezclada con la masculina, algunos con pelo largo, maquillaje, y una que otra ostentando vestido y zapatillas, otros con ropa muy entallada y con brillos; todas daban vueltas a la fuente luciéndose y gritando a aquellos que se atrevían a decirles algo. A lo lejos escuché a una loca que afirmaba enérgicamente: "¡Sí soy puto y qué!" "¡Ven papacito y te enseño dónde tengo lo joto!" Apreté el paso tratando de alejarme lo más pronto posible, sin imaginar que en poco tiempo yo formaría parte de ese elenco.

Después de dos o tres veces de haber hecho el recorrido a la fuente rumbo a mi casa, al pasar por una tienda llamada El Gran Disco que estaba ubicada justo frente a la fuente sobre avenida Juárez, y en donde tocaban música estridente, me percaté de dos jotas que bailaban afuera del establecimiento, algo así como si fuesen unas edecanes, pero jotísimas. Katia y Chúchete eran dos jotas que parecían gemelas, de pelo largo, con ropa entallada y zapatos de madera tipo zueco, las dos maquilladas, las dos con el mismo perfume —probablemente de Avon—, las dos con el mismo estilo de ropa, peinado, maquillaje; ambas eran cortas de estatura, muy *petite*. Pero no eran gemelas, ya que sus facciones eran muy diferentes; Katia era como una muñeca asiática y Chúchete era morena y de rasgos indígenas. Fue Katia la que entabló el diálogo al dirigirse a mí con mucha seguridad: "¡Sabemos que eres como nosotras!" Me quedé asombrada, no por haber sido identificada, sino por la seguridad con la cual Katia me habló, un gesto que me hizo sentir aceptada de inmediato. Katia y Chúchete me tomaron de la mano y juntas cruzamos avenida Juárez; al acercarnos a la fuente, Katia gritaba: "¡Miren a la niña, es nueva, es una jota como nosotras!" Ese día en la fuente había tantas jotas, vestidas, locas y mariposas, unas 50, que gritaban al unísono para celebrar mi arribo a la fuente. Me sentía feliz de poder pertenecer a este grupo de semejantes y sin ningún miedo empecé a abrazar a todas; muchas me daban besos y consejos, otras estaban asombradas mientras me preguntaban por mi tierna edad. Sin ningún reparo yo les decía: "Tengo 13 años".

Un día llevé a mi amiga Karina conmigo a conocer a toda esta fauna de jotas y después de poco tiempo las dos fuimos bautizadas como "las bebas" ya que éramos las más jóvenes del grupo. Como tal fuimos adoptadas por varias de ellas, en particular las jotas de edad que conocían las calles, las que nos advertían que si alguien nos hacía o decía algo ofensivo les avisáramos de inmediato para ajustarles cuentas. Sin embargo, Karina y yo nunca tuvimos problemas con ninguna de estas jotas de la fuente. Al contrario, una de ellas nos habló del cine Teresa, de El Colonial, y de otros en donde también se reunían para jotear, ligar y hasta para ganar dinero. Espero y algún día alguien se anime a contarnos sobre estas experiencias, ya que hasta la fecha no he leído nada sobre estos lugares tan maravillosos en donde —debido a mi temprana edad y la vigilancia constante de mi familia— no tuve la oportunidad de explorar a fondo.

Lo que sí viví junto con Karina fue nuestra primera experiencia con la policía al salir una noche del cine Colonial, que estaba en la avenida Fray Servando Teresa de Mier, justo frente a Pino Suárez, rumbo al mercado Sonora. Fue una de esas tardes en las que ya nos habíamos quedado pasada la hora límite de llegar a casa y salimos apuradas del cine sin darnos cuenta de que éramos perseguidas por un (supuesto) policía que nos detuvo en un callejón antes de llegar a la estación del metro. Nos enseñó su "charola" y nos acusó de haber estado haciendo cosas "indebidas" en el cine. Nosotras negamos sus acusaciones pero él insistía en que sabía a lo que íbamos al cine, y no era para ver los estrenos. Nos amenazó con llevarnos al tutelar para menores y con acusarnos con nuestra familia de lo que supuestamente hacíamos en el cine. Karina y yo llorábamos desconsoladas y él nos dijo que le diéramos todo lo que traíamos de dinero y efectos personales; no traíamos mucho y lo único de valor que teníamos eran nuestros libros escolares. Ante nuestra raquítica "mordida", nos dijo que no era suficiente. Enseguida insinuó que teníamos que darle algo más. Karina y yo entendimos claramente sus intenciones. Para que nos soltara, Karina y yo tuvimos que hacerle sexo oral, ahí en un callejón oscuro a unos pasos del metro Pino Suárez. Esto nunca lo olvidaré: tampoco fue la última vez que seríamos perseguidas, agredidas y violadas por la policía. Al igual que nosotras, muchas otras jotas pasaban por lo mismo, y otras sufrían la vergüenza y humillación de ser expuestas en las páginas de publicaciones amarillistas como *Alerta!*, que era impresa en colores rojo y blanco y *Alarma!*, que era en blanco y amarillo.

En el libro de Susana Vargas *Mujercitos!*, las imágenes que nos muestra y expone son las de personas *trans*: sean éstas transgénero, travestis o transexuales. En cuanto al título de su libro, la autora explica que "Mujercitos es un término acuñado durante mediados de los sesenta por el entonces director de *Alarma!* Carlos Zamayoa, como sinónimo de 'hombre afeminado', y juega con el género a través de la feminización gramática del sujeto masculino con un juego de palabras cómico" (Vargas, Susana, 2014, p. 6). En otras palabras, no se nos asegura que las personas en las imágenes sean necesariamente de identidad *trans*, o las otras identidades a que se remite el vocablo, pero sí nos dice que el término *mujercitos* es empleado para burlarse de estos sujetos victimados por las autoridades. Vargas también afirma que "las fotografías e historias escritas de los mujercitos en *Alarma!* dejan claro que fueron detenidos y que están en una estación de policía y que se les criminaliza por 'engañar'" (Vargas, Susana, 2014, pp. 8-9). En una reciente conversación con la autora, le expliqué que estos sujetos eran en su mayoría personas *trans* que se dedicaban al trabajo sexual y que eran detenidas por la policía, llevadas a las delegaciones y forzadas a posar para este tipo de publicaciones. Varias de mis amigas, incluyendo a Karina y otras más, lo vivieron y siempre era por no haber tenido dinero para "desafanar"; es decir, para pagarle a la policía por su libertad. También en algunos casos las personas fotografiadas no eran personas que se identificaban como *trans*, sino *chichifos* (hombres que se dedican al trabajo sexual que no eran necesariamente gay), pero que eran forzados a maquillarse y "vestirse" de mujer. Espero que esto ayude a comprender que la criminalización de las disidencias sexuales y cuerpos *trans* ha existido y persiste a través del tiempo en nuestro país, a pesar de nuevas leyes y supuestas libertades.

La reina de reinas y sus princesas

No puedo dejar de mencionar a los personajes clave del movimiento *trans* en nuestra adorada y neurótica CDMX, o DF, como prefiero llamarla. Aquellas que abrieron muchas puertas y ventanas para los/las que tuvimos el privilegio de conocer, no necesariamente a nivel personal, pero sí físicamente, y ver cómo impactaron a la sociedad contemporánea. Una de ellas, Xóchitl, cuyo nombre de pila era Gustavo Ortega Maldonado, fue y sigue siendo un personaje legendario que se mantiene envuelto en tantas historias y mitos, unos verdaderos y otros tal vez inventados. Lo que sí es cierto es que para aquellos que tuvimos la oportunidad de estar en su presencia, Xóchitl, la reina, la madre, la señora, la única, nunca olvidaremos la manera en que impactó no sólo a las poblaciones LGBT, sino a todos aquellos a su alrededor, incluyendo a gente famosa como artistas de cine y televisión, escritores, políticos, diseñadores, promotores y la sociedad en general de aquellos tiempos.

La primera vez que supe quién era Xóchitl yo tenía 14 años y fui invitada a una fiesta en Cuautla, Morelos; supuestamente era la celebración del cumpleaños de Xóchitl y a mí me había invitado otra de las grandes leyendas de nuestra historia, Naná, quien era una de las *protégées* de Xóchitl, y con la cual tuve la oportunidad de entablar una amistad a pesar de la gran diferencia de edad y de ambiente en el cual las dos nos desenvolvíamos. Por supuesto que accedí a hacer la excursión a Cuautla en compañía de mi mejor amiga Karina y otros buenos amigos. La fiesta se llevó a cabo en un balneario exclusivo de Cuautla, y al llegar, de inmediato se sentía la atmósfera como de película. En la entrada había una larga cola de automóviles esperando adentrarse al recinto, había lista de invitados y algunos traían invitación mientras otros habían comprado boletos para poder asistir a tan magno evento.

Una vez adentro, el camino estaba iluminado por unas altas antorchas con llamas de fuego vivo, muy al estilo hawaiano. La pista de baile se había construido entre las albercas y estaba totalmente iluminada muy al estilo de Hollywood. También se habían levantado unas palapas que eran las barras donde servían las bebidas a los invitados. Todos vestían sus mejores galas; hombres gay, lesbianas, machorras, jotas, locas, vestidas, mariposas, artistas, vedetes, en fin, una mezcla de individuos provenientes de todo estrato social. Había gente con traje formal y otros en ropa de la época: pantalones de poliéster, zapatos de plataforma, blusas hálter con lentejuelas, pantalones de licra brillosa, vestidos largos con pedrería. Era como estar en medio de una gran producción cinematográfica, algo que a mis 14 años me intimidó y al mismo tiempo me hizo sentir transportada a otro lugar, a otro país, a otro universo, al universo de Xóchitl.

En este evento había una infinidad de personas importantes, entre ellas Marta Valdez-Pinos, que era la dueña de varios bares de ambiente como el D'Val, que fue un ícono de los antros de aquella época. También asistía Guillermo Ocaña, mejor conocido como Camelia la Tejana y celebrado por ser promotor de eventos y representante de artistas; se dice por ahí que fue uno de los fundadores del famoso y elitista bar El 9. Camelia la Tejana actuó como maestro de ceremonias esa noche. También estaba Mitzy Gay, quien recientemente había ganado el concurso de Señorita Gay y en aquel entonces se abría paso en el mundo del diseño de vestuario para las famosas; posteriormente se convertiría en famoso diseñador reconocido en el medio artístico de México y Estados Unidos, pues diseñó el vestuario de estrellas como Verónica Castro y María Félix, entre muchas más. El *show* de esa noche estuvo a cargo de Francis, que empezaba a levantar su carrera, impulsada por Xóchitl, por supuesto, haciendo espectáculo travesti; con los años se convertiría en una estrella internacional llevando su *show* a muchos países. Y por supuesto no podía faltar Naná, conocida como la Reina de la Zona Rosa por su belleza y por ser una de las pocas mujeres *trans* en esa época a la que se le abrían las puertas de cualquier lugar y cuya figura literalmente paraba el tráfico. Imagínense, yo a los 14 años de edad, tratando de entender lo que sucedía a mi alrededor, cuando de repente se escucha la voz de Camelia la Tejana anunciando a "La reina Xóchitl". Se escuchó un silencio por unos segundos y de repente empezó a sonar fuertemente el *Tema de amor '74* con la orquesta Amor Ilimitado de Barry White. Acto seguido, apareció una corte de chicos semidesnudos regando flores a su paso y atrás otro grupo de hombres musculosos cargando una tarima, tipo cheslón, dorado, y tendida en todo su esplendor Xóchitl, la reina, ostentando un vestido también dorado que la cubría toda, con tacones dorados, luciendo un collar de centenarios de oro y aretes del mismo estilo, con un peinado de casi medio metro de alto, y maquillada exageradamente, con sombra verde-azul y delineador negro que le llegaba a las sienes, y labios púrpura muy, pero muy remarcados; ésta fue la Xóchitl que yo vi por primera vez y su imagen me dejó para siempre impactada, impactada de lo que era ser reina de la jotería. Una vez familiarizada con Xóchitl, me era más fácil entender las tantas historias que se decían acerca de ella y lo que sí me quedaba claro era que si se necesitaba ayuda o apoyo que requería de "palancas", Xóchitl era la indicada. Naná, que fue una de sus protegidas y que ocasionalmente trabajaba para Xóchitl, me comentó que gracias a Xóchitl ella tenía carro, apartamento propio, y que Xóchitl la había recomendado a un cirujano que le hizo el aumento de busto, cirugía patrocinada en su totalidad por la madre Xóchitl.

También, gracias a Xóchitl, en nuestra ciudad se abrían puertas para que nuestras sociedades tuvieran un sentido de comunidad, de familia, algo que no veo que persista hasta la fecha. Xóchitl organizaba fiestas en el Hotel de México, en los mejores antros de moda; organizaba certámenes de belleza para las *trans* y las travestis, incluyendo el Señorita Gay, Señorita Primavera, y el Señorita DF. Yo fui testigo de cómo en uno de estos concursos Raquel, una amiga mía, ganó el certamen Señorita Primavera 1979, más que nada porque era una de las favoritas de Xóchitl. Finalmente también se convirtió en una de sus protegidas, y gracias a ella Raquel triunfó por varios años haciendo *shows* en los mejores antros de ambiente de aquellos años.

Xóchitl no sólo era una persona con poder que movía gente en muchos ámbitos de la sociedad mexicana de aquellos tiempos, sino que también era una transgresora que retó a la sociedad con su persona, por la manera en que se presentaba al público y que utilizaba su poder para que otras personas, muchas de éstas *trans* identificadas, se abrieran paso y triunfaran; es muy sabido que gracias a Xóchitl las carreras de Francis, de Mitzy, de Alfredo Palacios —un famoso estilista de la época— y de otras y otros triunfaron en aquel entonces por ser allegados a Xóchitl. Para mí no hay otro ícono que recuerde que haya impactado a la sociedad, mi vida y la de mis conocidas como lo hizo Xóchitl, sin importar la clase social, el estigma y los estereotipos. Xóchitl no era sólo una persona de negocios que manejaba burdeles, que organizaba eventos, que conocía a la clase política, el medio artístico, que tenía la manera de abrir las puertas para que las poblaciones LGBTTTI tuviéramos un lugar en la sociedad. También fue un apoyo para muchas y muchos, para mis allegadas como Naná, Francis y Raquel; Xóchitl fue la impulsora y la que las apoyó a desenvolverse y ser exitosas. Xóchitl fue la que les dio su lugar como protegidas, como hijas; y para mí, Xóchitl no sólo fue Reina de Reinas, también fue la Madre de jotas, vestidas, locas, cuinas y mariposas, de aquellas que la sociedad aún rechaza y que ve como seres desechables. Personas como yo.

Se han dado grandes pasos en la lucha por la igualdad de derechos de las poblaciones LGBTTTI, como actualmente se les conoce en México a las lesbianas, gays, bisexuales, travesti, transgénero, transexuales e intersexuales. Estos derechos incluyen a las personas *trans*, ya que hoy día podemos tener un acta de nacimiento que refleja una concordancia sexo-genérica de acuerdo con nuestra presentación. Esto nos da acceso a una identificación oficial, como la credencial del INE; un pasaporte, etcétera. En pocas palabras, nos facilita el acceso a ser parte de la sociedad productiva. Claro, esto no garantiza que aún no seamos discriminadas en los sectores de educación, de empleo y en la sociedad en general, pues una cosa es legislar y otra muy diferente educar a la población sobre la realidad *trans*. No ha sido un camino fácil, pues los retos continúan para las personas *trans* en México y en el mundo en general. Aún existe el aislamiento social, el rechazo hacia aquellos/aquellas que nos atrevemos a retar el binario sexual y a transgredir a la sociedad heteronormativa. Personas *trans* aún pagan con su vida por sus transgresiones: aquellos/aquellas que no nos conformamos con ser hombre o mujer, aquellos/aquellas que nos atrevemos a ser como Juana de Arco, como el coronel Amelio Robles, como la *teacher*, como Xóchitl; a ser nosotros mismos/nosotras mismas sin importarnos el qué dirán y el ridículo o la burla de personas ignorantes, que nunca faltan. La autenticidad de ser no se mide con ser igual que los demás, sino con tener el valor de retar y transgredir, tal como lo hicieron las jotas, las vestidas, las cuinas, las locas y las mariposas que allanaron con sacrificios y sangre el camino para las nuevas generaciones.

Como hemos visto, la cultura *trans* se ha ganado un lugar en la historia, a pesar de los retos y el estigma que se le imponen a las identidades y los cuerpos *trans*, a la marginación y violación a nuestros derechos de orientación genérica que ha existido desde la época de la Conquista y se hizo todavía más presente durante la "evangelización espiritual" de los frailes europeos. Lógicamente, es más notoria en el caso de las personas que no seguimos los patrones y roles de género, las personas que transgredimos con nuestra presencia a las construcciones sociales judeocristianas de Occidente. A mí me queda claro que hasta el día de hoy, aún queda mucho trabajo por hacer en lo referente a la aceptación de las jotas, vestidas, cuinas, locas y mariposas en la sociedad normativa e incluso dentro de las mismas poblaciones lésbicas, gay y bisexuales, ya que incluso en nuestras comunidades existe cierto recelo a entender y aceptar lo que representan las identidades *trans*. Al mismo tiempo, somos las más visibles y estereotipadas de todos los ámbitos sociales contemporáneos. La criminalización de los cuerpos *trans* sigue vigente en la sociedad, al igual que la victimización de éstos. Recientemente en México y en la CDMX ha habido varios transfeminicidios sin resolver, como el de la activista *trans* y defensora de los derechos de las trabajadoras sexuales Alessa Flores. En uno de estos crímenes —el caso de Paola Ledesma— el asesino fue puesto en libertad a los dos días de haber sido filmado con pistola en mano. Mi trabajo como activista me ha llevado a varios lugares en donde me he enfrentado cara a cara con la injusticia y el sufrimiento que las personas *trans* experimentan en nuestra sociedad. Los crímenes de odio como el que fue ejecutado a Paola y Alessa suceden en México, en Estados Unidos, en Brasil y muchos otros países en el mundo. Sin duda, para lograr una verdadera descolonización sexogenérica, necesitamos recordar que la belleza, la gracia y la inteligencia, al igual que las almas, no tienen género.

TEXTOS FUNDACIONALES

Anexo

Diez y va un siglo

CARLOS MONSIVÁIS

A la memoria de Francisco Galván,
Marco Osorio y Víctor Manuel Parra

A diez años de iniciada la Semana Cultural Lésbico-Gay es conveniente examinar algunos de sus resultados más notorios, desde la perspectiva de la sociedad civil. El logro primero y más significativo es la continuidad misma de la Semana, su persistencia en medios adversos. Tal continuidad, en verdad ejemplar, nos acerca a las ventajas de la tolerancia que surge del entendimiento, que reemplaza a las concesiones bajo presión.

¿Cómo se llega a la aceptación paulatina de opciones sexuales heterodoxas pero legales? En el proceso complejo que explica el tránsito de lo marginal a lo diverso (la marginalidad continúa, pero ya no es el único componente), lo fundamental es la persistencia de las conductas proscritas y satanizadas. Las quemas de sométicos por la Inquisición, las excomuniones, el oprobio social, los estigmas del gueto, los hostigamientos laborales, las burlas, las golpizas, los linchamientos morales y físicos, no han evitado ni discriminado el número de quienes ejercen sus derechos en los espacios alternativos. Con tradiciones débiles o inexistentes, en medios reprimidos interna y externamente, las minorías se han acreditado por su mera continuidad, mientras se pulverizan los prejuicios seudocientíficos y la tradición (lo que otros hicieron y prejuzgaron) es el único elemento del dogma.

A la persistencia se añade en las últimas décadas un impulso internacional con representación significativa en México. En contra de la homofobia, y en pro de la normalización de la conducta homosexual, se robustece y se amplía un movimiento cultural que es suma de creaciones, reflexiones y actitudes. Allí confluyen grupos de liberación gay y de activistas contra el sida, narradores, poetas, dramaturgos, artistas plásticos, coreógrafos, bailarines, actores, músicos, cantantes, periodistas, en su mayoría gay pero no exclusivamente. La globalización influye aquí en sentido positivo, y un triunfo legal en Estados Unidos, Inglaterra, Holanda o España repercute tanto como la emergencia de las luchas por alcanzar visibilidad en Argentina, Venezuela, Perú, Colombia o México.

Hace 10 años, una Semana Cultural Lésbico-Gay parecía, en el mejor de los casos, una excentricidad, y en el peor una incitación al escándalo con prohibiciones al calce. Paulatinamente, y con resonancia que trasciende a las Marchas de la Dignidad, aún detenidas en la frontera entre las reivindicaciones y el pintoresquismo, la Semana Cultural se ha institucionalizado como ámbito de libertades expresivas, que de la Ciudad de México se extienden al resto del país. No elogio aquí centralismo alguno, sino lo comprobable: por costumbre y peso demográfico la capital de la República Mexicana admite con relativa facilidad lo que en otras ciudades todavía es anatema. Sin embargo, aún siendo tan enconada la resistencia fundamentalista, si el tiempo de una idea ha llegado no hay modo de contenerla, como lo ratifica la persistencia de la Semana Cultural Lésbico-Gay en Veracruz, combatida con ferocidad y calumnias por el Partido Acción Nacional, y defendida con inteligencia y razones por el Instituto Veracruzano de Cultura, que alega lo básico: el ejercicio sencillo y directo de los derechos constitucionales.

La Semana Cultural Lésbico-Gay ha dispuesto de apoyos y reconocimientos generosos, entre ellos y desde el inicio, los de Difusión Cultural de la UNAM y del Museo del Chopo, y ahora del Fonca y de numerosas publicaciones que, al considerar auspiciable o noticiosa una Semana Cultural de esta índole, defienden el pleno derecho a existir de lo antes inmencionable, agregándole a la sociedad elementos de gran valor o, por lo menos, de necesaria diversificación. Por supuesto, la Semana Cultural es parte de un *continuum* internacional de películas, videos, libros, obras de teatro, ballets, campañas de organizaciones no gubernamentales, movilizaciones políticas, heroísmos individuales. Todo cabe: desde *La Cage Aux Folles* y *Birdcage* a las fotografías de Robert Mapplethorpe y Peter Hujar, de los filmes de Dereck Jarman y Cyril Collard a las piezas de Copi y Larry Kramer, de los relatos autobiográficos de los cubanos Reynaldo Arenas y Severo Sarduy a los textos del mexicano Joaquín Hurtado; de las instalaciones de los 100 Artistas contra el sida al activismo de Act-Up, de los ensayos de Edmund White a los relatos de Guy Hoequenhem, de la obra de Keith Haring a los miles de fotos, películas, videos, ballets, testimonios, relatos, esculturas, obras de teatro, instalaciones, donde la experiencia gay emerge, alegato reiterativo y multiplicidad de propuestas estéticas.

¿En qué se traduce esta "aparición del subsuelo" sexual tan auspiciada por las divulgaciones científicas y la densidad informativa? Desde los ochenta, México se enfrenta al hecho irrefutable de su pluralidad, y el tránsito del país falsamente homogéneo al dificultosamente heterogéneo obliga a grandes ajustes culturales. En la excelente película *Jeffrey*, indagación melancólica y jovial sobre el amor en los tiempos del sida, una pareja gay se besa, y en la secuencia siguiente, en un cine donde se proyecta la película, dos parejas heterosexuales expresan su asco. En muchos lados así ocurre obviamente, pero no por eso la película deja de exhibirse, y esto también pasa en México, donde el aumento de la tolerancia no se mide por la mayoría que públicamente rechaza lo gay, sino por la minoría creciente que acepta con tranquilidad su existencia. Por eso, como quiera verse, ya no se puede hablar de pluralidad sin incluir a lo gay, y a esta novedad histórica se acogen cientos de miles de existencias, todavía sujetas al prejuicio, pero poseedoras de certezas legales y culturales.

El término clave en este proceso es *tolerancia*. En otra época, a uno de los personajes de *El libro blanco* lo destruye una sensación: es insoportable ser tolerado, pero cuando Jean Cocteau escribe su magnífico texto, por tolerancia se entiende la indiferencia asqueada ante lo inadmisible y, pese a todo, existente. A fines de este siglo, y en la práctica, *tolerancia* es el reconocimiento de los derechos de los otros, así de simple, algo abominable para los sectores que derivan su poder de la representación del fundamentalismo. ¡Ah, el deseo reaccionario de volver a las épocas que nunca existieron! Hoy, promover la tolerancia es aceptar el enriquecimiento personal y colectivo que la diversidad aporta. En este contexto, nada más patético que esas mantas en marchas gay contra la tolerancia; nada más oportuno que avivar la comprensión del nuevo sentido del término.

En los años recientes de la vida mexicana, son tres los fenómenos que afectan en mayor medida a las minorías gay: el avance y la aceptación de las libertades de las minorías, la ofensiva de la homofobia y, trágicamente, la pandemia del sida, que aún devasta a la comunidad gay. Lo último es, desde luego, irreparable, al destruir tantas vidas valiosas y solidificar en algunos sectores la homofobia, entendida como "el justo exterminio de los pervertidos". Pero también, y por lo pronto en la Ciudad de México, la plaga erradica el miedo a lo inmencionable. Como ninguna otra epidemia en la historia, el sida, en medio del paisaje de humillaciones corporales y miedos aniquiladores, reivindica el valor, la lucidez, el coraje, el humanismo de centenares de miles en el mundo, y convierte a la tolerancia en demanda no sólo de enfermos y seropositivos, sino de sus familiares, amigos, compañeros de trabajo. Ahora, una conducta bárbara frente al sida es seguir considerándolo "castigo de Dios" a nombre de una doctrina "eterna" (el ejemplo típico: el nuncio papal monseñor Girolamo Prigione), como es irracional y monstruoso oponerse a las medidas preventivas (esa cacería de condones en los circuitos de la derecha), hostigar a seropositivos y enfermos, clamar por la disminución del presupuesto del Conasida. A lo largo de diez Semanas Culturales, el sida ha sido tema y obsesión recurrentes, entre la desaparición de un elevado número de artistas y activistas. En el nivel más profundo, esta celebración de una década es homenaje a su memoria.

Un logro cultural de la lucha de las minorías es la introducción en el vocabulario de los sectores ilustrados y medios informativos de algunos términos, muy señaladamente *homofobia*, que señala el odio irracional, sistemático y violento a los homosexuales. No es asunto de antipatía o de incomprensión, fenómenos ancestrales que tardarán en disiparse, por depender de temores profundos y de nociones arraigadísimas, sino de violaciones a los derechos humanos, y agresiones penalizarles. Es todavía inevitable, en ámbitos del atraso, ver en los gays a elementos "contranatura"; son por entero evitables las atrocidades del prejuicio, la indiferencia ante la pandemia que "es asunto de los pervertidos" (o de los "joteretes", como folclóricamente declaró en su campaña presidencial Diego Fernández de Cevallos), la furia medieval de los ayuntamientos panistas. Si las opiniones de siglos no se deshacen en una generación, los atentados a los derechos humanos y civiles sí pueden disminuir cuantiosamente.

La introducción de vocablos específicos es parte de una apertura social marcada por mínimas (máximas) certezas. Una de ellas: las predilecciones sexuales son el espacio de desenvolvimiento de creaciones culturales de importancia. Si el arte, en lo básico, no se determina por las inclinaciones sexuales, sí acepta encauzamientos temáticos, como lo ratifica el ámbito de la cultura lésbico-gay, con sus celebraciones corporales, sus cuestionamientos de la rigidez tradicionalista, su transgresión (legal) de la norma. Esto desemboca en el tema hoy inevitable: las identidades.

¿Cuál es y en dónde radica la identidad lésbico-gay que la Semana Cultural promueve? Por las pruebas (las exposiciones, los debates, los conciertos, los recitales de danza y de poesía, las obras de teatro, las lecturas de relatos), el punto de partida de esta identidad no es una "esencia" sino la necesidad de ejercer libremente conductas y festejos. (No en balde se reivindica lo gay.) Se trata de otra de las "comunidades imaginarias" magistralmente descritas por Benedict Anderson, a las que se pertenece por instantes y por afiliaciones imaginativas. Por eso, la comunidad, que demanda tolerancia (reconocimiento y práctica de los derechos), es a un tiempo imaginaria, en el sentido de carente de institucionalidad, representación segura y ubicación precisa, y categóricamente real gracias a un hecho sencillo: el comportamiento, y las prácticas culturales desprendidas de ese comportamiento, de centenares de miles de personas. Así la Semana de la razón cultural agrupa a un porcentaje mínimo del conjunto, constituye para la sociedad civil una garantía notoria del modo en que los espacios alternativos contribuyen a la diversidad y a la vida democrática de México. Lo que desplaza a los prejuicios es la influencia de los juicios.

Publicado en *Diez y va un siglo:
libro conmemorativo de los diez años
de la Semana Cultural Lésbica-Gay*,
Círculo Cultural Gay, 1997

Primer desfile de locas

Enrique Serna

La historia da tantas vueltas en círculo, que a veces los enemigos de la libertad resultan sus precursores involuntarios. Cuando una tradición resucita siglos después de muerta, puede volverse en contra de las instituciones que la engendraron, sobre todo si se trata de una fiesta popular con potencial subversivo. Entonces los creadores de la tradición, horrorizados por haberle dado armas al enemigo, se apresuran a fingir amnesia para negar su paternidad. Así ha reaccionado la Iglesia ante un fenómeno contemporáneo con raíces muy antiguas: los desfiles de hombres afeminados. Desde finales de los setenta, cuando empezó a celebrarse en México la Marcha del Orgullo Gay, la Iglesia católica y su principal cuerpo de élite, la Compañía de Jesús, han lanzado feroces anatemas contra los manifestantes, como si salir a la calle vestido de mujer fuera una grave ofensa al Señor. Pero un vistazo a los fastos religiosos del virreinato permite comprobar que, en materia de travestismo, los jesuitas de antaño tuvieron una posición más tolerante y alivianada. De hecho, se les puede considerar pioneros de la jotería callejera, pues ellos organizaron el primer desfile de locas celebrado en nuestra ciudad.

La crónica del histórico desfile forma parte del *Festivo aparato por la canonización de San Francisco de Borja*, un opúsculo publicado en 1672, donde un redactor anónimo de la Compañía describe las máscaras graves y las máscaras facetas (burlonas) que salieron a las calles para celebrar la canonización del santo jesuita, como preámbulo al certamen poético convocado por el Colegio de San Pedro y San Pablo. El jueves 11 de febrero a las tres de la tarde, cuando repicaron las campanas del colegio, los bachilleres salieron a la calle disfrazados de locas, con pelucas grotescas y toscos sayales de jerga, como los que vestían las reclusas del Hospital de Mujeres Dementes del Divino Salvador.

> Ganó la vanguardia una turbamulta de atabaleras, que según las señas, tenían algo y aún algos de locas, que se habían soltado del célebre hospital donde se curan con jarabes de rebenques los males de cabeza. Todas llevaban rótulos a la espalda. El de la atabalera que iba pasando su vida a tragos, empinando a trechos la bota, era éste: la devota. El de la que retrataba la misma senectud decía: la niñona; en el de la más fea decía: la linda, y en el de la más abobada: la discreta.

La procesión de locas causaba enorme hilaridad en el público, que les lanzaba requiebros y silbidos. Hacer escarnio de la locura femenina se consideraba, por lo visto, una travesura inocente, pues en aquella época piadosa y devota nadie compadecía a los enfermos mentales, sobre quienes recaía la sospecha de estar poseídos por el demonio. Pero más que denigrar a las locas, los participantes en el desfile parecen envidiar su desparpajo, su libertad para soltarse el pelo sin temor a ninguna sanción social. El desfile les brindaba una gran oportunidad para mandar al diablo los apretados corsés de la normalidad. Y como en los manicomios también había mujeres de alcurnia, algunos de los bachilleres travestis podían darse el gusto de llevar primorosos vestidos:

> Inmediatas a las atabaleras se descubrían dos singulares locas de más estofa, como se notaba en el promontorio y pliegues de los guardainfantes. Sobresalían mucho los desgonzados aunque cuidadosos quiebres de la cintura, los afectados melindres con los que borneaban las alas del abanico y la puntual

cortesanía de las reverencias. Procuraron algunos averiguarles la edad, y en el cómputo más escrupuloso, se resolvió que, según su arrugada y horrible catadura, cada una de las niñas cargaba con 80 cuaresmas.

Al parecer, las atabaleras de la vanguardia y los vejestorios de la segunda fila eran el equivalente de las modernas *drag queens*; es decir, travestis cómicos, exagerados hasta la caricatura. Pero en una sociedad como la novohispana, donde la moral de las prohibiciones incitaba a la transgresión, no podía faltar un andrógino hermoso y provocador, con una feminidad natural que debió de moverle el piso a más de un canónigo:

> Tuvo los mayores aplausos otra loquilla de pocos años y de tan buen gusto como gesto; ésta, galanamente afeitada y ricamente vestida, ahorró totalmente de la mascarilla común, engañando a todos con la misma verdad de la cara lavada. Era extraño lo mesurado de su rostro en las cortesías y tan singular su gravedad, que no faltó quien le diese el voto para reina de Calvatrueno.

De modo que si algunos bachilleres jugaban en broma a ser mujeres, otros jugaban en serio, ante la sorprendente complacencia de sus tutores jesuitas. Por supuesto, la tolerancia del travestismo en los desfiles y en el teatro no significaba que la Iglesia aprobara el vicio nefando cuando pasaba de la simulación a los hechos. Por las investigaciones de la historiadora Asunción Lavrin, sabemos que en 1658 el Santo Oficio mandó a la hoguera a 14 "sométicos" (apócope de sodomíticos), como resultado de una pesquisa inquisitorial que descubrió una red de más de 120 homosexuales diseminados por todo el reino. Cuando se trataba de castigar la homosexualidad entre religiosos, la Iglesia era un poco más benigna, y sobre todo, más discreta. Según Antonio Rubial, en la comunidad carmelita, "el pecado de sodomía era castigado sólo ante los capitulares, quemando estopas sobre la espalda desnuda del inculpado". Pero a pesar de estas penas atroces, la existencia de tabernas donde se ejercía la prostitución masculina en los barrios de mala nota deja entrever que la sociedad novohispana toleraba hasta cierto punto la homosexualidad. Seguramente esas tabernas podían funcionar porque muchos caballeros de noble linaje les daban protección desde la sombra. ¿Quiénes eran y cómo lograban ocultarse? Hay aquí un filón de oro para quien se decida a escribir la novela gay del México colonial.

Entre burlas y veras, los desfiles coloniales de travestis no sólo contribuyeron a animar festividades que de otro modo hubieran sido demasiado solemnes, sino a perfilar la identidad del movimiento gay contemporáneo. ¿Será una coincidencia que hoy se llame locas a los homosexuales más notorios, o ese nombre proviene de las máscaras facetas donde la juventud estudiosa parodiaba a las mujeres dementes? Es muy probable que antes y después de 1672 se hayan celebrado desfiles similares, no sólo en México, sino en España, donde seguramente comenzó el juego. Pero en España nunca se les ha llamado locas a los homosexuales, y quizá por eso ni María Moliner ni la Real Academia dan ninguna noticia sobre este particular en sus diccionarios etnocentristas. Tampoco sirve de nada consultar el pésimo y anticuado *Diccionario de mexicanismos* de Santamaría, donde ni siquiera figura esta acepción de la palabra, a pesar de ser ampliamente usada en nuestro país. Que yo sepa, ningún filólogo serio se ha ocupado de este asunto. Pero cuando los especialistas callan, los legos podemos hacer conjeturas: como en la Antigüedad, bajo la tutela del clero, era preciso fingir demencia para jotear en las calles, las locas mexicanas y las *folles* francesas quizá tengan un mismo origen etimológico que se remonta a los carnavales de la Edad Media.

Publicado en *Sábado*,
suplemento de *unomásuno*,
marzo de 1979

Autores

Michael K. Schuessler es doctor en Lenguas y Literaturas Hispánicas, egresado de la Universidad de California, Los Ángeles; miembro del Sistema Nacional de Investigadores y profesor titular del Departamento de Humanidades en la Universidad Autónoma Metropolitana, Cuajimalpa, en la ciudad de México. Experto en la cultura mexicana, ha publicado varios libros, entre ellos: *Artes de fundación: teatro evangelizador y pintura mural en la Nueva España*, *Peregrina: mi idilio socialista con Felipe Carrillo Puerto*, *Perdidos en la traducción* y *Elenísima*, cuya edición en inglés fue nominada al Premio Pulitzer.

Miguel Capistrán, considerado "el último de los Contemporáneos", fue un importante investigador, ensayista e historiador de la literatura mexicana. Editor de la obra de varios autores de este "grupo sin grupo": Jorge Cuesta, Xavier Villaurrutia, José Gorostiza y Gilberto Owen.

Luis Zapata es narrador, dramaturgo y traductor. Estudió letras francesas en la FFyL de la UNAM. Ha publicado, entre otros, los siguientes libros: *El vampiro de la colonia Roma* (1979), *En jirones* (1985), *La hermana secreta de Angélica María* (1989), *Los postulados del buen golpista* (1995), *Siete noches junto al mar* (1999) y *La historia* *de siempre* (2007). Algunos de sus textos se han traducido al inglés y al francés. Es miembro del Sistema Nacional de Creadores de Arte.

José Ricardo Chaves es licenciado en Lengua y Literaturas Modernas Francesas, con Maestría y Doctorado en Literatura Comparada por la UNAM. Es profesor e investigador del Sistema Nacional de Investigadores. Sus principales líneas de investigación son el estudio del romanticismo del siglo XIX y la literatura fantástica de esa época en Europa y América. También ha desarrollado una trayectoria narrativa desde 1984.

Víctor Federico Torres es bibliotecario, investigador y editor, egresado de la Universidad de Puerto Rico, Recinto de Río Piedras. Es doctor en Estudios Latinoamericanos, con especialización en Literatura, por la Universidad de Nuevo México en Albuquerque. Fue editor de *Latin American Identities: Race, Gender and Sexuality* (2005).

Ernesto Reséndiz Oikión es autor de un capítulo en *La memoria y el deseo. Estudios gay y queer en México* (2014) y una crónica en *Juan Gabriel. Lo que se ve no se pregunta* (2016). Su artículo "César Moro, flor de invernadero" está en la bibliografía de la *Obra poética completa* de César Moro (2015).

César Cañedo es poeta, atleta, profesor y jota. Miembro de la casa de Vogue, *House of Apocalipstick*. Coordinador del Seminario Interdisciplinario de Estudios Cuir, FFyL, UNAM. Tiene dos poemarios: *Rostro cuir* (Mantra, 2016) e *Inversa memoria* (Valparaíso México 2016). Su poemario *Loca [Demencia asociada al VIH]* fue ganador del Premio Nacional de Poesía Joven Francisco Cervantes Vidal 2017.

La historiadora y crítica de arte **Teresa del Conde** hubiese deseado ser tan inmortal como su materia. Por fortuna, cuando la muerte la sorprendió a los 82 años, ella apenas tuvo tiempo de darse cuenta de que su primer viaje había finalizado. La rodearon sus hijos y sus nietos, sus amigos; los pintores y los colegas de siempre. Como testimonio de su quehacer, sobrevivieron más de cuarenta libros, artículos periodísticos y textos de catálogo con un toque característicamente biográfico. El vínculo arte, creación y psique surgió y se desplegó a través de una obra que, como este ensayo que ahora reedita Penguin Random House Grupo Editorial, marca el inicio del segundo viaje de Teresa.

Víctor Jaramillo es un fotógrafo, videoasta, y documentalista mexicano. *Amor chacal* ganó el Premio del público al mejor documental en el Festival Mix, 2000. Es también socio fundador del Marrakech, uno de los antros gays más conocidos en la ciudad de México.

Tareke Ortiz nació en la ciudad de México en 1974. Director, compositor e intérprete. Estudió piano en la Escuela Nacional de Música; composición para la escena en Nueva York, con Yukio Tsuji y voz y coralidad sinfónica en Francia, México e Inglaterra. Director Cultural del Festival Internacional Cumbre Tajín.

Nayar Rivera es un escritor y artista escénico mexicano, autor de libros, piezas teatrales, trabajos periodísticos e investigaciones.

Pável Granados es editor y autor de los libros *Apague la luz... y escuche* (1999) y *XEW. 70 años en el aire* (2000). Escribió con Guadalupe Loaeza la biografía de Agustín Lara *Mi novia, la tristeza* (2008), y con Miguel Capistrán la antología poética *El edén subvertido* (2010). Fondo de Cultura Económica ha editado *El ocaso del Porfiriato: antología histórica de la poesía en México (1901-1910)* (2010). Recibió el Premio Pagés Llergo de Comunicación 2010. Es coordinador del Catálogo de Música Popular Mexicana de la Fonoteca Nacional desde 2011.

Juan Hernández Islas es maestro en Historia del Arte, y crítico de las artes escénicas.

Juan Carlos Bautista es un poeta y narrador mexicano. Además del *Cantar de Marrakech* ha escrito los poemarios *Lenguas en erección* (1992) y *Bestial* (2003). Obtuvo las becas Salvador Novo y la del Fondo Nacional para la Cultura y las Artes para Jóvenes Creadores. Participó en la revista *Del Otro Lado* y es fundador de la publicación periódica *Opus Gay*.

Luis Armando Lamadrid García (1958-2005) fue un actor, crítico teatral, educador y activista por los derechos de la comunidad LGBTTTI. Militó en Lambda y fue miembro fundador del Grupo Guerrilla Gay en 1984, donde se destacó con su participación en Los Martes de El Taller y el programa radiofónico *Media Noche en Babilonia*. Fue presidente de AVE de México y colaborador de la Fundación Mexicana de Lucha contra el sida.

Alejandro Varderi es un autor venezolano. Ha publicado varias novelas y libros de ensayos, así como numerosos trabajos críticos. Es profesor de estudios hispánicos en The City University of New York.

Xabier Lizarraga Cruchaga es hijo de artistas refugiados españoles, antropólogo del comportamiento, sexólogo, además de activista gay por compromiso político, y dramaturgo y dibujante por afición.

Juan Jacobo Hernández Chávez estudió Letras Francesas en la UNAM. Es profesor de idiomas y literatura retirado y cofundador del Frente Homosexual de Acción Revolucionaria (FHAR 1978) y de

Colectivo Sol, (1981). Trabaja en la prevención de VIH, la defensa de derechos humanos de las minorías sexuales y el fortalecimiento de los sistemas comunitarios.

Miguel Alonso Hernández Victoria es historiador y cronista del colectivo LGBTTTI en México. Director de Archivos y Memorias Diversas. Coordinador del Seminario Histórico LGBTTTI Mexicano y administrador del *Obituario LGBTTTI Mexicano*. También coordina el tradicional Taller de los Martes y es miembro del Grupo Guerrilla Gay.

Salvador Irys (Veracruz, 1974) es un promotor cultural cuyo trabajo se encuentra centrado en la difusión y estudio del arte y la cultura LGBTTTI.

Alexandra Rodríguez de Ruíz nació en la Ciudad de México y emigró a Estados Unidos a los 15 años, donde completó parte de sus estudios académicos. Actualmente es consultora independiente de sexualidad y género y se dedica a dar lecturas y presentaciones. También escribe su libro titulado *Crucé La Frontera en Tacones*®, un libro de memorias sobre su experiencia como transmigrante indocumentada.

Carlos Monsiváis, periodista, ensayista, cronista... uno de los escritores más importantes del México contemporáneo por su voz crítica, estilo personalísimo y vocación por los asuntos del pueblo. Autor de *Días de guardar, Amor perdido, A ustedes les consta, Nuevo catecismo para indios remisos*, entre otras obras. Su libro póstumo: *Que se abra esa puerta: crónicas y ensayos sobre la diversidad sexual.*

Enrique Serna ha publicado las novelas *Señorita México, Uno soñaba que era rey, El miedo a los animales, El seductor de la patria* (Premio Mazatlán de Literatura), *Ángeles del abismo* (Premio de

Narrativa Colima), *Fruta verde* y *La sangre erguida* (Premio Antonin Artaud). Sus cuentos, reunidos en los libros *Amores de segunda mano*, *El orgasmógrafo* y *La ternura caníbal*, figuran en las principales antologías de narrativa mexicana publicadas dentro y fuera del país. Como ensayista, Serna ha publicado tres libros que dialogan con su obra narrativa y la complementan en el terreno de las ideas: *Las caricaturas me hacen llorar, Giros negros* y *Genealogía de la soberbia intelectual*.

México se escribe con J de Michael K. Schuessler y Miguel Capistrán
se terminó de imprimir en junio de 2022
en los talleres de Impresos Santiago S.A. de C.V.,
Trigo No. 80-B, Col. Granjas Esmeralda, C.P. 09810,
Alcaldía Iztapalapa, Ciudad de México, México.